Brandenburg · Hugenotten

MIT EINEM GELEITWORT VON

LOTHAR DE MAIZIÈRE

INGRID UND KLAUS BRANDENBURG

Hugenotten

Geschichte
eines Martyriums

EDITION LEIPZIG

Schutzumschlag vorn:
Ausschnitt aus dem Gemälde
»Bartholomäusmorde« von
François Dubois

*Schutzumschlag hinten und
auf Seite 2:*
Das Hugenottenkreuz — ein
seit dem 17. Jahrhundert immer häufiger verwendetes Erkennungszeichen der französischen Protestanten — bestand aus dem Malteserkreuz
mit Bourbonenlilien sowie der
Taube als Symbol des Heiligen Geistes.

© 1990 by Edition Leipzig
Gestaltung: Bernd Kruhl, Leipzig
Karten: Matthias Weis
Printed in Germany by
Lorenz Ellwanger, 8580 Bayreuth
ISBN: 3-361-00326-1

Brandenburg, Ingrid:
Hugenotten: Geschichte e. Martyriums/
Ingrid Brandenburg; Klaus
Brandenburg. — 1. Aufl. — [Leipzig]:
Edition Leipzig, 1990. — 232 S.:
186 Ill. (z. T. farb.)
ISBN 3-361-00326-1

Zum Geleit

Seit die Geschichtsschreibung das Schicksal von Völkern überliefert, wird auch von Flucht und Vertreibung berichtet. Die Geschichte der Menschheit ist mitgeprägt durch die Leidensgeschichte der Flüchtlinge.

Die Ursachen hierfür sind vielfältig. Es sind äußere Bedrohungen wie Kriege, Katastrophen und Hungersnöte, es ist die Verzweiflung über die Lebensbedingungen der Gegenwart und die Hoffnung auf eine bessere Zukunft andernorts. Und es sind die politischen Gründe und auch die religiöse Verfolgung, die viele Menschen aus ihren inneren Überzeugungen dazu bewegt, die angestammte Umgebung zu verlassen, um eine neue Heimat zu suchen.

Zu den Flüchtlingen aus innerer Not gehören die Hugenotten aus Frankreich, zu denen auch meine Vorfahren zählen, die im 17. Jahrhundert ihre Heimat verließen, weil sie hofften, anderswo ihren Überzeugungen gemäß leben zu können. Viele von ihnen kamen nach Brandenburg, wo der Große Kurfürst Friedrich Wilhelm ihnen Aufnahme und Heimat bot.

Über seine Motive ist viel gerätselt worden. Für die Flüchtlinge von damals aber war es nicht wichtig, welches seine Gründe waren, ob Staatsraison, religiöse Toleranz oder reine Nächstenliebe. Das Angebot der freien Religionsausübung und der Gleichbehandlung mit den übrigen Bewohnern war für sie ausschlaggebend, in Brandenburg Zuflucht zu suchen.

Das vorliegende Buch trägt den Untertitel „Geschichte eines Martyriums". Die Geschichte der Hugenotten war vielerorts auch eine Geschichte des Leidens. Für die freie Religionsausübung zahlten sie mitunter einen hohen Preis. Sie bekamen die in den Menschen wurzelnde Abneigung gegenüber allem Fremden zu spüren, und sie sahen sich dem Neid und der Verteidigung von vermeintlich in Frage gestellten Machtpositionen ausgesetzt. Nicht selten haben sich ihre Hoffnungen auf ein besseres Leben an anderem Ort als trügerisch erwiesen.

Die Geschichte der Menschen weist nach wie vor viele Turbulenzen auf. Sie wird erst dann eine wirklich friedliche Geschichte genannt werden können, wenn es keine politischen und religiösen Flüchtlinge mehr gibt. Wenn man nur noch in die Fremde zieht, weil man anderswo sein Glück und seine Chancen suchen will. Fluchtbewegungen müssen die Geschichte der Menschheit nicht wie ein unausweichliches Menetekel begleiten. Wir leben heute in einer Zeit, in der das langersehnte Ziel, die großen internationalen Konflikte friedlich zu lösen, zumindest in unseren Regionen, erheblich nähergerückt ist und die Einsicht in die Notwendigkeit wirtschaftlicher Zusammenarbeit täglich zunimmt. Gleiches gilt auch für die Respektierung der Menschenrechte, die sich in unserer Welt der offenen und allgemein zugänglichen Informationen und der wirtschaftlichen Abhängigkeit nicht mehr so leicht mißachten lassen.

Trotzdem hat das Flüchtlingsproblem heute eher noch an Dimension gewonnen. Die Flüchtlingsströme — und im besonderen die nach Europa — werden anhalten, solange das soziale Nord-Süd-Gefälle und die Unterschiede zwischen Ost und West so eklatant sind wie in der Gegenwart. Erst wenn es gelingt, diese sozialen Unterschiede zu beheben und für jeden das Leben am angestammten Ort lebenswert zu machen, wird es nicht mehr die Menschen aus ihrer Heimat vertreiben.

Das Problem der Flüchtlinge ist heutzutage immer weniger eines der Menschenrechte, und das ist sicherlich ein Grund zur Genugtuung. Es ist heute zunehmend eine Frage der internationalen Wirtschaftshilfe und des weltweiten sozialen Ausgleichs. Dies sollten wir bei all unseren Sorgen niemals vergessen.

Lothar de Maizière

September 1990

INHALT

Die Entstehung des Französischen Protestantismus

1

Ein Tag zieht herauf

❧ *Das Angelusläuten von St. Marien kündigt den Tag an. Sicher, die Sonne hat gerade erst begonnen, sich über den Horizont zu schieben, und trifft mit ihren Strahlen die vergoldeten Kugeln und Kreuze der turmreichen Stadt. Doch viele Bürger von Orléans sind schon bereit. Sie gehen, allein oder von Familienmitgliedern begleitet, zur Frühmesse. Es mag gut sein, den Segen des Priesters zu empfangen, wo doch der Tag lang und voller Ungewißheiten sein wird.*

Manche Haustür aber bleibt ungeöffnet, obgleich auch hier alles für den Tagesbeginn bereitet ist. Die Hausbewohner sammeln sich um den Tisch und beten inbrünstig. Sie zählen zu den Abtrünnigen, Auswanderern aus dem Schoß der Mutter Kirche, sie sind Sakramentierer, Evangelische, Protestanten. Das Volk nennt sie bald »die von der Religion«, weil es spürt, daß es jenen ernst ist mit Gott und seinem Werk, den Menschen. »Schwarzhälse« schreien ihnen manche erbost nach, »Hugenotten« — sie meinen es böse und haben gleichzeitig Furcht. Noch ist ihnen nicht deutlich, daß es sich um keine Sekte, keinen Geheimbund handelt, der da in den Hinterstuben sein Dasein beginnt, sondern um Männer und Frauen, ja Kinder, die ein anderes, ein neues Frankreich repräsentieren, die um ihres Glaubens willen sterben, die dem Druck widerstehen oder schließlich auswandern und Spuren hinterlassen von Petersburg bis Quebec, von Fredericia in Dänemark bis Franchhoek in Südafrika.

Frankreich an der Schwelle zur Neuzeit

❧ Nach dem Hundertjährigen Krieg und seinen Folgen war der Anfang des 16. Jahrhunderts für Frankreich eine Zeit kräftigen wirtschaftlichen Aufschwungs. Anders und später als in Norditalien, in Flandern und England entwickelten sich bürgerliche Produktionsformen. In der Normandie und in der Bretagne, wo die Kriegsfolgen sich am stärksten ausgewirkt hatten, mußten die Bauernstellen mit Ortsfremden besetzt werden, denen man größere Freiheiten von feudalen Lasten zubilligte. Um den Wegzug der benachteiligten Alteingesessenen zu stoppen, blieb letztlich auch für sie nur die Befreiung von extremen Formen der Hörigkeit. So entwickelte sich eine ausgedehnte bäuerliche Kleinwirtschaft, ein für Frankreich typischer Bauernstand, der in allen großen sozialen Bewegungen eine ausgesprochen bedeutsame Rolle gespielt hat.

Die Städte gewannen an territorialer Eigenständigkeit. Ihr wachsender Reichtum machte sie für die Feudalen begehrenswert, versetzte sie aber gleichzeitig in die Lage, Schutz und Privilegien zu erkaufen. Paris war eindeutig Frankreichs größte und bedeutendste Stadt, gefolgt von Lyon, Orléans und Rouen. Noch gab es keinen einheitlichen nationalen Markt, der Produktionsausstoß war zu gering und das Verkehrssystem unentwickelt. Einzig die großen Städte der Champagne gewannen überregionale Bedeutung durch ihre Lage an der Europastraße Italien — Flandern. Bordeaux, Nantes, Saint-Malo und später La Rochelle partizipierten am neuen Atlantikhandel seit Europäer die Welt umsegelten und das Mittelmeer langsam zu einem Rand- und Binnenmeer geworden war. Salz und Wein gehörten zu den Hauptprodukten, die gegen das amerikanische Silber Spaniens, Flanderns feine Tuche und Englands Woll- und Bergbauprodukte getauscht wurden. Doch auch Früchte, Öl und Vieh fanden sich stets im Angebot der Märkte und Messen, die in fast allen Provinzen abgehalten wurden. Als der Handel mit Produkten, Wertpapieren und Währungen eine geregelte und beaufsichtigte Form angenommen hatte, eröffnete Lyon seine erste Börse. Die Zahl der Handwerker stieg. Da, wo die Produktion durch zünftlerische Schranken behindert wurde, entstand eine ausgedehnte Heimindustrie. Besonders die für alle Schichten wichtige Tuchfertigung nahm einen großen Aufschwung.

Formen der Pachtwirtschaft wirkten als Katalysator zusätzlich stimulierend auf die Entwicklung von Handwerk und Handel. Der ungeheure Geldbedarf des Hofes und der Sog, der von der zentralisierten Machtpolitik des Herrscherhauses ausging, hatten eine sogenannte Noblesse de Robe entstehen lassen. Während die Noblesse d'Épée auf ihren Geburtsadel pochte und vom Grundbesitz lebte, war die Noblesse de Robe ein erkaufter Adel.

Da die Staatsausgaben die Einnahmen meist bei weitem übertrafen, mußte die Krone Möglichkeiten finden, um kurzfristig immer wieder zahlungsfähig zu werden. Hatten das die französischen Könige vorhergehender Jahrhunderte durch die Vertreibung und schließlich Wiederzulassung von reichen Juden oder Lombarden, durch die Konfiskation von Ordensreichtümern oder von Gütern der katholischen Kirche gelöst, so fanden Franz I. und nach ihm alle anderen Könige in dem Ämterverkauf und der Verpachtung von regelmäßig zu erwartenden Einnahmen gegen vorfristige und hochverzinsliche Geldanleihen eine Lösung. Die Eintreibung der Salzsteuer beispielsweise, aus der Hand königlicher Beamter in die von bürgerlichen Pächtern gelegt, erwies sich als eine lukrative Verwertungsquelle. Zum Kauf von Ämtern, die bisher dem Geburtsadel vorbehalten waren, trat mit dem Erwerb von Adelspatenten die Weihe des höheren Standes.

Eine weitere Form der Pachtwirtschaft fand sich auf dem Lande. Die übersteigerte Konsumtion des Adels, aber besonders die Geldentwertung in der ersten Hälfte des 16. Jahrhunderts hatten viele Mitglieder des niederen Adels sowie einzelne Bauern gezwungen, Wald und landwirtschaftliche Nutzfläche zu verkaufen. Als Käufer dieses Bodens traten neben reichen Bauern vor allem wohlhabende Bürger auf, die in der Nähe für die Versorgung der Städte eine Pächterwirtschaft begannen. Während Besitzstand und Ausbeutung der Zinsbauern weitgehend konstant blieben, schuf diese neue landwirtschaftliche Eigentumsform die Möglichkeit steigender Produktion und vergrößerten Reichtums.

Die langandauernden Auseinandersetzungen mit England hatten Steuererhebungen für die militärischen Aufwendungen zur Gewohnheit werden lassen. Dieser stete Geldzufluß machte eine zentralisierte Verwaltung nötig. Das stehende Heer, das mit diesem Geld aufgestellt, bewaffnet, gekleidet und ernährt wurde, sicherte den französischen Königen die Dominanz gegenüber dem Adel. Damit waren Grundvoraussetzungen für die Entwicklung des französischen Absolutismus gegeben. Zugleich nahmen Heer und Hof auf die bürgerliche Produktion bedeutenden Einfluß, da sie eine eigenständige Konsumtionsmacht darstellten. Bei dem Zug des Königsgefolges beispielsweise von einem Schloß zum anderen wurden rund 12 000 Pferde benötigt, als Reittiere, als Zuggespanne und Lastenträger. Doch während den Pferden Hafer und Heu genügten, gaben sich die Höflinge nur mit dem Allerfeinsten zufrieden. Die wenigsten Städte oder feudalen Schlösser konnten diesen Bedarf decken. So entstand der Brauch, die Hofhandwerker mitreisen zu lassen. 160 zählte man in der Haushaltung Franz' I., zu denen Tapezierer und Möbeltischler, Uhrmacher und Ärzte, Ju-

Paris. Hugo Capet hatte Paris schon 987 zur französischen Hauptstadt und zur ständigen Residenz erklärt; sein politisches Gewicht blieb bedeutsam, auch wenn die Könige später in Versailles residierten. Kupferstich von Matthäus Merian d. Ä., 1600. Deutsche Staatsbibliothek, Berlin

Bäuerliche Arbeiten. Langsam stieg die Produktivität der Landwirtschaft und erlaubte eine wachsende Zahl nichtbäuerlicher Tätigkeiten: bürgerliche Berufe. Holzschnitt aus einer Vergil-Ausgabe, Straßburg 1502

weliere und Kürschner, Waffenmeister und Apotheker, Glasmacher und Graveure, Maler und Bildhauer, Architekten und Regisseure gehörten. Natürlich gab es auch Bäcker und Konditoren, Fleischer und Schneider, Brauer und Küfer. Eineinhalb Millionen Goldtaler, so schätzte der venezianische Gesandte, verbrauchte die prunkvolle Hofhaltung Franz' I. jährlich. Ein Teil davon floß in die Geldbörsen der Luxusproduzenten. Feine Borten, filigrane Stickereien verlangten eine hohe Kunstfertigkeit. Erst recht traf dies auf die Herstellung von Gold- und Silberstoffen zu, auf die berühmten Wandtapeten und auf so manches andere.

Der Protestantismus in Frankreich war, wie in anderen Ländern, eine Reaktion auf die Verweltlichung der katholischen Kirche, auf Glaubens- und Sittenverfall. Doch der religiöse Inhalt allein kann nicht das Revolutionäre des Protestantismus erklären. Die katholische Glaubens- und Kirchengeschichte ist reich an Gegenströmungen. In jedem Jahrhundert fanden sich reformwillige Bewegungen auch in Frankreich: Cluniacenser, Katharer oder Albigenser, Waldenser ... So umfassend diese Reformströmungen auch waren, so fehlte doch die gesellschaftliche Reife, die später die Kirchenkritiker Luther, Zwingli, Calvin zu Vätern der europäischen Reformation werden ließ. Zu Trägern der Bewegung entwickelte sich in zunehmendem Maße eine soziale Schicht, die aus den alten feudalen Lebensverhältnissen herausgewachsen war: das Bürgertum — städtische und höfische Beamte, Gelehrte, Kaufleute und Handwerker, Manufacturiers und Geldhändler. Der Protestantismus stützte sich auf diese Bürger. Das galt, auch wenn im folgenden mehr und mehr Adlige zu Akteuren der neuen Glaubensgemeinschaft werden sollten und für viele Jahrzehnte Bauern die Masse der evangelischen Kirche stellten.

Eine zum Teil schamlose Ausnutzung religiösen Fühlens und Denkens der Menschen durch einen verweltlichten Klerus kennzeichnete die Zeit bis zur Reformation. Zehnt und Pfarrpfennig waren durch lange Gewohnheit geheiligt, aber die Geistlichkeit ersann immer neue Mittel, um Laiengeld in ihre Kassen zu locken. Der Handel mit Reliquien, mit Heiligenbildern und Kreuzen, Seelenmessen und Bittprozessionen, die Absolution von den Sünden und der Ablaß vom Fegefeuer blühten. Dabei stieß die doppelte Moral der katholischen Geistlichkeit gerade das Bürgertum am meisten ab, jene mit der Geldwirtschaft am innigsten verbundene Schicht.

Die vorreformatorische Haltung der Kirche zum Geld und zur Arbeit überhaupt war zwiespältig. Zum einen verwarf sie die Arbeit, schied Glauben und Werktätigkeit voneinander, zum anderen mußte sie die Naturnotwendigkeit der Arbeit und mit ihr auch die Geldwirtschaft akzeptieren. Nach mittelalterlicher Lehre hatte sich der Charakter der Arbeit seit der Erbsünde verändert. War die paradiesische Arbeit Gottgleichheit gewesen, so wurde sie mit der Vertreibung aus dem Garten Eden zur Mühsal, und kein noch so großes Werk konnte die zerbrochene Gottesgemeinschaft zurückbringen. Der Werktag fand seine Heiligung erst am Sonntag, im Gottesdienst. So schied sich die produktive Arbeit von der kontemplativen Betrachtung Gottes. Und alle Versuche, der Arbeit einen göttlichen Stellenwert zuzuschreiben, wie insbesondere in klassischer Form in der thomistischen Kirchenlehre geschehen, krankten an der unüberbrückbaren Kluft zwischen niederer körperlicher Arbeit und höherer geistiger. Es blieb dabei, daß die Arbeit kein Gottesdienst war, sondern bestenfalls Bußwerkzeug oder Mittel für den Unterhalt und die Nächstenliebe.

Diese pejorative Auffassung behielt die katholische Kirche bei, jedoch verstand sie sich bald nur zu gut darauf, die Ergebnisse dieser verachteten Tätigkeit in ihrem Interesse zu nutzen. Der Priester, der das Zölibat mit einer »Wirtschafterin« oder Mätresse umging, wurde mit einer Geldbuße belegt, die bald den Charakter einer Jahressteuer annahm. Der sündige Laie, den die Arbeit auf dem Feld an der auferlegten Wallfahrt hinderte, bezahlte einen Stellvertreter. Der das

Fegefeuer Fürchtende kaufte sich Ablaßzettel. Das Geld war zum Allheilmittel geworden, doch die Art, zu jenem Heilsäquivalent zu gelangen, stand außerhalb der Heiligung. Handelsgeschäfte, insbesondere spekulative Käufe, und Wirtschaften für Extragewinn, Kapitalisieren von Einkommen und Zinsgeschäfte blieben wortreich verworfen. So sahen sich die bürgerlichen Produzenten doppelt geprellt: Der Klerus, der von den Kanzeln die Kapitalwirtschaft verteufelte, gehörte selbst zu den »Monopolia« und erpreßte horrende Gewinne. Er strich mit großer Selbstverständlichkeit die bürgerliche Münze ein und verwandte sie für römische Palazzi und Prassereien.

Was Wunder, daß gerade die Bürger den Reformatoren zuliefen! Sprachen sich diese doch gegen doppelte Moral und theologische Zwiespältigkeit aus. Die Arbeit, der Werktag, waren aus ihrer negativen oder bestenfalls untergeordneten Rolle befreit. Indem im Glauben die Gemeinschaft Gottes mit den Menschen wiederhergestellt wurde, entfielen das Werk und sein silbernes Äquivalent als Heilsmittel. Der Gläubige fand all sein Tun geheiligt; eine Spaltung zwischen Werktag und Sonntag gab es nicht mehr. Die Arbeit auf dem Feld und in der Werkstatt, die Arbeit des Gelehrten, des Bürgermeisters und des Kaufmanns bekam als Frucht des Glaubens Gottesdienstcharakter. Die protestantische Theologie verwarf die unproduktive Tätigkeit von Eremit, Mönch und Nonne. Sie bejahte die Arbeit in allen ihren Formen und anerkannte alle ihre Ergebnisse. Kategorisch abgelehnt wurden Müßiggang und Prasserei. Mit Arbeitsgebot und Konsumverzicht sanktionierte sie die Hauptakkumulationsmittel des Bürgers. Mochte es Calvin auch allgemeingeltend gesehen haben, so sprach er doch insbesondere dem Bürger aus dem Herzen: »Wenn wir nur unserem Beruf gehorchen, so wird kein Werk so unansehnlich und gering sein, daß es nicht vor Gott leuchten und für sehr köstlich gehalten würde.«[1]

Aber nicht nur, daß die evangelische Theologie die produktive Arbeit aus ihrer bedrückten Lage innerhalb des feudalen Weltbildes befreite, sie schuf dem Arbeitenden auch eine eigene Kirche. Mit der Gleichheit aller gesellschaftlichen Tätigkeiten fiel der exklusive Charakter des geistlichen Standes fort. Nicht nur in den Betsaal durfte der Bürger als Gleicher mit dem Adel eintreten, das Kirchenamt öffnete sich ihm, ja, er konnte durch Pfarrerwahl und als Laienpresbyter die Leitung der Kirche übernehmen!

Mochte Calvin auch vor der letzten Konsequenz seiner Theologie der Arbeit zurückschrecken und den Bankier, der sein Geld wie der seit Jahrhunderten verschriene Wucherer vermehrte, ablehnen. Im 17. Jahrhundert wiesen Grotius und Salmasius im wirtschaftlich weiter entwickelten Holland das Zinsnehmen als nicht im Widerspruch zu gottgefälligem Tun nach. Und im 18. Jahrhundert übersetzte Benjamin Franklin die calvinistische Forderung nach rastloser Arbeit in seinem ökonomischen Katechismus: »Bedenke, daß die Zeit Geld ist. Wer täglich zehn Schillinge durch seine Arbeit erwerben könnte und den halben Tag spazieren geht, oder auf seinem Zimmer faulenzt, der darf, auch wenn er nur sechs Pence für sein Vergnügen ausgibt, nicht dies allein berechnen, er hat nebendem noch fünf Schillinge ausgegeben oder vielmehr weggeworfen.«[2]

[1] Übersetzt in: Weber, Otto: Johannis Calvin, Unterricht in der christlichen Religion. — Neukirchen, 1955. — S. 470.

[2] Zitiert in: Weber, Max: Gesammelte Aufsätze zur Religionssoziologie. — Bd. 1. — Göttingen, 1920. — S. 31 f.

Jacques Lefèvre d'Etaples

✤ *Kritik, Kritik! — Gewiß ist vieles an dieser Kritik berechtigt, die jetzt immer vehementer an der katholischen Kirche geübt wird. Aber ist man nicht drauf und dran, mit dem schmutzigen Badewasser auch das Kind wegzuschütten? — Der da so fragt, heißt Jacques Lefèvre. Er war zwischen 1455 und 1460 in Etaples geboren worden. Nach längeren Studien der Theologie und Philosophie erwarb er 1479 den ersten akademischen Grad des Magisters und arbeitete an der Theologischen Fakultät der Pariser Sorbonne. Einst hatte diese Universität einen hohen wissenschaftlichen Ruf genossen, doch die Ablehnung der Erkenntnisse und Methoden humanistischer Gelehrter brachte sie mehr und mehr in Gegensatz zur fortschrittlichen geistigen Entwicklung.*

Lefèvre schließt sich nicht dieser dogmatisch werdenden Sorbonne-Strömung an. Seine Studien der antiken Philosophie öffnen ihn dem Einfluß des Humanismus. Doch geht es ihm dabei nicht allein um die Wiederentdeckung des Aristoteles — mehr als 70 Editionen der Schriften des Geistesriesen besorgt Lefèvre —, sondern um Synthese von philosophischem und mystischem Gedankengut und innigem, an Christus orientiertem Gottesglauben. Damit folgt er Ansätzen von Giovanni Pico, Graf von Mirandola, Marsilius Ficinus und Angelo Poliziano zu einem christlichen Humanismus. Schriften dieser geistesverwandten Männer hat er schon am Collège du Cardinal Lemoine in Paris studiert. Und 1492 exzerpiert er auf einer Italienreise ihm noch unbekannte Werke oder erwirbt sie. Die Studenten schmunzeln, geht doch die Anekdote, daß Lefèvre, nach den Schönheiten von Florenz und Venedig

Jacques Lefèvre, auch Jakobus Faber Stapulensis. Noch vor Luther kehrte er zur Gnadenauffassung des Paulus zurück und unterminierte damit eine Grundsäule der römischen Kirche. Kupferstich von E. de Boulonois, 17. Jahrhundert. Deutsche Staatsbibliothek, Berlin

oder Rom befragt, nur von Bibliotheken und ihren Schätzen zu berichten wisse. Je tiefer Lefèvre in die Geistesgeschichte vorstößt, je umfangreicher sein Bild von den Gedankengebäuden eines Plato oder eines Dionysios Areopagita — mittelalterlicher Schriftsteller wie Raymundus Lullus oder Jan van Ruysbroeck — oder des faszinierenden Nicolaus Cusanus wird, um so mehr stellt sich ihm die Frage nach der Wahrheit der unterschiedlichen Auffassungen. Was kann als Maß dienen im menschlichen Wissen? Welche Kritik ist gerechtfertigt, welche ist Überhebung?

1509, zwei Jahre nach der Berufung Guillaume Briçonnets d. J. an die Spitze des Benediktinerklosters Saint-Germain-des-Prés, bezieht Lefèvre hier Wohnung. Der ehemalige Schüler bietet Jacobus Faber Stapulensis — wie sich Lefèvre als Humanist nennt — einen ungestörten Ort für Studien und Kontemplation. Immer schon hat sich Lefèvre ein klösterliches Leben gewünscht. Es entspricht seiner Neigung zur Versenkung und innigen Nähe zu Gott. Doch der schlechte

Gesundheitszustand des schwachen Körpers verbietet die Einhaltung der strengen Ordensregeln. So tröstet er sich mit dem Gedanken, daß seine Bücher die Menschen zur Frömmigkeit erziehen helfen. Doch nun, wo er in einer Zelle der berühmten Abtei sitzt, will sich die gewünschte Ruhe nicht einstellen.

Entsprechend dem überzeugenden Aufruf des Erasmus von Rotterdam im »Handbuch des Christen« beginnt der Fünfzigjährige mit dem Bibelstudium. Als Ausgangspunkt wählt er allerdings nicht die vom römischen Klerus kanonisierte Vulgata, sondern die Originaltexte. In seiner Klause stapeln sich hebräische und griechische Bibeltexte, und langsam beginnt sich sein Gottesbild zu wandeln. Der offenbar werdende Widerspruch zur herrschenden kirchlichen Auffassung stürzt ihn in eine Krise. Ist etwa nicht bloß der eine oder andere Mangel am kirchlichen Bauwerk zu restaurieren, sondern gibt es entscheidende Unterschiede zwischen den christlichen Aufgaben und der päpstlichen Ausführung? »Es trieb mich fast dazu, der Welt zu entfliehen und Gott in der Einsamkeit zu suchen«, erklärt er in einem Vorwort zur »Contenta« des Raymundus Lullus. [1]

Langsam gewinnt Jacques Lefèvre jedoch wieder Sicherheit, und 1512 veröffentlicht er seine Ansichten von den Grundlagen christlichen Glaubens, die »Paulus-Kommentare«. Es ist ein Ruf in das riesige Kirchenschiff der katholischen Kirche: »Gott allein ist es, der . . . Gerechtigkeit durch den Glauben verleiht, der allein aus Gnade rechtfertigt zum ewigen Leben.«[2] Lauernd kommt aus der Sorbonne die Frage: Sind also die Werke umsonst? Lefèvre antwortet: Durch die Gnade Gottes kommen wir in seine Liebe, kein Werk rechtfertigt uns, kein Verdienst kann die Gnade erzwingen. Herrischer noch einmal von der Universität: Sind die Werke also umsonst? Die Antwort: Nein, wer in der Gnade Gottes ist, der kann wirken. Seine Werke sind Spiegelbild des Glanzes Gottes! [3]

Ist das schon die Reformation? Acht Jahre vor den Reformschriften Luthers, zehn Jahre vor Zwinglis Reformbeginn vertritt Lefèvre in der Vorrede zu den Paulus-Kommentaren bereits die evangelischen Grundthesen: unbedingte Autorität der Heiligen Schrift und Gottes Gnade durch Christi Opfertod. Aus diesen Grundgedanken ergibt sich die Ablehnung des Verdienstes der guten Werke, des katholischen Meßopfers, des Priesterzölibats, kurz, die Rückkehr zu Glauben und Brauch des Evangeliums. Eine solche Rückkehr sei unabdingbar. »Die Kirche folgt leider dem Beispiel ihrer Führer nach und ist weit entfernt das zu sein, was sie sein sollte. Die Zeichen der Zeit kündigen jedoch eine nahe Erneuerung an . . .«[4]

[1] Faber Stapulensis: Vorwort zu: Lulle. Raymond: Contenta. — Paris, 1505.

[2] Faber Stapulensis: Commentarii Pauli epistolas. — Paris, 1512; Stuttgart, 1976. — I/224 f.

[3] Vgl.: Theologische Realenzyklopädie/hrsg. von Gerhard Krause und Gerhard Müller. — Berlin; New York, 1982. — S. 783.

[4] Zitiert in: Realencyklopädie für Protestantische Theologie und Kirche/hrsg. von Albert Hauck. — Graz, 1969. — S. 715.

Die Differenzen zwischen Lefèvres Auffassungen und denen der Sorbonne spitzen sich zu. Schon eifert Natalis Beda, Syndikus der Theologischen Fakultät, beim Parlement (Gerichtshof) gegen den »Ketzer«. Mit Freude nimmt daher Lefèvre die Einladung seines Freundes Briçonnet an, der inzwischen Bischof von Meaux geworden ist. Formal Direktor des Aussätzigenspitals, leitet er in Wirklichkeit einen evangelischen Studien- und Predigtkreis. 1522 erscheint sein »Kommentar zu den vier Evangelien«. Hatte die Sorbonne — Richterin in allen Fragen der Häresie und des Ketzertums — schon 1521 eine einzelne These von Lefèvre verdammt, so beschlagnahmt sie jetzt die Evangelien-Kommentare en bloc. Doch der kritische Denker läßt sich nicht mehr beirren. Unter dem Schutz Briçonnets, der Lefèvre zu seinem Generalvikar ernennt, macht der Gelehrte sich an die Übertragung des Alten und Neuen Testaments ins Französische. Wütend greift die Sorbonne die Reformgemeinde von Meaux und deren spiritus rector an. Sie erklärt, daß die Übersetzung der Bibel für das Volk nicht geduldet werden könne. Ja, sie drängt das Pariser Parlement, höchste Rechtsinstanz Frankreichs, Lesen und Besitz der französischen Bibel zu verbieten. Nachdem einige Teile der rasch verbreiteten Übersetzung feierlich verbrannt worden sind, flieht Lefèvre nach Straßburg. Er will nicht warten, bis man ihn zum Ketzer erklärt und ihm das Schicksal seiner Bücher widerfährt.. Hatte man doch jüngst in Antwerpen zwei Augustinermönche und in Paris den Jean Vallière als Lutheraner verbrannt. Der nicht unbekannte Louis de Berquin, Übersetzer von Erasmus- und Lutherschriften, wurde inquisitorisch verhört, zum Widerruf seiner Ansichten und Taten aufgefordert und ins Gefängnis geworfen. Auf Fürsprache des Königs kam der Humanist zwar frei, und auch ein zweites Mal bewahrte ihn der Monarch vor dem Scheiterhaufen, doch schließlich befindet sich de Berquin wieder in den Händen der Kirchenrichter und wird ihr Opfer.

Lefèvre kehrt erst nach Fertigstellung der Übersetzung des Neuen Testaments mit einem königlichen Gnadenerlaß nach Paris zurück. Wie einen Schutzmantel übergibt der freigesinnte Monarch dem berühmten Gelehrten zwei Ämter: das des königlichen Bibliothekars und das des Prinzenerziehers. Aber die Reformgemeinde von Meaux ist zerschlagen. Die Gefangenschaft Franz' I. nach der Niederlage von Pavia hat die Sorbonne zu nutzen verstanden. Mehrere von Briçonnet eingesetzte Prediger sind verhaftet worden, andere geflohen, und wieder andere haben ihre »Irrtümer« widerrufen. Der evangelische Studienkreis ist zersprengt. Durch seine hohe Belesenheit und das große pädagogische Talent sowie auch sein frommes Gemüt hat Lefèvre aber einen Kreis von Schülern um sich versammelt, von denen viele sich bald einen Namen machen sollen.

Briçonnet mißbilligt die Angriffe der Sorbonne. Für Lefèvres Verhaftung hätte schon die Übersetzung der Bibel in die Volkssprache hingereicht; nun schreibt er auch noch, daß die Heilige Schrift die einzige Glaubensregel sei und jeder Christ das Recht habe, alles nach dieser Regel zu prüfen und was ihr widerspreche zu verwerfen. Das ist — in den Augen des katholischen Klerus — der Aufruf zum Aufstand!

Blois, wo Lefèvre im Schloß Wohnung hat, wird dem Siebzigjährigen zu unsicher, zumal am Hofe das Kräfteverhältnis zwischen scholastisch und humanistisch eingestellten Prälaten und Adligen ständig schwankt. Selbst der König fühlt sich abwechselnd zu den Anschauungen seiner erzkatholischen Mutter, Louise von Savoyen, und denen seiner dem Protestantismus zuneigenden Schwester Margarete hingezogen. So flieht Lefèvre ein zweites Mal, nun zu eben jener Schwester des Königs, die durch ihre Heirat Herrin des kleinen Königreiches Navarra geworden ist. Lefèvre legt die Bibel nicht einmal aus den Händen, während er mit der Kutsche aus dem Herzen Frankreichs an dessen südliches Ende umzieht. In der kleinen Königshauptstadt Nérac ist Lefèvre dem Zugriff der Inquisition entzogen, hier wirkt er fort: für die Verbesserung der Predigten, für die Bildung der Priester, vor allem für die gründlichere Kenntnis der Bibel. Aber Lefèvre plagen Zweifel. Reicht es denn, die Bibel in die Volkssprache zu übersetzen und sie so jedermann zugänglich zu machen? Muß man die evangelische Wahrheit nicht auch bekennen, wie sich de Berquin zu seiner Übersetzung auf dem Feuerstoß bekannt hatte? Zweifellos muß die katholische Kirche zu ihren christlichen Idealen zurückkehren. Aber auf welche Weise wird sie das tun? Der alte Mann hofft auf einen Ausgleich zwischen Kurie und Evangelischen, auf Einigkeit in Christi. In diesem Sinne spricht er auch zu Calvin, der ihn 1533 besucht. Doch dieser nimmt nicht den Versöhnungsgedanken mit, sondern verstaut das unbedingte Schriftgebot in seinem geistigen Gepäck.

Lefèvre hat mit seiner Rückbesinnung auf das Evangelium die katholische Autorität erschüttert: Immer muß Bestehendes erst in Frage gestellt werden, bevor Neues aufgebaut werden kann, immer geht der Kritiker dem Schöpfer voran.

Die großen Reformatoren

⚜ Als Martin Luther 1517 seine Thesen gegen den Ablaßhandel veröffentlichte, glaubte er teilzunehmen am Disput um ein Gebrechen, eine Übertreibung katholischer Kirchenpraxis. Doch statt zu einer lateinischen Disputatio dienten die Thesen den Papstgegnern als theologisches Banner. Der Papst und die römische Kurie reagierten schnell, die Inquisition begann zu arbeiten. Luther traf in seinem »Sermon von Ablaß und Gnade« (1518) die Papstkirche schon im Herzen: Nicht Werke oder Münzen konnten vor Gott gerecht machen, sondern allein die Gnade Gottes. Hier offenbarte der Wittenberger die Erlösung von eigenen Zweifeln und Glaubensfragen, wie er sie im Römerbrief des Apostels Paulus gefunden hatte: »So halten wir nun dafür, daß der Mensch gerecht werde ohne des Gesetzes Werke, allein durch den Glauben. . . Nun wir denn sind gerecht geworden durch den Glauben, so haben wir Frieden mit Gott durch unsern Herrn Jesus Christus. . .«[1]

Dieser zentralen Auffassung, an der sich fürderhin Katholiken und Protestanten voneinander schieden, widmete Luther sein weiteres Tun. Ab 1520 folgten in rascher Reihung die großen Reformschriften. Die Gläubigen, die allein vor Gott Rechenschaft zu geben hätten, wurden aus der Vormundschaft der Priester befreit. Kirchliches und weltliches Tun, Gebet und Beruf sollten nicht mehr zwei voneinander getrennte Welten sein. Der Glaube rechtfertige beide, ohne den Glauben könne keines der beiden sittlich wirken. Damit waren die Grundlagen einer neuen Ethik geschaffen. »Als ob die Engel vom Himmel Botenläufer gewesen wären«, meinte Luther, verbreitete sich die neue Theologie. Schnell durcheilte sie die deutschen Territorien, tauchte in den Niederlanden und Österreich, in Frankreich und der Schweiz auf.

Wie Wittenberg ein wichtiges Zentrum der deutschen Reformation wurde, so Zürich das der Schweizer. Hier wirkte Ulrich Zwingli für die Abkehr von den katholischen Bräuchen. Ein provokatorischer Verstoß gegen das Fastengebot im Jahre 1522 gilt als Beginn der Schweizer Reformation. Wie Luther suchte auch Zwingli unter dem Wust von römischen Bräuchen und Mißbräuchen nach der christlichen Wahrheit und fand sie in der Bibel. Die Heilige Schrift wurde zur alleinigen Quelle der Heilsbotschaft wie des Gesetzes, unter das sich die Gläubigen zu stellen hätten. Vor dem Richtstuhl der Bibel fielen kirchliche Hierarchie und exklusives Priestertum, Meßopfer und Ordensgelübde, Fest- und Fastentage in Ungnade. Durch die Erneuerung der christlichen Kirche sollte der Kontakt der Gläubigen mit Gott unmittelbar hergestellt werden, kein Priester konnte mehr durch Fürbitte, durch Kreuzschlagen oder Weihwasser die Gnade vermitteln. Allein das Wort Gottes konnte den Menschen durch die Predigt leiten, damit er den Geist Gottes, seinen Willen, erkannte. Mit dieser Rückbesinnung auf die Bibel fielen die meisten römischen Sakramente. Entsprechend dem Wort der Heiligen Schrift feierte man nur noch die Taufe als Aufnahme in die christliche Gemeinde und das Abendmahl als Erneuerung der Glaubensgemeinschaft um Jesus.

In dem Moment, als Luther und Zwingli das Religions- und Kirchenverständnis der Papstkirche in ihrem Kern angriffen und in Landesherrschaft und Stadtpatriziat, in Bürgertum und Bauernschaft Unterstützung fanden, in dem Moment, als aus Reformgedanken die Reformation wurde, setzten sie auch die normierende und bisher integrierende alte Theologie außer Kraft. Hatte jedoch einerseits die altehrwürdige Kirche, hatten Päpste und Konzile kein Anrecht mehr auf die alleinseligmachende Wahrheit, so boten andererseits Altes und Neues Testament keinen eindeutigen Boden für ein allgemeines Gesetz der Christenheit. Schon in der Abendmahlsauffassung divergierten die Interpretationen.

Widersprüche waren somit die Kehrseite der Befreiung von katholischer Kanonisierung der Ideologie. In Kursachsen gingen Andreas Bodenstein, genannt Karlstadt, und Thomas Müntzer auf gegnerische Positionen. Karlstadt hob die alten Kirchenbräuche auf, gab das Abendmahl in beiderlei Gestalt an die Gläubigen, erklärte die Kindstaufe für überflüssig und führte die von ihm betreuten Gemeinden zu kirchlicher Autonomie. Diese Kirchenpraxis gab dem Selbstbewußtsein bürgerlicher Schichten enormen Auftrieb; ein Teil Thüringens begann bereits Luther für zu gemäßigt zu halten und sich von ihm abzuwenden.

Im bäuerlich-plebejischen Lager suchte man längst nach radikalen Lösungen. »Den süßen Christus« verkündete Luther, aber das Reich Gottes sei kein Gnadengeschenk, sondern das Werk der Mühseligen und Beladenen — so schrieb Müntzer in der »Ausgedrückten Entblößung« 1524. Seine Enttäuschung über das mangelnde Engagement der Fürsten führte ihn ins Lager der Volksreformation. Beeinflußt von den Zwickauer Propheten, wurde er zum Spiritualisten, dem das Wort der Bibel tot war, solange es nicht im Geiste Gottes begriffen, erlebt würde. Die Trennung von irdischer Welt und göttlichem Reich, der Gegensatz, müsse überwunden werden durch eine Gemeinde

[1] Die Bibel, Brief des Paulus an die Römer. — 3,3/3,5.

Gottes, durch seine auserwählten Freunde. So stellte er sich in die Reihen kämpfender Bauern und starb mit ihnen nach der Niederlage bei Frankenhausen.

Die Täufer hingegen waren von einem tiefen Mißtrauen in den Staat und jede mit dem Staat verbundene Kirche erfüllt. Sie erstrebten Gemeinden, deren Sittlichkeit aus dem Neuen Testament, insbesondere aus der Bergpredigt, abgeleitet wurde. Bei diesem Bestreben nach tatsächlicher Heiligung verwarfen sie jedwede Gewalt. Allerdings ist dieses Bild durch kleine Gruppen apokalyptischer Orientierung, die die Vernichtung der Gottlosen durch das Schwert propagierten und zum Beispiel im westfälischen Münster grausam praktizierten, überschattet. Doch selbst die Masse demütiger Täufergemeinden in Zürich, in den Niederlanden und in Niederdeutschland sowie in Mähren schien Katholiken und Protestanten gleichermaßen bekämpfenswert.

Diese unterschiedliche, ja gegensätzliche Entwicklung evangelischer Kirchenpraxis und insbesondere die Verbindung von Kirche und bäuerlich-plebejischer Aufstandsbewegung machten den großen Reformatoren nachdrücklich die Notwendigkeit klar, daß die neue Kirche eine eindeutige und positive Ausgestaltung brauchte. Sollte die Reformation Bestand haben, so konnte sie nicht bei der Ablehnung katholischer Mißbräuche stehenbleiben, wie sich andererseits eben diese Neugestaltung nicht in einzelnen Sekten zersplittern durfte.

Zwingli hatte die Züricher Reformation von Anfang an in engerer Nähe zur politischen Entwicklung des Kantons und seiner Nachbarn gesehen. Da für ihn Kirchen- und Bürgergemeinde eine religiöse Einheit bildeten, ging die von Rom befreite Kirche in die Hände des Stadtstaats über. Das Sittenregiment zur Durchsetzung der Kirchenzucht wurde von Pfarrern und weltlichen Räten gemeinsam geübt, die Gerichtsbarkeit lag jedoch völlig in den Händen der weltlichen Obrigkeit. Solange sie nicht gegen Gottes Gesetz verstieß, waren ihr alle Bürger unterworfen. Aber der Anspruch des Züricher Rates galt nicht nur nach innen, sondern gleichermaßen nach außen. Die Eidgenossenschaft wurde aufgekündigt, und an ihre Stelle trat 1528 eine Vereinigung auf religiöser Basis, nachdem Bern Zwinglis Reformation übernommen hatte. Dieses gleichermaßen missionarische wie machtpolitische Bündnis rief eine Gegenbewegung katholischer Kantone auf den Plan. Deren zweimaliger Sieg stoppte eine weitere Ausbreitung der schweizerischen Reformation, und der Tod Zwinglis in der Schlacht bei Kappel 1531 beendete auch europäische Ambitionen des Reformators, der die Schweizer Kantone, die oberdeut-

Jean Chauvin, auch Johannes Calvin. Bedürfnislos, unbestechlich, diszipliniert und streng kämpfte Calvin für den Aufbau einer reformierten Kirche. Als Siebenundzwanzigjähriger hatte er sich mit der »Institutio . . .« als Reformator ausgewiesen, als Fünfundfünfzigjähriger hinterließ er eine expandierende Kirche. Kupferstich von Claes Jansz Visscher, 16. Jahrhundert. Bibliothèque Nationale, Paris

schen Städte, die protestantischen Fürstentümer und die Niederlande in einer antihabsburgischen Union zusammenführen wollte.

Einer solchen Union hatten auch die Religionsgespräche von 1529 in Marburg und Schwabach mit den Lutheranern dienen sollen. Doch während Zwingli pragmatisch eine Einigung auf der Basis eines christlichen Minimalprogramms suchte, beharrte Luther insbesondere auf seiner Abendmahlsauffassung. Auch Kompromißformeln Bucers aus Straßburg wurden von ihm abgelehnt. Die Niederlagen der Schweizer evangelischen Orte in den Auseinandersetzungen mit katholischen Kantonen, der Tod ihres Führers und die Parteinahme Luthers für die Fürstenherrschaft sowie die Kanonisierung der lutherischen Lehre führten zur Abnahme der Ausstrahlungskraft; die Reformation begann zu stagnieren. Doch die Kirchenerneuerung war nicht mit dem Wirken von Luther und Zwingli erschöpft. In der Schweiz und in Frankreich verband sich die Reformation mit dem Namen Calvin.

Jean Cauvin, der sich später Johannes Calvin nannte, wurde am 10. Juli 1509 in Noyon, Picardie, geboren, einer Stadt, die Bischof und Domkapitel beherrschten. Sein Vater war bischöflicher Sekretär und Notar des Kapitels sowie Fiskalprokurator der Grafschaft. Seiner Zielstrebigkeit verdankte Jean, daß er zusammen mit den Söhnen einer adligen Familie ersten Unterricht erhielt und, mit einer Pfründe als einer Art Stipendium ausgestattet, im August 1523 am Collège de La Marche in Paris seine Studien beginnen konnte. Bald zeigte der strebsame Studiosus hervorragende Kenntnisse in Grammatik und Rhetorik, in Dialektik und Musik, Arithmetik und Geometrie sowie Astronomie. Er wechselte zum Collège de Montaigu, an dem schon Erasmus die freien Künste studiert hatte. Zur gleichen Zeit, da er mit dem Reifezeugnis für ein wis-

Bibelübersetzung von Pierre Robert Olivetanus. Die Übertragung der Bibel in die Volkssprachen war in den vergangenen Jahrhunderten von der katholischen Kirche erfolgreich unterdrückt worden. Im Umfeld der Reformation entstanden jedoch zahlreiche Fassungen, oft aus der lateinischen Vulgata, zunehmend auch aus den originalen Texten. Olivetanus' Übersetzung erschien 1535 im Druck, 1540 im Nachdruck. Hugenottenmuseum, Berlin

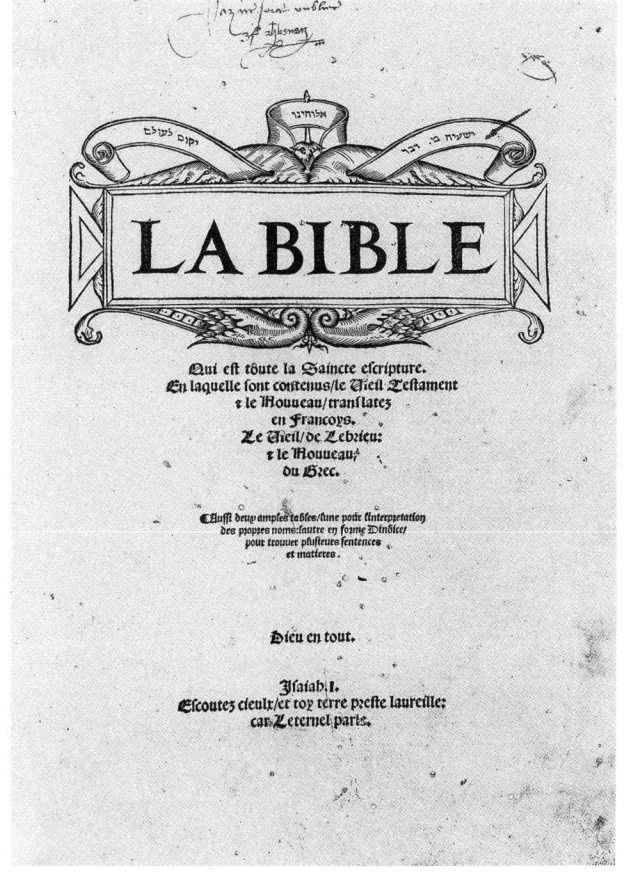

Titelblatt der »Institutio Christianae Religionis« von Johannes Calvin, 1592. Die kleine Schrift gewann im Laufe der Schaffenszeit Calvins einen Umfang von mehr als 1000 Seiten, gewaltiger jedoch ist ihre geistige Größe. Hugenottenmuseum, Berlin

senschaftliches Studium das Collège verließ, begann Loyola seine Studien an dieser Bildungseinrichtung. Wenig später sollten beide führende Plätze im Religionsstreit einnehmen, der eine als ein konsequenter Protestant, der andere als ein militanter Katholik.

Auf Wunsch des Vaters begann Calvin 1529 mit dem eigentlichen Studium in Orléans, nicht aber als künftiger Theologe, sondern als Jurist. Auch hier wieder arbeitete er voller Eifer. Das ihm später nachgesagte freie Studentenleben des Zwanzigjährigen ist Erfindung. Calvin war unermüdlich, ja unerbittlich gegen sich selbst. Er enthielt sich aller Vergnügungen, reduzierte seinen Schlaf, seine einzige Leidenschaft waren die Bücher. Er begeisterte sich an Logik, Präzision und Härte des »corpus juris« des Justinian und erwarb 1531 das Lizentiat der Rechte. Nach Paris zurückgekehrt, dehnte er seine Studien auf die klassische Literatur aus. Begierig, sich in den Zirkel humanisti-

Calvin in der Vorrede zum Psalmen-Kommentar: »Gott gab endlich durch den geheimen Zügel seiner Vorsehung meinem Lauf eine andere Richtung. Und zwar hat er zuerst, da ich dem abergläubischen Wesen des Papsttums hartnäckiger ergeben war, als daß es leicht gewesen wäre, mich aus so tiefem Schmutz herauszuziehen, meine Seele, die sich für ihr Alter allzusehr verhärtet hatte, durch eine plötzliche Bekehrung zur Gelehrigkeit unterworfen.« [1]

[1] Zitiert in: Lang, August: Zwingli und Calvin: Monographien zur Weltgeschichte. — Bielefeld; Leipzig, 1913. — S. 94.

[2] Calvin, Johannes: Institutio Christianae Religionis / übers. von Matthias Simon: Um Gottes Ehre!. — München, 1924. — S. 6.

[3] Durant, Will: Die Geschichte der Zivilisation. — Bd. 6. Das Zeitalter der Reformation. — Bern; München, 1959. — S. 478.

[4] Zoff, Otto: Die Hugenotten: Geschichte eines Glaubenskampfes. — Weimar, 1949. — S. 43.

scher Schriftsteller einzuführen, verfaßte er einen Essay zu Senecas »De clementia«. Doch nicht »Milde« bestimmte Calvins weiteres Leben, sondern Härte. Seine künftigen Ansichten sollten zu den rigorosesten der theologischen Literatur zählen.

Die intellektuelle Annäherung an den Ursprung des Christentums blieb keine stille Hausaufgabe für Calvin, brachten doch die Kirchenstürme in Deutschland, in der Schweiz und auch in Frankreich die Gläubigen gegen den »römischen Antichrist« auf.

Hier brannten die Protestanten ebenfalls darauf, sich aus der »babylonischen Gefangenschaft« zu befreien. Calvins Cousin Pierre Robert Olivetanus übersetzte im Auftrag der Waldenser die Bibel ins Französische, Calvins Freund Gérard Roussel plädierte von Angoulême aus öffentlich für eine Kirchenreform, und Nicolas Cop, den man zum Rektor der Pariser Universität gewählt hatte, besprach mit Calvin seine Antrittsrede: Läuterung der kirchlichen Praxis, Darstellung von Luthers Gnadenauffassung statt katholischer Werkheiligung und ein eindringlicher Appell, den neuen Ideen Gehör zu schenken.

Ein Sturm brach los. Die Sorbonne wütete. Das Parlement klagte auf Ketzerei und setzte 300 Livres Belohnung für den aus, der Cop tot oder lebend den Henkern auslieferte. Calvin flüchtete 1535 nach Basel, verbarrikadierte sich hinter Büchern. Doch kein Widerruf entstand, sondern eine Verteidigungsschrift des Protestantismus, die Geburtsurkunde der calvinistischen Kirche. Um die Wende zum Jahr 1536 setzte er ein »finis« unter das Manuskript der »Institutio Christianae Religionis«. »Lies den Demosthenes oder den Cicero, lies Platon oder Aristoteles oder welche du auch aus der ganzen Schar lesen magst. Sie werden dich — das gestehe ich — wundersam anlocken, ergötzen, bewegen, hinreißen. Aber wenn du dann zur Heiligen Schrift kommst, so ergreift sie dich — ob du willst oder nicht — so lebendig, dringt dir so tief ins Herz, setzt sich so im Innersten fest, daß vor der Gewalt dieser Eindrücke die Kraft jener Redner und Philosophen fast verschwindet«, so akklamierte Calvin in der Vorrede zur »Institutio«, die er als »Apologeticum Protestantii« König Franz I. widmete. [2] Er folgerte: Allein durch die Bibel, in der sich Gott dem Menschen offenbart hat, können wir seine Majestät ahnen, uns Richtschnur nehmen und alles Menschliche messen!

Calvin entrückte Gott dem katholischen Schacher: Niemals können gute Werke, ja Münzen die Seligkeit Gottes erkaufen! Wenn aber gute Werke den Menschen nicht heiligen können, dann können ihn schlechte nicht verderben. Der Mensch ist Gottes Allmacht ausgeliefert, sein himmlisches Sein vorherbe-

stimmt. So griff Calvin die Prädestinationslehre des Augustinus auf und erkannte die Menschen geworfen, geschieden von Anfang an in Auserwählte und Verworfene. »Calvins Genie lag nicht in der Schöpfung neuer Ideen, er führte vielmehr die Gedanken seiner Vorgänger zu ihrem ruinös logischen Abschluß. . .« — urteilt die »Kulturgeschichte der Reformation« von Will Durant. [3] Daraus wäre zu schlußfolgern, daß diese Konsequenz aber nun eigentlich Theologie, ja Religion selbst überflüssig mache! Keines Menschen Denken, keines Menschen Wirken kann jenen göttlichen Plan ergründen oder verändern. Diese Erkenntnis trennte die Menschen von Gott, aber die Heilige Schrift, das Wort Gottes, bot denselben Menschen Gewißheit vom Willen Gottes, bot ihnen sein Gesetz als Richtschnur des Handelns. Hatten alle Reformatoren den Kauf der Seligkeit durch gute Werke verworfen, so war ihnen andererseits der Glaube ohne Werke nichts. Luther hatte im »Großen Katechismus« den Menschen durch und in seinen guten Werken als sichtbar gesegnet bezeichnet; Bucer hatte im Vierstädte-Bekenntnis die Forderung nach guten Werken als Frucht des Glaubens festgeschrieben. Im Heidelberger Katechismus von 1563 gaben die guten Werke schon Gewißheit des Glaubens. Die calvinistische Kirche wurde eine unsichtbare Gemeinschaft der Erwählten, die mit dem Davidstern guter Werke als Beleg des Gottglaubens, als Merkmal der Selbstgewißheit gezeichnet war.

Mit dieser dialektischen Wendung negierte Calvin die katholische Werkheiligung, vollendete den reformatorischen Gedanken, daß in und durch Gott gute Werke möglich sind, und setzte den Stachel ewiger Ungewißheit, ob jene Werke tatsächlich einen Ausdruck der göttlichen Erwähltheit darstellten. In dieser Negation der Negation öffnete Calvin seine Theologie wieder dem Menschen und seinem Tun. Wie die Kapitalisierung von Mehrwert keine Schranken in sich findet und jede feudale Selbstgenügsamkeit sprengt, so würden auch Myriaden guter Werke keine Gewißheit des Gnadenstandes schaffen, aber nur in den guten Werken konnte die Erwähltheit aufscheinen. »An die Stelle der demütigen Sünder, denen Luther, wenn sie sich in Reue Gott zuwenden, die Gnade verheißt, treten bei Calvin jene selbstüberzeugten Puritaner, die die guten Werke nicht aus Nächstenliebe, sondern im Dienst Gottes vollbringen müssen und die auch die Berufsarbeit unter das Gesetz stellen.« [4] Diese Bestimmtheit christlichen Tuns und diese Unbestimmtheit des Erwerbs der Seligkeit machten den Calvinismus zu einer »Bürgerreligion«.

Weiter drang Calvin in alle Bereiche, in alle Verästelungen der theologischen Weltsicht ein. Mit Hin-

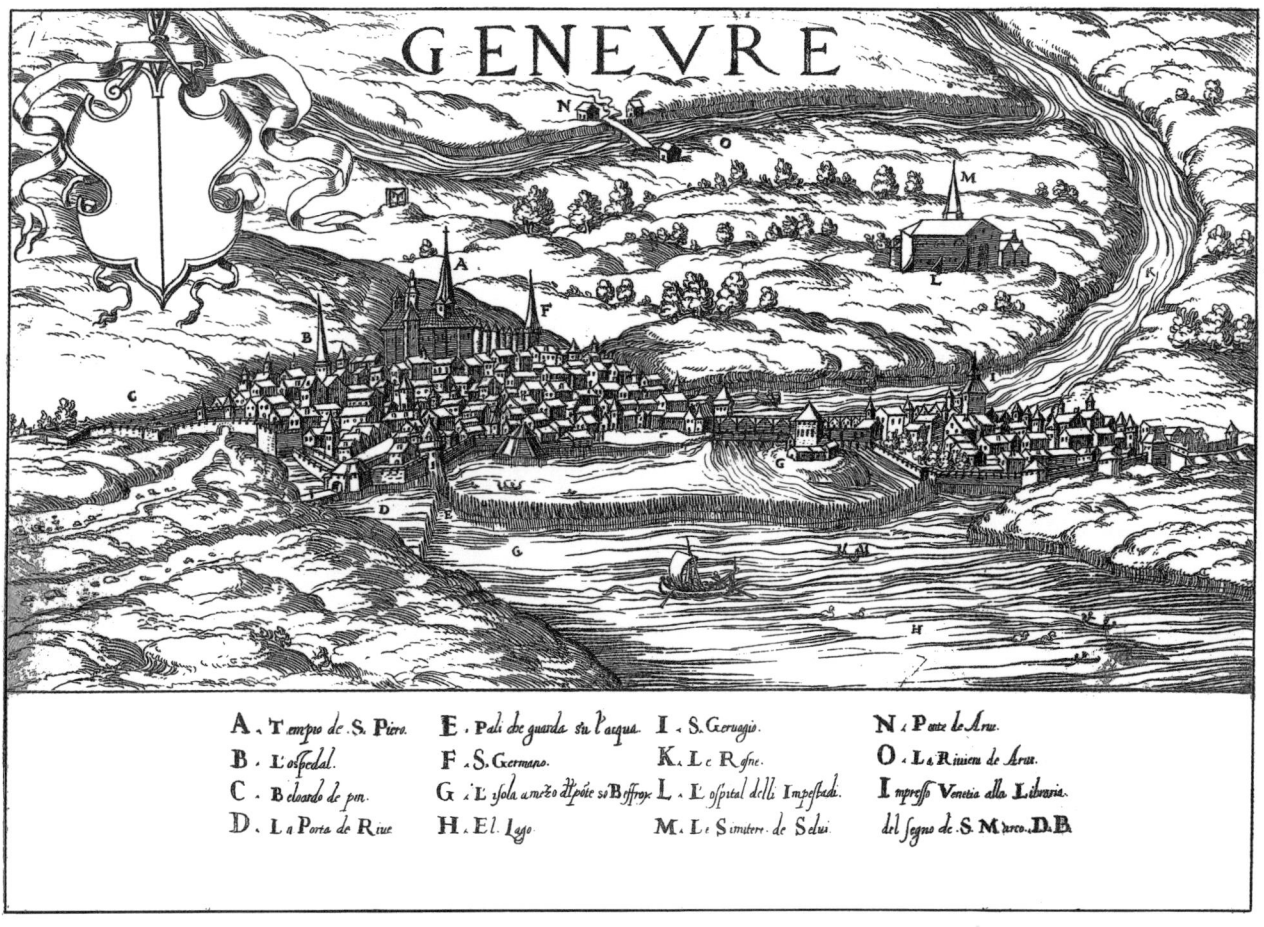

GENEVRE

A . Tempio de S. Piero.   E . Pali che guarda su l'acqua.   I . S. Geruagio.   N . Ponte le Arin.
B . L'ospedal.   F . S. Germano.   K . Le Rosne.   O . La Riuiera de Arin.
C . Beloardo de pin.   G . L'isola a mezzo il ponte si Boffroze. L . L'ospital delli Impestadi.   Impresso Venetia alla Libraria.
D . La Porta de Riue.   H . El Lago.   M . L. Simiterro de Schui.   del segno de S. Marco . D. B.

Plan der Stadt Genf. Für den Großen Rat, Herrschaftsorgan von Stadt und Gebiet Genf, war die Einführung der Reformation zuallererst eine politische Maßnahme der Selbstbehauptung gegen römische Finanzansprüche und savoyische Territorialexpansion. Durch Calvin wurde die Stadt Zentrum der reformierten Kirche. Stich von Matthäus Merian d. Ä. Deutsche Staatsbibliothek, Berlin

gabe studierte er die Kirchenväter, griff zu den Schriften Luthers und Melanchthons, Lefèvres und Bucers sowie anderer. Alles zog er vor das Richtwort der Bibel, empfand es als Gotteslästerung, daß sich während des Meßopfers Brot und Wein in Leib und Blut Christi verwandeln sollten; als Götzendienst, daß das Kreuz oder Bilder angebetet wurden. Alle Veräußerlichungen nahm er zurück und propagierte die innere Glaubensgemeinschaft mit Gott. Konsequenter noch als andere Reformatoren wandte sich Calvin gegen Rosenkränze und Marienkult, Reliquienschreine und Fastenquälereien, Heiratsverbot und Selbstkasteiungen. Heiligenfeiertage, Bilderprunk und Nebenaltäre. Doch die Ablehnung des »Heidentums im Papstgewand«, das Fortblasen der Weihrauchnebel und der Verzicht auf bunte Ornate und Altardecken ließen Calvin nur deut-

licher erkennen, daß die Kirche neu begründet werden mußte. »Als ich in diese Stadt kam, verkündigte ich wohl das Evangelium, aber es war alles in großer Verwirrung, als bestände das Christentum in nichts anderem als in der Zerstörung der Bilder« [1], notierte er, als er in Genf zu predigen begann.

1536, im Jahr der Ankunft Calvins in Genf, entschied sich der Rat der Stadt für den Protestantismus. Den Boden vorbereitet hatte Guillaume Farel, ein Schüler von Lefèvre d'Etaples. Er war von Bern aus im französischsprachigen Teil der Eidgenossenschaft tätig gewesen und hatte eine Reihe von Landschaften und Städten zum Protestantismus bekehrt. So sehr das Bürgertum sich in seinem Werktag durch Farel und Calvin bestätigt sah, so überrascht war es doch von den Konsequenzen, die sich aus der neuen Glaubenslehre für das gesamte Leben ableiteten. Calvin beseitigte nicht nur ein Übermaß an katholischen Feiertagen und verlängerte so das Arbeitsjahr um rund 50 Tage im Interesse des Bürgers, er verbot auch, was die Werkwoche am Sonntag versüßte: ein reich ausgestattetes Haus, gutes Essen, Kleiderputz, Tanzen und Spielen. Auf diese Weise tauchte die »außerweltliche« Askese des Mönchs als »innerweltliche« Askese des

[1] Zitiert in: Mörikofer, Johann Caspar: Geschichte der evangelischen Flüchtlinge in der Schweiz. — Leipzig, 1876. — S. 16.

⚜ »Wer den Spuren der kapitalistischen Entwicklung nachgeht, in welchem Land Europas es auch sei, immer wird sich ihm dieselbe Tatsache aufdrängen: die calvinistische Diaspora ist zugleich Pflanzschule der Kapitalwirtschaft.« [1]

Bürgers wieder auf und bildete durch Ausdehnung der Arbeit und Beschränkung der Konsumtion einen entscheidenden Hebel der Akkumulation im Frühkapitalismus. 1538 vertrieb die bestürzte Bürgerschaft Calvin wegen seiner Strenge, seiner asketischen Lebensdoktrin, welche gesellschaftliche und private Existenz der Kirchenmitglieder nicht trennen wollte. Doch zwei Jahre später bat man ihn um Rückkehr und konsequente Durchführung der Reformation. Für diese Bitte Genfs waren politische Gründe ausschlaggebend, hatte doch die Gefahr einer Rekatholisierung und damit einer erneuten Unterordnung unter römisch-katholische Interessen sowie einer Vereinnahmung durch das expansive Herzogtum Savoyen bedrohlich zugenommen.

Im September 1541 kehrte der inzwischen verehelichte Calvin, mehr der Einsicht als dem Herzen folgend, nach Genf zurück. Obgleich nur mit theologischen Ämtern betraut, wuchsen seine Autorität und sein Ansehen von Jahr zu Jahr. Widerstrebende im Rat und in der Bürgerschaft brachte er zum Schweigen, ließ sie ausweisen oder sogar mit dem Tode bestrafen. Noch bildeten die Calvinisten eher nur eine kleine Kirche, doch die außergewöhnliche Kraft dieser Reformation trat selbst distanzierten Zeitgenossen ins Bewußtsein. So schrieb beispielsweise der venezianische Gesandte Michieli: »Sie können sich nicht vorstellen, welch rege Verbindung mit dem gesamten Königreich das geistliche Oberhaupt von Genf unterhält, ... ein Mann, der sich durch seinen Lebenswandel, sein Wissen und seine Schriften bei dieser Sekte außerordentliches Ansehen verschafft hat.« [2] Hier verdeutlicht sich, was für Calvin neben seinen theologischen Erkenntnissen prägend werden sollte: seine Überzeugung, daß die reformierte Kirche einer bestimmten Form bedurfte und daß seine Aufgabe darin bestand, diese Kirchenform zu schaffen. Dazu hatte er mit seiner »Institutio« die Grundlagen gelegt: Rückkehr zum strikten Gottglauben, Gebete, Sakramente und Predigt in der Volkssprache, Abschaffung aller Sakramente, die nicht biblisch verbürgt waren, und Leben nach biblischem Gesetz.

Die Entwicklung in den deutschen Landen und in der Schweiz hatte jedoch gezeigt, daß diese Grundsätze eine Ausgestaltung verlangten, die die Abwehr katholischer Übermacht gewährleisten und die Zersplitterung in protestantische Sekten verhindern konnte. Dazu mußten die verschiedenen protestantischen Erfahrungen ausgewertet und auf ihre Brauchbarkeit hin überprüft werden. Als Calvins Wirken in Genf 1541 einsetzte, waren Wittenbergs und Zürichs Kirchen und deren Beziehungen zur Welt schon in eine

Guillaume Farel, der »Donnerer« der Reformation. Seine Predigten führten insbesondere die Westschweiz der reformierten Kirche zu.

feste Form gebracht. Luther hatte 1523 seine »Ordnung des Gottesdienstes in der Gemeinde« und drei Jahre später die »Deutsche Messe und Ordnung des Gottesdienstes« sowie zur Belehrung den Großen und den Kleinen Katechismus (1529) geschrieben. Zwingli hatte 1524/25 die Züricher Kirchen geordnet, das Schulwesen reformiert und mit dem Ehegericht die Grundlage zu protestantischer Sittenzucht gelegt.

In Basel, das Calvin als humanistisches Zentrum geistiges und als Fluchtort auch leibliches Domizil gewesen war, hatte er sich mit Johann Oekolampad und dessen Werk vertraut machen können. Oekolampads großes Ansehen beruhte auf seinen evangelischen Predigten und der Mitarbeit an der Herausgabe des Neuen Testaments durch Erasmus von Rotterdam. Als der progressive bürgerliche Flügel in Basel durch einen Aufstand die Ratsgeschäfte übernehmen konnte, begann Oekolampad 1529 mit der Umgestaltung des Kirchenlebens, ja des gesamten geistigen Lebens. Eine Gottesdienstordnung wurde erlassen, Vorschriften über die Predigten und die Sakramente sowie die Unterrichtung in der Kirchenlehre verfügt. Weiterführend war insbesondere die Auffassung, Gemeinden durch ein Presbyterium zu verwalten und die Kirchen ihre gemeinsamen Belange in Synoden beraten und beschließen zu lassen. Über die Pfarrerwahl in Kursachsen, wo sie allerdings am Ansatz steckenblieb, in

[1] Gothein, Eberhard: Wirtschaftsgeschichte des Schwarzwaldes und der angrenzenden Landschaften. — Straßburg, 1892. — S. I/674.

[2] Zitiert in: Die Hugenottenkriege in Augenzeugenberichten / hrsg. von Julien Coudy. — Berlin; Darmstadt; Wien, 1970. — S. 50.

Zürich und Bern hinausgehend, wurde in Basel die Kirchenleitung insgesamt gewählt. Pfarrer und Laienpresbyter bestimmten gemeinsam alle Kirchenbelange, so daß die Kirche nicht mehr wie bei den vorhergehenden protestantischen Reformen mit dem Staat — sei es Stadt oder Territorium — eins war. Dieses demokratische Prinzip der Selbstbestimmung setzte sich durch die Synodalverfassung über die einzelne Kirchengemeinde hinaus fort.

Eine ähnliche Kirchenverfassung arbeitete Martin Bucer in Straßburg aus. Obgleich neun Jahre jünger als Oekolampad, hatte er beinahe zeitgleich mit diesem sein protestantisches Wirken begonnen. Sein Gottesverständnis, das von einem letztendlich nicht ergründbaren Geheimnis ausging, lenkte das Augenmerk auf den Ausbau der sichtbaren Kirche. Gerade weil mit menschlicher Vernunft Gott nicht zu ergründen sei, blieb Bucer skeptisch gegenüber den Streitigkeiten der protestantischen Richtungen, er lehnte die Auslegungsgefechte etwa in bezug auf das Abendmahl ab und tendierte zum Ausgleich. Zu den Großen der Reformation aufrückend, gelang es ihm, mit der Wittenberger Concordie von 1536 den Unierungsgedanken zu stärken.

Als Calvin 1538 — aus Frankreich geflohen und aus Genf vertrieben — in Straßburg Exil gefunden hatte, lernte er das Reformationsgebäude Bucers genauer kennen und sah in dessen Kirchenpraxis Aspekte, die er drei Jahre später für die Genfer Kirche übernahm. Es war dies jene Selbstverwaltung durch Pfarrer und Laien, die Bucer noch stärker als Oekolampad ausgeprägt hatte. Bei Calvin sollten die Ämter ihre klassische Gestalt erhalten: Die Pastoren hatten den Dienst am Wort und die Sakramentsverwaltung, die Presbyter waren insbesondere für die Kirchenzucht verantwortlich, die Diakone sorgten sich um das Wohl der Armen und Kranken, die Doktoren um Lehre und Ausbildung. Um den Gemeinden eine einheitliche Struktur zu geben, führte Calvin sogenannte Bibelkonferenzen ein. Wöchentlich trafen sich Pfarrer und Doktoren, um Auslegungsfragen zu klären. Die Pfarrer mußten sich vierteljährlich einer Einschätzung ihrer Arbeit unterwerfen. Auf diese Weise erhielten Inhalt und Aufbau der Genfer Kirchen einen geschlossenen Charakter. Diesem diente auch der von Calvin 1542 geschriebene Katechismus. Auf beinahe 400 Fragen waren hier Antworten gegeben, die durch die sonntägliche Unterweisung aller Kinder schnell zur Lehrnorm wurden.

Eine weitere Form der Straßburger Kirche übernahm der Genfer Reformator, nachdem er ihre außerordentliche Wirkung erlebt hatte: den Psalmengesang.

Den radikalen Bilderstürmen war in den allermeisten evangelischen Kirchen auch die Orgel und damit die Kirchenmusik zum Opfer gefallen. Durch den Gemeindegesang entstand aber ein inniges Band der Zusammengehörigkeit und der Spiritualität. In Straßburg waren die biblischen Psalmen als Textvorlage für Verse in der Volkssprache benutzt und alten oder neuen Melodien unterlegt worden. Calvin förderte schon hier als Pfarrer der französischen Flüchtlingsgemeinde diesen Kirchengesang. 1539 entstand ein französisches Psalmenbüchlein. In Genf dann wurde diese Ausgabe durch Théodore Bèze textlich und durch Louis Bourgeois musikalisch vervollständigt.

Mit all diesen Maßnahmen hätte sich Calvin kaum nennenswert von anderen Reformatoren unterschieden. Daß der Calvinismus einen neuen reformatorischen Aufschwung bedeutete, daß die reformierte Kirche zur kampfstärksten evangelischen Kongregation wurde, lag an mehr als den einzelnen Maßnahmen. Entscheidend sollte werden, daß Calvins Bibelausle-

Théodore Bèze. Während Calvin unbestrittenes Haupt der Reformierten war, vertrat Théodore Bèze ihn in Frankreich sowohl beim Religionsgespräch in Poissy wie auch im Führungszirkel der Aufständischen. Lutherhalle Wittenberg

THEODRVS BEZA.

❧ »Es gibt vier Ämter, die unser Herr zur Regierung seiner Kirche eingesetzt hat. Zuerst kommen die Pastoren, dann die Lehrer, dann die Ältesten, viertens die Diakonen.«

Pastoren: »Was die Pastoren angeht, . . . so ist es ihr Amt, das Wort zu verkünden, und zwar zu lehren, zu warnen, zu ermahnen, zu tadeln und das sowohl öffentlich als auch im Einzelfall, die Sakramente zu verwalten und brüderliche Korrekturen mit den Ältesten und Mitarbeitern vorzunehmen.«

Lehrer: »Das eigentliche Amt des Lehrers ist es, die Gläubigen in der heiligen Lehre zu unterrichten, damit die Reinheit des Evangeliums nicht durch Unwissenheit oder durch schlechte Meinungen verdorben werde.«

Älteste: »Ihr Amt ist es, Obacht auf das Leben eines jeden einzelnen zu geben, liebevoll diejenigen zu ermahnen, bei denen sie Fehler oder ein zuchtloses Leben feststellen. Dort, wo es notwendig ist, sollen sie dem Pfarrkonvent Bericht erstatten, der dafür dasein soll, brüderliche Korrekturen vorzunehmen, und zwar gemeinsam mit ihnen.«

Diakone: »Es gab davon immer zwei Arten in der alten Kirche. Die einen waren dazu abgeordnet, die Gaben für die Armen anzunehmen, auszugeben und zu verwalten, was die täglichen Almosen, den Besitz, die Renten und Pensionen angeht. Die andern waren dazu da, die Kranken zu versorgen und zu pflegen sowie sich um den Unterhalt der Armen zu kümmern. An dieser Sitte halten wir ja bis in die Gegenwart hinein fest.« »Wenn wir also eine wohlgeordnete und im ganzen in gutem Zustand befindliche Kirche haben wollen, ist es erforderlich, diese Gestalt des Kirchenregiments zu beobachten.« [1]

⚜ »In Paris ist der Fanatismus der Feinde des Evangeliums heftiger aufgeflammt als je. Es ist Befehl gegeben, daß Gerichtskommissare die ganze Stadt durchstreifen und von Haus zu Haus nachforschen sollen, wie jedermann sich hält, und ob alle an den Festtagen die Messe hören. Sie dringen nicht nur bis in die Schlafzimmer, sondern bis zu den Betten, Truhen und Schränken. Jeder, bei dem man ein verdächtiges Buch findet, wird gleich ins Gefängnis geschleppt. . .« [2]

---

[1] Calvin, Johannes: Ordonnances ecclésiastiques/übersetzt in: Quellen. Ausgewählte Texte aus der Geschichte der christlichen Kirche/hrsg. von Helmut Ristow und Walter Schultz. — Berlin II (1964) 29. — S. 29 ff.

[2] Zitiert in: Schwarz, Rudolf: Johannes Calvins Lebenswerk in seinen Briefen: Eine Auswahl von Briefen Calvins in deutscher Übersetzung. — Tübingen, 1909. — Brief Nr. 609.

[3] Suchanek-Fröhlich, Stefan: Kulturgeschichte Frankreichs. — Stuttgart, 1966. — S. 323 f.

gung und Kirchengestaltung Gemeinden von strikter Gottesorientierung schufen und daß er die Bürgergemeinden seiner Kirchenkonzeption unterordnete.

Im September 1541 nach Genf zurückgerufen, wurde er mit Geschenken überhäuft und geehrt. Doch es ging ihm nicht um Salär und Salut. Als der Zweiunddreißigjährige durch das Genfer Cornavin-Tor einzog, war er entschlossen, aus der Stadt eine Gemeinde Gottes zu machen. Einzige Maxime des Glaubens und der Kirchengestaltung, der Sittlichkeit und des staatlichen Lebens sollte fortan »la parole de Dieu«, das Gotteswort der Bibel, werden. Einen Monat nach seiner Ankunft legte Calvin dem Rat der Stadt die „Discipline ecclésiastique«, die Kirchenordnung, vor. Widerspruchslos wurde sie akzeptiert. Zur Durchsetzung diente das Konsistorium, das sechs Prediger und zwölf gewählte Laien unter dem Vorsitz Calvins vereinte. In dieser Kirchenbehörde konzentrierte er alle kirchliche Macht, die bald auch die Politik des Stadt-

Calvins »Catechisme«, Genf 1608. Rund 400 Fragen und Antworten des Katechismus machten Calvins Auffassungen populär, Kindern wie Erwachsenen dient er als Fibel des Christentums. Hugenottenmuseum, Berlin

staates zu bestimmen begann. Zwar lehrte er die prinzipielle Unabhängigkeit der religiösen Gemeinde von der politischen, doch seien beide dem biblischen Gesetz unterworfen. Daher betrafen die Beschlüsse des Konsistoriums bald nicht nur exegetische Fragen, sondern alle Belange des Lebens.

Jahr um Jahr, mit nie versiegendem Eifer, formte Calvin so die Stadt nach seinen Vorstellungen: Genf wurde dem Protestantismus, was Rom dem Katholizismus war! Diese Wirkung basierte nicht allein auf der klaren Systematik der Calvinschen Glaubenslehre und der presbyterialen-synodalen Kirchenverfassung, sondern ebenso auf dem missionarischen Eifer seiner Apologeten. Ein beinahe weltumspannender Briefwechsel trug Calvins Anschauungen durch ganz Europa. Die totale Hingabe für das Reich Gottes schreckte auch vor dem Schwerte nicht zurück. Französische Hugenotten und holländische Geusen, schottische Presbyter und englische Puritaner fanden in diesem kämpferischen Christentum adäquaten Ausdruck.

Die neue Kirche in Frankreich und ihre Anhänger

⚜ Die Härte, ja Unerbittlichkeit der calvinistischen Lehre gegenüber persönlicher Wohlfahrt und irdischem Glück erzeugte bei den Reformierten eine Kraft, die allein feindlichen Mächten widerstand. Es »wurden Menschen von solcher Selbstverleugnung und Opferbereitschaft erzogen, daß sie allen Verfolgungen zum Trotz im Kampf um Leben und Tod bestehen konnten.« [3] Denn um Leben und Tod ging es. Kaum war der Protestantismus den Gelehrtenstuben entwachsen und hatte begonnen, sich in den Städten Frankreichs auszubreiten, traten ihm zwei Mächte entschieden entgegen: die katholische Kirche und die Krone.

Der Widerstand der katholischen Kirche erscheint verständlich, bedrohte doch der Protestantismus Macht und Tradition der Papstkirche in ihrer Substanz. Diese war nicht unüberwindlich, die Ausbreitung der Reformation in halb Europa bewies es. Als entscheidend für das Kräfteverhältnis zwischen beiden erwies sich die Rolle der Staatsmacht im Kirchenkampf.

Die Entwicklung des französischen Königtums seit dem ausgehenden 11. Jahrhundert, die Errichtung des Erbkönigtums im 13. und seine Festigung im 15. Jahrhundert hatten die für die mittelalterliche Staatsstruktur typischen partikularistischen Tendenzen im wesentlichen überwunden. Neben der Krone stand — mit vergleichbarer Macht — die Kirche. Doch anders als in Deutschland oder England war die Haltung der weltlichen Herrscher zur katholischen Kirche durch die Absicht geprägt, die universalen Fähigkeiten der Papstkirche für eigene Zwecke zu nutzen. Schon einmal in der Geschichte war es der französischen Krone gelungen, die Herrschaft über den Papst und dessen Kurie zu erlangen. Aus diesem Grund schwankten je nach Kräfteverhältnis und taktischer Version die französischen Könige zwischen Beherrschung der Papstkirche oder relativer Selbständigkeit der französischen Staatskirche. Beide Varianten standen jedoch dem Protestantismus diametral gegenüber. Trotzdem gab es während der Regierungszeit Franz' I. nur sporadische Aktionen gegen die Protestanten. Nahezu gleichgültig sah der König dem Entstehen der ersten protestantischen Gemeinde auf französischem Boden zu. Dabei lag Meaux nur eine halbe Tagesreise von Paris entfernt. Der Bischof von Meaux war einer der beiden Söhne des Guillaume Briçonnet d. Ä., Erzbischof von Reims und Narbonne, Vorsteher mehrerer großer Abteien und schließlich Kardinal. Doch diesem Sohn lag weniger an großen Kirchenpfründen als an seinem geistlichen Amt. Er beschäftigte sich mit den Mißständen seiner Diözese und suchte nach Wegen für eine Besserung. So wurde der liberale Katholik Briçonnet vorübergehend zum Beschützer für Humanisten und Protestanten. Aber selbst seine Stellung als Beichtvater der Schwester von Franz I. schützte ihn nicht vor ultramontanen Attacken. Um sich zu sichern, ließ er lutherische Schriften verbieten und später Lutheraner ergreifen. Noch vor seinem Tod zeigte sich Meaux wieder gut katholisch — jedenfalls äußerlich. Um 1525 bildete sich um den Wollkämmer Pierre Leclerc eine reformierte Gemeinde. Die Gläubigen trafen sich in den Stuben der Wollarbeiter, beteten und ließen sich die französische Bibel vorlesen. Dabei machte bereits das Lesen der Bibel einen Laien zum Ketzer. Nach vereinzelten Hinrichtungen von Lutheranern in den zwanziger Jahren kam es im Jahre 1534 zu einer Massenexekution. Den Anlaß bildeten scharfe Angriffe gegen katholische Auswüchse, die auf Flugzetteln im ganzen Land Verbreitung fanden. Einige dieser Zettel tauchten auch im Schloß von Amboise auf, wo Franz I. gerade residierte. Der Aufruhr war beträchtlich und wurde von der katholischen Orthodoxie geschickt ge-

Franz I. Seit 1515 König von Frankreich, war er ein Renaissancefürst, der mehr in Machtkategorien dachte, als daß er nach der christlichen Wahrheit im Streit von Katholiken und Evangelischen fragte. Kolorierte Zeichnung von M. Riffaut, 1848. Deutsche Staatsbibliothek, Berlin

schürt. So kam es zu einer großen Schauprozession, an der der König als Büßer teilnahm und an deren Rande sieben Protestanten auf Feuerstößen brannten. Scheinbar unbeeindruckt breitete sich der Protestantismus jedoch weiter aus. In Caen, La Rochelle und Poitiers, in den Städten längs der Loire: Orléans, Tours, Blois, in den Orten der Dauphiné und des Languedoc wendeten sich die Gläubigen mehr oder weniger offen dem Protestantismus zu.

Die Sorbonne ließ alle ihre Mitglieder das katholische Glaubensbekenntnis ablegen. Etienne Dolet wurde im Zusammenhang mit diesen Kontermaßnahmen als Atheist verbrannt, weil er eine Platonübersetzung veröffentlicht hatte.

Heinrich II., der 1547 die Königswürde vom Vater Franz I. übernahm, versuchte die »Ketzerei« wirkungsvoller auszurotten. In den ersten drei Jahren seiner Regierung ergingen rund 500 Haftbefehle und 60 Todesurteile. Ein außerordentlicher Gerichtshof — die Chambre ardente — wurde eingerichtet. Um die Unterstützung der Bevölkerung zu gewinnen, versprach das Edikt von Chateaubriant dem Denunzianten ein Drittel des Besitzes des angezeigten Protestan-

⚜ Aus dem Tagebuch des Claude Hatton:

»Seit zwanzig Jahren gehören der neuen lutherischen Glaubensbewegung in Frankreich nur einfache Handwerksleute an: Flickschuster, Schuhmacher, Schreiner, Walker, Wollkämmer, Kurzwarenhändler, Korbflechter, alles Leute, die in Deutschland von Stadt zu Stadt gezogen waren. Unter den Handwerkern gab es dreimal soviel Anhänger und Schüler dieses neuen Glaubens als unter den Bürgern und Kaufleuten in den Städten und unter dem Landadel. . .« [1]

[1] Hatton, Claude: Mémoires de Claude Hatton. Contenant le récit des événements accomplis de 1553 à 1582, principalement dans la Champagne et la Brie. — Paris, 1855; zitiert in: Die Hugenottenkriege in Augenzeugenberichten/hrsg. von Julien Coudy. — Berlin; Darmstadt; Wien, 1970. — S. 37.

Hinrichtung des Parlementsrats Anne de Bourg. Zeitgenössische Aussagen bezeugen die Wirkung solcher Exekutionen auf die Menschen. Die Verfolgung allein um des Glaubens willen brachte den Protestanten tausendfache Sympathien. Kupferstich von Jacques Tortorel nach Jean Perrissin, 1559/1570. Bibliothèque Nationale, Paris

❧ »Hugenott«:
Die nächtlichen Zusammenkünfte der Protestanten und die Sage vom wilden König Hugo Capet, der mit seinem Gefolge nachts durch Wälder und Lüfte jagt, haben wohl den anfänglich grausig-spöttischen Namen hervorgebracht. Auch ethymologisch ist die Ableitung aus »Hugo« wahrscheinlicher als die vielbeschriebene Verballhornung von »Eidgenosse«.

ten. Dieser Königserlaß von 1551 belohnte nicht nur die Anzeiger, er verpflichtete ausdrücklich zur Anzeige. Geflohene durften nur als Katholiken nach Frankreich zurückkehren, andernfalls zog man ihre Güter ein. Der Import von Büchern aus Genf wurde untersagt, die Zensur verschärft. Geistliche und weltliche Gerichte konnten unabhängig voneinander gegen »Ketzer« vorgehen, Appellationen an die Parlements wurden weitgehend untersagt. Diese Maßnahmen, der Ausbau der »spanischen« Inquisition, die Ketzerei ausschließlich mit dem Tode bestrafte, vermehrten den Druck auf Protestanten in einem katholisch organisierten Leben von vornherein. Die ersten Flüchtlinge gingen ins Ausland.

Die meisten Protestanten blieben jedoch im Land. Sie trafen sich heimlich, die Stuben mußten versteckte Ausgänge besitzen. Bibellesungen fanden getarnt als Karten- und Würfelspiel statt. Manche Gruppe wich auf nächtliche Zusammenkünfte aus, was Gerüchte über den Zweck dieser Treffen wuchern ließ. Nicht alle Protestanten zeigten sich gleichermaßen standhaft, wenn sie in die Fänge von kirchlicher oder weltlicher Gewalt gerieten. Manch einer fiel vom neuen Glauben ab, bat auf Knien um Buße, die bei ehemaligen Mönchen oder Priestern mitunter darin bestand, daß sie, in einen Verschlag eingemauert, nur durch ein

Loch Brot und Wasser erhielten. Dennoch trafen sich 1559 Vertreter von Gemeinden aus ganz Frankreich zu ihrer ersten Nationalsynode in Paris.

Vier Jahre zuvor war die erste Pariser Gemeinde der Evangelischen entstanden. Der zweiundzwanzigjährige Jean de Lanney wurde zu ihrem Geistlichen gewählt. Solche Wahl schloß nicht nur Pfarrer und Gemeinde enger zusammen, sie brach auch mit der katholischen Tradition in zweifachem Sinne. Zum einen ging der geistliche Führer der Gemeinde nun nicht mehr aus dem katholischen Seminar hervor, sah sich nicht mehr belastet mit katholischen Traditionen wie mit kurialer Beaufsichtigung. Es war geradezu ein Charakteristikum der französischen evangelischen Bewegung, daß insbesondere ihre Führer nicht mehr die theologischen Ausbildungsstätten der alten Kirche absolviert hatten. Zum anderen gehörte der protestantische Geistliche auch nicht mehr einem besonderen Stand an, sondern entstammte dem Volk und blieb im

Temple de Lyon, genannt »Das Paradies«. Der reformierte Gottesdienst orientiert auf das Wort. Die Kirchen der Calvinisten sind daher Predigerkirchen, Versammlungsräume, die durch keinerlei Zierat oder Symbole den Gläubigen vom Kontakt zu Gott ablenken. Gemälde, Jean Perrissin zugeschrieben, 1564. Bibliothèque publique et universitaire, Genf

TEMPLE DE LYON, NOMMÉ PARADIS.

Armstuhl, 15. Jahrhundert. Von diesem Sitz aus leitete Calvin 25 Jahre die Genfer Reformation. Von hier strahlte die reformierte Kirche in fast alle europäischen Länder aus. Kirche Saint-Pierre, Genf

Johannes Calvin in jüngeren Jahren. Gemälde eines unbekannten Künstlers, um 1540. Wallonisch-Niederländische Kirchengemeinde, Hanau

*Denkmal für die »Väter der reformierten Kirche«: Guillaume
Farel, der in Frankreich, im Elsaß, in Neufchatel und Genf den
Reformwillen ausprägte; Johannes Calvin, der das theologische
Gebäude schuf; Théodore Bèze, der in Genf und Frankreich als
Diplomat und Prediger Calvins wirkte, sowie John Knox, der in
Schottland den Calvinismus durchsetzte. Steinernes Relief, Genf*

Rückkehr von der Taufe. Taufe und Abendmahl galten den
Reformierten als die einzigen Sakramente. Ihre Rückbesinnung
auf in der Bibel dargestellte Gnadengaben ließ sie auch biblische
Namen bevorzugen, so daß Protestanten oft schon an ihren
Rufnamen als Nichtkatholiken erkannt wurden. Gemälde von
Louis Le Nain, 1642. Musée du Louvre, Paris

*Bauernfamilie in einem Zimmer. Die Bauern in ihrer großen
Zahl stellten die Masse der reformierten Gläubigen, der
Kämpfenden wie der Konvertierten. Gemälde von Louis Le Nain,
1642. Musée du Louvre, Paris*

*Monsieur H. Groulart, ein Mann der Noblesse de robe.
Der Dienstadel bildete eine Schicht zwischen Bürgertum und
Geburtsadel. Aus ersterem stammend, suchte er mit seinem Geld
durch den Kauf von Adelsprivilegien und Ämtern den Eintritt in
letzteren. Obgleich privilegiert, gelang ihm in der Masse nicht
der Aufstieg in den ersten oder zweiten Stand. Gemälde von
Philippe de Champaigne, 1654. Szépművészeti Múzeum,
Budapest*

PHILIPPVS. DE CHAMPAIGNE. FACIEBAT. A° 1654.

Vanitas. Der Buchdruck mit beweglichen Lettern und dem Schriftguß stellte eine Revolution in der Informationsverbreitung dar. Ohne sie wäre die Arbeit der Humanisten, der Theologen und Pamphletisten nicht halb so wirkungsvoll gewesen, und ohne diese hätte die Reformation nie ihre große Schlagkraft und Konzentriertheit gewonnen. Gemälde vom Leidener Meister, gegen 1628/1630. Bayerische Staatsgemäldesammlung, München, Alte Pinakothek

Schreibgefäß mit der Darstellung eines Presbyteriums, einer aus Pfarrern und gleichberechtigten Laien gebildeten Kirchenleitung. Fayence, 1677. Historisches Museum, Hanau

Volk. Es sollte eine der volkstümlichen Wurzeln der evangelischen Kirche werden, daß das von Luther postulierte Priestertum eines jeden Gläubigen sich in der Pfarrerwahl und in der Verantwortung des Pfarrers gegenüber der Gemeinde verwirklichte. Hier war man sich einig, daß der Pfarrer keine Sonderstellung einnahm. Überall, wo in Frankreich die Vier-Ämter-Organisation Calvins übernommen wurde, waren Prediger und Ältester, Diakon und Lehrer gleichberechtigt. Sofern diese Kirche ein Oberhaupt anerkannte, war es Jesus Christus. Manche Gemeinde verdeutlichte dies, indem sie in ihrer Kirchenleitung einen Stuhl für Jesus reservierte. Diese demokratische Verfassung der neuen Kirche trat auch in Aufbau und Ausgestaltung in Erscheinung. Die abgestufte Hierarchie der römischen Kirche wurde ersatzlos abgeschafft. Die Gemeinde mit ihrem Pfarrer wurde von keiner übergeordneten Kircheninstanz beherrscht. Kein Bischof oder Erzbischof, kein Kardinal oder Papst trat mehr zwischen Gemeinde und Gott. Mit den Kirchenämtern fielen auch die differenzierenden Bekleidungsvorschriften; an die Stelle der reichgeschmückten Ornate trat der schlichte schwarze Rock nach lutherischem Vorbild.

Wichtiger als solche Formalien erschien der neuen Kirche ihre Selbstbestimmung als evangelische Kongregation in der Christinachfolge. Es hatte sich nämlich gezeigt, daß die verschiedenen evangelischen Gruppen ganz unterschiedliche Glaubenssätze vertraten. Während einigen eine sanfte Läuterung von katholischen Mißbräuchen ausreichte, suchten andere einen dezidiert antikatholischen Ausdruck. Insgesamt stellten evangelische Beobachter ein Amalgam aus hauptsächlich Lutherischen und Calvinschen Auffassungen fest. Da zur Mitte des Jahrhunderts die Evangelischen mehr und mehr Ortskirchen mit fester Verfassung zu bilden begannen, schien der Zeitpunkt gekommen, diesen eine gemeinsame Grundlage zu geben. Am 25. Mai 1559 trafen sich Vertreter von 72 Gemeinden, darunter aus zwölf Kirchen, in einem geheimgehaltenen Quartier in Saint-Germain-des-Prés, das mitunter Petite Genève genannt wurde. Andere Orte besaßen gewiß stärkere Kirchen, jedoch bot Paris durch seine große Zahl von Menschen dem konspirativen Treffen einen guten Deckmantel.

Unter der Leitung des Pariser Pfarrers François de Morel verständigten sich die Synodalen, das Genfer Glaubensbekenntnis anzunehmen. Mit nur geringfügigen Änderungen wurde so Calvins »Confessio de Foi« zur evangelischen Glaubensgrundlage der Hugenotten. In ihren 40 Artikeln war auch die Calvinsche Ämterlehre zur Ordnung der Kirche festgeschrieben. Ebenso kam man überein, die sichtbare Kirche einer einheitlichen Disziplin zu unterwerfen. Die Genfer Ordonnances ecclésiastiques wurden als allgemein gültige Ordnung der evangelischen Kirchen und Gemeinden in Frankreich akzeptiert. Auf diese Weise konnte die Grundlage für eine einheitliche protestantische Kirche geschaffen werden, und diese Grundlage war calvinistisch.

Gewiß unterschieden sich in der Praxis Genfer und französische Kirchen. Dort besaß Calvin inzwischen unumschränkte Macht, wirkten Stadt- und Staatsmacht im Interesse der Gemeindezucht. Es traf sich jede Woche das Kirchengericht, Männer, die der Rat beauftragt hatte, »festzustellen, ob in der Gemeinde irgend etwas nicht in Ordnung ist, und um gemeinsam über die Mittel zur Wiederherstellung der Ordnung zu verhandeln. . .« [1] Schwerwiegende theologische Abweichungen von Calvins Auffassungen wurden mit Verbannung, wie bei Hieronymus Bolsec, oder gar Feuertod, wie bei Miguel Servet, geahndet. Leichter Unmut, wie er sich etwa bei dem Spielkartenfabrikanten Pierre Ameaux wegen des Spielverbots und der Umwandlung der Wirtshäuser in Erfrischungshallen mit Bibelstudium äußerte, wurde vom Zuchtgericht mit einem öffentlichen Bußgang bestraft.

In Frankreich dagegen trat die Staatsmacht mit Schwert und Feuer gerade den eifrigsten Protestanten

[1] Corpus Reformatorum, Ioannis Calvini opera omnia/ übersetzt in: Hillerbrand, Hans: Brennpunkte der Reformation: Zeitgenössische Texte und Bilder. — Göttingen, 1967. — S. 213.

⚜ Psalm 57 aus dem Huge-
notten-Psalter

. . .

Heb dich über den Himmel
   hoch, o Herr!
Auf Erden sehen laß dein
   Macht und Ehr.
Denn sie mir Strick und Netz
   gestellet haben,
Mein arme Seel sie nieder-
   drücken sehr.
Und haben mir ein tiefe
   Grub gegraben:

Sie aber selbst gefallen sind
   darein,
Des freu ich mich von ganzem
     Herzen mein,
Mein Herz frohlockt bereit
   vor
     allen Dingen,
Das nur zu deinem Lob ge-
   richt't allein.
Von deiner Gnad zu sagen
   und zu singen.   [1]

[1] Die Psalmen Davids/
nach D. Ambrosii Lobwassers
Übersetzung samt einem neu
vermehrten Gesang-Buch der
erbaulichen Kirchen-Lieder,
nebst dem Chur-Pfälzischen
Catechismo und Communion
Formel. — Berlin, o. J.
(1700).

[2] Stephan, Raoul: Gestalten
und Kräfte des französischen
Protestantismus. — München,
1967. — S. 50.

[3] Zitiert in: Jenny, M.: Kir-
chenlied und Kirchenmusik.
— In: Der Deutsche Huge-
nott/hrsg. vom Deutschen
Hugenotten-Verein. — Flensburg (1986) 3. — 76 f.

Reformierte Synode. In den Synoden hatten die reformierten Kirchen eine Entsprechung für die selbstbestimmten Gemeinden gefunden: In demokratischer Verfassung wurden hier übergreifende Belange der neuen Kirche geklärt. Kupferstich von Jean Aymon, 1710. Société de l'Histoire du Protestantisme Français, Paris

entgegen. Um Gemeindezucht durchzusetzen, standen den Presbyterien nur moralische Mittel, allenfalls der Ausschluß vom Abendmahl, zur Verfügung. Und doch stellten unvoreingenommene Beobachter eine neue Sittlichkeit fest. Faulenzerei und Prassen wurden abgelöst von Arbeitseifer und Sparsamkeit. Eine tiefe Gläubigkeit durchdrang alle Lebensbereiche. War dem Glauben alle oder fast alle Äußerlichkeit genommen, so mußte er nun im Innern, im Leben insgesamt zum Ausdruck kommen. Nächstenliebe statt Egoismus, Ernsthaftigkeit statt Leichtfertigkeit kennzeichneten diese frühen Protestanten. »Bei ihren Versammlungen trat an die Stelle von Tanz und Flötenmusik die Lektüre der Bibel, die man statt der Speisen auftrug, und geistliche Lieder, vor allem Psalmen in Reimform. Die Frauen mit ihrem bescheidenen Auftreten und ihrer schlichten Kleidung erschienen in den Augen der Öffentlichkeit wie leidende Evas oder reine Magdalenen . . . Die Männer waren allesamt bußfertig und schienen vom Heiligen Geist berührt zu sein.« [2]

Allein dieser Glaubenseifer macht es verständlich, daß die Pariser Synode neben dem sonntäglichen noch zwei bis drei werktägliche Gottesdienste einzurichten empfahl. Beginnen sollte jeder Gottesdienst mit dem Verlesen der Zehn Gebote durch einen Ancien. Dann folgte der Gemeindegesang. Der blieb einstimmig und ohne instrumentale Begleitung. Als 1565 eine vierstimmige Lautenbearbeitung der Notensätze erfolgte, entschuldigte sich der Komponist, daß es nicht seine Absicht sei, »sie in der Kirche singen zu lassen, sondern um sich privat zuhause in Gott zu erfreuen. Das kann um so weniger getadelt werden, als die Melodie . . . völlig unangetastet bleibt . . .« [3] Dem Gesang schloß sich ein gemeinsames Gebet an, das um die Mitte des Jahrhunderts zu festen Formen wechselte. Schließlich wurden Schriftabschnitte verlesen und exegetische Erläuterungen gegeben, oder eine mehrstündige Predigt erbaute die Gemeinde. Wieder folgte ein Gebet, insbesondere das »Vaterunser«, und ein weiterer Psalm, Segen und Fürbitte für die Kranken und Armen, für die Schwankenden und Unwissenden schlossen den Gottesdienst ab.

Die katholische Kirche war ihres sinnberauschenden Charakters entkleidet worden. Das Kreuz als Symbol für Christi Opfertod hatten die Kirchenstürme entfernt. Mit ihm waren auch alle anderen Darstellungen, die zur Anbetung verführten, beseitigt worden: Heiligenbilder und Marienstatuen, Reliquienschreine und Tabernakel. Weder Weihwasser noch Weihrauch konnten die innere Besinnung auf Gott ersetzen. Die Nebenaltäre waren eingerissen worden, und der Altar, der Opfertisch, verwandelte sich wieder in einen Platz für das Abendmahl der Gemeinde. Kein Priester zelebrierte mehr eine Messe, wo sein Wort Brot in Fleisch und Wein in Blut Christi verwandelte. Die innere Gottesbeziehung verscheuchte auch Gebetsrituale und die Sündenlossprechung durch den Priester als Mittler zwischen Gott und den Gläubigen. Mit der Ohrenbeichte fiel auch der ganze Katalog von Bußen fort. Weder Fasten noch Prozessionen, weder Weihkerzen noch Rosenkränze galten mehr als seligmachende Übungen. Allein Gottes Wort konnte den Sünder zu einem gottgefälligen Leben bekehren. Deshalb standen Schriftlesung und Predigt im Mittelpunkt des reformierten Gottesdienstes, die neuen Kirchen waren Versammlungsräume um den Prediger.

Dort, wo die Gemeinden zu gemeinschaftlichem Gottesdienst nicht in der Lage waren, legte man größten Wert auf die häusliche Andacht, die immer aus Ge-

*Clément Marot war als galant-naiver Dichter am Hofe Franz' I.
sehr beliebt. Protestantische Neigungen führten ihn aber bald
nach Genf zu Calvin. Seine Psalmenübersetzungen gingen
sämtlich in die Gesangbücher der französisch-reformierten
Kirche ein. Gemälde von Corneille de Lyon. Musée du Louvre,
Paris*

sang und Gebet sowie Bibellesung bestehen sollte. Es
überraschte Zeitgenossen immer wieder, daß das Bi-
belwort weiter verbreitet war als die Fähigkeit, es zu
lesen. Dieses Phänomen klärte sich sofort auf, wenn
man bemerkte, daß viele Protestanten ganze Bücher
der Heiligen Schrift auswendig kannten. Auf Hausandachten angewiesene Familien unternahmen alles, um
Taufe oder Trauung in schon bestehenden Kirchen zu
feiern. Solche Aufwendungen waren allein aus der
Sehnsucht nach Gemeinschaft mit Glaubensgenossen
und nach Anteil an der erneuerten christlichen Kirche
gespeist. Denn weder Taufzettel noch Trauscheine
verteilten die evangelischen Pfarrer, denen ohnehin
keine zivilrechtliche Befugnis zustand. Lange Fahrten
oder Wanderungen wurden unternommen, um an den
vierteljährlichen Abendmahlsfeiern teilnehmen zu
können. Dabei stand nicht im Vordergrund, daß statt
der katholischen Hostie hier gesäuertes Brot und der
Kelch gereicht wurden. Entscheidend war der evangelische Geist, der diesen Sakramenten innewohnte. Im
Abendmahl ist Christus »vom Himmel herabgekom-
men, uns mit Unsterblichkeit zu nähren und durch seinen Geist mit vollkommener Liebe zu berauschen«,
hatte Lefèvre gelehrt.[1] Dieser Geist machte »die von
der Religion« stark. Trotz aller Verfolgungen oder
vielleicht gerade deswegen stieg ihre Zahl fortwäh-
rend. Unbekannt ist, wieviele als Ketzer starben, verbrannten doch mit den Menschen auch die Prozeß-
akten. Aber für jeden Gemordeten, für jeden Eingekerkerten, für jeden Geflohenen standen zehn andere
auf und bekannten sich zum neuen Evangelium.

Die Reformbewegung in Religion und Kirche fand ihre
Anhänger nicht nur im humanistischen Gelehrten-
stand, in Geistlichkeit und Bürgertum, sondern er-
faßte auch Bauern und Adlige. Die Rückbesinnung auf
die evangelischen Leitsätze, das Verwerfen der katholischen Mißbräuche mußten bei Adligen mit tiefem
Bedürfnis nach Gläubigkeit Anklang finden. Tatsächlich schlossen sich schon sehr früh sowohl Anhänger
aus dem einfachen Landadel als auch aus dem Hochadel an. Gewiß reichte das Spektrum auch hier von
einer Erfüllung der erstarrten katholischen Rituale mit
neuer Innerlichkeit bis zum Verwerfen der katholischen Kirche insgesamt.

Als ein Beispiel der konsequenten Abwendung vom
Papsttum und der Hinwendung zum Protestantismus
steht die Schwester von Franz I.: Margarete von
Angoulême. Ihre Mutter hatte sie eine gute Bildung ge-
nießen lassen, so daß sowohl Franz I. wie auch ihr
Gatte, der Herzog von Alençon und Connétable von
Frankreich, ihren Rat schätzten. 1527 vermählte sie
sich in zweiter Ehe mit Heinrich d'Albret und wurde so
Königin von Navarra. Seit 1544 führte sie selbständig
die Regierung in dem kleinen Königreich, förderte Ak-
kerbau und Handwerk, aber auch Wissenschaft und
Kunst. Sie schrieb Prosa und Gedichte im Stil der Re-
naissance, doch beschäftigte sie sich auch ernsthaft
mit den religiösen Hauptfragen. Ihr »Miroir de l'âme
de la pécheresse« (Spiegel der Seele einer Sünderin,
1533) wurde protestantischer Auffassungen bezich-
tigt und von der Sorbonne verboten. Ungeachtet dessen bot sie Verfolgten in ihrem Land Asyl. Ihre protestantischen Neigungen übernahm ihre Tochter,

[1] Zitiert in: Dörries, Hermann, Calvin und Lefèvre. —
In: Zeitschrift für Kirchenge-
schichte/hrsg. von Otto
Scheel und Leopold Zschar-
nack. — Bd. 44. — Gotha,
1925. — S. 558.

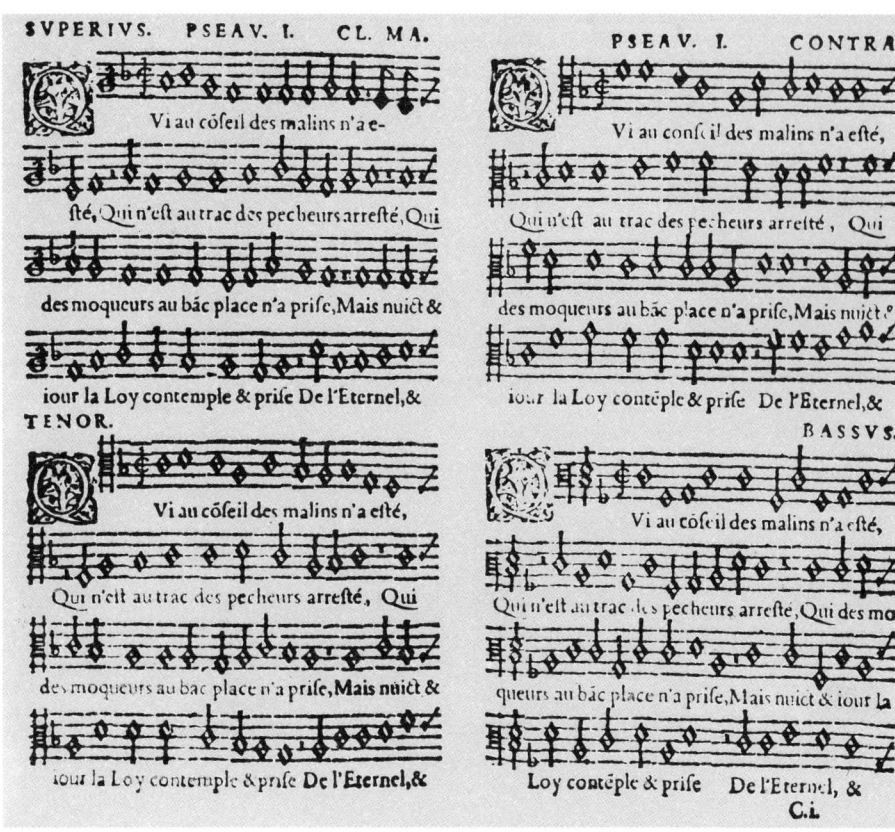

Psalmengesangbuch, 1565. Neben dem Predigerwort waren gemeinsames Gebet und Psalmengesang entscheidende Merkmale des reformierten Gottesdienstes. Universitätsbibliothek, Berlin

Jeanne d'Albret, die zeitweilig an der Spitze der protestantischen Partei tätig werden sollte. Sie führte den Protestantismus offiziell im Königreich Navarra ein, und ihr Sohn wurde als Heinrich IV. Frankreichs »guter König«. Doch nicht nur sie konnten als protestantische Vertreter des Hochadels gelten, Namen wie Philippe Duplessis-Mornay, Louis I. de Condé, Gaspard de Coligny. Théodore Agrippa d'Aubigné müssen zugleich genannt werden.

Der wachsende Zustrom aus dem Adel in das Lager der Protestanten ist jedoch keineswegs ausschließlich einem erwachenden Glaubenseifer oder einem Reformbedürfnis zuzuschreiben. Für die meisten waren machtpolitische und ökonomische Gründe weitaus maßgebender. Überall da, wo die Fron nicht in der Naturalform, sondern mittels Geld geleistet wurde, bewirkte die Geldentwertung zunehmend eine Verringerung der Einkommen. Große Teile des Landadels gehörten daher schon lange Zeit nicht mehr zu den

Abendmahlsfeier Reformierter. Von der katholischen Kommunion unterschied sie sich durch Schlichtheit und Leugnung der Verwandlung von Brot und Wein. Kupferstich von C. du Bose nach Bernard Picart, 1733. French Church, London

Jeanne d'Albret steht als Vertreterin des Adels, der sich nicht nur aus politischem Kalkül zum Protestantismus bekannt hatte, sondern in der Glaubenserneuerung einen eigenen Lebenssinn sah. Zeitgenössische Zeichnung

✠ »Frankreichs. . . Adel. . . suchte in der umschlossenen Umfassung des evangelischen Bekenntnisses eine Stütze gegen die Übermacht der Könige und der Kirche.« [1]

[1] Mörikofer, Johann Caspar: Geschichte der evangelischen Flüchtlinge in der Schweiz. — Leipzig, 1876. — S. 5.

[2] Zitiert in: Smiles, Samuel: The Huguenots: Their settlements, churches, and industries in England and Ireland. — London, 1870. — S. 45.

wohlhabenden Schichten, jetzt aber begannen sie schlechterdings zu verarmen. Ohne Ausweg trieben sie Wucherern in die Arme, wurden schließlich gezwungen, Boden zu verkaufen. So sah man oft in einem Amt am Königshofe oder in der Armee den einzigen Ausweg. Solche Ämter versorgten — allerdings durchaus nicht regelmäßig und gleichbleibend — mit Einkommen und mit der Möglichkeit eines Zuerwerbs. Doch weder Verpfändung, Verkauf noch die Rangelei um die Ämtervergabe konnten die Lage des niederen Adels allgemein bessern. So verwundert es nicht, daß hier ein Nährboden für Unzufriedenheit entstand, die sich teils gegen den katholischen Klerus richtete, der von Einkommensverschlechterungen offensichtlich verschont blieb, teils gegen den Königshof, der nicht für die althergebrachte Sicherheit des Adels sorgen wollte.

Auch im Hochadel fanden sich Kräfte, die gleichermaßen gegen Kirche und Krone Front machten. Ihr Motiv war vor allem politischer Natur. Sie gehörten zu der Fraktion des Adels, die im Wettkampf um die Königsgunst unterlegen war. Ihnen blieb kaum Spielraum, eigene Machtinteressen durchzusetzen. Der immerwährende Kampf der Adelsfraktionen untereinander, die Konkurrenz um Staatsmacht und Staatsschatz ließ sie zu Anhängern des Protestantismus werden, zu

Anhängern, die sich in den »Protestierenden« eine neue, mächtige Gefolgschaft sichern wollten.

Doch warum verbrauchte sich die Adelskonkurrenz nicht in den typischen Fehden des Mittelalters? Warum stand im Brennpunkt aller Auseinandersetzungen seit der Mitte des 16. Jahrhunderts der König? Das Königtum hatte in Frankreich eine Form des Territorialstaates mit monarchistischer Spitze geschaffen; es hatte die Feudalen ihres staatlichen Gewichts zu berauben und die Staatsmacht in der Krone als dem Mittelpunkt von Willensbildung und Verwaltung zusammenzufassen begonnen. Daher gerieten alle Adelskämpfe unweigerlich in den Sog großer Fraktionen, und jede Fraktion trat in Bezug zum Königtum. Man bediente sich dabei der beiden geistigen Strömungen: des Katholizismus und des Protestantismus. Da der König und die mit dem König verbundene Adelsfraktion katholisch blieben, zog es den opponierenden Adel unter die Fahne des Protestantismus. Wo der Adel sich zum Protestantismus bekannt hatte — gleich aus welchen Motiven —, fiel es den Städten und dem flachen Land leicht, zur evangelischen Religion überzutreten. Deshalb war der Warnruf des Kardinals von Sainte-Croix an den Papst — auch wenn er arithmetisch maßlos übertrieb — in der Tendenz richtig: »Das Königreich ist bereits halb hugenottisch!« [2]

DIE HUGENOTTENKRIEGE

Zu den Waffen!

Calvin glaubte sich als Reformator des Christentums. Tatsächlich aber wirkte dieser Angriff tiefer, nämlich als Keil zwischen feudalem Staat und christlicher Religion. In den feudalen Staaten waren alle Bereiche von der Religion durchdrungen, der Lebensrhythmus, Sitten und Bräuche, das gesamte geistige Leben gleichermaßen wie Ökonomie und Politik. Im Verlaufe von Jahrhunderten hatte die feudale Gesellschaft die christliche Religion ihren Bedürfnissen angepaßt und eine solch enge Symbiose erzeugt, daß der protestantische Angriff auf die katholische Kirche zugleich einen Angriff auf das feudale Gesellschaftswesen darstellen mußte. Gerade weil dieser Staat auf religiösen Fundamenten zu stehen glaubte, reagierte er auf Fragen der Religion politisch. Hier liegen die Gründe, warum alle christlichen Reformbewegungen vor der Reformation durchaus Einfluß auf äußerliche Übel oder Rückbesinnung auf die humanen Werte des Christentums bedeuteten, warum sie aber — wie beispielsweise die Armutsbewegungen — letztendlich von der herrschenden Kirche integriert wurden und keine grundsätzliche Umgestaltung der Kirche bewirken konnten. Erst als sich im Schoße der feudalen Gesellschaft soziale Kräfte herausbildeten, die einen nicht nur geistigen Boden für das religiöse Reformwerk darstellten, sicherte deren materielles Interesse die religiöse Umwälzung.

Am 10. Juli 1559 starb Heinrich II. an den Folgen einer Turnierverletzung. Sein Sohn wurde als Franz II. König, doch mußte ihm als Fünfzehnjährigem ein Regent zur Seite stehen. Als erster Prinz von Geblüt hätte Antoine de Bourbon, der seit 1548 König von Navarra war, den Posten eines regierenden Fürsten einnehmen können. Doch der charakterlich schwache, zögernde Bourbone wurde von den Guisen verdrängt. Herzog Franz I. von Guise und sein Bruder rissen in selbstherrlicher Weise die königliche Herrschaft an sich. Sie nutzten das Machtvakuum durch ihre persönlichen Bindungen wie durch ihre geschickten und durch

nichts gehemmten Manipulationen so vollkommen aus, daß sie die wahren Herren Frankreichs wurden. »Diese lothringische Familie, die in ihrer ungeheuren Lebenskraft an die Borgias und Medicis in Italien erinnert, entschlußmächtig, konsequent, hemmungslos, ehrgeizig, gewalttätig, heimtückisch und fanatisch ultramontan, nistet sich von jetzt ab parasitär in Frankreich ein.« [1] Der Kardinal Karl von Lothringen übernahm die Staatsverwaltung, was im engeren Sinne die Herrschaft über die französischen Finanzen bedeutete. Da mit dem der Krone zur Verfügung stehenden Geld nicht nur unabdingbare Ausgaben getätigt, sondern vor allem Hauspolitik finanziert und auch die eigene Schatulle aufgefüllt wurde, war bald aus den zwei Millionen Talern des Staatsguthabens von Franz I. eine Staatsschuld von rund 47 Millionen geworden — das entsprach etwa dem vierfachen Jahreseinkommen des Königshauses.

Doch nicht nur die Machtanmaßung der »fremden« Fürsten und ihre egoistische Politik erbitterten Königtum und Hochadel, auch die Personalpolitik der Guisen schuf ihnen Gegner. Das rasche Übertragen von militärischen und höfischen Ämtern auf Parteigänger gab dem Ganzen den Geruch eines Staatsstreichs. Die nun folgende Zeit wurde zu einer der verwirrendsten und blutigsten der französischen Geschichte. Dazu kamen rapide Verschlechterung der wirtschaftlichen Lage, die enormen Belastungen aus den Kriegen mit dem Hause Habsburg wie der Wert- und Preisverfall, die den niederen Adel und die Bauernschaft, teilweise auch bürgerliche Gewerbetreibende, belasteten.

Auf Grund dieser gespannten wirtschaftlichen und gesellschaftlichen Entwicklung breitete sich der Calvinismus in Frankreich in ungewöhnlich schnellem Maße aus. Die Gemeinden wuchsen aus den Hinterzimmern heraus, über 2000 wurden von zeitgenössischen Chronisten gezählt. »Die Abgesandten unserer französischen Brüder versichern uns, wenn heute 4000 bis 6000 Geistliche zu haben wären, sie auf der Stelle ihre Anstellung finden würden«, [2] heißt es in einem Schreiben der Genfer Pfarrer. Wo der Adel zur neuen Religion übertrat, stellten sich oft die Protestanten unter seinen Schutz. So gesichert, wurden katholi-

[1] Vgl. Chambon, Joseph: Der französische Protestantismus: Sein Weg bis zur französischen Revolution. — München, 1937. — S. 55

[2] Zusammenfassung von Briefen aus Frankreich, in einem Schreiben an Farel. — Zitiert in: Neuser, Wilhelm: Calvin. — Sammlung Göschen 3005. — Berlin, 1971. — S. 104.

⚜ Calvin in einer Stellungnahme zur Verschwörung von Amboise:

»Wenn von uns nur ein Tropfen Blut vergossen würde, so entstünde ein Strom daraus, der ganz Europa überflutete.« [1]

sche Kirchen enteignet, von den Zeichen des sogenannten Götzendienstes befreit und zum calvinistischen Kult genutzt.

Der nun einsetzende Aufschwung der reformatorischen Bewegung kreuzte sich mit der Adelsopposition gegen die Guisenherrschaft. Immer lauter erklangen die Stimmen, die eine gewaltsame Lösung der Staatskrise propagierten. Noch warnte Calvin: »Ihr werdet Trost bei Gott finden, wenn Ihr Euch mit Tränen und Gebeten demütigt, nicht aber, wenn Ihr unwillig werdet und die Zähne gegen die Tyrannen zeigt, wie einige es tun.« [2] Andere Theologen, auch Juristen, erwogen die Möglichkeit einer bewaffneten Entmachtung der Guisen, falls Prinzen von Geblüt, die Reichsstände insgesamt oder die großen Gerichtshöfe die Führung dieser Aktion übernehmen würden. Auch Calvin gestand dem ältesten Prinzen schließlich dieses Recht zu. Die Vorbereitungen des südfranzösischen Adligen Gottfried von Barry, Seigneur de La Renaudie, fanden jedoch nicht seine Billigung, da dieser ohne die Unterstützung operierte.

Im März 1560 ritt La Renaudie mit einer Schar Offiziere und einigen hundert Soldaten gegen Amboise, wo der königliche Hof gegenwärtig residierte. Der Anschlag, der die Protestanten in den Besitz des jungen Königs bringen und die Guisen von der Macht ausschließen sollte, mißlang. Die Guisen schlugen den Putsch militärisch nieder und ließen La Renaudie sowie einige andere vor dem Schloß aufhängen.

Diese Ereignisse um Amboise nutzten die Guisen, um Herzog Franz von Guise zum Generalstatthalter des Königreichs ausrufen zu lassen. Da Franz auch über die militärische Macht im Lande verfügte, schien

[1] Zitiert in: Schmidt, Udo: Johannes Calvin und die Kirche: Ein Lesebuch mit Texten und Themen. — Stuttgart, 1972. — S. 108.

[2] Zitiert in: Köller, Heinz; Töpfer, Bernhard: Frankreich: Ein historischer Abriß. — Berlin, 1973. — S. I/244.

die Herrschaft der Guisen jetzt unumschränkt zu sein. Doch wandelte sich das Kräfteverhältnis bald. Katharina von Medici, Gattin Heinrichs II. und Mutter der drei ihm folgenden Könige, konnte ihre eigenen Machtansprüche nur im Gegensatz zu denen der Guisen sichern. Ein Kanzlerwechsel brachte mit Michael de L'Hôpital einen Vertrauten der Medici und Mann des Ausgleichs an eine exponierte Stelle. Im August 1560 sprach sich Admiral de Coligny auf einer Notablenversammlung offen für die Protestanten aus, und man beschloß die Einberufung der Generalstände, die seit 1506 nicht mehr getagt hatten.

Eine weitere Kräfteverschiebung ergab sich durch den Tod Franz' II. am 5. Dezember 1560. Für den zehnjährigen Karl IX. übernahm jetzt Katharina von Medici selbst die Regentschaft. Sie sollte von nun an für rund 25 Jahre zur wichtigsten Figur der französischen Politik werden. Ihre oft beschriebene »Schaukelpolitik« war die Konsequenz der Lage des Königreichs: zerrissen in einander befehdende Adelsfraktionen, die den relativen Machtverfall des Königtums seit dem Tode Franz' I. für partikuläre Interessen nutzen wollten, und geteilt in ein katholisches Frankreich und den sich ausbreitenden Protestantismus.

Vor dem Anschlag von Amboise hatte der Kardinal von Lothringen die schärfsten antiprotestantischen Maßnahmen etwas zurücknehmen lassen. Doch der fehlgeschlagene Putsch zwang ihn, gegen evangelische Prediger und Beamte härter vorzugehen. Der Einsatz der Inquisition nach spanischem Vorbild scheiterte jedoch am Widerstand der gemäßigten Kräfte um Katharina von Medici und Kanzler L'Hôpital. Noch im Märzedikt von Amboise wurde eine religiöse Amnestie verkündet, allerdings mit der Auflage, daß alle als Katholiken zu leben hätten.

Für kurze Zeit gelang es Katharina von Medici, ein gewisses Gleichgewicht zwischen Guisen und Bourbonen herzustellen. Doch dieses ungefähre Gleichgewicht am Hofe entsprach nicht der Situation im Lande. Während auf den Ständeversammlungen in Orléans (Ende 1560) und Poutoise (Mitte 1561) zwischen den evangelischen Forderungen des Dritten Standes und dem Konservatismus der katholischen Kirche sowie im Religionsgespräch von Poissy (September 1561) zwischen Katholiken und Calvinisten nach einem Ausgleich gesucht wurde, spitzten sich an

*Bartholomäusmorde. In der Nacht zum 24. August 1572
ermordeten Katholiken auf Befehl des Hofes alle Protestanten in
Paris und einige Tage später auch in anderen Städten des
Königreichs. Gemälde von François Dubois, 1572. Musée
Cantonal des Beaux Arts, Lausanne*

*Immer wieder versuchte die katholische Kirche, ihre Gegner
mit Feuer auszurotten, immer wieder entzündeten sich an den
Qualen der Märtyrer neue Glaubensgegner. Titelkupfer aus
Histoire Abregée des Martyrs François, Amsterdam 1684*

Schreckensszene in Lyon. Einmal die Leidenschaften
angefacht, entarteten die religiösen Auseinandersetzungen
zu regelrechten Pogromen. Kupferstich von Jan Luyken,
17. Jahrhundert. Reformierte Domgemeinde, Halle (Saale)

Neben den 95 Artikeln des Edikts von Nantes beschwor
Heinrich IV. auch Geheimartikel, die die Unterstützung der
Hugenotten spezifizierten. Kupferstich von Jan Luyken,
17. Jahrhundert. Reformierte Domgemeinde, Halle (Saale)

Heinrich IV. Von seiner Mutter Jeanne d'Albret protestantisch
erzogen, trat er als Prinz von Geblüt an die Spitze der
Hugenotten. Er entging den Bartholomäusmorden, besuchte
zwangsweise die Messe, floh wieder zu den Hugenotten und trat
schließlich spektakulär zum Katholizismus über, da er anders
sein Königtum nicht zu sichern wußte. Kolorierte Zeichnung von
M. Riffaut, 1848. Deutsche Staatsbibliothek, Berlin

HENRI IV
ROI DE FRANCE

Taufe bei Reformierten. Feierten Calvinisten nur zwei
Sakramente, so legten sie auf diese um so mehr Wert. Mitunter
mußten sie tagelang wandern, um einen protestantischen
Prediger aufzusuchen. Kupferstich von Bernard Picart, 1789.
Staatliche Kunstsammlungen Dresden, Kupferstich-Kabinett

Insbesondere der Wiederaufbau des Tempels von Charenton
wurde zum Sinnbild und Vorbild hugenottischen Kirchenbaus. Er
war auf Pariser Bedürfnisse angelegt und soll mehr als 10 000
Personen Raum gegeben haben. Kupferstich von Scotin.
Kongelige Bibliotek, Kopenhagen

Zerstörung des Tempels von Charenton. Nach der Revokation
wurde die protestantische Kirche von Charenton sofort
niedergerissen. Nach und nach mußten auch alle anderen
Tempel geschlossen werden. Kupferstich von Sébastián le Clerc,
1685. Société de l'Histoire du Protestantisme Français, Paris

DÉMOLITION
DU
TEMPLE DE CHARENTON.

S. le Clerc   fecit

*Siegelring und Petschaft der Familie de Maizière. Das wohl
berühmteste Mitglied der Familie war Philippe de Mézière
(14. Jahrhundert), Protagonist eines neuen Kreuzzuges, aber
auch Anhänger eines Friedens mit England. Die im Text
behandelten de Maizières gingen nach Metz und nach der
Revolution nach Deutschland. Privatbesitz*

Religionsgespräch zwischen Théodore Bèze und dem Kardinal von Lothringen. Die sorgfältige Durchführung des Gespräches konnte trotz allem nicht das Scheitern eines Kompromisses verhindern: Katholiken und schließlich auch Protestanten beharrten auf ihren Positionen. Kupferstich von Jacques Tortorel nach Jean Perrissin, 1561

Katharina von Medici. Als florentinische Kaufmannstochter wurde sie am französischen Hof geschnitten, seit dem Tode Heinrichs II. rückte sie jedoch zur Herrscherin ohne Thron auf. Zeitgenössische kolorierte Zeichnung. Lutherhalle Wittenberg

der Basis die Gegensätze immer weiter zu. Das bedeutsame Edikt von Saint-Germain (17. Januar 1562), das nach dem Augsburger Religionsfrieden von 1555 zum zweiten Mal in Europas Geschichte zwei Religionen in einem Staatsgebiet anerkannte, konnte den Zusammenstoß der Parteien nicht mehr verhindern.

Nach einer blutigen Provokation in Vassy brach der Bürgerkrieg offen aus. Louis I., Prinz von Condé, und Admiral Gaspard de Coligny übernahmen die militärische Führung der protestantischen Aufständischen. Aus unbewaffneten und bewaffneten Streitigkeiten entwickelten sich regelrechte militärische Operationen. In Paris rüstete die katholische Menge, so daß die Protestanten fliehen mußten. Im Süden des Landes,

❧ Das Massaker von Vassy: Auf seinem Zug nach Paris durchquerte Herzog von Guise am 1. März 1562 mit seinem bewaffneten Gefolge das Städtchen Vassy. Hier fand zur gleichen Zeit in einer Scheune ein calvinistischer Gottesdienst statt, den die Soldaten des Herzogs zu stören suchten. Als sich die unbewaffneten Männer den Soldaten entgegenstellten, ließ der Herzog in die Menge feuern. Nicht mehrere hundert Tote, wie protestantische Flugschriften ausschrien, wohl aber 23 Tote und über 100 Verletzte blieben in der Scheune liegen.

Daß dieses Blutbad nicht unüberlegter Hitzigkeit zugerechnet werden kann, bewiesen die Worte des Herzogs, bezugnehmend auf das Toleranzedikt von Saint Germain: »Die Schärffe dieses Degens soll das so vest verwahrte Edikt bald auflösen.« [1]

noch zahlreicher als im Norden, stellten sich dagegen viele Städte auf protestantische Seite, oder sie wurden erobert. Montpellier und Lyon, Poitiers und Angoulême, Mâcon und Chalon-sur-Saône, Grenoble und andere befanden sich in protestantischer Hand; Orléans bildete das Zentrum. Als Condé mit etwa 8000 Fuß- und 6000 berittenen Soldaten auf Paris zog, kam es zur Schlacht in der Ebene bei Dreaux (19. Dezember 1562). Aber die militärische Stärke der Hugenotten erwies sich als nicht groß genug.

Mit der wachsenden Zahl von Protestanten und unter dem Druck der ökonomischen und politischen Lage entbrannte ein Streit um die Kampfformen. Viele Prediger und Theologen schworen die Protestanten auf den Geist des Neuen Testaments ein und wollten nur ideelle Auseinandersetzungen zulassen. Calvin warnte unablässig vor der Anwendung von Waffengewalt, wenn sie nicht durch Magistrate und Ständevertretungen legalisiert sei. Aber der Protestantismus entsprach nicht etwa mehr der Wahrheit als der Katholizismus, sondern besser den Bedürfnissen bestimmter sozialer Gruppen. Zur Befriedigung dieser ihrer Bedürfnisse begannen die Protestanten sich zu wehren. Aus der passiven Verteidigung wurde eine aktive, die nicht lange wählerisch sein konnte hinsichtlich ihrer Mittel. Die Zeitgenossen aber erstaunte, daß die Hugenotten sich anfangs »wie Engel Gottes geschlagen hätten, dann wie Männer, nunmehr aber ›inkarnierte Teufel‹ seien«. [2] Prediger verließen ihre Pulte und zogen mit ihrer Gemeinde in den Krieg, ja es gab sogar Prediger, die mit der Waffe in der Hand für ihre Religion kämpften. So verwunderte es nicht, daß trotz der protestantischen Zucht, die Coligny in seinem Heer durchsetzte, auch Fanatismus entstand. Die Ermordung des Herzogs von Guise am 18. Februar 1563 durch den Hugenotten de Mérey während der Belagerung von Orléans steht dafür als prägnantes Beispiel. Die hierdurch eingetretene Stärkung der Position Katharinas von Medici nutzte diese für einen Friedensvertrag. Die darin den Hugenotten zugebilligte Glaubensfreiheit bezog sich allerdings weitgehend nur auf den Adel. Eine solche Politik des Kompromisses befriedigte jedoch weder die ultramontanen Katholiken noch die Calvinisten. Infolgedessen waren die Friedensschlüsse der acht sogenannten Religionskriege

Massaker 1562 in Vassy. Die Zahl der Toten mag 10 oder 100 betragen haben: Indem der Herzog von Guise seine Soldaten in eine Versammlung betender Protestanten feuern ließ, schlug er den Zündfunken für einen über 30 Jahre währenden Religionskrieg. Kupferstich von Jacques Tortorel nach Jean Perrissin, 1559/1570. Hugenottenmuseum, Berlin

[1] Zitiert in: Rambach, Friedrich: Schicksal der Protestanten in Frankreich/Übersetzung aus dem Französischen. — Halle (Saale), 1759. — S. 223.

[2] Vgl.: Bost, Charles: Histoire des Protestants de France. — Neuilly, 1931. — S. 86.

Louis I. de Bourbon, Prinz von Condé, stand mit Coligny an der Spitze der Hugenotten. Nach seinem Tod trat der älteste Sohn Heinrich in seine Stellung als militärischer Führer der französischen Protestanten ein. Anonymer Kupferstich. Deutsche Staatsbibliothek, Berlin

tatsächlich nur Unterbrechungen eines lange währenden Bürgerkrieges. Rund 30 Jahre sollten nun Degen und Spieße, Pistolen, Musketen und Kanonen von Franzosen auf Franzosen gerichtet werden, sollte französisches Blut die Erde färben — unter den Fahnen des Katholizismus und des Protestantismus.

Philippe de Maizière[1]

⚜ Hastig stürzt ein Küchenjunge die Kellertreppe vom »Pariser Hof« hinab: Philippe sei verwundet in das Haus des Maitre de Maizière gebracht worden! Der Kellermeister und sein Sohn Nicolas eilen nach Hause. Mit einem Scherzwort empfängt sie Philippe und nimmt ihnen damit einen Großteil der Sorge. Gewiß, er sei verwundet worden, aber der Schmerz ist zu ertragen. Eine Lanze sei ihm durch die Hand und das lederne Panzerhemd in die Seite gefahren. Und da der

Mann auf einem Pferd gesessen habe, sei im Vorbeiritt auch noch sein Arm ausgekugelt worden.

Vater René schüttelt den Kopf, und in diesem Schütteln steckt Mißbilligung. Vieles kommt zusammen: Philippe war Protestant geworden; vor sieben Jahren, als 1562 die Pest die Ile de France heimsuchte, hatte Vater René beide Kinder zu seinem Bruder nach Metz geschickt; Philippe war unterwegs ausgerissen und zu Colignys Armee gegangen. Nun liegt er hier, verwundet.

Inzwischen hat Nicolas den Arzt geholt, und der untersuchte nun den Blessierten. Der Arm sei paßgerecht eingekugelt worden. Die Wunde an der Seite werde rasch und ohne Komplikationen heilen, wenn Philippe still zu liegen verspreche. Die Hand dagegen werde gewiß nicht wieder recht beweglich werden, aber das sei links wohl zu ertragen.

Nun sitzt Nicolas tagelang am Bett seines Bruders, und der erzählt, wie im August des Jahres 1568 die Königlichen in die Offensive gegangen seien, um denen von der Religion die festen Plätze im Westen wegzunehmen. Der Frieden von Longjumeau sei also nur ein Fetzen Papier gewesen. Im März '69 kam es bei Jarnac dann zur großen Feldschlacht. Da habe seine Abteilung einen Durchbruch erzielt und er einem Deutschen von der Gegenseite ein Paar Pistolen abgenommen. Er zeigt auf sein Bündel in der Ecke. Aber insgesamt sei die Schlacht verlorengegangen, wie auch die im Oktober bei Montcontour. Da mußten sie ihn raustragen. Eine Rüstung hätte solche lächerlichen Wunden natürlich verhindert. Er habe gesehen, wie 400 Reiter zwei Stunden gekämpft hätten und nur vier davon getötet wurden. Natürlich sei eine solche Rüstung sehr teuer. Die Prinzen könne man schon von weitem erkennen, wären doch ihre Rüstungen nicht nur fein ziseliert, sondern teilweise sogar vergoldet. Aber sie wögen dann auch bis zu 30 Pfund und machten recht unbeweglich. Einmal aus dem Sattel geworfen, seien die Ritter oft nicht mehr imstande gewesen aufzustehen, geschweige denn allein ihr Pferd zu besteigen. Er werde beim nächsten Mal auch zu Pferde sitzen, das Geld habe er zusammen und brauche nur noch einen guten Stoßdegen. Aber das Beste seien eben die Pistolen. Bald wäre die Zeit vorbei, wo die katholischen Heere mit 10 oder 15 Geschützen den übergroßen Vorteil für sich hätten. Gewiß, wenn damals bei Dreaux beinahe 10 000 Fußsoldaten und 2000 oder gar 3000 Reiter unter der katholischen Fahne angetreten seien, dann könne mit dieser Zahl die protestantische Armee nicht konkurrieren. Auch wenn sie Zulauf aus der Schweiz, England oder Deutschland erhalte. Immer seien die protestantischen Truppen kleiner gewesen,

[1] Die Geschichte der Familie de Maizière — die Schreibweise des Namens wechselt mehrmals im Laufe der Geschichte — basiert auf genealogischen Unterlagen — Familienbibeln, Auszügen aus Kirchenregistern von Metz — sowie Ausführungen in: Tuchman, Barbara: Der ferne Spiegel: Das dramatische 14. Jahrhundert. — München, 1987, und Huizinga, Johan: Herbst des Mittelalters. — Stuttgart, 1975.

Prunkharnisch, getrieben, graviert, matt vergoldet, französische Arbeit, um 1575. Solche Rüstungen waren sehr teuer, da sie aus poliertem Stahl mit Ziselierungen oder Vergoldungen bestanden und für hochgestellte Persönlichkeiten maßgeschneidert waren. Staatliche Kunstsammlungen Dresden, Historisches Museum

Schließlich aber ist offensichtlich: Der Wundbrand wird das Leben des ältesten de-Maizière-Sohnes beenden, wenn man nicht amputiert. Heißes Wasser und Tücher, Verbandszeug werden bereitgelegt. Dann träufelt der Arzt den Saft von Opium, Alraun-Blättern, Schierling und Giftlattich auf einen Schwamm. Den hält er dem Fiebernden unter die Nase, bis der betäubt ist. Erst jetzt deckt der Wundarzt sein Werkzeug auf, entnimmt die Knochensäge. . . Als Philippe die Sinne wiederkommen, muß er sich langsam an den Gedanken gewöhnen, daß er nun keine linke Hand mehr besitzt, aber immer noch das Leben. Und so betrachtet er sich und seine Umgebung mit anderen Augen. Er sieht die beiden Lerchen in ihren Käfigen am Fenster. Er hört, daß die Straße vor dem Haus zu Ende gepflastert worden ist. Es ist ein schöner Lärm: das Rasseln der Wagen, Hufgeklapper, Rufe der Menschen, das Gejaule eines Hundes, den der Fänger erwischt. Und er hört dem Vater zu: wie es im Gasthof zugeht und wie der Wein dieses Jahr geraten ist.

Nicolas, obgleich erst 21 Jahre alt, redet vom Weinkeller, als sei er schon Kellermeister. Wie sie jedermann den Leichten aus der Champagne ausschenkten, denn sie wüßten nun genau, daß dort jetzt moussierende Weine hergestellt würden, und für sie müsse im Keller Platz geschaffen werden. René de Maizière erinnert sich, wie seine exquisiten Beziehungen zu deutschen und österreichischen Händlern Nutzen trugen, als Karl IX. nach Mézière gereist war, um seine Braut an der Grenze des französischen Reichs zu empfangen. Der Begleitung der Kaisertochter wollte man mit einer vollständigen österreichischen Weinkarte, mit einer »Kaiserkarte des Weins« imponieren: Grüner Veltliner und sanfter Neuburger, würzige Muskateller und Traminer, Welschriesling und Gumpoldskirchner, den feinen Portugieser und die Badischen aus dem Wiener Gebiet. Als die Söhne nach Mézière fragen, weist der Vater ihnen den schweren Siegelring am Finger: fünf Sterne im Wappen — die Ahnen waren vom Hochadel. Die de Maizière besaßen einst Wälder und Felder, Flüsse und Seen, Dörfer und Städte im Ardenner Land und hatten ihren Sitz in Mézière. Ihre Vögte verwalteten den Reichtum, während sie selbst oft am Königshof lebten. Vorfahr und Namensvetter Philippe de Mézière war ein von Karl V. sehr bewunderter Mann, Mitglied des Thronrates und Erzieher des Dauphin, er besaß

aber größer im Glauben. Vor jeder Schlacht predige ein Geistlicher den wahren Glauben. Dann knieten alle nieder und beteten. Und schließlich sängen sie den Psalm 68 »Wenn Gott sich zeigt. . .« So gerüstet sei man den Katholischen ebenbürtig, selbst wenn man sie in großer Feldschlacht nicht besiegen könne.

Unter solchen Gesprächen vergeht nicht nur die Zeit, auch die Wunde verheilt, jedenfalls die an der Leibseite. Die Handwunde will sich nicht schließen, eitert fortgesetzt. Fieber gesellt sich dazu. Dabei hat der Wundarzt durch Terpentin und Rosenöl die Eiterung erst herbeigerufen, um so den Brand zu verhindern. Noch wäscht man die Wunde täglich aus, versucht es mit Beizen, verbrennt Räucherarznei im Zimmer.

eine Vertrauensstellung. Dazu galt er als Gelehrter, der sein gewandtes Latein nicht nur für diplomatische Gespräche zu nutzen verstand. In der Bibliothek der Valois soll noch heute jenes Büchlein vom »Traum des alten Pilgers« stehen, mit dem der Ahn 1389 Karl VI. und Richard II. zum Frieden nach mehr als vierzigjährigem Krieg überreden wollte, doch sollte der noch zum Hundertjährigen werden.

Von Frieden ist auch jetzt keine Rede. Der genesende Philippe de Maizière empfängt Besuch und Neuigkeiten, zum Beispiel, daß Heinrich von Navarra sich mit Margarete von Frankreich vermählen solle, und von den Zurüstungen, die Coligny gegen die Spanier betreibt. Streit kommt auf zwischen dem Vater und dem militanten Sohn. Von Mord und Totschlag ist die Rede, von Kerker und Scheiterhaufen die Gegenrede. Da nutzt es auch nichts, daß René de Maizière die Abschrift eines Briefes des Baseler Gelehrten Castellio vorliest: »Einen Menschen töten heißt niemals: eine Lehre verteidigen, sondern: einen Menschen töten. Als die Genfer Servet hinrichteten, haben sie keine Lehre verteidigt, sondern einen Menschen geopfert; aber man bekennt sich nicht zu seinem Glauben, indem man einen andern Menschen verbrennt, sondern nur, indem man sich selbst für diesen Glauben verbrennen läßt.« [1]

Im Streit scheidet Philippe aus dem Vaterhaus. Jener Capitain Martin, der ihn bei Montcontour aus dem Schlachtgetümmel getragen hatte, ist gekommen. Die beiden flüstern miteinander. Von einem Auftrag ist die Rede. Ein Pferd wird besorgt, und nach einem förmlichen Abschied reitet Philippe aus der Straße. René de Maizière krampft sich das Herz zusammen: Wird er seinen Ältesten wiedersehen?

Versuch zur Wende

❧ In den Bürgerkriegsjahren seit 1562 hatte keine der Parteien ihre Ziele durchzusetzen vermocht. Der gewaltige Aufschwung des Protestantismus war durch die militärischen Niederlagen und die katholische Unterdrückung gebremst worden. Nördlich der Loire kehrten viele Städte und Dörfer in den Schoß der alten Kirche zurück, so daß das nördliche Frankreich nun im wesentlichen katholisch blieb, während in Südfrankreich der Protestantismus festen Fuß gefaßt hatte. Statt mit den Waffen der evangelischen Konfession das ganze Land zu gewinnen, hatten sie nur die

Kluft vertieft, nicht nur geographisch. Die Religion war mehr als zuvor zum Panier politischer Interessen geworden und erlitt alle Deformationen einer politischen Existenz. Die Großen hatten sich des Protestantismus und des Katholizismus bemächtigt, als ideologisches Rüstzeug wie als Massenbasis für ihre partikulären und einander entgegengesetzten Interessen. Die Schwäche der Königsmacht und der andauernde Kampf der Parteien verschuldeten die Ermordung von Menschen in Pogromen und Schlachten, die Zerstörung von Städten und noch mehr von ungeschützten Dörfern und entzogen dem Land Reichtum und Sicherheit. Das relative Gleichgewicht der kämpfenden Fraktionen führte nicht zu Ausgleich und Übereinkunft, sondern zu gesteigertem Vernichtungswillen und Haß auf beiden Seiten. »Ihr habt einst geduldig Verfolgung für das Evangelium ertragen. Ihr habt eure Feinde geliebt und Schlechtes mit Gutem erwidert: Woher kommt jetzt eine so große Veränderung in einem jeden unter euch? Ihr tötet und mordet und stellt eure Feinde vor die Spitze eures Degens; zwingen wollt ihr sie sogar, sich bei euren Predigten einzufinden«, so schrieb ein zeitgenössischer Katholik über die Protestanten der Religionskriege. [2] Doch wen verwunderte das, wenn weder die gütliche Einigung zwischen Katholiken und Protestanten in der einen oder anderen Ortschaft noch die durch Waffen erkämpften Zugeständnisse Beachtung fanden und Sicherheiten brachten. Oft wurden die Friedensschlüsse, die Edikte von vornherein ohne den Wunsch auf Einhaltung abgeschlossen. Die leiseste Verschiebung des Kräfteverhältnisses annullierte die Abmachungen, ganz zu schweigen davon, daß die am Königshof verkündeten Edikte der Bestätigung durch die Gerichtshöfe bedurften und selbst dann ihre Durchsetzung von Willen und Vermögen der Statthalter und Beamten in den einzelnen Provinzen abhing. Daher ist es unerheblich, die in der Geschichte des französischen Protestantismus nach Hunderten zählenden Edikte im einzelnen aufzuführen, sie können nur Spiegel der politischen Absichten und Verhältnisse, nicht aber der tatsächlichen Zustände der Religionen sein.

Seit den sechziger Jahren des 16. Jahrhunderts zentrierten alle Edikte um unterschiedliche Zugeständnisse über Gewissensfreiheit und eigenständige Religionsausübung sowie um Vereinbarungen über Gebiete, die dem Einfluß der Protestanten unterworfen waren. Das Friedensedikt von Amboise (1563) beispielsweise gestand dem Adel Religionsfreiheit in seinen Häusern zu. Doch wenig später schränkten die Edikte von Vincennes (1563) und von Roussillon (1564) einzelne Freiheiten wieder ein. Da man jedoch nicht nur juri-

❧ Der katholische Schriftsteller Michael d'Chatelnau: Die Religion ist nur »die Maske gewesen, hinter welcher sich die Aufrührer verstecket, damit damals Frankreich angefüllet gewesen, und daß es im Grunde auf ein bürgerliches Interesse der Prinzen von Guise und der Montmorencys eines Theils, und der Prinzen von Geblüt und der Chatillons andern Theils, angekommen, daß man die Religionsstreitigkeiten mit den Staatsangelegenheiten vermenget...«. [3]

[1] Castellio, Sebastian: Contra Libellum Calvini in quo ostendere conatur Haereticos jure gladij coercendos esse. — o. O., 1612.

[2] Zitiert in: Chambon, Joseph: Der französische Protestantismus: Sein Weg bis zur französischen Revolution. — München, 1937. — S. 68.

[3] Zitiert in: Rambach, Friedrich: Schicksal der Protestanten in Frankreich/Übersetzung aus dem Französischen. — Halle (Saale), 1759. — S. 137 f.

⚜ Ein zeitgenössischer Berichterstatter notierte, daß jeder, »der den Admiral lebend ergreifen und ihn dem Gericht ausliefern könnte, von ihrer Majestät 6000 Goldtaler erhalte, und derjenige, der ihn nicht lebend ausliefern könnte, sondern tot bringe, bekomme 2000 Goldtaler.« [1]

Belagerung von Chartres im März 1568. So verheerend mitunter Belagerungen waren, und zwar gleichgültig, ob erfolgreich oder nicht, so gab es auch Gelegenheiten, wo Verwandte und Freunde der beiden Parteien in den Gefechtspausen einander besuchten. Kupferstich von Jacques Tortorel nach Jean Perrissin. Hugenottenmuseum, Berlin

stisch die von Hugenotten erkämpften Rechte aushöhlte, sondern auch militärisch die katholische Herrschaft immer wieder ausdehnte, sicherten die protestantischen Führer ihre Existenz in der Folge durch sogenannte Sicherheitsplätze, deren protestantischer Besitz durch die Edikte anerkannt wurde. In solchen Städten wie Orléans, La Rochelle und Montauban, La Charité und Cognac durfte protestantisches Militär stationiert bleiben und wurde unter Umständen sogar aus der königlichen Kasse besoldet.

Unbestrittener militärischer und politischer Führer der Protestanten war Coligny, besonders seit der tödlichen Verwundung Louis I. von Condé in der Schlacht von Jarnac (März 1569).

Gaspard de Coligny entstammte dem Geschlecht der Herren von Chatillon. Während sein Bruder Odet die geistliche Laufbahn eingeschlagen hatte, war Gaspard wie sein Vater Militär geworden und hatte selbst unter der Guisenherrschaft aufgrund seiner Fähigkeiten sein Amt als Admiral von Frankreich sowie — wenigstens formal — einen Sitz im Rat des Königs behalten. Im Gegensatz zu seinem Onkel, Marschall Montmorency, der zeitweilig eine führende Position im Lager der Katholiken einnahm, hatte sich Gaspard de Coligny unter dem Einfluß seiner Frau um 1559 öffentlich zum Protestantismus bekannt. Alle Zeugen seines Lebens bestätigten, daß seine Parteinahme nicht allein politischen Zwecken folgte, sondern zugleich einer echten Gläubigkeit geschuldet war. Diese Parteinahme und seine staatsmännischen Qualitäten verursachten wechselnde Haltungen des Hofes ihm gegenüber. Hatte er Anfang der sechziger Jahre tatsächlich im Rat des Königs gesessen, so gelang es den Guisen bald, ihn zu vertreiben. Im Laufe des Bürgerkrieges war er als Staatsfeind verschrien und ein Kopfpreis für seine Ergreifung ausgesetzt worden. 1569 hatte man ihn sogar in Abwesenheit hängen lassen. Im September 1571 dagegen erlebte er einen wohlwollenden Empfang am Hofe, wo er im Vertrauensverhältnis zu Karl IX., aber in Konkurrenz zu Katharina von Medici seine politische Konzeption durchzusetzen suchte.

Die Unfähigkeit, die jeweils andere Partei zu Boden werfen zu können, der Mangel an Geld für Waffen und Söldner wie auch eine allgemeine Ermüdung hatten

[1] Aus einem Bericht des Claude Hatton, zitiert in: Héritier, Jean: Katharina von Medici: Herrscherin ohne Thron. — München, 1977. — S. 249.

der Partei der »Politiker« größeren Zulauf gebracht. Diese Fraktion stand zwischen Protestanten und Katholiken, selbst katholisch, doch gegen eine militärische Lösung der Widersprüche. Kanzler L'Hôpital galt bis zu seinem Tode im Jahre 1573 als einer der geschicktesten Führer der Gemäßigten. Zu ihnen gesellten sich auch Männer bedeutender Namen, etwa die Militärs Montmorency, Cossé und Biron, deren Einfluß am Hofe durch die Herrschaft der Guisen zurückgedrängt worden war. Auch für diese Partei galt also, daß sich nationales Interesse, Stärkung des Königtums und Privatambitionen vermischten. Mit dem Frieden von Saint-Germain-en-Laye (8. August 1570) deutete sich eine Verschiebung im Kräftedreieck der Parteien an. Er sollte die Kämpfenden befrieden. Erneut wurden volle Gewissensfreiheit und das Recht auf den reformierten Kult für den Adel verkündet. In jedem Gouvernement sollte in je zwei Ortschaften der protestantische Gottesdienst erlaubt sein sowie in allen Städten, in denen er seit dem 1. August ausgeübt wor-

Gaspard de Coligny. Als Oberbefehlshaber der Marine und Gouverneur der Ile-de-France stand er im Dienste der Krone, als militärischer und politischer Führer der Hugenotten hatte er maßgeblichen Anteil an der Entwicklung der »parti protestante«. Gemälde eines unbekannten Künstlers. Société de l'Histoire du Protestantisme Français, Paris

den war. Neben den Religionsrechten verkündete man eine allgemeine Amnestie, und alle Strafsachen seit dem Tode Heinrichs II. wurden aufgehoben, deren Akten vernichtet und den Protestanten bürgerliche Rechte zuerkannt, so daß sie Erbschaften und Kaufrechte antreten sowie Ämter einnehmen konnten.

Ungefähr zur gleichen Zeit hatten sich die politischen und militärischen Führer der Hugenotten in La Rochelle getroffen, um über Stand und Aussichten ihrer Sache zu beraten. Nach dem Tode Antoines von Navarra (1562) übernahm dessen Frau, Johanna d'Albret, die Schirmherrschaft über den französischen Protestantismus. Ihr zur Seite stand Sohn Heinrich, König von Navarra. Ebenfalls an die Stelle seines Vaters war der junge Heinrich I. von Condé getreten. Mit Coligny hatten sich La Noue und La Rochefoucault sowie eine Reihe weniger bekannter Protestantenführer eingefunden. Aus dem Ausland kam Graf Ludwig von Nassau als Vertreter der in Frankreich engagierten protestantischen deutschen Länder.

Die Politik Colignys richtete sich darauf, die Guisen vom Hofe zu verdrängen und — was auf dem Schlachtfeld nicht oder nicht allein gelang — eine Verschiebung der Kräfte im Umfeld des Königs zu erreichen. Die Durchsetzung eines solchen Plans war keineswegs utopisch. Während auf der einen Seite eine starke Fraktion für den Ausgleich und das Wiedererstarken der Zentralgewalt plädierte, besaß auf der anderen Seite das mächtigste, fast einzig noch unabhängige Fürstenhaus der Guisen kaum noch eigene Mittel. Anders dagegen die protestantische Partei: Auf einer nationalen Synode der Hugenotten im April 1571 waren neue Steuern beschlossen worden, um die Ausgaben zu decken. Auf diese Weise konnte Coligny ein vom Königtum unabhängiges großes Einkommen nutzen. Ganz im Gegensatz zum Herzog von Guise, dessen zeitweilige Verfügungsgewalt über den Staatsschatz immer zugleich auch selbstsüchtigen Interessen gedient hatte, verwandte der Admiral die ihm bereitstehenden Mittel ausschließlich im Interesse der protestantischen Sache. Dabei berücksichtigte er nicht nur die inneren Kräfte, sondern im gleichen Maße die europäische Lage. Hauptfaktor in dieser Konstellation war Spanien. In der Lösung vom spanischen Einfluß, ja in der direkten Konfrontation sah Coligny die Voraussetzung für einen protestantischen Sieg im nationalen Maßstab. Zugleich hoffte er, mit einer antispanischen Koalition von Katholiken und Protestanten die inneren Auseinandersetzungen mindern und schließlich überbrücken zu können.

Während der Herrschaft Karls I., später Kaiser Karl V., war Spanien zur Weltmacht aufgestiegen.

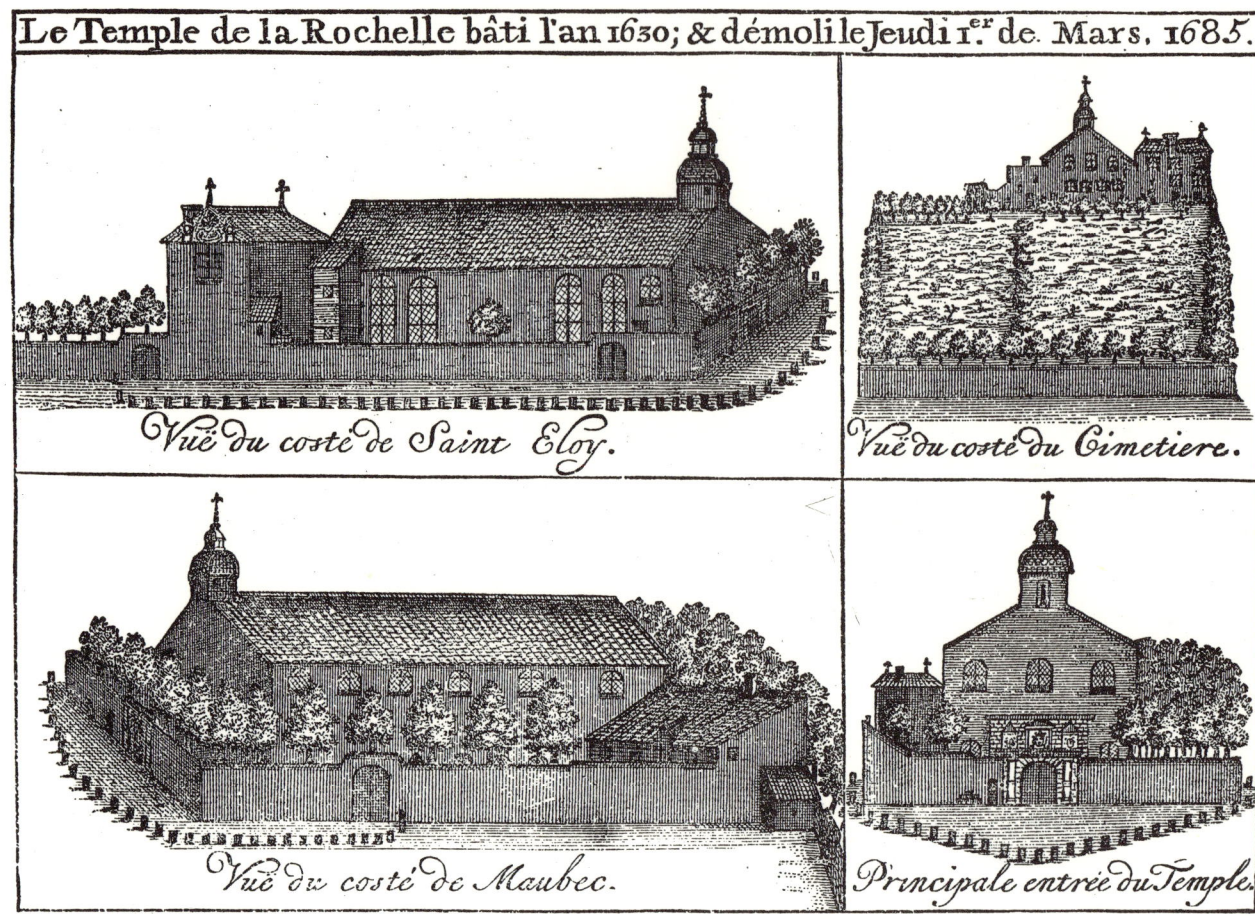

Le Temple de la Rochelle bâti l'an 1630; & démoli le Jeudi 1.er de Mars. 1685.

Vuë du costé de Saint Eloy.

Vuë du costé du Cimetiere.

Vuë du costé de Maubec.

Principale entrée du Temple.

Durch die Unterwerfung der städtischen Patriziate, des Kleinadels und der Bauern konzentrierte sich alle Macht im Königtum. Der unermeßliche Reichtum der Kolonien verschaffte ihm zusätzliche Mittel für seine Europa überspannende Politik. Im Frieden von Câteau-Cambrésis 1559 hatte Spanien — jetzt unter der Herrschaft Philipps II. — seine Hegemonie in Italien gegenüber allen französischen Angriffen bewahren können. Zugleich mit der Unterordnung Portugals strebte es nach Vorherrschaft über Frankreich. Von Spanien über Italien, die habsburgischen Hausländer bis zu den Niederlanden reichte nunmehr die Klammer um Frankreich. Dank seiner reichen Geldquellen war Spanien auch in Frankreich selbst präsent.

Als am Ostermorgen des Jahres 1561 der Herzog von Guise, Marschall Montmorency und Hofgünstling Saint André in der Kapelle des heiligen Saturnin in Fontainebleau feierlich eine Hostie teilten, um so der Bildung ihres Triumvirats zur Eroberung der Staatsmacht und der Ausrottung der Ketzerei eine höhere Weihe zu geben, lag gewiß der Segen Philipps II. über ihnen. Auch an spanischem Geld fehlte es nicht; sogar offizielle Unterstützung bot Spanien dem Königreich gegen Aufständler und Ketzer an. Doch Katharina von

Reformierte Kirche in La Rochelle. Nach der Zurückdrängung des Protestantismus in Orléans übernahm La Rochelle die Führung. Der katholische Kult wurde unterdrückt, und in allen Kirchen betete man in reformierter Weise.

Medici wußte sehr gut, daß spanische Soldaten immer wieder als Druckmittel einer militärischen Intervention hinter den liebenswürdigen Worten aus Madrid standen. Die spanische Unterstützung floß auch nicht ununterbrochen für die katholische Seite, sondern diente dem subtileren Ziel, den Bürgerkrieg zur Schwächung Frankreichs aufrechtzuerhalten. Aus Instruktionen an den spanischen Gesandten am französischen Hofe geht hervor, daß anarchische Verhältnisse in Frankreich im spanischen Interesse lägen und Unterstützung finden sollten.

So waren also die Religionsstreitigkeiten nicht nur mit den politischen Interessen des Königtums, der Adelsfraktionen und des bürgerlichen Standes in Frankreich verknüpft, sondern gleichermaßen mit den Interessen Spaniens und darüber hinaus denen des Papstes, des Kaisers und Savoyens sowie Englands und Schottlands, der Niederlande und der protestantischen deutschen und Schweizer Territorien. Jede Bewegung der streitenden Parteien wurde aufmerksam von den ausländischen Partnern beziehungsweise Gegnern verfolgt, fand Beifall oder Mißbilligung, Unterstützung oder Widerstand.

Die Politik Katharinas von Medici wie auch die Colignys war im Hinblick auf diese äußeren wie inneren Belange insofern gleichgerichtet, als sie beide den Bürgerkrieg beenden wollten, um die äußere Handlungsfreiheit wiederzugewinnen und sich gegen spanische und englische Ansprüche wehren zu können. Die Regentin sah jedoch nur im Patt der beiden französischen Fraktionen die Stärke ihrer eigenen Macht und nutzte daher auch die äußeren Mächte für ihre Politik des Ausgleichs. Coligny dagegen wollte den niederländisch-spanischen Gegensatz im Bündnis mit England und anderen protestantischen Ländern zur Beseitigung der spanischen Umklammerung und weitergehend zur Verbesserung der französischen Position in Europa nutzen. Diese Konzeption der Verknüpfung protestantischer und nationaler Interessen war übrigens schon in einem mehr am Rande liegenden Projekt

Ermordung von Protestanten in Cahors 1561. Leicht gelang es mitunter katholischen Predigern oder lokalen Obrigkeiten, die Bevölkerung gegen die Protestanten aufzuhetzen. Kupferstich von Franz Hogenberg nach Jean Perrissin, 1559/1570

Folterkammer der Inquisition. Mit allen abscheulichen Mitteln suchten Kirche und Staat der Ausbreitung des Protestantismus Herr zu werden. Radierung von Jan Luyken, 17. Jahrhundert. Staatliche Kunstsammlungen Dresden, Kupferstich-Kabinett

symptomatisch zum Ausdruck gekommen: in Colignys antispanischer Kolonisationspolitik.

In der näherliegenden Niederlandpolitik Colignys stimmten protestantische Interessen mit den staatlich-nationalen Frankreichs überein. Der Beginn der niederländischen Revolution mit antispanischen Erhebungen seit 1555 bot die Möglichkeit, die ausländische Umklammerung Frankreichs zu sprengen und gleichzeitig den Gegner Spanien zu schwächen. Die protestantische Orientierung der Aufstandsbewegung begünstigte eine Koalition protestantischer Mächte gegen den katholischen Universalismus Habsburgs und Roms. Sie mußte für die protestantische Entwicklung in Frankreich selbst positive Folgen haben. Schließlich war auch zu erwarten, daß vielleicht einige Gebiete der südlichen Niederlande in französischen Besitz fallen würden.

Mit Umsicht und Überzeugungskraft ging Gaspard de Coligny am Hofe daran, seine Politik durchzusetzen. Neben seinen diplomatischen Aktivitäten begann er mit der Aufstellung eines Flanderncorps. Obgleich den Guisen die Rückeroberung des Hofes verwehrt werden konnte, standen doch viele Kräfte einer solchen Wende der französischen Politik feindlich gegenüber, so daß Karl IX. nur heimlich Gelder für das antispanische Unternehmen zur Verfügung stellen konnte. Katharina von Medici hatte gleich mehrere Gründe privater und staatspolitischer Natur, um sich dieser Politik vehement entgegenzustellen. Doch kaum ein Mittel schien die geschickte und vom König sanktionierte neue Richtung ändern zu können. Die Regentin sah nun ihre einzige Chance im politischen Mord. Am 22. August nistete sich ein gedungener Mörder in einem Haus in der Rue de Fossés-Saint-Germain ein. Als Coligny auf dem Weg in den Louvre dort vorüberkam, feuerte der Meuchler seine Hakenbüchse ab, eilte aus einem rückwärtigen Ausgang und sprang auf sein Pferd, um der Rache zu entkommen. Die Begleitung des Admirals stürzte nicht dem Verbrecher nach, sondern mühte sich um den Verwundeten, die Kugel hatte nur einen Arm des Hugenottenführers getroffen.

⚜ Aus dem Bericht des venezianischen Gesandten Michieli:
»Der Schuß mit der Arkebuse war ein abgekartetes Spiel des Herren von Anjou und der Königin.« [1]

Die Bartholomäusnacht

⚜ Die heimlichen Zusammenkünfte der ersten Protestanten hatten unter der Bevölkerung böse Gerüchte über den Zweck dieser versteckten Treffen wuchern lassen: Man erzählte, daß die Sakramentierer in

[1] Zitiert in: Die Hugenottenkriege in Augenzeugenberichten/hrsg. von Julien Coudy. — Berlin; Darmstadt; Wien, 1970. — S. 181.

ihren Kellern Kinder schlachten und zu Hostien verbacken würden, auf diese Weise bereiteten sie ihr Abendmahl vor. In anderen Nächten holten sie Jungfrauen, ja Mädchen, um sich mit ihnen der Reihe nach zu kopulieren. Oder sie versetzten sich in Rauschzustände, löschten ihre schwarzen Kerzen und trieben es mit Tieren oder untereinander ohne Ansehen des Geschlechts. — So eifrig katholische Geistliche diese üble Nachrede weitertrugen — es waren Vorwürfe, wie sie der Klerus seit Jahrhunderten zur Verfemung von Häretikern, etwa der Katharer, bemüht hatte —, so entkräftete die Wirklichkeit bald diesen Aberglauben. Nicht die Reformierten verübten die Greuel, sondern an ihnen wurden Greuel verübt.

War unter Franz I. und Heinrich II. die Staatsmacht in Frankreich noch mit Schwert und Feuer gegen Protestanten vorgegangen, so hatte sich seit der Schwächung der Königsmacht mehr und mehr eine Lynchjustiz des militanten Klerus und örtlicher Herrschaften breitgemacht. Individuellem Terror folgten oft regelrechte Pogrome. In Castelnaudary, Tours, Sens, Amien, Toulouse, Marseille, Abbeville, Troyes und anderen Städten wurden Protestantenversammlungen überfallen, man zerstörte die Häuser der Reformierten, eignete sich deren Besitz an oder ermordete sie. In Lyon wurden der protestantische Tempel zerstört, öffentliche Bücher und Volksbibeln verbrannt, die Protestanten aus der Stadt verbannt und nur Reichen erlaubt, sich durch Lösegelder freizukaufen.

Ungeachtet der offiziellen Verfolgung und der lokalen Drangsale, zum Teil jedoch gewiß auch gerade deshalb, stieg die Zahl der Protestanten um die Mitte des 16. Jahrhunderts und soll nach Schätzungen 400 000 Neugläubige betragen haben, was allerdings nur etwa ein Prozent der damaligen Bevölkerung ausmachte. Doch ihr Einfluß lag nicht vornehmlich in ihrer Zahl, sondern mehr in ihrer Lebensweise, ihrer Gläubigkeit begründet. Überall waren Gemeinden entstanden, die ihre Kirchen demokratisch verwalteten. Die reformierte Kirche war eine freie Kirche, ihre Ämter wurden von der Gemeinde besetzt. Aber hatte die Gemeinde ihr Presbyterium gewählt, unterwarf sie sich der Leitung und Kontrolle durch diese Regierung. Théodore de Bèze, der nach Calvin theologischer Führer der Reformierten war, zählte nach der Mitte des Jahrhunderts mehr als 2 000 derart organisierte Gemeinden. Synoden der verschiedenen Regionen oder ganz Frankreichs sorgten für den Zusammenhalt der Gläubigen. Auch hier herrschte das gleiche Organisationsprinzip. Die Synodalen waren in ihren Gemeinden demokratisch gewählt worden, und ihre Beschlüsse galten für alle Gemeinden als verbindlich.

Ermordung von Protestanten in Tours 1562. Wenngleich Hugenotten die meisten Opfer, wie hier in Tours, brachten, muß um der Gerechtigkeit willen festgestellt werden, daß auch Protestanten sich zu Pogromen hinreißen ließen. Kupferstich von Jacques Tortorel nach Jean Perrissin, 1559/1570. Hugenottenmuseum, Berlin

»Keine Kirchengemeinde darf den Anspruch auf Vorrang vor einer anderen oder auf Herrschaft über sie erheben. Das gleiche gilt für die Geistlichen . . .« [1] hatte die Pariser Kirchendisziplin 1559 festgeschrieben. So lähmten weder der Tod Calvins 1564 noch die militärischen Niederlagen oder örtlichen Rückschläge den Protestantismus. Aus dem Zusammenwirken von Selbstbestimmung und Unterordnung gewannen die calvinistischen Gemeinden Frankreichs ihre Stärke. Sie ließ ganze Gemeinden zu Märtyrern wie zu Glaubenskämpfern werden.

»Die Fortschritte der Protestanten und die Begünstigungen, welche dieselben von oben erfuhren, erregten bei den Katholischen . . . Besorgnis und Erbitterung. Darum fehlte es auch fortan nicht an Aufhetzung von den Kanzeln und dem Katheder und an Wutausbrüchen unter der Bevölkerung.« [2] Die katholischen Repressionen blieben nicht lange ohne Echo. Hier und da wurde eine passive Gegenwehr errichtet, anderswo griff man zu den gleichen Waffen wie die Katholiken. Im Zorn über die erlittenen Kränkungen, über Drangsalierungen und Morde bewaffnete sich die eine und andere Gemeinde und vergalt in alttestamentarischer Weise Gleiches mit Gleichem. So läßt sich nicht nur eine Liste der Greuel und Pogrome der Katholiken erstellen, sondern ebenfalls eine der Protestanten. Sie stürmten Kirchen, zerschlugen die Statuen und Bilder, eigneten sich diese Kirchen für den reformierten Gottesdienst an. Mitunter gingen die Ausschreitungen weiter bis zu Morden, wie etwa dem Blutbad von Nîmes, wo 80 Katholiken erschlagen wurden, oder den Massakern von Montpellier, in der Provence, Venaissin und Orange, wo über 1 000 Katholiken umgebracht worden sein sollen. Der verhängnisvollen Eigengesetzlichkeit von Gewalt und Gegengewalt folgend, war die Ursache bald nicht mehr von der Wirkung zu unterscheiden: Katholiken schlugen auf Protestanten, Protestanten auf Katholiken ein.

Der Bürgerkrieg hatte nicht das Massaker von Vassy zum Ursprung, er war geboren aus der Politisierung der Reformation und ihrer Vermischung mit den Kämpfen der Fraktionen um die Staatsgewalt. Einmal in Gang gekommen, konnten bewehrte Furcht und bewaffneter Haß auf beiden Seiten offensichtlich die Gewalt nur vorantreiben, nicht aber stoppen. Jedenfalls

[1] Erster von 40 Artikeln der Pariser Kirchendisziplin von 1559, zitiert in: Pfisterer, Ernst: Reformierte Bekenntnisschriften und Kirchenordnungen. — Neukirchen, 1949. — S. 109.

[2] Vgl.: Soldan, Wilhelm Gottlieb: Geschichte des Protestantismus in Frankreich bis zum Tode Karls IX. — Leipzig, 1855. — S. 556.

Nach wenigh Predication   Das bildens turmen fiengen an   Kap Monstrantz, kelch, auch die altar   Zerbrochen all in kurtzer s fundt
Die Caluinsche Religion   Das nicht ein bildt dauon bleib sïan   Vnd wess sonst dort vor handen war,   Gleich gar vil leuten das ist kundt.

34.   Anno Dnÿ. M. D. LXVIȝ, XX Augusti

folgten die beiden militanten Bewegungen längst nicht
mehr nur theologischen und politischen Erwägungen.
Um den nach dem ersten Religionskrieg ausgehandel-
ten Frieden zu sichern, verbot die Regierung im Edikt
von Vincennes (1563), was Anlaß zu neuen Streitigkeiten geben konnte: Protestanten durften nicht offen
an katholischen Feiertagen arbeiten, auch nicht
Fleisch an Fasttagen verkaufen; protestantische Be-
gräbnisse auf katholischen Kirchhöfen hatten zur
Nachtzeit zu erfolgen, und Sammlungen für die Armen
mußten außerhalb protestantischer Kirchen unter-
bleiben . . .

    Doch wirbelte der leiseste Wind die Gluten auf. Da
wurde der Prediger Condés überfallen und verletzt,
hier stürzte ein Hugenotte in eine Messe und bedrohte
den Priester mit einem Dolch, anderswo glaubte man,
die Versammlung von Protestanten gewaltsam verhindern zu müssen, nebenan holten sich Protestanten mit
Waffengewalt im Krieg konfiszierte Güter zurück.

    Die mitunter ohne Löhnung entlassenen ausländi-
schen Söldner trugen ebenfalls nicht zur Befriedung
des Landes bei, und die Akteure der großen Politik in
Frankreich wie im Ausland sahen in den Friedensver-

*Bildersturm. Die Bilderstürme waren oft Kennzeichen des
Übergangs der Gemeinde zur erneuerten evangelischen
Kirchenverfassung. Als Götzendiener fielen Bilder und Statuen,
Monstranzen und Kreuze dem Reinigungswillen zum Opfer.
Kupferstich von Franz Hogenberg, 1556. Staatliche Museen zu
Berlin, Kupferstichkabinett*

trägen der Bürgerkriegsparteien nur Atempausen zur
Auffüllung ihrer Kassen und Neuformierung ihrer
Kräfte. Unter solchen Bedingungen war kein wirklicher Frieden zu erwarten. Entgegen den theologischen
Vermahnungen konnten die Protestanten sich nur
schützen, wenn sie über Mittel verfügten, die nicht
mehr nur religiöser Natur entsprachen, sondern auch
sozialer.

    Hatte der Protestantismus im Kampf des Adels po-
litische und militärische Dimensionen angenommen,
so tat er das jetzt auch an der Basis, im Volke selbst. In
den ersten Religionskriegen (vergleiche Marginalie
S. 64/65) entwickelte sich der französische Protestantismus von einer Religionsgemeinschaft zu einem politischen Faktor, der langsam Formen staatlicher Existenz annahm. Die protestantischen Nationalver-

sammlungen hatten das Land in Provinzen eingeteilt, die mit eigenen Synoden partikuläre Leitungen bildeten, für den Schutz ihres Gebietes zu sorgen hatten und Steuern erhoben für die Finanzierung der Theologenausbildung. Desgleichen mußten sie für die Unterstützung armer Gemeinden durch reichere sorgen, so daß möglichst überall Kirchenraum, Schule und Armenfürsorge gewährleistet waren. Auch die Verfügung über Finanzmittel für militärische Ausrüstungen und die Anwerbung deutscher und schweizerischer Soldaten oblag diesen Organen. Selbst Verträge staatsrechtlicher Konsequenz wurden auf den Synoden abgeschlossen: Bündnisse mit protestantischen Fürsten in Deutschland, wie dem Landgrafen der Pfalz, dem Herzog von Zweibrücken und dem Grafen von Mansfeld, oder die Abtretung des Seeplatzes Le Havre an die Engländer, die auf diese Weise nach dem Verlust von Calais 1562 wieder einen kontinentalen Stützpunkt gewannen. Das Poitou, Teile von Guyenne und der Gascogne, auch der Bretagne, ganz Navarra und vor allem große Gebiete des Languedoc, der Dauphiné und der Provence, also beachtliche Teile Südfrankreichs, waren protestantisch und bildeten nun gewissermaßen den territorialen Bestand eines Staates im Staate.

Diese Entwicklung hatte Katharina von Medici gleichermaßen beobachtet wie die Absichten der Spanier, das Verhalten der Engländer oder das des Papstes. Zu allen Kräften Beziehungen zu unterhalten, entsprach einem ihrer politischen Grundsätze, der sich in ihrer Heiratspolitik am prägnantesten manifestierte. Ihre Tochter Claude war durch ihre Hochzeit (1558) mit Karl von Lothringen Herzogin dieses Fürstentums geworden; die Heirat des Sohnes Franz mit Maria Stuart im gleichen Jahr hatte die Beziehungen zum schottischen Königshaus wie auch zu den Guisen gefestigt. Elisabeth ehelichte 1559 Philipp II. von Spanien, und Karl IX. heiratete ein Jahr später Elisabeth von Österreich, die Tochter Kaiser Maximilians II. Für Heinrich von Anjou war die Verbindung mit der englischen Königin geplant, und durch Margarete sollten die Königshäuser von Frankreich und Portugal verknüpft werden. Nach einigem Überlegen entschied sich Katharina von Medici jedoch für eine Verbindung mit den Hugenotten; sie konferierte mit Johanna von Navarra über eine Hochzeit von Margarete von Frank-

reich mit Heinrich von Navarra. Im Sommer 1572 war die Angelegenheit so weit gediehen, daß die Vermählung für den 16. August festgelegt wurde.

Heinrich zählte zwar erst 19 Jahre, doch vertrat er dank seiner Abstammung als Prinz von Geblüt die dynastische Spitze der Protestanten, und seine Verbindung mit dem Hause Valois ließ viele Protestanten in Hoffnungen schwelgen. Zu den Feierlichkeiten reisten daher Hugenotten von Rang und Namen nach Paris, um der Hochzeit größere Bedeutung zu verleihen und sich mit eigenen Augen zu überzeugen, wie Coligny und Heinrich von Navarra der französischen Entwicklung eine neue Richtung gaben.

Katharina von Medici trachtete danach, durch diese Personalpolitik ihre politischen Ziele zu realisieren, sah sich jedoch zusehends durch Coligny in ihrem Bewegungsspielraum eingeengt. Die unhaltbare Situation spitzte sich durch den mißglückten Mordanschlag auf Coligny dramatisch zu. Mußten nicht die Hugenotten in dem Attentat den Versuch sehen, den Protestantismus ein für allemal zu liquidieren? Reimten sich nicht die zwielichtige Konferenz von Bayonne mit den Spaniern, die Bildung der Katholischen Liga, die Hetze der Jesuiten und die zahllosen Unterdrückungsmaßnahmen alle auf Ausrottung?

Margarete von Valois, als siebentes von zehn Kindern der Katharina von Medici geboren, sollte durch ihre Heirat mit Heinrich von Bourbon die Beziehungen zu den Hugenotten sichern. Kolorierte Zeichnung von M. Riffaut, 1848. Deutsche Staatsbibliothek, Berlin

❧ ». . . kurz, der Admiral hat im Königreich eine Art eigenen, vom König unabhängigen Staat.« — resümierte der venezianische Beobachter Michieli. [1]

[1] Vgl.: Die Hugenottenkriege in Augenzeugenberichten/hrsg. von Julien Coudy. — Berlin; Darmstadt; Wien. 1970. — S. 168.

⚜ »Die Strassen wurden mit Blutströmen überschwemmet, man fand die Leichen allenthalben liegen, und sie konnten zu tausenden übereinander gehäuffet werden. Die Häuser, die Märkte, die Strassen, die Flüsse waren damit angefüllet. Ermordete Söhne lagen auf den Leichnamen ihrer Väter; der Bruder mit der Schwester und die Tochter mit der Mutter lagen erwürget da, und die Kinder in der Wiege hatte man an den Steinen zerschmettert. Es konnte niemand entfliehen. Weder Alter noch Geschlecht, weder Stand noch Verdienste, kurz nichts wurde geschonet.« [1]

Zu Recht fürchteten Katharina von Medici und der Herzog von Guise einen Aufstand der Hugenotten mitten in Paris und im ganzen Land. Die Königinmutter schloß sich mit ihrem Sohn, Heinrich von Anjou, der das Attentat auf Coligny organisiert hatte, ihren drei italienischen Ratgebern Nevers, Gondi und Birague sowie dem Herzog von Guise und Tavennes, Marschall von Frankeich, in den Tuilerien ein. Einen Tag nach dem Schuß auf Coligny wurde der Entschluß zu einem in der Geschichte Frankreichs einmaligen Anschlag gefaßt.

In der Nacht zum 24. August, dem Tag des heiligen Bartholomäus, läutete plötzlich die Sturmglocke von Saint-Germain-l'Auxerrois. Die Straßen füllten sich mit Bewaffneten, die alle ein weißes Kreuz als Erkennungszeichen an Schärpe oder Hut trugen. Sie brachen die Türen zu den Häusern von Protestanten auf und mordeten ohne Pardon — ob Frau oder Mann, Greis oder Kind. Die Magistratsmilizen durchsuchten die Häuser der Bürger, die Herren des Königs die des Adels. Im Louvre selbst häuften sich die Toten in Gängen und Sälen.

Ermordung Colignys in der Bartholomäusnacht. Beim ersten Mordanschlag auf Coligny war lediglich dessen Arm durchschossen worden, in der Bartholomäusnacht trafen die Mörder den Hugenottenführer wehrlos in seinem Schlafzimmer. Zeitgenössischer Kupferstich. Státní ústřední archiv, Prag

Karl IX., den man mit einem Hugenottenanschlag geschreckt und in Panik versetzt hatte, schoß aus dem Fenster auf Fliehende. Der Herzog von Guise war mit seinen Leuten gleich anfangs zum Haus des verletzten Coligny geritten. Sie brachen die Türen auf, stachen die Wachen nieder und töteten schließlich den Dreiundfünfzigjährigen vor seinem Bett, den Leichnam warfen sie aus dem Fenster — vor die Füße des triumphierenden Guise.

Zwei- oder vielleicht sogar dreitausend Hugenotten wurden in dieser Nacht und den folgenden Tagen in Paris ermordet. Sowie die königlichen Boten mit ihren Sonderbefehlen in Meaux und Charité, in Orléans und Saumur, in Lyon und Bourges, Rouen und Toulouse, Romans und Bordeaux eintrafen, wiederholte sich das Massaker. Ein Blutrausch und ein Grauen ohneglei-

[1] Vgl.: Rambach, Friedrich: Schicksal der Protestanten in Frankreich/Übersetzung aus dem Französischen. — Halle (Saale), 1759. — S. 204.

chen durchzogen das Land und befleckten die französische Geschichte.

Die Bartholomäusmorde hatten bei den französischen Protestanten einen fürchterlichen Aderlaß bewirkt. Tausende waren gemetzelt, Abertausende bekehrten sich angstgeschüttelt zur alten Glaubensform. Heinrich von Navarra und Heinrich von Condé, die fast als einzige im Louvre das Massaker überlebt hatten, besuchten als Gefangene der Königinmutter ebenfalls wieder die Messe.

Die militanten Katholiken frohlockten. Philipp von Spanien sandte Glückwünsche nach Frankreich: »Das ist eines der freudigsten Ereignisse meines Lebens . . .« [1]; war doch über Nacht die Gefahr einer französisch-niederländischen Koalition mit antispanischer Stoßrichtung beseitigt, schien doch der katholische Hof Frankreichs mehr als zuvor dem politischen Kalkül Madrids unterworfen zu sein. Auch in Rom feierte man die Morde. »Die Nachrichten, die wir aus Frankreich über die Tötung und Vernichtung der Rebellen, der Feinde Gottes, seiner Kirche und der Krone Frankreichs erhielten, haben auch hier überall Freude erregt« [2], berichtete der in der christlichen Metropole weilende Kardinal von Lothringen. Der Papst ließ eine Prozession veranstalten, an der er mit allen Kardinälen teilnahm, eine Messe wurde zelebriert, und ein feierliches »Te Deum« erklang.

Päpstliche Medaille anläßlich der Bartholomäusmorde. Die Rückseite zeigt einen mit einem Schwert bewaffneten Engel, der Hugenotten erschlägt. Medaille von Bonzagna, 1572

Krieg, Krieg und nochmals Krieg

Dennoch starb der Calvinismus in Frankreich nicht aus. Dank der Standhaftigkeit und des Mutes großer Teile der Hugenotten konnte das fürchterliche Opfer überwunden werden. Nicht ohnmächtiger Zorn oder lähmende Lethargie waren die Folge, sondern der Entschluß, allen Kräften, und sei es dem König selbst, entgegenzustehen. Einige der Schriftsteller meinten, durch die Bartholomäusnacht sei aus einem königstreuen Calvinismus ein republikanischer geworden. Tatsache ist, daß beispielsweise der bekannte Staatstheoretiker François Hotman in seiner »Franco-Gallia« die tyrannische Machtausübung durch den König brandmarkte und einschränkende und kontrollierende Rechte der Ständeversammlungen als notwendig begründete. Auch die Schriften von Duplessis-Mornay und Languet rekonstruierten ein Wahlkönigtum und das Widerstandsrecht des Volkes bei königlichem Machtmißbrauch.

In La Rochelle, Montauban und Sancerre, Nîmes und Sommières, in Anduze und vielen Orten des Languedoc und der Cevennen verschanzten sich die kampfesmutigen Hugenotten. Führer wurde nun der begabte Militär La Noue, der La Rochelle dank günstiger Lage, entschlossener Bevölkerung und hervorragender Befestigungen zur Hauptstadt des Protestantismus machte. Die Stadt trotzte denn auch einer halbjährigen Belagerung durch königliche Truppen und konnte einen neuen Kompromißfrieden (Bologne 1573) erzwingen.

Niemand aber gab mehr etwas auf Königsworte. Im Süden des Landes breitete sich der hugenottische Staat weiter aus. Ständeversammlungen wurden ohne königliche Erlaubnis einberufen, Steuern auferlegt und die militärische Organisation ausgebaut. Ein Polizei- und Kriegsreglement spiegelte mit seinem demokratischen Charakter die bürgerlichen Interessen wider. So standen das Bürgermeisteramt, der Kleine und Große Rat jedem offen, eine gegenseitige Abgrenzung der Pflichten und Kontrollmöglichkeiten fand statt. Der gegebenenfalls nötige Kriegsrat und der Gesamtbefehlshaber wurden von allen Räten gemeinsam eingesetzt. Artikel zur Disziplin, in denen Frömmigkeit und calvinistische Strenge dominierten, rundeten diese Verfassung ab. So konstatierte Strasser-Bertrand für die Zeit nach dem Frieden von La Rochelle: »Nun aber organisierten sie sich politisch-militärisch in der Politischen Konstitution von Millau (Aveyron)

»Die Frage, ob es erlaubt ist, einem Fürsten, der Gottes Gesetz verachtet, der Kirche Abbruch tut oder ihren Bau stört, Widerstand zu leisten, scheint auf den ersten Blick nur schwer und mühevoll zu beantworten zu sein. . .« [3]

[1] Zitiert in: Maurois, André: Die Geschichte Frankreichs. — Zürich. 1951. — S. 189.

[2] Zitiert in: Köller, Heinz; Töpfer, Bernhard: Frankreich: Ein historischer Abriß. — Berlin, 1973. — S. 250.

[3] Zitiert in: Kittel, Helmut: Der Calvinismus in Westeuropa. — Religionskundliche Quellenhefte 12. — Leipzig; Berlin, o. J. — S. 14 f.

[1] Strasser-Bertrand, Otto: Die evangelische Kirche in Frankreich. — In: Die Kirche in ihrer Geschichte: Ein Handbuch / hrsg. von Bernd Moeller. — Göttingen, 1975. — S. M 148.

Philippe de Mornay, Seigneur du Plessis-Marly, gehörte zum Rat Heinrichs von Navarra und tat sich in diplomatischen Missionen sowie schriftstellerisch hervor. Zeichnung von Louis Dubreuil, 16. Jahrhundert. Société de l'Histoire du Protestantisme Français, Paris

im Dezember 1573 zum Staat im Staat, in ihren provinzialen Assemblées politiques und einem Zentralrat, an dessen Spitze Heinrich von Navarra trat.« [1]

In der gesamten Geschichte der Hugenotten gab es keine festen und unveränderlichen Fraktionen. Die Greuel der Bartholomäusnacht jedoch bewirkten eine weitere Polarisierung der Parteien und Fraktionen. Wer jetzt dem Druck standhielt, der war überzeugt, daß die Sicherung der religiösen Auffassungen nur durch politische und militärische Mittel erreicht werden konnte.

Andere beobachteten vom Ausland her die Entwicklung in der Heimat. Da gleich nach dem Anschlag auf Coligny in Paris Gerüchte von einem Massaker kursierten, hatten einige Hugenotten tatsächlich noch rechtzeitig die Stadt verlassen können. Wer in den Provinzen dem Gemetzel entgangen, aber seines Lebens in Frankreich nicht mehr sicher war, der überschritt die Grenze zur Schweiz, nach Deutschland, den Niederlanden oder England. Den wiederholten Erlas-

sen des Königsrates, daß die Geflohenen — so sie binnen drei Wochen zurückkehrten und sich des ketzerischen Kultes enthielten — in Frankreich gleiche Sicherheit hätten, glaubten wenige.

Jene aber, denen es an Mut und am protestantischen Umfeld mangelte, führten wieder ein Doppelleben: Tags beugten sie das Knie in der katholischen Zeremonie, nachts aber ließen sie sich von Predigern oder bibelfesten Laien trösten. Das Buch Hiob gehörte gewiß zu den meistgelesenen Bibelstellen, andere richteten sich an dem in immer neuen Auflagen verbreiteten »Livre des martyrs« des Jean Crespin auf.

Auch bei den Katholiken hatte die »Bluthochzeit« zu einer Differenzierung geführt. Nicht wenige verurteilten die Pogrome, sei es aus ethischen, sei es aus pragmatischen Gründen. Das katholische Pendel war selbst vielen Katholiken zu weit ausgeschlagen. Nach den Morden rollte eine Katholisierungskampagne über das Land: Selbst Gebiete wie Navarra mußten den Katholizismus als einzige Religion deklarieren, den Kle-

Livre des martyrs. Das »Buch der Märtyrer« von 1560, obgleich eigentlich nur eine Dokumentation der Verfolgung der Protestanten, wirkte außerordentlich für die Ausbreitung der Reformation in Frankreich. Es wurde in mehr als zehn Auflagen herausgebracht und gehörte zu den meistgelesenen Büchern. Hugenottenmuseum, Berlin

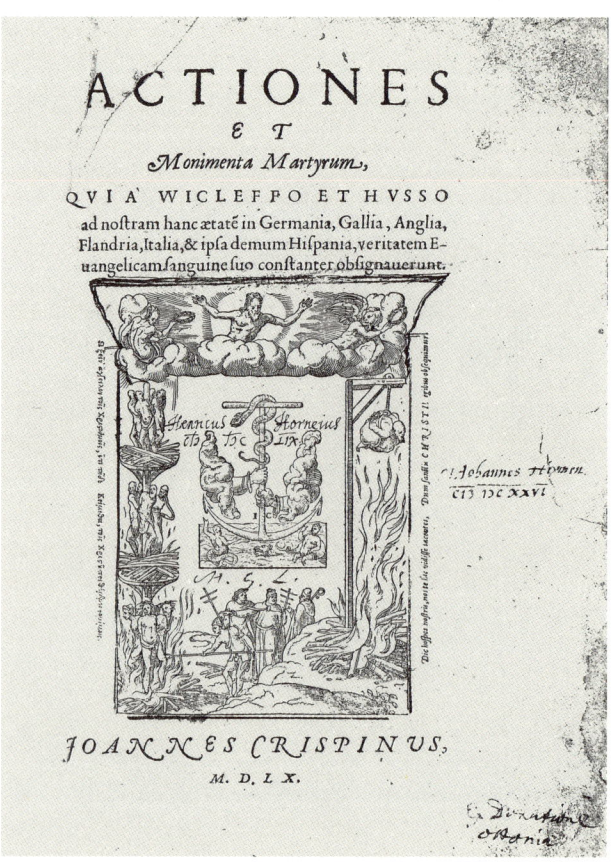

Reiterschlacht zwischen Katholiken und Protestanten. Die meisten Feldschlachten gingen für die Protestanten verloren, selten, wie 1567 bei Saint Denis, waren die Kräfte annähernd gleich. Kupferstich von Jacques Tortorel nach Jean Perrissin, 1575. Stadtmuseum Hofgeismar

rus in alle alten Rechte wieder einsetzen und die Vertreibung protestantischer Prediger besorgen, so sie nicht abschworen. Der König ordnete die Ämterentsetzung von Protestanten an. Vorbereitungen wurden getroffen, um die letzten Bollwerke des Protestantismus zu erobern. Selbst die Rückkehraufforderungen mit ihren extrem kurzen Fristen schienen nur Vorwand, um die Güter der Geflohenen unter dem Schein des Rechts konfiszieren zu können.

Hatte es bisher örtlich schon stillschweigende Tolerierung der Protestanten durch katholische Bischöfe oder Bürgermeister gegeben, so kam es nun im Languedoc sogar zu einem offenen Bündnis. Heinrich von Damville, Sohn des Connetable Montmorency, sollte als Gouverneur abgesetzt werden. Das Languedoc mit seiner protestantischen Tradition und entfalteten Hugenottenmacht unterwarf sich jedoch dem königlichen Befehl nicht. Statt dessen kam es zu einer Vereinbarung: Katholiken und Protestanten sicherten gemeinsam die Herrschaft in dieser Provinz, das protestanti-

sche Glaubensbekenntnis wurde in den von Hugenotten beherrschten Gebieten anerkannt, ein Rat von Mitgliedern beider Konfessionen stand dem Gouverneur zur Seite. Angesichts eines Angriffs unter königlicher Fahne vereinbarte man regelmäßige Provinzialversammlungen, ein Hilfeersuchen an den gesamten französischen Adel erging, und für das Versprechen, ihn zum Administrator der lange umstrittenen Städte Metz, Toul und Verdun zu machen, organisierte der Pfalzgraf militärische Hilfe. Heinrich von Navarra, den der König gezwungen hatte, an der Belagerung von La Rochelle teilzunehmen, gelang im Februar 1576 die Flucht ins Languedoc. Auch der jüngste Sohn der Medici, Herzog von Alençon, entzog sich seinem wahnsinnigen Königsbruder und seiner herrschsüchtigen Mutter und kam gleichfalls ins Languedoc. Die geschwächte Königspartei rettete sich in neue Edikte, die die freie Religionsausübung im ganzen Land, Paris ausgenommen, zusicherten. Wieder kam es zu Scharmützeln, Schlachten und neuen Friedensschlüssen. Dem fünften Religionskrieg folgt der sechste, der siebente, der achte. . .

Das Kriegswesen jener Zeit — jedenfalls soweit es die französischen Bürgerkriege betrifft — war gekennzeichnet durch relativ kleine Heere, Lokalisierung der militärischen Treffen und geringe zeitliche Ausdeh-

von Beaulieu, 6. Mai 1576, Religionsfreiheit im ganzen Land, Paris ausgenommen. Die katholische »Heilige Liga« erklärt den Frieden für nichtig.

6. Hugenottenkrieg 1577 Frieden von Bergerac, 17. September 1577

7. Hugenottenkrieg 1579—1580 Frieden von Fleix, 26. November 1580 Tod des Thronprätendenten Franz von Alençon und Edikt von Nemours, 1585, das den Protestantismus verbietet und Hugenotten mit der Todesstrafe bedroht.

8. Hugenottenkrieg 1586—1698 Schlacht bei Contras, 20. Oktober 1587 — Sieg und militärische Überlegenheit der Protestanten Ermordung des Herzogs von Guise, 23. 12. 1588 Ermordung Heinrichs III., 1. August 1589 Schlacht bei Arques, 20./21. September 1589 — protestantischer Sieg Schlacht von Ivry, 14. März 1590 — protestantischer Sieg Schlachten gegen spanische Heere bei Doullens, 24. Juli 1595 — protestantische Niederlage — und Fontaine-Française, 17. Januar 1596 — protestantischer Sieg

Voyla les beaux exploits de ces cœurs inhumains   L'vn pour auoir de l'or, inuente des supplices,   Et tous d'vn mesme accord commettent mechamment
Ils rauagent par tout rien nechappe a leur mains   L'autre à mil forfaicts anime ses complices,   Le vol, le rapt, le meurtre, et le violement. 5

Plünderung eines Bauernhauses. Kupferstich von Jacques Callot aus der Folge »Die Schrecken des großen Krieges«. Anfang 17. Jahrhundert. Staatliche Kunstsammlungen Dresden, Kupferstich-Kabinett

Kriegsgreuel. Die verhältnismäßig geringe Zahl realistischer Darstellungen von Kriegswirren, Plünderungen und Drangsalierungen kann nicht darüber hinwegtäuschen, daß gerade das einfache Volk unter den Gewaltaktionen sehr litt. Radierung von Hans Ulrich Franck, 17. Jahrhundert. Germanisches Nationalmuseum, Nürnberg

nung. Große Schlachten mit vielen Soldaten, wie etwa die 2000 Reiter und 4000 Fußsoldaten der Protestanten und die 3000 Reiter und 15 000 Soldaten des Königs bei Saint-Denis im zweiten Religionskrieg, also insgesamt 24 000 Soldaten, waren selten. In der Regel kämpften Armeen, die je 2500 bis 5000 Mann umfaßten, oft aber nur wenig die 1000 überschritten. Zu ihnen stießen mitunter kleine Heere ausländischer Mächte, auf seiten der Katholiken etwa Spanier und Schweizer, bei den Protestanten ebenfalls Schweizer, vor allem aber Deutsche. Besonders ausländische Soldaten kämpften zumeist um des Soldes und der Beute willen, entsprechend war ihr Verhalten. Die Artillerie bestand aus wenigen Geschützen: Eine Armee mit zehn »Stücken« galt als reich. Infolgedessen waren befestigte Plätze nur sehr selten einzunehmen. Hierzu reichte auch nicht die Verpflegung, die aus dem Umland bezogen wurde, das daher schnell von allen Lebensmitteln entblößt war. Die Feldwirtschaft erforderte, daß sich zur Zeit von Saat und Ernte die Männer zu Hause befanden. Da auch der Winter und die nasse Übergangszeit eine Kriegführung verboten, beschränkte sich die militärisch aktive Zeit auf wenige Monate. Dennoch verarmte das Land in den unzähligen Aktionen; die Dörfer lagen dem jeweiligen Feind offen und wurden zum Fourageplatz und Beutegroschen. Der Entzug der Arbeitskräfte, Hunger und Krankheiten, darunter grassierende Seuchen, plagten das Volk. Bauern zerstörter Höfe zogen — hungrig und beschäftigungslos — in die Städte. In Amiens verlangten 6000 Arme Brot, Paris richtete Werkstätten für die Bettler ein. In manchen Regionen verknappten die Güter, so zum Beispiel in der Provence, wo nur noch vier oder fünf der vormals 24 Tuchhändler Arbeit fanden.

Nicht allein der ordentliche Soldat, kenntlich an roter oder grüner Schärpe bei den Katholischen, weißer Schärpe oder Feder bei den Protestanten, verheerte die Landschaft. Marodeure machten Krieg auf eigene Rechnung, regelrechte Banden terrorisierten Wege und Höfe. Die Schwäche der Ordnungsmächte, die Wirrnisse der Zeitläufte ließen manchen die Gewalt zur Richtschnur seines Denkens und Handelns werden. Ein Land, wo die Großen sich der Religion und des Kampfesmuts des Volkes bemächtigten, um ihre persönlichen Interessen zu befriedigen, brachte in allen sozialen Schichten gleiche Phänomene hervor. Zeitweilig hatten ganze Landstriche unter der Plage der Casaniers — wie die Banden bezeichnet wurden — als dauerhafter Erscheinung zu leiden. Manchem Franzosen schien der Soldat, der Bandit und der Wolf als eine Plage mit drei Namen. . .

Katholische Gegenbewegung

❧ Die Verheerung des Landes setzte den Kriegen zugleich auch Grenzen. Der Entzug von Männern im produktiven Alter, die Entblößung von Nahrungsmitteln und schließlich der Geldmangel machten eine ununterbrochene Kriegführung unmöglich. In den Kampfgebieten blieben die Bauern oft ihre Steuern schuldig. Immer wieder erreichte die Bedrückung gerade der Landbevölkerung so große Ausmaße, daß Landwirte von ihren Höfen flohen. Die Kriegsunbilden ließen aber auch der Eigenmächtigkeit und Willkür der Steuereintreiber Raum; Millionen versickerten, bevor sie in die königliche Schatulle gelangten. Daher war die gesamte Zeitspanne davon geprägt: Die Könige gaben mehr aus, als sie einnahmen!

Seit dem Hundertjährigen Krieg mit seinen enormen Ausgaben hatte sich das französische Steuersystem als eine feste Institution etabliert. In ganz Frankreich erhob man die »Taille«, eine direkte Steuer, und die »Aide«, die an Verbrauchsgüter wie Salz, Fleisch und Wein gebunden war. Die Erhöhung der Steuern schien die einfachste Möglichkeit zu sein, um die leeren Kassen aufzufüllen. Die Taille zum Beispiel stieg von 2,4 Millionen Livres 1527 auf 5 Millionen am Ende der Herrschaft Franz' I. und auf 18 Millionen im Jahre 1588, wobei allerdings neben der tatsächlichen Steuererhöhung die nominale der Geldentwertung in Rechnung zu setzen ist. Die höfischen Ausgaben, die Italienkriege der ersten Hälfte und die Religionskriege der zweiten Hälfte des 16. Jahrhunderts überstiegen jedoch bei weitem die Möglichkeiten des Steueraufkommens. Die Folge war die immer wiederkehrende Unfähigkeit der königlichen Kasse, ihren Zahlungsverpflichtungen wie Renten und Pensionen nachzukommen: Sie blieb den Sold schuldig, stundete die Löhnung der Beamten und hatte doch kein Geld, um beispielsweise das Begräbnis Karls IX. zu finanzieren. Die Schatzmeister der französischen Könige borgten jetzt auf königliche Sicherheiten. Hier beliehen sie ein Arsenal, dort ein Magazin, anderswo boten sie die königlichen Domänen als Gegenleistung. Schließlich verfielen sie sogar darauf, noch gar nicht eingegangene Einkommen zu beleihen.

Dennoch, die Kluft zwischen Einnahmen und Ausgaben verringerte sich nicht. 1559 hatte die Staatsschuld schon die Höhe von 43 Millionen Livres erreicht. Um diese Schuld zu tilgen, hätte das Bruttoeinkommen des Staates von mehreren Jahren nicht genügt. Auch drakonische Maßnahmen wie Zwangsanleihen halfen nur geringfügig. So griffen Franz I., Heinrich II. und dessen königliche Söhne zu einem schon von ihren Vorfahren benutzten Mittel: dem Ämterverkauf. Gerichtsdienerstellen und Präsidentenränge, Ratsposten und Steuerämter, sogar Adelspatente waren gegen entsprechende Münze zu erwerben. Der Freikauf vom Kriegsdienst wie umgekehrt der Erwerb eines militärischen Titels, bei dem der Käufer mit dem Kriegswesen nur insoweit vertraut sein mußte, daß er seinen Zierdegen anzulegen wußte, gehörten dazu. 1523 schuf man eigens eine reguläre Stelle für den Ämterverkauf. Der Ertrag dieser Verkaufstätigkeit betrug nach einer zeitgenössischen Quelle zur Regierungszeit Heinrichs II. jährlich ungefähr 400 000 Livres. Um diesen Betrag noch zu steigern, scheute man sich später nicht, ein und dasselbe Amt mitunter an zwei Käufer zu veräußern, im 17. Jahrhundert fanden sich sogar Stellen mit vier Besitzern. Da die Ämter auch wieder eingezogen und auf diese Weise ein zweites Mal verkauft werden konnten, sicherten sich die Interessenten, indem sie die Ämter nun »unwiderruflich«, schließlich sogar erblich erwarben.

Der Ämterverkauf brachte Geld aus dem Adel und dem vermögenden Bürgertum. Weitere Mittel sollte die Geistlichkeit beisteuern. Das Konkordat von 1516

❧ Während des ganzen Mittelalters und bis weit in die Neuzeit wurden in Frankreich die verschiedensten Münzen geprägt. Wertmaßstab dieser Münzen waren Gold, Silber und Kupfer. Trotz einheitlicher Wertgrundlage wiesen Münzen gleichen Namens unterschiedliche Werte auf. So betrug der vornehmlich im Norden gebräuchliche Livre Parisien 25 Sous, der im Rest des Landes benutzte Livre Tournois dagegen 20 Sous. Mit der Ausweitung des Handels und des Geldverkehrs überhaupt reduzierten sich die Münzen auf die gebräuchlichsten Formen:

Gold — Écu d'Or

Silber — Écu blanc, Franc, Gros, Denier

Kupfer — Liard, Double, Denier, Sous

Unter Heinrich IV. wurde der Écu auf 65 Sous Tournois, der Franc auf 21 Sous fixiert, wobei Franc und Livre einander fast entsprachen.

Ludwig XIII. ließ den Louis d'Or schlagen, dessen Wert 10 Livres Tournois oder 200 Sous betrug. Auch der weiter gebräuchliche Écu d'Or stieg im Wert, auf 104 Sous. Ebenfalls neu in Umlauf gesetzt wurde ein Écu d'Argent zu 60 Sous, der Franc blieb bei 20 Sous.

hatte den französischen Königen zugebilligt, kirchliche Stellen zu vergeben, und nicht der Fähigste wurde Abt oder Bischof, sondern der Begütertste. Selbst unbesetzte Stellen brachten dem König Geld, da die Abgaben während der Vakanz in die Königskasse abgeführt werden mußten. Mitunter durchkreuzten sich allerdings politische und finanzielle Maßnahmen. So hatte Franz I. die Gerichtsbarkeit des Klerus eingeschränkt, um dessen Macht zu mindern. Die königliche Mangelkrankheit und die Vermögenslage der katholischen Kirche ließen es zu einer Vereinbarung kommen, daß für drei Millionen Livres die Gerichtsbarkeit zurückgekauft werden konnte.

Dieser Schacher mit kirchlichen Ämtern und Funktionen bildete einen steten Vorwurf seitens der Protestanten. Der katholische Klerus antwortete mit Verketzerungen, und der König konfiszierte das Ketzergut. Doch so viele Protestanten man auch verbrannte, mit ihrem Geld war nicht einmal die Hofhaltung, geschweige denn der Bau von Schlössern zu finanzieren. So wandte man sich wieder und wieder an die katholische Geistlichkeit. Die Formen variierten, der Sinn war stets der gleiche: Mit mehr oder weniger Druck erpreßten die französischen Könige Millionen von Livres. Umgekehrt nutzte die katholische Geistlichkeit diese Situation, um die eigenen Vorrechte zu bewahren und den protestantischen Ansturm abzuwehren. Für 1,3 Millionen Livres verpflichtete sich Franz I., eine weitere Ausbreitung des Protestantismus nicht mehr zuzulassen. Anläßlich der Inthronisation von Karl IX. versprach der Klerus für sechs Jahre eine jährliche Spende von 1,6 Millionen, wenn die gemeinsamen Angriffe von katholischen und protestantischen Adligen oder Bürgern auf Status und Eigentum der Kirche abgewehrt würden.

Allein mit Geld — sahen die einsichtigeren Kirchenfürsten — war die Mutter Kirche jedoch nicht zu schützen. Zu offensichtlich zeigte sich die Diskrepanz zwischen ihren Einnahmen und ihren Leistungen für die Gesellschaft. Armenpflege und Bildungswesen waren verkommen, die seelsorgerische Betreuung auf ein erschreckendes Niveau gesunken und in Zeremonien erstarrt. Die katholische Kirche schien weder dem Volke zu dienen noch dem Staat unabdingbar zu sein. Einzig ihr Beharrungsvermögen und ihr Nutzen für die katholische Partei von König und Adel sicherten noch ihren Bestand. So drängten äußere und innere Kräfte auf eine Kirchenreform.

Diese Reformströmung innerhalb der katholischen Kirche darf jedoch nicht mit dem Gallikanismus verwechselt werden, obgleich auch viele Vertreter einer von Rom unabhängigen französischen Kirche die Reformnotwendigkeit erkannten und in ihrem Sinne wirkten. Auch wurde die Reformströmung nicht einheitlich getragen; einige forderten die Verwendung der Volkssprache, die regelmäßige Predigt und die Anwesenheit der Kirchenmänner in ihren Sprengeln. Anderen lag mehr an einer gemäßigten Lebensweise des Klerus, an dem Verzicht auf Ablaßhandel, häufigen Exkommunikationen und Pilgerfahrten. Wieder andere sahen die Reorganisation der Orden oder die Schaffung neuer, aufs Wohl der Gläubigen, der Armen und Kranken gerichteter, als nötig an. Schließlich richtete sich der Kampf gegen den Pfründenschacher und die Häufung der Pfründen in den Händen einzelner, die Reformwilligen plädierten für regelmäßige Zusammenkünfte und Beratungen bis hin zu Konzilen.

Zur Jahreswende 1562/63 war es zu einem regelrechten Reformvorschlag gekommen. Eine Gruppe Geistlicher hatte — unterstützt vom Kardinal von Lothringen und den Bischöfen von Pellevé und Morvilliers — einen Katalog mit 34 Artikeln erstellt. Seine Hauptpunkte befaßten sich mit der Befähigung der Geistlichen: ihrem Alter, ihren Kenntnissen und ihrer Sittlichkeit, mit der Notwendigkeit regelmäßiger Predigten und der Erklärung des Evangeliums vor dem Meßopfer. Das Abendmahl sollte in beiderlei Gestalt ausgeteilt werden, Gebete und Gesänge müßten volkstümlich sein. Neben solchen, auf die Gläubigen abzielenden Vorschlägen standen auch Artikel, die den Geldbeutel der Kirche geschmälert hätten, wenn nämlich Reliquien und Ablässe, Wallfahrten und Kirchenbußen, Dispensmißbräuche abgeschafft oder wenigstens stark reduziert werden sollten. Schließlich tauchte auch der alte konziliare Gedanke auf, der den Bischöfen jährliche und den Erzbischöfen zwei- oder dreijährige beschlußfähige Versammlungen gestattete. Solche Vorschläge schienen auch im Interesse der Krone zu liegen, unterzeichneten doch Karl IX. und einige Prinzen, Anton von Navarra, aber auch Franz von Guise, der Connétable und der Kanzler den Artikelbrief. Obgleich in einzelnen Diözesen Besserungen eintraten, konnte sich diese Bewegung insgesamt nicht durchsetzen. Allein da, wo die katholische Reform sich mit den politischen Interessen der Papstkirche traf, wurde sie erfolgreich — bei den Jesuiten.

Aus diesen Gründen blieb die katholische Reform ein immer wiederkehrendes Thema der Ständeversammlungen. Überhaupt bildeten die Religionsfragen und die Geldforderungen der Krone zentrale Inhalte fast aller Versammlungen der Notabeln wie der Generalstände. Eine einfache Erfüllung der königlichen Geldforderungen war auf keiner Ständezusammenkunft zu erwarten, weshalb die Könige nur ungern und erst bei eklatanter Geldknappheit solche Versammlungen einberiefen. Am günstigsten verlief die Angelegenheit noch, wenn zum Beispiel der Druck auf die Geistlichkeit so stark wurde, daß sie eine Million Écu d'Or (vergleiche S. 67) bereitstellte, wie das angesichts einer Drei-Millionen-Forderung des Königs an die Stände auf der Versammlung des Jahres 1558 der Fall war. Durch die Zahlung dieser Gelder beziehungsweise ihre Zurückhaltung vermochte der Klerus protestantische Forderungen zu paralysieren. Auf der Tagung der Generalstände im Dezember 1560 reichte der Sprecher des Adels beispielsweise eine Bittschrift für den hugenottischen Kirchenbau ein, und der Vertreter des Dritten Standes nannte den katholischen Klerus unwissend, habsüchtig und verschwenderisch. Ein Jahr später, auf den getrennt tagenden Ständevertretungen, forderten einige Stimmen sogar protestantische Religionsfreiheit und nahmen mit Beifall den Vorschlag zur Lösung aller Finanzprobleme auf Kosten der katholischen Kirche auf.

Im Gegensatz zu solchen Forderungen gelang es der katholischen Geistlichkeit, insbesondere in der zweiten Hälfte des 16. Jahrhunderts, Beschlüsse zugunsten der reformierten Religion zu verhindern. Auf der Ständeversammlung von Blois im Dezember 1576 wurde, wie auf einigen anderen, die katholische Religion als einzig rechtmäßige deklariert und der Protestantismus zurückgewiesen. Obgleich auch die katholische Mehrheit des Dritten Standes diesem Beschluß zustimmte, verweigerte sie doch zugleich die Bewilligung neuer Gelder für den König. Hier war es wieder die katholische Geistlichkeit, die die Kasse des Königs auffüllte. Selbst der Papst hatte den Verkauf von Kirchengütern im Werte von 1,5 Millionen Livres freigegeben — unter der Prämisse, daß dieses Geld der Niederwerfung der Hugenotten diene.

Das Edikt von Nantes

⚜ Die Zerstörung des Landes und des Staates im Verlaufe des dreißigjährigen Bürgerkrieges hatte Ende des 16. Jahrhunderts ein beängstigendes Ausmaß erreicht. Im Grunde war Frankreich kein einheitliches Königreich mehr, sondern bestand aus einem von der katholischen Fraktion unter Führung der Guisen beherrschten und einem kleineren, protestantisch regierten Teil. Die Königsmacht hatte ihren Tiefpunkt erreicht. Heinrich III., der nach dem Tode seines Bru-

ders Karl IX. vom polnischen Königsthron nach Frankreich zurückkehrte, erwies sich als unfähig, seine Macht zu sichern. Die Folge war ein Friedensangebot an die Hugenotten und an die mit den Hugenotten verbündeten Katholiken. Im Edikt von Beaulieu (1576) billigte er den Protestanten weitgehende Rechte zu: Bestätigung der Hugenotten in ihren Ämtern, freier Zugang zu allen anderen Stellen, Kultausübung im ganzen Reich mit Ausnahme von Paris, acht Sicherheitsplätze — um nur die entscheidenden Vereinbarungen zu nennen. Doch die katholische Gegenpartei mobilisierte Kontermaßnahmen. Die Heilige Liga zur Ausrottung des Protestantismus wurde gegründet. Auch mit ihr schloß Heinrich III. ein Bündnis, doch Heinrich von Guise sah sich nicht als Werkzeug eines schwachen Königs, sondern glaubte an sein eigenes Königtum.

Die wiedereröffneten Feindseligkeiten, der Krieg der drei Heinriche — Heinrich III. von Frankreich, Heinrich von Navarra und Heinrich von Guise —, hatten die Zurücknahme des Edikts von Beaulieu zur Folge. Protestantische Pastoren sollten sofort konvertieren oder außer Landes gehen, die calvinistischen Konsistorien wurden untersagt, und den Protestanten war eine Rückkehr zum Katholizismus binnen sechs Monaten anbefohlen.

Den Kulminationspunkt bildete der Tod des Thronerben Franz von Anjou 1584. Damit mußte nach dem Ableben Heinrichs III. das Haus Valois erlöschen und die französische Krone auf das Haus Bourbon, das heißt auf Heinrich von Navarra, übergehen. Sollte etwa ein protestantischer Fürst über ein katholisches Volk herrschen?

Sofort erschienen Apologien, die die Möglichkeit anderer Thronprätendenten nachwiesen. François de Rosières beispielsweise suchte zu belegen, daß das Haus Guise ebenfalls oder sogar noch größeren Anspruch auf die französische Krone hätte. Auf einem Treffen im Januar 1585 beschworen die Herzöge von Guise und Mayenne und ein Vertreter des Kardinals von Bourbon, daß Heinrich von Navarra nicht König von Frankreich werden dürfte und der Protestantismus auszurotten wäre. Diesen Eid zeichnete der spanische Gesandte mit finanzieller, militärischer und diplomatischer Unterstützung gegen. Dem Bündnis sollte sich jeder Franzose anschließen, besonders lud die Liga Dörfer und Städte ein, denn ohne bäuerlichen und bürgerlichen Rückhalt konnten sich weder protestantischer noch katholischer Adel halten.

In rasendem Tempo verringerte sich weiter der Einfluß des Königs, seine Tage schienen gezählt. So entschloß er sich zu einem Doppelmord: Anläßlich einer

⚜ »In Frankreich übt der Herzog von Guise zu dieser Zeit eine fast souveräne Herrschaft über die Champagne, Burgund, Lyon, die Bretagne, die Normandie und die Picardie aus; überall hat entweder er oder ein Mitglied seiner Familie die Statthalterschaft.« [1]

[1] Vgl.: Doublier, Gerda: Frankreichs Weg zur Einheit: Valois. Guisen. Hugenotten. — Graz; Wien; Köln, 1967. — S. 339.

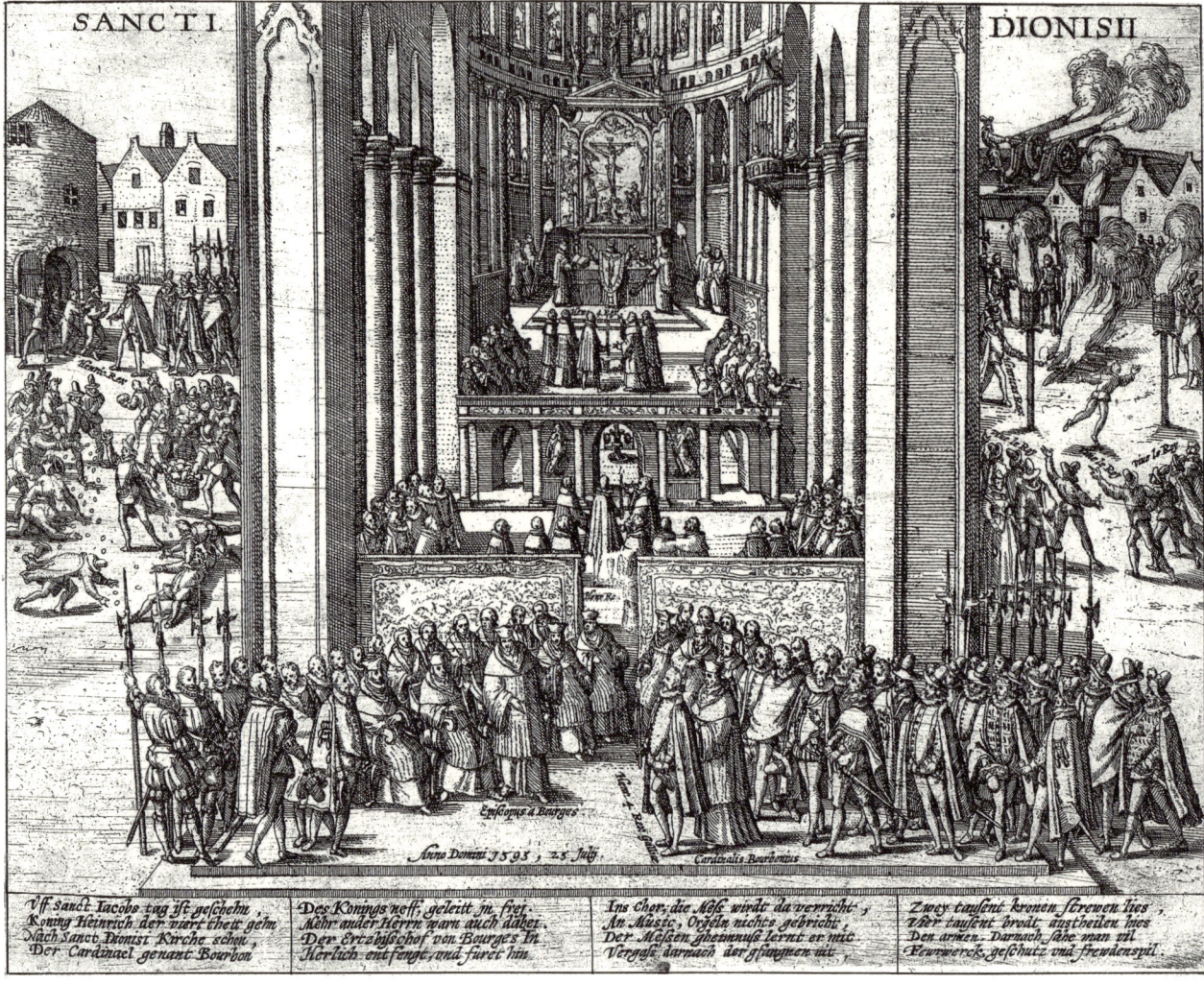

Heinrich IV. in der Messe. Mit dem Übertritt zum Katholizismus war Heinrich IV. zum zweiten Mal konvertiert: zum ersten Mal unter dem Druck der Bartholomäusmorde, jetzt aus machtpolitischem Kalkül. Kupferstich von Franz Hogenberg. Staatliche Museen zu Berlin, Kupferstichkabinett

Ständezusammenkunft in Blois zum Jahresende 1588 ließ Heinrich III. den Herzog von Guise und den Kardinal von Lothringen erstechen. Doch statt des erwünschten Effekts kam es zum Staatsstreich. In Paris wurden Barrikaden gegen die Königssoldaten errichtet; die von der Liga eingesetzten 16 Bezirksvorsteher übernahmen die Macht, und Herzog Mayenne wurde zum Statthalter des Reichs ausgerufen, was einer Absetzung des Königs gleichkam. Auch in den Provinzen lösten sich die Reste der Königsherrschaft auf. In seiner Not schloß Heinrich III. mit den Hugenotten ein Bündnis, das auch die Erneuerung der Religionsfreiheit beinhaltete. Doch die vereinte Militärmacht konnte keine Klärung der Situation erzwingen. Heinrich III. fiel dem Anschlag eines Dominikanermönchs zum Opfer.

Nun war der Königssessel frei. Heinrich von Navarra, dem er nach salischem Erbrecht zustand, konnte ihn nicht einnehmen. Der Herzog von Guise war tot, und der Herzog von Mayenne hatte nicht alle Kräfte hinter sich. Philipp von Spanien wollte seine Tochter als Königin und einen Mann seiner Wahl als König sehen. Spanische Soldaten agierten immer selbständiger auf französischem Territorium, sie errichteten sogar in Paris eine Garnison. Das offen zutage tretende Machtgebaren Spaniens stieß selbst viele Ligisten ab. Man einigte sich auf einen Franzosen als König: Der Kardinal von Bourbon sollte als Karl X. den Thron einnehmen, doch bevor dieser Schachzug ausgeführt werden konnte, starb der Kardinal.

In diesem Moment erklärte Heinrich von Navarra nicht nur den Schutz der katholischen Religion, sondern er konvertierte am 25. Juli 1593: »Paris ist eine Messe wert!« Auch militärisch erfolgreich, konnte er im März 1594 in Paris einziehen. Noch war er nicht König des ganzen Reichs, doch in den folgenden vier

Jahren unterwarf er sich alle Städte und Provinzen. Frankreich bildete wieder ein einheitliches Reich.

Doch der Zustand des Landes war erschütternd. Dreißig Jahre Bürgerkrieg hatten aus dem reichen Frankreich ein armes und zerstörtes Königreich gemacht. Heinrich IV. notierte: »Die Länge und das Ausmaß des Krieges hatten die Provinzen unseres Königreichs so desolat gemacht, daß das meiste Land verlassen und unkultiviert ist und gegenwärtig kaum genug Nahrungsmittel für die Leute existieren.« [1] Nach einer zeitgenössischen Schätzung waren den Kriegen mehr als 33 000 Adlige zum Opfer gefallen, und der Tod von fast 10 000 Geistlichen mußte beklagt werden. Doch das größte Blutopfer hatten Handwerker und vor allem Bauern gebracht; die Bevölkerungszahl sank von 12 auf 10 Millionen. Die zerstörten Höfe und Häuser, Dörfer und Städte, Wege und Brücken müssen dieser Opferliste beigefügt werden. Landwirtschaftliche und gewerbliche Produktionen waren rapide zurückgegangen, es mangelte an vielen Erzeugnissen. Der Export war weitgehend eingestellt. Allein die ausstehenden Vermögenssteuern beliefen sich auf ungefähr 20 Millionen Livres. Die Staatsschuld war ins Unermeßliche gestiegen. Heinrich IV., dessen eigenes Jahreseinkommen rund 30 000 Livres betrug, zahlte für die Öffnung der Pariser Stadttore 200 000 Taler und schenkte dem Herzog von Lothringen 900 000 Taler, um ihn in sein Lager zu ziehen. Insgesamt schätzt man, daß die Befriedung der katholischen Gegner rund 30 Millionen Livres gekostet habe. Auf diese Weise war die Staatsschuld auf das Elffache des Jahreseinkommens gestiegen.

Die materielle Not zwang die Bauern zu spontanen Erhebungen, wie im Aufstand der »Croquants« in Südfrankreich. Das Land brauchte den Frieden unbedingt, den der Waffen und auch den Religionsfrieden. Bis dato hatten die Protestanten unter dem weißen Banner Heinrichs für ihre Religion und den König gleichermaßen gekämpft. Doch je mehr sich Heinrich IV. als König von Frankreich etablierte, um so weniger blieb er Protestantenführer. Die Schutzerklärung für die katholische Religion anläßlich der Belagerung von Paris hatte schon die ersten protestantischen Kämpfer verprellt. Der Übertritt des Königs zum katholischen Glauben entfremdete ihn seinen Kampfgefährten weiter. Zwar empfing Heinrich protestantische Vertreter, um sie seiner Treue zu versichern und seinen Schritt als diplomatische Taktik zu erklären, doch sahen sich viele Hugenotten enttäuscht, ja getäuscht. Der neue König wollte Katholiken und Protestanten gleichermaßen für die Entwicklung des Reichs interessieren. Es gab Religionsgespräche zwischen Vertretern der

katholischen und der protestantischen Geistlichkeit mit dem Bemühen um Ausgleich oder gar gegenseitige Annäherung. Die Mehrzahl jedoch dachte und fühlte unnachgiebig. Katholiken beobachteten voller Mißtrauen die königlichen Konvertiten, Hugenotten verlangten immer nachdrücklicher, daß Heinrich ihre Interessen berücksichtige. Schließlich reorganisierten letztere die protestantische politische Struktur. Versammlungen von Deputierten wurden seit der Mitte der neunziger Jahre einberufen; man wählte Räte, in denen Adlige und Bürgerliche paritätisch, erweitert um Geistliche, vertreten waren; Korrespondenzen untereinander schufen eine das protestantische Frankreich umfassende Organisation. Die Versammlung von Saint-Foi (1594) erhielt vom König die Erneuerung des Pazifikationsedikts von 1577. Doch dies wurde als unzulänglich erachtet. Zwei Jahre später formierte sich die Protestantische Union wieder, sie forderte ein umfassendes Edikt mit weitgehenden Rechten, ja mit Gleichstellung.

In der Tat erging am 13. April 1598 das »ewige und unwiderrufliche« Edikt von Nantes. Es deklarierte den Katholizismus als vorherrschende Konfession im Lande, gestand dem Protestantismus aber eine Koexistenz zu: ». . . um Unseren Untertanen keine Gelegenheit zu Unruhen und Streitigkeiten zu geben, haben Wir denen von der angeblich reformierten Religion gestattet und gestatten ihnen, in allen Städten und Orten Unseres Königreiches und in den Ländern Unseres Machtbereiches zu leben und zu bleiben, ohne darüber befragt, bedrängt und belästigt noch genötigt zu werden, in Sachen Religion etwas gegen ihr Gewissen zu tun oder in ihren Häusern und an den Orten, an denen sie wohnen möchten, deswegen zur Rechenschaft gezogen zu werden, wobei sie sich im übrigen so zu verhalten haben, wie es der Inhalt dieses Unseres Edikts bestimmt.« [2]

Die Gültigkeit des katholischen Kults im ganzen Reich und die Allgemeinheit des Zehnten bedeuteten aber auch, daß in einigen Regionen die katholische Geistlichkeit wieder in ihre Rechte eingesetzt wurde. Die Protestanten bekamen vollkommene Gewissensfreiheit zugestanden, öffentliche Gottesdienste durften da, wo sie 1577 beziehungsweise 1597 bereits Brauch waren, ausgeübt werden. In den anderen Regionen gestand das Edikt zwei Ortschaften des Landkreises dieses Recht zu. Außerdem wurde das alte Zugeständnis, protestantische Gottesdienste in den Adelshäusern abzuhalten, um Häuser hoher Beamter erweitert. Mit der Religionsausübung verband sich die Genehmigung für den Druck protestantischer Schriften, die Sammlung von Almosen wie auch die Einrichtung theologischer

❧ Heinrich IV:
»Zu sterben ist weniger hart als zu leben und noch länger diese Misere des Königreichs zu erdulden.« [3]

❧ »Das Schlimmste aber war, daß in diesem Kriege die Waffen, die man doch zum Schutze der Religion ergriffen hatte, alle Religion und Frömmigkeit vernichtet. . .« [4]

[1] Zitiert in: Lodge, Eleanor: Sully, Colbert and Turgot: A Chapter in French Economic History. — London, 1931. — S. 52.

[2] Das Edikt von Nantes. Das Edikt von Fontainebleau: Rechtsurkunden zur Geschichte der Hugenotten / hrsg. vom Deutschen Hugenotten-Verein. — Flensburg, 1963. — S. 21 f.

[3] Zitiert s. [1].

[4] Mémoires de Castelnau, zitiert in: Soldan, Wilhelm Gottlieb: Geschichte des Protestantismus in Frankreich bis zum Tode Karls IX. — Leipzig, 1855. — S. II/108.

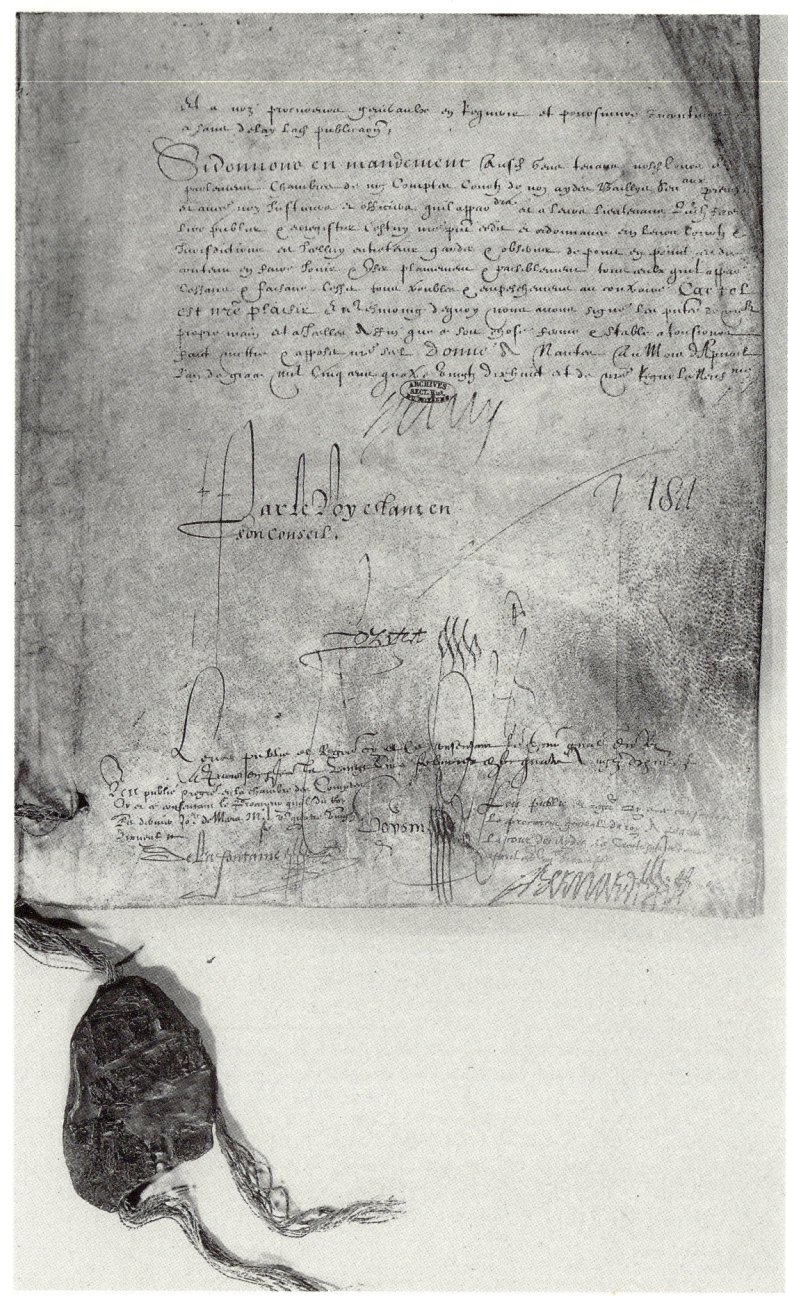

Edikt von Nantes. Beurkundet mit dem großen königlichen Siegel von grünem Lack auf Schnüren von roter und grüner Seide, sollte das Edikt von 1598 ewig gelten — nach 87 Jahren hob es Ludwig XIV. auf. Archives Nationales, Paris

Seminare. Schließlich wurden für den Zusammenhalt der Gemeinden auch Provinzial- und Nationalsynoden gestattet.

Den Forderungen der bürgerlichen Kräfte entsprachen die Bestimmungen, daß Protestanten zu allen öffentlichen Ämtern und Würden zugelassen waren, daß der Besuch von Schulen und Universitäten nicht behindert werden durfte, ja, daß protestantisch geführte Bildungseinrichtungen in beschränkter Zahl existieren könnten. Der vielerorts geübte Ausschluß von der Zivil- und Strafgerichtsbarkeit war mit dem Inkrafttreten dieses Edikts ungesetzlich. Vielmehr hatten die Parlements gemischte Gerichtskammern einzurich-

ten, um Protestanten oder Protestanten und Katholiken betreffende Streitfälle ohne Vorurteil zu klären. Schließlich erhielten die Hugenotten gut 100 Sicherheitsplätze, die zunächst für acht Jahre unter ihrer Jurisdiktion und militärischen Hoheit stehen sollten. Da der Unterhalt von Garnisonen nicht allein protestantischen Zwecken diente, sondern auch öffentliche Interessen befriedigte, verpflichtete sich der König, für den

Sold von etwa 4 000 Mann zu sorgen. Zusätzliches Geld in Höhe von 130 000 Écu ging an die Protestanten für ihre religiösen Bedürfnisse, da ja der allgemein erhobene Zehnt in die Kassen der katholischen Geistlichkeit floß.

Selbstverständlich löste die feierliche Registrierung des Edikts von Nantes keinen Automatismus zu seiner tatsächlichen Durchsetzung aus, einige Parlements sperrten sich zeitweilig sogar gegen die Anerkennung. Dennoch war ein Zustand erreicht, der in Europa nichts Vergleichbares fand: die Toleranz zweier unterschiedlicher, ja feindlicher Konfessionen in einem Königreich. Nach mehr als 30 Jahren Krieg unter den Religionsbannern existierte nun eine gute Grundlage für den Religionsfrieden. Die 800 bis 900 protestantischen Kirchen, die die Massaker der Feindschaft überlebt hatten, konnten aufatmen. Rund 1,25 Millionen Protestanten beteten unter der Anleitung von rund 800 Predigern und 400 Predigerkandidaten zu Gott in der Annahme, dem rechten Glauben mit Billigung oder Zustimmung des Staates zu dienen.

Auch sehr viele Katholiken atmeten auf: Religionsfrieden, die Liquidierung der Liga, die Beseitigung der Dominanz der lothringischen Fürsten und im Mai 1598 endlich auch Frieden mit Spanien. Nun konnten sie sich dem Feld und der Werkstatt, dem Kaufladen und der Manufaktur widmen. Das lag im Interesse der meisten Franzosen.

Einige Große wollten sich jedoch noch immer nicht mit der Entwicklung abfinden. Nach dem Zerfall der Liga und dem Übertritt des Herzogs von Mayenne auf die Königsseite sammelte der Herzog von Biron, Marschall von Frankreich, erneut Adlige um sich. Mit spanischer Billigung suchte er eine neue Fraktion gegen das Königtum zu schaffen. Auch der Graf von Auvergne und der Herzog von Bouillon gehörten zu dieser neuen Adelsopposition. Durch eine geschickte Kombination von politischen und militärischen Mitteln gelang es jedoch Heinrich IV., diese Reste von Partikularherrlichkeit zu beseitigen und den alten Adel niederzuringen. Die Noblesse de Robe und noch mehr das Bürgertum waren an einer starken Zentralgewalt interessiert. Ein starkes Königtum hatte schon unter Karl VII., Ludwig XII. und Franz I. bestanden; Heinrich IV. gelang seine Wiederbelebung. Frankreich wurde ein moderner Feudalstaat. Die Feudalität war ihres beherrschenden Gewichts beraubt, und die Staatsmacht ging zunehmend von der Krone aus. Die zentralisierten Einkommen machten die Könige von ihrem Feudalbesitz unabhängig, erlaubten ihnen, das Adelsheer durch besoldete stehende Heere zu ersetzen oder ausländische Söldner anzukaufen und die Staats-

verwaltung aus der Hand der Adligen in die von Beamten zu legen. Die Kirche war aus der römischen Abhängigkeit in die nationale Hoheit genommen, und in den Generalständen entwickelte sich ein Mechanismus des Ausgleichs zwischen Adel, Geistlichkeit und Drittem Stand zugunsten der Krone.

Die Abhängigkeit von den Ständen bei Geldmangel beseitigte Heinrich durch die Wiederherstellung der königlichen Kasse. Hierzu dienten ihm zwei namhafte Hugenotten, Maximilian de Béthune, der spätere Herzog von Sully, und Barthélemy de Laffemas. Der erstere erwarb sich Verdienste durch seine Förderung der Landwirtschaft und die Reorganisation der Staatsfinanzen, der zweite durch die Unterstützung von Handel und Gewerbe. Die Unvoreingenommenheit des Königs den Protestanten gegenüber resultierte aus seiner Kenntnis ihrer hervorragenden Fähigkeiten.

Maximilien de Béthune, Herzog von Sully. Unter Sullys Finanzverwaltung verringerte der Staat seine Schuldenlast um 124 Millionen Livre, gewann wieder einen Staatsschatz in Höhe von 41 Millionen, während die Steuern um 4 Millionen gesenkt worden waren. Kupferstich von Pierre Adrien Le Beau nach Clément Pierre Marillier. Deutsche Staatsbibliothek, Berlin

MAXIMILIEN DE BÉTHUNE, PRINCE SOUVERAIN D'ENRICHEMONT, ET DE BOIS - BELLES, DUC DE SULLY, PAIR, MARÉCHAL, ET GRAND MAITRE DE L'ARTILLERIE DE FRANCE, Ministre digne d'Henri le Grand,

❧ »Dieses feierliche Edikt, das für Frankreich das Ende des Mittelalters und den wirklichen Beginn der Neuzeit bezeichnete, wurde mit dem großen grünen Wachssiegel versehen, um zu bezeugen, daß es ewig und unwiderruflich Geltung behalten solle. Es wurde in der rechtskräftigsten Form von allen Gerichtshöfen bestätigt, besonders von denen in Paris, von allen souveränen Fürstenhöfen beschworen, auch und sogar von den vornehmsten Bewohnern der Städte des Königreichs.« [1]

[1] Mengin, Ernst: Das Recht der französisch-reformierten Kirche in Preußen: Urkundliche Denkschrift. — Berlin, 1929. — Vorwort S. 11.

Ungeachtet dessen, daß Heinrich IV. also Hugenotten mit wichtigen Funktionen in seinem Staat betraute, sie in ganz Frankreich duldete und ihnen Sicherheiten bot, darf doch nicht übersehen werden, daß er den Katholizismus beförderte. Wenn die Protestanten sich als königstreu begriffen, so waren sie es im Gegensatz zur Sprengkraft ihrer Ideen und Lebensweise. Zwar existierte in der Geschichte durchaus auch eine Verbindung von Protestantismus und Königtum wie etwa in England nach der Revolution 1648, doch war hier das Königtum den bürgerlichen Gesellschaftsverhältnissen untergeordnet. Konsequenter organisierten sich Staaten, in denen sich die bürgerliche Produktionsweise mit einer politischen Herrschaft der Protestanten verband, wie etwa in den nördlichen Niederlanden. In Frankreich erklärten sich der Übertritt Heinrichs IV. zur katholischen Konfession wie die mit seiner Duldung geführte Katholisierung nicht nur aus der Einsicht in das Kräfteverhältnis in Frankreich, sondern ebensosehr aus den Existenzbedingungen des Feudalabsolutismus selbst. Diese Entwicklung hat aber gleichermaßen für Frankreich wie für Europa einschneidende Folgen gehabt: In Frankreich waren so der Fortbestand und die gesellschaftliche Kraft des Katholizismus bis zur Großen Revolution des Bürgertums und als Ideologie sogar darüber hinaus gesichert, in Europa stoppte dies die Ausweitung des Protestantismus auf weitere Länder und damit auf ganz Europa.

DER NIEDERGANG DES FRANZÖSISCHEN PROTESTANTISMUS

3

Der Fall von La Rochelle

❧ Die Ermordung Heinrichs IV. durch den katholischen Fanatiker Franz Ravaillac erschreckte die Protestanten. Zwar waren die Jahre seit 1598 kein goldenes Zeitalter des französischen Protestantismus gewesen, doch hatte der Bürgerkrieg ein Ende gefunden und eine relativ ruhige Entwicklung begonnen. Nun aber schienen mit einem Schlag Toleranz und Frieden gefährdet. Jeder, der unter Heinrich IV. unzufrieden geblieben war, sah seine Zeit gekommen. Die Adelsoppositionen formierten sich, und die katholische Geistlichkeit verlangte nach dem Wiedergewinn ihrer einstigen Alleinherrschaft in Glaubensfragen.

Die Hugenotten hatten auf einer politischen Versammlung in Saumur (1611) den Bundeseid erneuert, um in der protestantischen Einheit die Grundvoraussetzung für ihre Kampfkraft zu erhalten. Heinrich II. von Condé suchte die Protestanten für die Interessen des entmachteten Adels auszunutzen. Aber unter den Calvinisten gab es Streit um die Führung, militante und gemäßigte Vertreter entzweiten sich.

Hatte Maria von Medici, zweite Frau Heinrichs IV., als Regentin für den minderjährigen König noch eine Liaison mit den Hugenotten gesucht, so sahen der junge Ludwig XIII. oder vielmehr seine Berater keine solche machtpolitische Notwendigkeit. Alles, was dem Absolutismus entgegenstand, sollte liquidiert werden. Dies gelang am ehesten bei den Hugenotten. 1617/18 begann eine Katholisierungskampagne in Béarn, mit der die Landschaft gleichzeitig fester in den französischen Staatsverband eingegliedert werden sollte.

Die Protestanten protestierten. Eine Versammlung in La Rochelle beschloß die Einteilung Frankreichs in acht militärische Provinzen, über die ein Obergeneral samt Beirat gesetzt wurde; die Finanzierung des absehbaren neuen Glaubenskrieges sollte durch Einbehaltung königlicher Gelder und die Erträge kirchlicher Güter erfolgen. Doch schon die Frage der Besetzung des militärischen Oberkommandos zeigte schlaglichtartig den Zustand der protestantischen Partei: Herzog von Bouillon lehnte ab, Herzog de la Tremouille ging auf die Seite des Königs über, so daß der zweifelhafte Châtillon die Führung übernahm. Tatsächlich waren es La Force und die Herzöge Rohan und Soubise, die am Ende die militärischen Kräfte der Hugenotten zu führen versuchten. Als der protestantische Widerstand in Béarn gewaltsam durch den König gebrochen wurde, antworteten die Hugenotten mit einem Aufruf zur allgemeinen Erhebung. La Rochelle, Saint Jean d'Angely und Montauban griffen zu den Waffen, Rohan sicherte mit einer kleinen Heeresmacht den Süden.

Zu diesem Zeitpunkt stellten die Protestanten noch immer eine soziale Gruppe dar, die — ebenso wie die katholischen Adelsoppositionen — dem Absolutismus der französischen Könige Abbruch tat. Jedoch, obwohl die Hugenotten noch alle die Organisationen besaßen, die sie im Verlaufe der Bürgerkriege geschaffen hatten, war ihre geistige Verfassung verändert. Eine tiefe Müdigkeit ergriff viele von ihnen. Die langen Anstrengungen und die schrecklichen Verluste der Religionskriege sowie der fehlende Sieg hatten die Aussichtslosigkeit des Glaubenskampfes mit militärischen Mitteln deutlich gemacht. Die zwölf friedlichen Jahre seit dem Edikt von Nantes entfremdeten die Masse der Hugenotten weiter den militanten Kräften. Zwischen kriegerischen und gemäßigten Strömungen vertiefte sich die Spaltung. Viele calvinistische Adlige hatten sich schon mit den herrschenden Verhältnissen zu arrangieren begonnen; eine verstärkte demokratische Tendenz bei den bürgerlichen Hugenotten verprellte weitere von ihnen. »... zu einer wirklichen Vereinigung der beiden dem Absolutismus entgegenwirkenden Parteiungen kam es nicht mehr, und so konnten sie einzeln vom Königtum geschlagen werden.« [1] Im Frieden von Montpellier (1622) erschien die Niederlage der Protestanten noch verschleiert. Die Garantie der Religionsfreiheit, der Fortbestand der Sicherheitsplätze La Rochelle und Montauban erinnerten an das Auf und Ab der Religionskriege des 16. Jahrhunderts. Der anschließende Fall von La Rochelle sollte die Fronten jedoch endgültig klären.

La Rochelle gehörte in dieser Zeit zu den blühendsten Städten Frankreichs. Vor den Atlantikstürmen

❧ »Der Geist der Unabhängigkeit war bei den Hugenotten mit den Verfolgungen gewachsen ... und einige gaben sich dem Gedanken einer republikanischen Stiftung hin.« [2]

[1] Burckhard, Carl: Richelieu: Der Aufstieg zur Macht. — München, 1935. — S. 275.

[2] Zitiert in: Félice, Guillaume de: Geschichte der Protestanten Frankreichs, seit dem Anfange der Reformation bis zur Gegenwart. — Leipzig, 1855. — S. 248 f.

Ermordung Heinrichs IV. durch den katholischen Fanatiker
Ravaillac in Paris am 14. Mai 1610. Aus J. L. Gottfried,
Historische Chronik

eingedrungen. Zwar hatte es einen königlichen Kommissar gegeben, doch die Aufnahme einer Garnison konnte mit dem Hinweis auf alte Sonderrechte verhindert werden.

Diese Unabhängigkeit vom Staat und die gewichtige Rolle, die die Stadt in der Protestantischen Union spielte, waren dem Ersten Minister Ludwigs XIII. — seit 1624 Kardinal Richelieu — verstärkt ein Dorn im Auge. Im Mai 1625 schrieb er in einer Denkschrift an den König: »Solange die Hugenotten in Frankreich ein Staat im Staate sein werden, kann der König im Innern seines Reiches nicht Herr sein und er kann nach außen keine großen Taten vollbringen.« [1] Folgerichtig griff er 1627 La Rochelle an und forderte die Übergabe. Doch die Stadt ließ sich nicht beunruhigen. Auch die Anwesenheit des Kardinals, der über seiner rotseide-

durch die vorgelagerten Inseln geschützt, war der Hafen bei Flut für alle Schiffe, bei Ebbe immer noch für leichte Fahrzeuge erreichbar. Diese Schiffe fuhren nach England, Schottland und Flandern; regelmäßig wurden Häfen der Nord- und Ostsee angesteuert, gleichermaßen die Spaniens und Portugals. Aber auch Atlantiküberquerungen nach den Antillen oder dem Norden des amerikanischen Kontinents hatten in La Rochelle ihren Ausgangspunkt. Wolle und Eisen kamen aus England, während Leinen und Salz in ganzen Schiffsladungen dorthin gebracht wurden. Wein und auch Weinbrand, getrocknete Früchte stapelten sich wohlverpackt in den Lagern, Spitzen und feine Tuche, selbst Bildteppiche aus den spanischen Niederlanden warteten auf den Weitertransport ins Landesinnere. Schiffe aus der Türkei, vom afrikanischen Kontinent und aus der Karibik importierten Exotik, Fischanlandungen waren alltäglich.

Doch nicht allein der Hafen und der Handel zwischen In- und Ausland begründeten den Reichtum der Stadt. Auch Handwerkerfleiß trug zum Wohlstand bei. Zeitig am Morgen begann der Arbeitstag in den Gewerken, und seine Länge stand in nichts dem bäuerlichen nach. Die Glocken mahnten zum Gottesdienst, der ausschließlich evangelisch gehalten wurde. Arbeitsfleiß, sittliche Zucht und eine starke Befestigungsanlage hatten La Rochelle für 60 Jahre zur Hauptstadt des französischen Protestantismus werden lassen. Nicht ein einziges Mal während der langen Religionskriege waren katholische Truppen in die Stadt

[1] Zitiert in: Burckhard, Carl: Richelieu: Der Aufstieg zur Macht. — München, 1935. — S. 277.

HENRY DVC DE ROHAN PAIR DE FRANCE
PRINCE DE LEON COMTE DE PORHOVET.
Balthasar Moncornet ex

Henri de Rohan unternahm als letzter hugenottischer Führer den
Versuch, die Macht der Protestanten in Frankreich militärisch
und politisch wiederherzustellen. Kupferstich von Balthasar
Moncornet. Staatliche Kunstsammlungen Dresden,
Kupferstich-Kabinett

Kardinal Richelieu. Die persönliche Leitung der Belagerung La Rochelles zeigte den Stellenwert, den Richelieu der protestantischen Hochburg zumaß. Medaille von Jean-Baptiste Varin. Musée du Louvre, Paris

nen Soutane demonstrativ einen silbernen Brustpanzer trug, beeindruckte niemanden. Belagerungen hatte man mehrmals erfolgreich getrotzt. Die Versorgung konnte über das Meer sichergestellt werden, vom Lande her würde Herzog Rohan Entlastung bringen, und im Ausland wußte man die starken Niederlande und England auf seiner Seite.

Der Kardinal-Minister allerdings wehrte die englischen Unterstützungsmanöver erfolgreich ab, verriegelte die Hafenzufahrt mit einem Damm und ließ auch übers Land kein einziges Fuhrwerk in die Stadt. Die Lage wurde ernst: Pulver gab es noch genug, Gefechte wirkten nur wie Tändeleien. Der Kardinal hatte eine andere Heeresmacht aufgeboten: den Hunger! Noch bevor sich das Jahr 1627 dem Ende zuneigte, wurden die Vorräte knapp. In der Kirche Saint Sauveur beteten die Gläubigen: »Gott, Du bist mein Gott, frühe wache ich zu Dir. Es dürstet meine Seele nach Dir in einem trockenen und dürren Lande. . .« [1]

Doch das Knurren der Mägen übertönte den Psalmengesang. Die Belagerten aßen Schnecken und Mäuse, jagten Maulwürfe und Ratten. Sie schnitten jedes Kraut, mischten unter das Mehl Stroh und geraspeltes Holz. Häute und Lederzeug wurden weichgekocht, und mancher Gelehrte kaute an seinen Büchern und Pergamenten. Wankelmütige redeten vorsichtig von Frieden und dachten an Kapitulation. Noch beherrschte der sittenstrenge und glaubensstarke Bürgerrat die Stadt. Doch des Nachts schlichen sich schon Frauen aus der Stadt, um bei den katholischen Solda-

ten ihren Leib gegen einen Laib Brot einzutauschen. Richelieu jedoch ordnete an, daß jeder Soldat, der mit einer Frau aus der belagerten Stadt angetroffen würde, gerädert werden sollte. Denn auch der Kardinal befand sich in einer schwierigen Lage. Er mußte ein Heer halten, das nicht kämpfen sollte. Der König hatte bereits alle Lust an dem Unternehmen verloren und war abgereist. Den Kardinal plagten Fieber und Zweifel, ob die belagerte Stadt sich ergeben würde, bevor sie ganz ausgestorben war, denn täglich, stündlich forderte der Hungertod seinen Tribut. 1000, 5000, 10 000, 15 000. . . Jede Hoffnung auf Entsatz, auf das Heer Rohans, auf englische Schiffe schmolz. Längst hatte niemand mehr die Kraft, die Verhungerten zu begraben; sie lagen in den Wohnungen, in den Straßen — 20 000 Tote.

Im Oktober 1628 öffnete die Stadt ihre Tore. Die Sieger triumphierten über 5000 Überlebende, die nur mehr Gespenstern glichen. Wozu noch die Stadtprivilegien kassieren, die Befestigungen schleifen, die Stadtgüter in Domänen verwandeln, die Kirchengüter an die katholische Geistlichkeit zurückgeben? Aber Richelieu feierte den Triumph über die ausgehungerte Stadt als Sieg des Königreichs über die Protestanten.

Dem Fall von La Rochelle folgte schnell die Niederlage der südfranzösischen Truppen Rohans. Von immer mehr Protestanten im Stich gelassen und ohne ausländische Unterstützung, mußten er und die Generalversammlung von Anduze schließlich um Frieden bitten. Mit dem Frieden von Alais (1629) fielen die letzten Stützpunkte der protestantischen Partei. Es gab keine Sicherheitsplätze mehr, die hugenottische Militärmacht war zerschlagen, die Protestantische Union zerbrochen, der französische Protestantismus als weltliche Macht vernichtet!

Wie würde die katholische Partei, wie die Königsmacht mit den ihnen ausgelieferten Hugenotten abrechnen? Noch immer schätzte man 270 000 Familien, das wären ungefähr 1,3 Millionen, die als Protestanten lebten. Noch standen rund 700 öffentliche und 250 private protestantische Kirchen im Lande, allein über 200 im Languedoc. Die katholische Geistlichkeit hatte die Niederschlagung des Protestantismus mit Geldzuwendungen unterstützt. Selbst der Papst beteiligte sich und ließ nach der Niederwerfung ein feierliches Te Deum singen, erteilte außerordentlichen Ablaß und verschickte Dankschreiben. Kurie und gallikanische Geistlichkeit waren sich in bezug auf die »Ketzer« immer einig gewesen. Neben den Geldspenden des Klerus hatte aber vor allem die ideologische Aufrüstung ihre Wirkung im Lande getan. Am erfolgreichsten in dieser Richtung wirkte der Jesuitenorden.

⚜ »Mit diesem Frieden von Alais ist der französische Protestantismus als weltliche Partei und als Stand für alle Zeiten vernichtet.« [2]
»Die calvinistische Partei hatte sich entschieden nach der Einnahme von La Rochelle aufgelöst, und die Geschichte der Reformierten wird bis zum Widerruf des Edikts von Nantes mit den Angelegenheiten des Reichs nicht mehr vermischt sein.« [3]

[1] Die Bibel, Psalm 63.

[2] Vgl.: Chambon, Joseph: Der französische Protestantismus: Sein Weg bis zur französischen Revolution. — München, 1937. — S. 110.

[3] Vgl.: Félice, Guillaume de: Geschichte der Protestanten Frankreichs, seit dem Anfange der Reformation bis zur Gegenwart. — Leipzig, 1855. — S. 260.

Der Fall von La Rochelle. Die ausgehungerte Stadt ergab sich den Belagerern. Kupferstich von Jan Luyken. Reformierte Domgemeinde, Halle (Saale)

⚜ Jesuit Mariana: »Wenn anstatt eines rechtschaffenen Fürsten ein Tyrann regiert und seine Macht mißbraucht, ist das Volk berechtigt, sich seiner, wenn nötig auch mit Gewalt, zu entledigen.« [1]

[1] Zitiert in: Chambon, Joseph: Der französische Protestantismus: Sein Weg bis zur französischen Revolution. — München, 1937. — S. 79.

1534 von Ignatius von Loyola gegründet, war er 1540 in den Dienst der Papstkurie gestellt worden. Streng hierarchisch aufgebaut und außerordentlich mobil und schlagkräftig, übernahm er bald eine führende Rolle in der Gegenreformation. Das lag im wesentlichen an der vorzüglichen Bildung seiner Mitglieder, an der weltklugen Politik und der großen Machtvollkommenheit der Ordens sowie an dem Prinzip, daß für die Ordensziele jedes Mittel recht sei. Solch ein Mittel konnte durchaus auch Mord sein. So agitierten Jesuitenpater für den Mord an Heinrich III. und verketzerten ebenfalls Heinrich IV. 1594 wurden sie als Feinde des Königs und des Staates verbannt, doch schlüpften viele nur in eine andersfarbige Kutte. 1603 wieder öffentlich zugelassen, dienten sie zugleich dem König, wie sie ihn bekämpften. Zum Beispiel erschienen in der Zeit, in der die Jesuiten die Aufhebung der päpstlichen Exkommunikation Heinrichs IV. erwirkten, mehr als zehn Abhandlungen über die Begründung einer erlaubten Gewalttat gegen einen anstößigen Monarchen.

Eines der Hauptmittel ihrer antiprotestantischen Politik sollte dabei die Erziehung werden. Ihr Bildungssystem stellte geradezu ein Konkurrenzunternehmen zum protestantischen Schulwesen dar.

Der Calvinismus hatte von Anfang an der Bildung außerordentliche Aufmerksamkeit geschenkt. Ein Fünftel der protestantischen Einkünfte, so war es Brauch geworden, wurde für Lehrzwecke verausgabt. Hierfür betrieben die Gemeinden selbstfinanzierte Petites écoles, in denen Lesen, Schreiben und Rechnen sowie Bibelkunde durch vom Konsistorium bestellte Lehrer gelehrt wurde. Die höheren Schulen, die Collèges, fanden Unterstützung durch einzelne Gemeinden und von seiten der Provinz. Mittels des Sprachunterrichts im Lateinischen und Griechischen wurde klassische Bildung gelehrt, und im sechsten oder siebenten Schuljahr ergänzten Logik und Moral, Philosophie und Naturkunde einschließlich Astronomie das Ausbildungsprogramm. War die Eignung der protestantischen Lehrer für die Petites écoles allein von der Einschätzung des Konsistoriums abhängig und nicht an eine entsprechende Ausbildung gebunden, so unterrichteten in den Collèges nur ausgebildete Männer. In den Académies, den höchsten Schulen, lehrten Doktoren und Professoren Erkenntnisse der Theologie, der Rechtswissenschaft und Medizin, der Mathematik und Logik, der Sprachen, Rhetorik, Grammatik sowie der Physik und Metaphysik. Es handelte sich um Universitäten im besten Sinne der Zeit. Einige von ihnen befanden sich in Frankreich selbst — Saumur, Nîmes, Montauban, Montpellier —, ein anderer Teil diente protestantischen Zwecken im Ausland wie etwa die Universitäten von Genf, Lausanne und Sédan.

Schulmeisterin. Auch die Spaltung in profane Arbeit und Bildung — letztere von der katholischen Kirche dominiert — behinderte die bürgerliche Entfaltung. Alle Reformatoren schenkten daher der Volksbildung große Aufmerksamkeit. Kupferstich von Abraham Bosse, 1650. Staatliche Kunstsammlungen Dresden, Kupferstich-Kabinett

Diese Collèges besaßen oft einen so guten Ruf, daß auch Kinder katholischer Eltern hier ihre Ausbildung erhielten und die Jesuiten nach dem gleichen Muster zu unterrichten begannen. Seit 1633 mußten in immer mehr protestantischen Bildungsinstituten katholische Lehrkräfte beschäftigt werden, insbesondere die Collèges wurden beauflagt, zur Hälfte katholische Lehrer einzustellen, so daß in zunehmendem Maße die Jesuiten sich dieser Einrichtungen bemächtigen konnten.

Erziehung im jesuitischen Sinne leisteten auch die Beichtväter, besonders wenn sie an exponierte Stellen gelangten. Pater Cotton, der ursprünglich als Geisel an den Hof Heinrichs IV. gebracht worden war, nahm dort bald einen außerordentlich einflußreichen Platz ein. Seiner Klugheit und seinem Geschick verdankte der Orden, daß er von nun an alle französischen Könige mit Beichtvätern versorgen konnte.

Richelieu, obgleich selbst Kardinal der katholischen Kirche, hielt die Jesuiten auf Distanz. Die Interessen des absoluten Königtums sah er besser durch seine eigene, national ausgerichtete Politik bedient als durch einen Orden, der die päpstlichen Prärogativen

LA MAISTRESSE D'ESCOLE.

Ces Filles encore petites
En leur foibles commencemens,
Par cette bonne Vieille instruites,
N'aprennent que leurs rudimens.

Quand par l'accroissement de l'âge
Se renforcera leur Esprit,
Elles en sçauront dauantage
De viue voix et par escrit.

Alors l'Enfant, dont l'exercice
Est de blesser et d'enflammer,
Leur aprendra sans artifice,
Qu'on sçait tout en sçachant aimer.

Par d'estranges metamorphoses,
Ce Tyran des affections,
Changeant leurs espines en roses,
Contentera leurs passions.

le Blond excud auec Priuilege du Roy.

⚜ Ludwig XIII. im Gnaden-
edikt von Nîmes:
»Unsere Absicht ist, unsere
Untertanen der angeblich reformierten Religion in der
ferneren Ausübung dieser Religion und dem Genusse der
ihnen gegebenen Edikte zu
lassen.« [1]

voranstellte. Er ließ auch auf die militärische Zer-
schlagung der Hugenotten nicht ihre völlige Vernichtung folgen, sondern das Gnadenedikt von Nîmes
(1629). Bisherige Aufstände und Obstruktionen ver-
zieh er großmütig, doch die militärischen Positionen
mußten völlig beseitigt werden. Besitzstand und Religionsfreiheit der Protestanten gewährleistete er, aber
die königliche Sorge für die protestantische Kirche —
etwa durch Besoldung der Prediger — hörte auf, und
der katholische Kult wurde für alle Orte des Königreiches zugelassen.

Dieses für Protestanten wie für Katholiken gleichermaßen überraschende Edikt war ein Akt der
Staatsklugheit Richelieus. Er wußte, daß eine erbarmungslose Unterdrückung nur heimliche Opposition
hervorrufen würde, eine Opposition, die sich innere
und äußere Umstände gegen die Königsmacht gern
zunutze machen würde und leicht wieder den Bürgerkrieg entfachen könnte. Die außenpolitischen Rücksichten auf protestantische Mächte für seine antihabsburgischen Ambitionen, auf Koalitionspartner im
Dreißigjährigen Krieg, die Konzentration auf eben
diese spanisch-österreichische Umklammerung und
die Niederringung letzter feudaler Adelsoppositionen
waren weitere gute Gründe, die Hugenotten als Reli-
onsgemeinschaft samt selbständiger Kirchen-
organisation zu dulden und von ihrer Liquidierung
abzusehen. — »Der Friede von Alais nahm den Protestanten alles, was sie zu einer Partei der Rebellion und
des Separatismus auch fernerhin hätte machen können: ihre Bollwerke und ihre Festungen. Er gewährte
ihnen aber freie Religionsausübung, zwang sie indessen, in ihren Städten auch den Katholiken freie Religionsausübung zuzuerkennen.« [2]

[1] Zitiert in: Benoît, Élie:
Histoire de l'Édit de Nantes.
— 2. Bd. — Buch II. —
Delft, 1695. — S. 93/94.

[2] Bailly, Auguste: Der Kar-
dinal als Diktator: Das Leben
Richelieus. — Leipzig, 1937.
— S. 217.

[3] Zitiert in: Köller, Heinz;
Töpfer, Bernhard: Frank-
reich: Ein historischer Abriß.
— Berlin, 1973. — S. II/9.

[4] Porschnew, Boris: Die
Volksaufstände in Frankreich
vor der Fronde 1623—1648.
— Leipzig, 1954. — S. 471.
(Der Autor nennt in diesem
Werk das 17. Jahrhundert
das »große Jahrhundert der
Bauernaufstände«.)

Stille Auszehrung

⚜ Achtzehn Jahre lang beherrschte Richelieu die
Situation. Mochte er vor La Rochelle auch das letzte
Mal den silbernen Brustpanzer getragen haben, so gab
es doch noch mehrmals Gründe, sich zu wappnen. Der
Adel opponierte immer wieder. Mit der Zentralisation
der Macht war er seiner Funktion als Schutzschild des
Landes enthoben, mit der Käuflichkeit der Ämter
wurden ihm Stellungen im Heer und in der Verwaltung streitig gemacht. Im September 1632 gelang es
dem Kardinal, den partikularistischen Kräften um den
Herzog von Montmorency eine Niederlage zuzufügen.

Montmorency und andere Hochadlige wurden als Rebellen enthauptet, ihre Befestigungen dem Erdboden
gleichgemacht. An die Stelle unabhängiger Provinz-
gouverneure traten Intendanten, die ihre Rechte weder
durch Geburt noch durch Kauf sichern konnten und so
zu Stützen der Zentralgewalt wurden.

Ähnliche Zurückweisungen erfuhr das Bürgertum.
Seinem Vorstoß, man möge doch allen Kaufleuten erlauben, »mit allen Arten von Produkten und Waren
Handel zu treiben, und allen gewerbetreibenden
Handwerkern und anderen Personen, in jedem Her-
stellungszweig zu arbeiten. . ., ungeachtet irgendwel-
cher Privilegien, ganz gleich, an wen sie verliehen
sind«, [3] wurde nicht stattgegeben. Auch das Steuer-
bewilligungsrecht seitens des Dritten Standes lehnte
Richelieu ab.

Endlich konnte sich der Kardinal offen der spanischen Frage zuwenden. Im Mai 1635 erklärte Frankreich Spanien den Krieg. Zuvor hatte Richelieu alle
antispanischen Bestrebungen protegiert: Er verwehrte
Spanien ein Festsetzen im Herzogtum Mantua, unterstützte den Schwedenkönig Gustav Adolf bei seinen
Deutschlandoperationen, stachelte katalanische und
portugiesische Erhebungen an. Nun griff er selbst zum
Schwert: Arras, Tor zu den spanischen Niederlanden,
und das Roussillon unterhalb der Pyrenäen kamen in
französische Hand. Aber das Niederringen der inneren
Opposition, die Subsidien an Dänemark und Schweden, an die Niederlande, an Preußen und Sachsen, an
Portugal und Savoyen und nun das Aufgebot von fast
150 000 Mann gegen Europas größte Macht zwangen
zu höchsten Anspannungen, die sich nicht im Ein-
klang mit dem Volksvermögen befanden. Bauernaufstände, resultierend aus der unaussprechlichen Not,
folgten Jahrzehnt um Jahrzehnt, mitunter Jahr um
Jahr. [4]

An dieser Situation sollte sich auch nichts ändern,
als Richelieu Ende 1642 starb. Im Gegenteil, fast
schien es, als würde sich alles wiederholen. Der im
nächsten Jahr folgende Tod Ludwigs XIII. mobilisierte
die Adelsopposition, nun geführt von Jean-Baptiste
Gaston, dem Bruder Ludwigs XIII. Wieder schienen
einer schwachen Regentin alle Erfolge des beinahe
vollendeten Absolutismus zu entgleiten. Wieder nahm
ein Kardinal die Geschicke in seine Hand: Mazarin.

Giulio Mazarini war nach ersten militärischen und
diplomatischen Erfolgen für die römische Kurie in
französische Dienste getreten, Richelieu hatte den be-
fähigten und taktisch hervorragend operierenden Prälaten in seinen Stab genommen und schließlich zum
Nachfolger bestimmt. Konsequent setzte der sich jetzt
Mazarin Nennende seit 1642 die Politik Richelieus

LE RESTABLISSEMENT DES ECCLESIASTIQVES EN BEARN.

Sa Valeur en ce lieu na point cherché sa gloire,
Il prend l'honneur du ciel, pour but de sa victoire,
Et la Religion, combat l'Impieté,

Il tient dessoubs ses pieds l'Heresie estouffée,
Les Temples sont ses forts et son plus beau trophée,
Est vn present quil faict a la Diuinité.

Hîc, tumidus, audax, impius, & hostis sibi,
Furor, superbo visus assurgens throno:

Quod fuerat ante strauit immensus valor;
Quod iam superstat, seruat immensus fauor.

Wiedereinführung des Katholizismus in Béarn. Das Fürstentum Béarn war als Erbe Heinrichs IV. an Frankreich gekommen. Als Ludwig XIII. es katholisierte, mußte er die Traditionen von mehr als zwei protestantischen Generationen auslöschen. Kupferstich von Melchior Tavernier, 1620. Bibliothèque Nationale, Paris

*La Rochelle war durch den Atlantikhandel reich geworden.
Alte Privilegien wahrte die Stadt trotzig gegenüber den
französischen Königen, und der protestantische Bürgersinn
machte sie für Jahrzehnte zur Hauptstadt der Hugenotten. Erst
als in der Belagerung durch die Truppen Richelieus vier Fünftel
der Bevölkerung verhungert waren, gab sich die Stadt
geschlagen. Kolorierter Kupferstich, 17. Jahrhundert.
Hugenottenmuseum, Berlin*

Karikatur über die »neuen Missionare«. Als Drohungen und Versprechungen keinen nennenswerten Erfolg bei der Katholisierung zeigten, setzten die Provinzintendanten Soldaten zur Missionierung ein. Die Gewalt der Dragonaden führte dann tatsächlich zu Tausenden von Übertritten. Kolorierte Lithographie von Godefroy Engelmann, 1886. Hugenottenmuseum, Berlin

*Apotheose Ludwigs XIV.
Auf seine Person
konzentrierten sich Herrschaft
und Glanz Frankreichs in
seinem Grand Siècle. Seine
Herrschaft unterhöhlte jedoch
die Stärke des Landes, woran
die brutale Religionspolitik
Anteil hatte. Gemälde von
Charles Lebrun.
Szépmüvészeti Múzeum,
Budapest*

Jules Mazarin. 18 Jahre hatte Richelieu die französische Regierung geleitet, 19 Jahre führte Mazarin dessen Politik fort. — Unter der Leitung dieser Ersten Minister nahm Frankreich die klassischen Züge des Absolutismus an. Kupferstich nach Paul Mignard, 1660. Deutsche Staatsbibliothek, Berlin

fort: Zurückdrängen der spanischen Dominanz. Gewinnen eines größeren Einflusses in Europa und mittels einer eigenen Flotte in der Welt. Aber eine weitere Anspannung der französischen Kräfte spitzte die Lage im Lande aufs äußerste zu. Aufstände erschütterten Provinz um Provinz. Städte und flaches Land schrien die Losung »Es lebe der König — ohne Steuern!« Im Mai artikulierte die Fronde ihre Forderungen, im August erhob sich Paris, im Oktober mußte die Regierung akzeptieren, und in Bordeaux wurde sogar eine Selbstverwaltung mit bürgerlich-demokratischen Zügen errichtet. Sollte Frankreich von der »englischen Krankheit« — Cromwells Revolution — infiziert sein? Und die Hugenotten?

Die Hugenotten gab es nicht mehr. Selbst in der Hochzeit ihrer kirchlichen, politischen und militärischen Konstitution waren die Hugenotten durch die Trennung in mehrere Fraktionen geprägt. Die Politik Richelieus hatte sie ihrer politischen und militärischen Eigenständigkeit beraubt, aber schon seit der Wende zum 17. Jahrhundert galt der Angriff den Gläubigen

Louis II. de Bourbon, Prinz von Condé. Obgleich genialer als alle Condés zuvor, stand er nicht als Führer für die Hugenotten zur Verfügung: Er kämpfte im Dienste Ludwigs XIII. Bronzebüste von Antoine Coysevox, 1686. Musée du Louvre, Paris

selbst. Geschickt hatte Heinrich IV. die einen mit Ämtern und Ehren, die andern mit Geldgeschenken zum Übertritt veranlaßt. Auch unter Ludwig XIII. war diese Praxis fortgesetzt worden. Condé führte nach seiner Konversion die Truppen des Königs, La Force bekam einen mit 200 000 Talern vergoldeten Marschallstab, Rohan suchte man mit dem Titel eines militärischen Oberbefehlshabers zu ködern. Oft bedurfte es keiner solchen aufwendigen Geschenke, der Druck der erfolgreichen Gegenreformation und des katholischen Staates genügte. Manche heirateten katholisch, überließen ihre Kinder jesuitischen Lehrern oder sicherten sich noch auf dem Sterbebett einen Anspruch auf die katholische Seligkeit.

Die Nationalsynode von 1659 beteuerte dem Herrscher. in einer Ergebenheitsadresse: »Die Könige dieser Welt haben in gewisser Weise den Platz Gottes inne und sind sein wirkliches Abbild auf Erden. Dies sind die fundamentalen Grundsätze unseres Glaubens . . ., die wir als eine unbedingte Pflicht unseren Herden einimpfen.« [1] Daher fanden militante Calvinisten bald bei niemandem mehr Gehör, wie auch katholische Aufständler vergebens bei den Protestanten Bündnispartner gegen den König suchten. Im Gegenteil, diese kämpften auf seiten des Königtums gegen die Rebellen. Wofür ihnen öffentlicher Dank zuteil wurde. »Da übrigens unsere Unterthanen von der angeblich refor-

[1] Zitiert in: Joutard, Philippe: 1685 — Ende und neue Chance für den französischen Protestantismus. — In: Die Hugenotten. 1685–1985 / hrsg. von Rudolf von Thadden und Michelle Magdelaine. — München, 1985. — S. 15.

❧ »Schon seit langem haben sie zwischen ihrem Wohl und ihrer Religion gewählt, und sie haben das erstere bevorzugt.« (Bâville, Intendant des Languedoc) [1]

---

[1] Zitiert in: Joutard, Philippe: 1685 — Ende und neue Chance für den französischen Protestantismus. — In: Die Hugenotten. 1685 — 1985 / hrsg. von Rudolf von Thadden und Michelle Magdalaine. — München, 1985, — S. 15.

[2] Zitiert in: Félice, Guillaume de: Geschichte der Protestanten Frankreichs, seit dem Anfange der Reformation bis zur Gegenwart. — Leipzig, 1855. — S. 262.

[3] Mours, Samuel: Essai sommaire de géographie du protestantisme français au XVIIème siècle. — In: Bulletin de la Société de l'Histoire du Protestantisme Français. — Paris, 1965/1966.

[4] Vgl.: Joutard, Philippe: 1685 — Ende und neue Chance für den französischen Protestantismus. — In: Die Hugenotten. 1685—1985 / hrsg. von Rudolf von Thadden und Michelle Magdalaine. — München, 1985. — S. 12.

mierten Religion uns Beweise ihrer Zuneigung und Treue gegeben haben, . . . worüber wir sehr befriedigt sind, so thun wir zu wissen, daß sie aus diesen Ursachen erhalten und geschützt werden, wie wir sie in der Tat erhalten und schützen in dem vollen und ganzen Genuß des Edikts von Nantes«, ließ Ludwig XIV. noch 1652 erklären. [2]

Nicht allein der Wille zum Kampf für die reformierte Religion ließ seit dem letzten Aufbäumen in den zwanziger Jahren nach, auch die Religiosität hatte an Inbrunst verloren. Daran trugen gewiß auch äußere Bedingungen Schuld.

Während die Gegenreformation auf dem Bildungs- und Erziehungswege mit Propaganda sowie mit scheinbarer Versöhnlichkeit wirkte, fehlte es den protestantischen Gemeinden am Einfachsten: an Predigern. Das Verbot, Steuern in eigener Sache zu erheben, machte die Bezahlung der Prediger von den Kollekten abhängig. Ihre Höhe — darüber berichten einzelne Dokumente — richtete sich nach dem Vermögen der Gemeindemitglieder und nach der Beliebtheit des Pfarrers. Doch selbst wenn die Kollekten gleichbleibende Geldsummen zusammenbrachten, stieg die Not der protestantischen Geistlichen aufgrund der raschen Verteuerung der Lebensmittel. Eine Umverteilung von Mitteln reicher Gemeinden zugunsten armer wurde immer seltener, und nicht wenige Prediger beklagten den fortschreitenden Egoismus, das Desinteresse an den Glaubensbrüdern. Die Unterstützung, die Heinrich IV. als Ausgleich für die Zahlung des katholischen Zehnten durch alle Untertanen gewährt hatte, war längst eingestellt worden. Auch vom protestantischen Ausland kam kein Geld mehr; Deutschlands protestantische Lande waren im Dreißigjährigen Krieg verarmt, England, die protestantische Schweiz und die Niederlande mußten ebenfalls sparsam mit ihren Mitteln umgehen. . .

Aber waren es nur diese äußeren Hemmnisse, die die Abflachung verschuldeten? Hatte der Protestantismus nicht unter viel widrigeren Umständen seinen Lebenswillen bewiesen? War der französische Calvinismus aus den stürmischen Jahren des Wachstums in die der Stagnation gekommen? Das Gemeindeleben schien solche Auffassungen zu bestätigen. Zwar lasen die Hugenotten noch die Bibel, gingen zur Kirche. Sie hörten die Zehn Gebote, sprachen das Schuldbekenntnis. Sie lauschten der Predigt, die Dank an Gott und an den König gleichermaßen umfaßte. Sie sangen die Psalmen vierstimmig. . .

Die Dokumente jener Zeit sind rar. Gewiß gibt die Zusammenkunft der Hugenotten in Nationalsynoden kein umfassendes Bild vom französischen Protestan-

tismus, aber doch ein bezeichnendes. In den Jahren seit der ersten Generalsynode von 1559 bis zum Fall von La Rochelle fand durchschnittlich alle zweieinhalb Jahre eine solche Versammlung statt, seit 1628 bis zur letzten Synode nur noch knapp alle acht Jahre. Und die Nationalsynode von 1659 war gewiß nicht deshalb die letzte, weil der König weitere verbot. Hundert Jahre zuvor hatten Protestanten den König nicht um Erlaubnis gefragt! Gab es einfach zu wenige Hugenotten? Mours zufolge betrug ihre Zahl in der Mitte des 17. Jahrhunderts ungefähr 850 000, das sind etwas mehr als vier Prozent der Bevölkerung. [3] »Vor allem nördlich der Loire wird der Kontrast zum 16. Jahrhundert besonders deutlich. Dort existierten mit Ausnahme der Normandie nur noch Restbestände an reformierten Gemeinden, die hauptsächlich in Städten wie Metz, Caen, Rouen oder Sédan konzentriert waren, ohne die 10 000 bis 12 000 protestantischen Pariser zu erwähnen, die dem Beamtenstand und der Finanzwelt angehörten. . . Diese Protestanten des Nordens hatten keinerlei Mühe, sich als eine Minderheit zu begreifen. . .

Die südfranzösischen Protestanten konnten sich an manchen Orten noch Illusionen über ihre wirkliche Stärke hingeben: Mit ungefähr 700 000 Personen, zehn Prozent der Bevölkerung, bildeten sie kompaktere Gruppen mit ländlicher Basis und befanden sich sogar manchmal in der Mehrheit.« [4]

Während man im Süden noch den altväterlichen Glauben zu wahren suchte, sich dem königlichen Absolutismus widersetzte und in den Cevennen schließlich das letzte Gefecht schlagen sollte, verringerte sich im Norden nicht nur die Zahl der Evangelischen, sondern es schwand auch ihr Glaube. Vielen Protestanten war jetzt ihr irdisches Wohl wichtiger geworden. Andererseits machten auch beginnender Atheismus und Neuhumanismus die »feste Burg« wehr- und waffenlos. Mit seinen humanistischen und freigeistigen Auffassungen blieb beispielsweise Valentin Conrart als Vorbereiter und ständiger Sekretär der Académie française nicht unbekannt, zugleich aber war er jahrelang Ältester der Kirche von Charenton.

Selbst unter den Pastoren breitete sich eine Strömung aus, die nicht mehr den Gegensatz zum Katholizismus betonte, sondern ein Miteinander wünschte, Ja, es tauchte sogar der Gedanke einer Unierung auf! Es wurde argumentiert, daß beide Glaubensrichtungen der christlichen Religion und einer Kirche entsprossen seien. Wenn die katholische Kirche ihre ärgsten Entartungen im Zuge ihrer Reformen abgestellt habe und sich weiter läutern würde, dann könne durchaus eine Vereinigung ins Auge gefaßt werden.

Von katholischer Seite stellte sich der Plan einer Unierung allerdings anders dar. Hier dachte niemand an gleichberechtigte Kirchen, die durch Reformen zu einer Einheitskirche werden sollten, sondern man wünschte eine öffentliche Disputation mit anschließender Konversion der Protestanten. Der Reue der Calvinisten sollte die Verzeihung der Katholiken entsprechen. Obwohl solche Pläne immer wieder auftauchten, sich sogar Provinzsynoden für die Vereinigung aussprachen, fanden sich doch kaum Protestanten, die einer öffentlichen Konversion zustimmten. Mit einer Massenbewegung war schon gar nicht zu rechnen, zumal die Nationalsynode von Charenton den Plan 1631 zurückgewiesen hatte und auch einem erneuerten Plan der vierziger Jahre die Zustimmung verweigerte.

Am Hofe selbst gab es Überlegungen, die gallikanische Kirche derart zu reformieren, daß sie den Priestern die Ehe erlaubte, die Zahl der Klöster einschränkte und daß strittige Fragen zwischen den Religionen ausgeklammert blieben. Allein auch die vom König sanktionierte Synode von Charenton 1673 lehnte die Réunion ab, wofür sie prompt für nichtig erklärt wurde.

Die protestantische Kirche Frankreichs befand sich ohne Zweifel in einer schwierigen Lage. Auf der einen Seite konnte sie nicht ihre Grundüberzeugungen, ihre Geschichte aufgeben, um sich mit der katholischen Kirche wieder zu vereinen. Auf der anderen Seite zwang sie ihre royalistische Haltung, gegen alle konsequent demokratischen Tendenzen vorzugehen, die besonders als Echo der englischen Revolution, als Gedankengut der Independenten über den Kanal einsickerten. Damit verließ sie ihre bürgerliche Grundlage und verriet ihre Entstehung und Geschichte. Eine Kirche, die die katholische Konvention des Königs akzeptierte, den König als »weise und subtil im Urteil, scharfsinnig und klarsehend« [1] feierte, die ihn als Platzhalter Gottes akklamierte — eine solche Kirche beraubte sich ihrer eigenen Rechtfertigung. Wenn man handeln und werken konnte unter diesem Königtum, wenn das Seelenheil der eigenen und der anderen Glaubensrichtung winkte, dann lohnte der Streit um das Abendmahl nicht den Kampf, nicht das Leben. Indem das französische Bürgertum in seiner Schwäche, seinem Pragmatismus den evangelischen Glauben verließ, verlor dieser seinen sozialen Boden.

Die neuen Leiden

❧ Mochte die evangelische Kirche sich auch in einer Krise befinden, die katholische nicht. Ihr Anspruch, alleinseligmachende Kirche zu sein, war ungebrochen.

Nach wie vor forderte der katholische Klerus die Rückgabe seiner Kirchen, Klöster und Güter. Was 1618 in Béarn erreicht worden war, sah er für ganz Frankreich als wünschenswert. Doch schon Richelieu hatte die Begehrlichkeit der Kurie zu bremsen gewußt. Immer wieder fanden die Minister sowohl unter Ludwig XIII. als auch unter Ludwig XIV. Möglichkeiten, die katholische Geistlichkeit zur Kasse zu bitten. Zwar war ihr Stand von Steuerzahlungen befreit, doch gelang es 1675, die Summe von 5,5 Millionen Livres aus dem katholischen Tresor zu pressen. Es war schon ein Unterschied, ob die Kirche des Landes in die Königskasse zahlen konnte oder ob sie, wie die evangelische Kirche, um Unterstützungen, zumindest aber um Freiheit von solchen Zahlungen bitten mußte. So kann es auch nicht verwundern, daß der katholische Klerus letztendlich sogar freiwillig Gelder in Aussicht stellte, wenn nur der König jene andere Religion nicht mehr schützte. Eine Versammlung der katholischen Geistlichkeit 1682 stimmte daher sogar der Pfründenvergabe bei Bischofsvakanz zu, einem weiteren einträglichen Ämterverkauf für den Staat.

Für die ideelle Wirksamkeit der Papstkirche mochte es gut sein, daß sie solche Persönlichkeiten wie Vinzenz von Paul und Franz von Sales, den Kardinal de Bérulle und Jean Eudes hervorbrachte, Männer, denen die Kirche bald das Prädikat ›heilig‹ zusprach. Für das Königreich vorteilhafter aber erwies sich eine Kirche, die nicht zu sehr römischen Interessen diente. Geradezu klassischen Ausdruck erhielt diese Auffassung in der »Déclaration des quatre articles«. Diese Leitsätze der gallikanischen Kirche von 1682 deklarierten die Unfehlbarkeit der Kirche, nicht die des Papstes, die Bedeutung von Konzilien sowie in nationalen Belangen die Unabhängigkeit der weltlichen Macht und ordneten die nationale Kirche sogar den königlichen Interessen unter.

Doch obgleich in der katholischen Kirche Frankreichs gallikanische und römische Interessen widerstritten — gegen die evangelische Ketzerei war man sich einig. Während die reformierte Kirche an Stagnation und Zersetzung krankte, rüstete die katholische zu einem neuen Angriff. Ein Geheimbund — die »Compagnie du Saint Sacrament de l'antel« (1627—1665) — formierte sich als Stoßtrupp, die

[1] Zitiert in: Joutard, Philippe: 1685 — Ende und neue Chance für den französischen Protestantismus. — In: Die Hugenotten. 1685 — 1985 / hrsg. von Rudolf von Thadden und Michelle Magdalaine. — München, 1985, — S. 12.

»Congrégation de la Propagation de la Foi« spezialisierte sich als Propagandaabteilung. Bossuet, der brillanteste aus der Schar hervorragender katholischer Theologen, erklärte den Protestantismus als Aufstand und Verwirrung. Jesuitische Schriftsteller entwarfen ein abschreckendes Gesamtbild der calvinistischen Kirche: Die Ablehnung der Mutter Kirche, der Privatverkehr der evangelischen Gläubigen mit Gott führte zwangsläufig zu Subjektivismus, Schwärmerei und Freigeisterei. Der Aufstand gegen die katholische Kirche hätte nicht mit der gewaltsamen Wegnahme von Kirchenbauten geendet — wofür die Jesuiten Hunderte von Belegen besäßen —, sondern zur Errichtung eines eigenen Staatswesens geführt. Nur die Niederlagen in den Religionskriegen hätten verhindert, daß des Königs Vorfahren nicht, wie jetzt in England, das Schafott besteigen mußten. Ein solcher Geist des Aufruhrs und der Anarchie sei die Konsequenz der calvinistischen Kirche, und der König täte gut daran, alle Reste und Keime zu liquidieren. So waren Anträge zur

Jacques Bossuet. An der Abfassung der gallikanischen Artikel hatte er als ehemaliger Protestant maßgeblichen Anteil. Nach seiner Konversion zum Königsglauben wurde er zu einem Theoretiker des monarchischen Absolutismus. Kupferstich von Gerard Edelinck nach Hyacinthe Rigaud, 1674. Staatliche Kunstsammlungen Dresden, Kupferstich-Kabinett

Aufhebung der »religion prétendue réformée« (vorgeblich reformierten Religion) nur die formelle Konsequenz dieses ideologischen Krieges.

Dabei begnügte sich der katholische Klerus nicht mit Wort und Schrift. Unablässig versuchte er, die calvinistische Kirche zurückzudrängen. Hier erreichte er, daß während katholischer Prozessionen in den hugenottischen Kirchen Stille zu herrschen hatte, dort ließ er das Psalmensingen überhaupt verbieten. Es wurde den protestantischen Predigern untersagt, ihre geistliche Tracht außerhalb ihrer Kirchen zu tragen. Beerdigungen waren den Protestanten nur nachts erlaubt, die Zahl der trauernden Personen begrenzt. Heiratstermine konnten plötzlich nicht mehr beliebig gewählt werden, und eine Hochzeit, ja Gottesdienste überhaupt, durften nicht stattfinden, wenn sich ein Bischof im Ort aufhielt.

Einem Zuwachs an Protestanten suchten die Gegner zu begegnen, indem sie die Bekehrung eines Katholiken schlechthin untersagten. Nahm ein ehemaliger Katholik am protestantischen Gottesdienst teil, so drohte man, den Tempel abzureißen. Gerade diese Bestimmung öffnete Provokateuren die Türen, und die Hugenotten mußten sich durch die Ausgabe von Erkennungsmarken schützen.

Kinder protestantischer Eltern erhielten die Erlaubnis — mit 12 Jahren die Mädchen und mit 14 Jahren die Jungen, ab 1681 sogar mit 7 Jahren —, ihre Konversion zu erklären. Diese Verordnung sollte unter der Regierung Ludwigs XIV. Anlaß zu verbreiteten Familientragödien geben. Wissend, welchen Anteil protestantische Bildungsbemühungen an der Ausbreitung dieser Konfession hatten, wurde die Herausgabe hugenottischer Bücher nur mit katholischer Genehmigung zugelassen. Die Hugenotten durften nur noch eine Schule mit nicht mehr als einem Lehrer am Ort unterhalten, der lediglich Lesen, Schreiben und Rechnen unterrichtete. Schließlich wurden promovierte Hugenotten diffamiert, indem man ihnen die Benutzung des Doktortitels verbot.

Diese Bedrückungen und Drangsalierungen führten jedoch beileibe nicht folgerichtig zum Widerruf des Toleranzediktes von Nantes. Außenpolitische Rücksichten stoppten eine ungehemmte Verfolgung; die Rücksichtnahme auf protestantische Koalitionspartner in den antispanischen Kriegen verbot eine Brüskierung durch Protestantenverfolgungen im Innern. Auch die merkantilistische Politik Colberts wirkte in die gleiche Richtung. Eine Förderung königlicher Manufakturen sowie des bürgerlichen Wirtschaftslebens überhaupt konnte keine Rücksicht auf die religiöse Gesinnung ihrer Akteure nehmen. Die Verallgemeine-

Wonderlyke Predicatie van een Barrevoeter Monnik.

Kapuzinerpredigt gegen die Protestanten. Schien in Frankreich das 16. Jahrhundert das protestantische zu sein, so das 17. Jahrhundert wieder ein katholisches. Überall hatte die Gegenreformation Terrain zurückerobert. Kupferstich von Jan Luyken, 1696. Reformierte Domgemeinde, Halle (Saale)

rung von Steuern und ihre vollständige Einziehung bedurften ehrlicher Finanzfachleute — mochten sie auch Hugenotten sein. Fast schien es, als ob hugenottische Gesinnung die Gewähr dafür sei, daß die jetzt steigenden Außenzölle, die dem Schutz der einheimischen Industrie dienten, vollständig in die Staatskasse abgeführt wurden. Wie die Finanzverwaltung nicht ohne Hugenotten auszukommen schien, so auch nicht die Manufakturen und Werkstätten. War das Bürgertum schon im 16. Jahrhundert der wichtigste Träger calvinistischer Gesinnung gewesen, so gilt das auch für das 17. Jahrhundert. Es traf übrigens erst recht auf die zunehmend eingeführte Aus- und Fortbildung im Kunst-

handwerk zu, ein Gebiet, auf dem der Bildungsvorlauf der Hugenotten ebenfalls zum Tragen kam.

Mochte Colbert persönlich auch zwischen Gleichgültigkeit und Abneigung gegenüber der reformierten Kirche schwanken, ihre Bekämpfung durch den Klerus behinderte seine Wirtschaftspolitik. Von diesem Gesichtspunkt aus hielt er Zölibat, Mönche und Nonnen sowie die Vielzahl katholischer Feiertage für unproduktiv. Er konterte, indem er den Werkmeistern und Manufacturiers mit Befreiung von Einquartierungen und Milizdiensten, mit zinslosen Darlehen und Steuerbefreiungen unter die Arme griff. Auch bei der Einführung neuer Produktionsverfahren oder Produkte, bei der Ansiedlung schwedischer und deutscher Bergleute, Hüttenarbeiter und Metallner oder italienischer Glas- und holländischer Tuchmacher fragte er nicht nach dem Taufzettel. Ganz zweifellos diente die Wirtschaftspolitik Colberts dem König, aber ihre feudalabsolutistische Form besaß einen bürgerlichen In-

»... die Finanzen wurden die Zuflucht der Reformierten, welchen man die andern Stellen verweigerte. Sie traten in die Pachtungen und Commissionen ein und machten sich in Geschäften dieser Art so nothwendig, daß Fouquet selbst und Colbert sie nicht übergehen konnten und sie als Leute von erprobter Treue und anerkannter Befähigung zu halten genöthigt waren.« [1]

[1] Zitiert in: Benoît, Élie: Histoire de l'Edit de Nantes. — 3 Bd. — 1. Teil. — Buch III. — Delft, 1695. — S. 139.

Die Galerie deß Königlichen Pallasts zu Goblin.
Fürstellend einige grosse Thaten deß Alexandri, so entworffen sind auf Tapezereyen
und grossen Kunst-Stücken von Monsr. Caroli le Brun.

Ludwig XIV. besichtigt die Galerie des königlichen Palastes zu Gobelin. Die Fertigung von Bildtapeten gehörte zu den Spitzenleistungen der Manufaktur, deren Produkte nicht nur Luxus repräsentierten, sondern durch ihre Bildinhalte auch zur Verherrlichung des Königtums beitrugen. Kupferstich von Carol Romshold, um 1680. Staatliche Museen Preußischer Kulturbesitz, Berlin

⚜ »Mit dem Regierungsantritt Ludwigs XIV. beginnt . . . die systematische Bedrückung der Protestanten, welche 1660 durch das Verbot der Generalsynode eingeleitet wurde.« [1]

⚜ Am Ende des Jahrhunderts wird es in einer klassischen Formulierung heißen: »Un roi, une loi, une foi dans le royaume!« — Ein König, ein Gesetz, eine Religion im Königreich!

[1] Vgl.: Mörikofer, Johann Caspar: Geschichte der evangelischen Flüchtlinge in der Schweiz. — Leipzig, 1876. — S. 150.

halt. Sie half Frankreich auf die glanzvolle Höhe einer Produktion, die einige Jahrzehnte später fliehende Hugenotten ins russische Petersburg und in die brandenburgische Uckermark, ins irische Kork und amerikanische Carolina mitnehmen sollten.

In den sechziger Jahren verschärfte sich ganz offensichtlich die Lage der Reformierten. Ludwig XIV. hatte 1661 nach dem Tode Mazarins die Macht allein übernommen. Fünfjährig als König ausgerufen und dreizehnjährig feierlich in Reims gekrönt, war er Jahr um Jahr in einen Zentralismus hineingewachsen, der sich ganz auf seine Person orientierte, ihn zu »Louis le Grand« machte. Das Genie eines Richelieu und Mazarin hatte den französischen Absolutismus vollendet, und »der nüchterne Sinn, die unbestreitbare Arbeitsmoral und die Fähigkeit, Projekte von Fähigeren aufzugreifen und durchzusetzen« machten ihn geeignet für die tragende Rolle als »Sonnenkönig«. Frondierende Adelscliquen waren niedergerungen, und der Adel als Ganzes sah im Absolutismus die einzig wirksame Wehr gegen bäuerliche Aufstände und politische Begehrlichkeiten des Bürgertums. Eine derartige Zentrierung der Adelsherrschaft in einer Person mußte mit Notwendigkeit auch ihren ideellen Ausdruck finden, und zwar in jener Verherrlichung Ludwigs XIV., in der Übersteigerung der Königswürde und in der Prachtentfaltung des Hofes. Fortan mußte jede gei-

stige Regung, die sich nicht dem Absolutismus anschloß, als blanker Widerstand erscheinen.

Nicht so sehr die tatsächliche Haltung der calvinistischen Kirche brachte sie in Gegensatz zum Königtum als ihr von der katholischen Kirche gezeichnetes Bild. Dabei spielten ihre Geschichte und die latente Möglichkeit einer antiroyalistischen, ja bürgerlich-demokratischen Entwicklung, die eine solche Verzeichnung glaubhaft machten, eine Rolle. Eine beispiellose Kampagne seitens des Katholizismus setzte ein. Für Ludwig XIV. bestand kein Grund, dieser Flut einen Damm entgegenzusetzen. Im Gegenteil, seine eigenen Anschauungen deckten sich mit der staatsrechtlichen These, daß das Volk sich dem Glaubensbekenntnis des Herrschers anschließen müsse. Abweichungen dürften nun nicht mehr geduldet werden. Hand in Hand suchten Absolutismus und Katholizismus den Protestantismus zu liquidieren.

Eine Flut von Vorschriften und Verboten überschwemmte die Hugenotten. Hier eine Tafel der wichtigsten Deklarationen des Königs gegen die »Ketzer« von 1657 bis 1685. Kupferstich. Société de l'Histoire du Protestantisme Français, Paris

Vorerst ging der Staat unter dem Schein des Rechts vor. Er setzte königliche Kommissare ein, um angeblich die Rechte der Protestanten zu schützen, tatsächlich jedoch verschafften sie sich einen genauen Einblick in Lage und Verfassung der evangelischen Kirche. Ihr Generalvertreter bei der Regierung brauchte keine Beschwerden mehr vorzubringen — er erreichte doch keine Änderung. Die Predigten der Protestanten wurden staatlicherseits überwacht, und es fanden sich bald Vorwände, daß diese und jene Äußerung als eine Königslästerung oder als Verstoß gegen Königsgesetze gewertet werden konnte. So verbot man beispielsweise 1678 die Worte »Pastor«, »Kirche« und »reformiert«. Wenig später auch »Bedrückung« und »Verfolgung«. Der Gebrauch des »Katechismus der Verteidigung«, ein Taschenbuch zur Bewahrung des protestantischen Glaubens, wurde untersagt.

Die zunehmende Willkür, die Stetigkeit der Bedrückung machten jedermann deutlich, daß die Hugenotten wieder zu einer unliebsamen Minderheit geworden waren. Von der Geburt bis zum Tod existierte bald ein lückenloses Verordnungswerk der Drangsalierung. Das Arbeitsverbot für protestantische Hebammen gestattete den katholischen Geburtshelferinnen die Nottaufe, sollte das Neugeborene nicht lebensfähig scheinen. Waisen erhielten katholische Vormünder, und konvertierte Kinder kamen in katholische Häuser zur Erziehung — auf Kosten ihrer unglücklichen Eltern. Mischehen wurden unterbunden, und ihre für unehelich erklärten Kinder mußten im katholischen Glauben erzogen werden. Dieser Status sollte noch Jahrzehnte später Auswirkungen zeitigen, da solche Kinder nämlich nicht erbfähig waren. Die Erwachsenen durften an katholischen Feiertagen nicht arbeiten, während protestantische Feiertage durch zahllose Hemmnisse entweiht wurden. Selbst das Sterben sollte den Hugenotten schwergemacht werden. Den Kranken durfte der Priester zur Konvertierung veranlassen, indem er ihm mit der Verweigerung eines christlichen Begräbnisses drohte. Blieb dieser standhaft, so gestaltete sich seine Beerdigung zu einer Nacht-und-Nebel-Aktion. Auch die Zahl der protestantischen Begräbnisplätze erfuhr eine Einschränkung, so daß oft lange Transporte nötig wurden. Die durften aber nicht den Charakter einer Prozession annehmen. War der eine oder andere dem Druck erlegen und zum Katholizismus konvertiert, bereute dies aber auf dem Sterbebett,

so ließen Priester und Bürgermeister den Leichnam auf den Schindanger schleifen. Neben den Friedhöfen mußten die hugenottischen Gemeinden auch eine Kirche nach der anderen abtreten. Dem diente insbesondere die Verordnung, daß Hugenotten den rechtmäßigen Besitz nachzuweisen hätten, andernfalls durfte der Tempel niedergerissen werden.

Die meisten Erfolge für eine Konversion versprach sich der Staat jedoch, wenn er zur theologischen Geißel die ökonomische Knute schwang. Hier versagte er

❧ »Man erklärte sie auch zu allen Verrichtungen bey den Posten, bey öffentlichen Landkutschen, zum Botschaftgehen und andern dergleichen Dingen, untüchtig. Im Jahre 1681 setzte man im ganzen Königreiche alle Notarien, Anwalden, Advocaten, Thürhüter und Gerichtsdiener ab, welche der protestantischen Religion zugethan waren. Ein Jahr nachher wurden alle Bedienten der Grossen, der Edelleute und Oberrichter verabschiedet . . .« [1]

[1] Vgl.: Rambach, Friedrich: Schicksal der Protestanten in Frankreich / Übersetzung aus dem Französischen. — Halle (Saale), 1759. — S. 92 f.

Pensionen für Offiziere und Witwen, so sie nicht ihr »Je me réunions« bekannten. Dort erlaubte er Arbeitsfähigen die Ausübung ihres Berufes nicht. Zuerst wurden Protestanten als Richter nicht mehr zugelassen, im selben Jahr 1665 minderte eine Verordnung auch die Zahl der Anwälte und Notare. Schließlich griffen derartige Restriktionen auf Ärzte und Hebammen über. 1671 mußten schließlich alle Hugenotten ihre Ämter im Staatsdienst verlassen.

Solche offiziellen Verbote machten sich die Zünfte zunutze und drängten ihre protestantischen Mitarbeiter hinaus. Die Leineweber von Paris entledigten sich schon 1665 auf diese Weise einer unliebsamen Konkurrenz; andere folgten, wie die Goldschmiede von Rouen. Meisterbriefe von Protestanten wurden per Verwaltungsakt für ungültig erklärt, das Druckgewerbe und der Buchhandel für Hugenotten gänzlich gesperrt.

Während standhafte Hugenotten auf diese Weise ihre Existenz verloren, erwarteten einen Konvertiten

Leichenschändung an Protestanten. Wie dem neugeborenen Leben eine katholische Laufbahn vorgeschrieben wurde, so sollten protestantisch Gestorbene nicht ihre Ruhe finden — man zerrte sie aus Särgen und Gräbern. Kupferstich von Jan Luyken, 1696. Reformierte Domgemeinde, Halle (Saale)

zahlreiche Vergünstigungen. Paul Pelisson-Fontanier war bei seinem Übertritt im Jahre 1670 mit den Einkünften zweier Abteien belohnt worden. Dies schien dem Intellektuellen, der jetzt als Historiograph und Sekretär des Königs arbeitete, die geeignetste Methode, um Konvertiten zu gewinnen. Er richtete aus den Einkommen unbesetzter katholischer Stellen eine Bekehrungskasse ein. Ein abgestuftes System von Zahlungen je nach Stand und öffentlicher Bedeutung sah für Bauern 6 Livres, später 10 bis 30, aber höchstens 100 Livres vor; Bürgerliche sollten 1000, mitunter 10 000 Livres erhalten, während Adlige mit Ländereien, Titeln und Armeegraden belohnt werden sollten.

Pelisson brüstete sich mit 50 000 Übertritten. Der Jurist betrieb die Konversionskasse als Bank und belohnte sich mit einem ansehnlichen Gründergewinn. Wie jede Bank, arbeitete die Bekehrungskasse auch mit fremden Mitteln: Wer den Glauben wechselte, wurde seit 1663 mit einem Schuldenerlaß gegenüber hugenottischen Gläubigern und einem dreijährigen Zahlungsaufschub gegenüber Katholiken belohnt.

Der Widerruf

Der französische Protestantismus erfuhr nun wieder jene Unterdrückung wie in den Anfängen des 16. Jahrhunderts. Im Unterschied zu damals aber waren inzwischen mehrere Generationen im calvinistischen Glauben aufgewachsen, hatten als Protestanten gearbeitet und gefeiert, geheiratet, Kinder bekommen und in oft großen und starken Gemeinden gelebt. Konnte unter solchen Repressalien der hugenottische Glaube noch existieren?

Die wenigen protestantischen Kirchen mußten von ihrem Gestühl die Rückenlehnen abnehmen. Der Pastor — nein, er hieß jetzt »Diener der sogenannten reformierten Religion« — durfte nicht mehr von Unterdrückung sprechen, er durfte keinen Trost spenden. Saß doch in jedem calvinistischen Gottesdienst ein katholischer Kommissar, dem schon die Lesung aus dem Buch Mosis über die Unterjochung der Israeliten in Ägypten suspekt war! Seelsorge war beinahe unmöglich geworden, da der reformierte Pfarrer alle drei Jahre seine Gemeinde zu wechseln gezwungen wurde. Die Gemeinde wußte nichts mehr von den Nachbargemeinden. Durfte doch kein reformierter Pastor mehr bei fremden Gemeinden predigen, wurden doch Colloques und Synoden mehr und mehr unmöglich gemacht, schließlich strikt untersagt. Selbst die finanzielle Unterstützung durch reiche Gemeinden, die sonst arme Gemeinden in den Stand setzte, einen eigenen Geistlichen zu unterhalten, war nicht erlaubt. Auch illegale Hilfe verbot sich, prüften doch die Kommissare die Einnahmen, die Haushaltspläne und Rechnungen der Gemeinden. Die katholischen Priester erfüllten die Aufgabe von Hilfspolizisten des Königs: Getreulich hatten sie alles Protestantische in Fragebögen mit über 100 Spalten aufzuführen. Das religiöse Leben der Hugenotten fand wieder im geheimen statt. In Hinterstuben trafen sie sich; leise nur sangen sie ihre Psalmen, denn ein Gottesdienst ohne Pastor und Kommissar war verboten, auch das Singen stand unter harter Strafe.

Die Meinungen der Hugenotten, wie auf derartige Repressalien zu reagieren sei, gingen auseinander. Die einen plädierten für strikte Einhaltung aller Verbote. Der König würde bald einsehen, was für treue Untertanen er in seinen Hugenotten habe, und sie wieder in ihre alten Rechte einsetzen. Vielleicht auch wußte Louis le Grand gar nicht von ihrer Unterdrückung? Andere wieder warnten, daß man um königlicher Verbote willen nicht die Gebote des Höchsten mißachten dürfte. Wie konnte man vor einem Menschen, verwaltete er auch das höchste weltliche Amt, sein Knie, schlimmer: seinen Glauben beugen! War nicht in dem »Livre des martyrs« zu lesen, welch unbekümmerter oder trotziger Mut des Bekennens auch angesichts des Todes die Hugenotten einst auszeichnete? Mochte auch die wahre Kirche unterdrückt werden, nie dürfte sie sich zum Erfüllungsgehilfen dieser Unterdrückung

Deklaration Ludwigs XIV. vom 14. Juli 1682 über ein erneutes Verbot, Frankreich zu verlassen. Seit mehr und mehr Hugenotten Frankreich den Rücken kehrten und sich diese Ausreisen politisch und ökonomisch negativ bemerkbar machten, wurden sie mehrmals untersagt.

Ludwig XIV. in einer Selbstbetrachtung anläßlich der ersten zehn Regierungsjahre:
»Von den Gnadenbeweisen, die von mir allein abhingen, beschloß ich und habe es seitdem ziemlich pünktlich gehalten, den Anhängern dieser Religion keine zukommen zu lassen . . .« [1]

[1] Sander, Ferdinand: Die Hugenotten und das Edikt von Nantes. Mit urkundlichen Beigaben: Zum Gedächtnis an das Potsdamer Edikt des großen Kurfürsten vom 29. 10./8. 11. 1685. — Breslau, 1885. — S. 142.

Drangsalierungen der Hugenotten. Hatte die Staatsmacht die Hugenotten anfangs noch unter dem Schein des Rechts zur Konversion zu zwingen gesucht, so wurden nun in zunehmendem Maße mehr und mehr Gewaltmittel angewandt. Kupferstich von Jan Luyken, 1696. Reformierte Domgemeinde, Halle (Saale)

machen. Dritte wieder suchten nach einem Weg der Mitte in Königstreue und Gottesfurcht. Mochte sich auch das Knie in der Messe beugen, der Glaube blieb unbeirrt auf einen Gott gerichtet, der seine Auserwählten nicht verläßt. Wer sich allein zu schwach für jene Doppelexistenz fühlte, mußte sich im stillen Tröstung bei den Brüdern im Geiste holen. Hatte Calvin nicht gelehrt, daß die wirkliche Kirche eine unsichtbare sei?

Manch einer überlegte aber auch, ob er der inneren Emigration die äußere vorziehen sollte, wenigstens so lange, bis der König sich besonnen hatte. Seit den sechziger Jahren flohen mehr und mehr Hugenotten aus Frankreich. Als es nicht mehr nur 100 oder 1000 waren und die Diplomaten des Sonnenkönigs wegen der Bedrückung der Protestanten ausländische Beschwerden erhielten, mäßigte sich Ludwig XIV. tatsächlich. In einem Rundschreiben von 1682 an alle französischen Bischöfe empfahl er, »die von der gedachten Religion mit Milde zu schonen und sich nur der Kraft der Gründe zu bedienen, um sie zur Erkennt-

nis zu bringen; ohne Verletzung der Edikte und Verordnungen, kraft derer die Ausübung ihrer Religion in meinem Königreiche geduldet ist.« [1] Er selbst aber, kaum daß sich innere und äußere Bedingungen etwas günstiger gestaltet hatten, griff zu den allerschärfsten Mitteln, um die Religionseinheit des Königreichs herzustellen: zu den Dragonaden.

Soldaten waren nicht nur auf ihren Kriegszügen bei Bürgern und Bauern einquartiert worden. Des öftern schon hatte man diese Belastung benutzt, um unbotmäßige Provinzen zu reglementieren oder um Steuern einzutreiben. Der Intendant des Poitou machte sich dieses Verfahren zunutze, um ausschließlich prote-

[1] Zitiert in: Sander, Ferdinand: Die Hugenotten und das Edikt von Nantes. Mit urkundlichen Beigaben: Zum Gedächtnis an das Potsdamer Edikt des großen Kurfürsten vom 29. 10/8. 11. 1685. — Breslau. 1885. — S. 174.

stantische Häuser mit diesen Einquartierungen zu belasten. Jean Migault berichtete in seinem Tagebuch über die Ankunft eines Kavallerieregiments in Mongon, Frühjahr 1681: »Man verteilte das Regiment in verschiedene Städte und Dörfer; überall wurden die Soldaten bei den Protestanten einquartiert; sie verließen dieselben erst nach gänzlicher Ausplünderung. Niemals sah man sie bei den Papisten Quartier nehmen. Alle Tage sah man Personen, welche bis dahin sich zum wahren Glauben bekannt hatten, sich in Menge zur Messe begeben . . .« [1]

Dieses drakonische Verfahren rief eine Welle der Entrüstung sowohl in Frankreich als auch im protestantischen Ausland hervor. Der Intendant wurde abberufen. Doch wenig später wendete der Intendant in Montauban ebenfalls dieses Verfahren der Missionierung durch Soldaten an. Binnen weniger Wochen meldete er 21 000 Bekehrungen nach Paris. Ein solcher

Ludwig XIV., über die Ketzerei triumphierend. In mehreren Apotheosen wurde die endgültige Niederwerfung der Calvinisten gefeiert. Kupferstich von Cornelius Vermeulen nach Louis Boulogne d. J., 1685. Bibliothèque Nationale, Paris

Erfolg rechtfertigte wohl das Mittel, und Kriegsminister Louvois gab ihm eine gesetzliche Grundlage. »Man machte mit Béarn den Anfang, allwo die Dragoner ihre erste Execution (Ausübung) verrichteten. Hierauf kam die Reihe an Ober- und Unterguienne, an Xaintogne, Annix, Poitou, Oberlanguedoc, Vivarets und Dauphiné. Sodann traf es Liomois, Cevennes, Niederlanguedoc, Provence, die Täler und Gex. Hierauf ging es so durchs ganze Königreich . . .« [2] Die Truppen bemächtigten sich der Zugänge und der Tore, stellten Wachen auf Wegen und Plätzen auf, drangen in die Häuser der Protestanten ein und schrien: Sterbet, sterbet oder werdet katholisch! Die Hugenotten durften weder ihre Häuser verlassen noch Geld oder Schmuck, Geräte oder anderes wertvolles Gut in Sicherheit bringen. Zuerst fraßen die Dragoner die Vorratskammern leer, soffen die Keller aus. Dann brachten sie Wertgegenstände an sich und schleppten die Möbel zum Verkauf auf die Märkte. Schließlich vergriffen sie sich an den Bewohnern selbst. »Unter vielen tausend Verwünschungen und Gotteslästerungen hiengen sie die Leute, so wol Männer als Weiber, bey den Haaren oder bey den Beinen oben an die Dekken der Zimmer oder in die Camine, und räucherten sie so lange mit nassem Heu, bis sie es nicht mehr aushalten konnten . . .« [3] Unter bestialischem Terror jeder Art erreichte die Zahl der Abschwörungen die Hunderttausende. 60 000 in Guyenne, 20 000 in Montauban, wieder 60 000 in Nîmes und Montpellier, 30 000 in der Dauphiné, berichtet Ranke in seiner »Französischen Geschichte«. [4] Auf knapp eine Million schätzt man heute die Zahl der Hugenotten der siebziger Jahre, also rund fünf Prozent der damaligen Bevölkerung; die Zahl der Konversionen wird nur gering darunter gelegen haben. Wenige nur widerstehen den Dragonaden, nur abgeschiedene Gemeinden entgingen der allgemeinen Bedrückung.

Während die Hugenotten sich unter der Gewalt beugten, das verhaßte Bekenntnis sprachen, berauschten sich die Protestantenhasser in Paris an den Bekehrungszahlen. Doch wozu noch zählen? Es gab keine Protestanten mehr! Und wenn es keine Protestanten mehr gab, brauchte es auch kein Toleranzedikt mehr zu geben! Kurz diskutierte der König in seinem Kabinettsrat die Revokation. Am 17. Oktober 1685 ließ Kanzler Michel Le Tellier das Widerrufsedikt Ludwig XIV. vorlegen. Am nächsten Tag schon unterzeichnete es der König. Vier Tage später bestätigte es das Pariser Parlament und erklärte es damit für rechtskräftig. Das »ewige und unwiderrufliche Edikt von Nantes« war widerrufen! Das Edikt von Fontainebleau bestimmte:

❧ Ludwig XIV.: »Weil denn nun dieserhalb die Ausführung des Edikts von Nantes . . . den Nutzen verloren hat, so haben Wir geurteilt, daß Wir nichts Besseres thun könnten, um die Unruhen, die Verwirrungen und die Leiden, welche der Fortschritt dieser falschen Religion in Unserem Königreiche verursacht hat, . . . vollständig auszulöschen, als das besagte Edikt von Nantes und die besonderen Artikel, die im Anschluß an dasselbe bewilligt worden sind, und alles, was noch nachher zugunsten der besagten Religion geschehen ist, vollständig aufzuheben.« [5]

[1] Tagebuch von Jean Migault oder Leiden einer protestantischen Familie aus dem Poitou vor und nach der Aufhebung des Edikts von Nantes / übers. von J. L. Mathieu. — Berlin. 1885. — S. 12.

[2] Vgl.: Rambach, Friedrich: Schicksal der Protestanten in Frankreich / Übersetzung aus dem Französischen. — Halle (Saale), 1759. — S. II/113.

[3] Vgl.: Rambach, Friedrich: Schicksal der Protestanten in Frankreich / Übersetzung aus dem Französischen. — Halle (Saale), 1759. — S. 114 f.

[4] Vgl.: Ranke, Leopold: Französische Geschichte, vornehmlich im sechzehnten und siebzehnten Jahrhundert. — München; Leipzig, 1924. — S. 272 f.

[5] Zitiert in: Sander, Ferdinand: Die Hugenotten und das Edikt von Nantes. Mit urkundlichen Beigaben: Zum Gedächtnis an das Potsdamer Edikt des großen Kurfürsten vom 29. 10./8. 11. 1685. — Breslau, 1885. — S. 287.

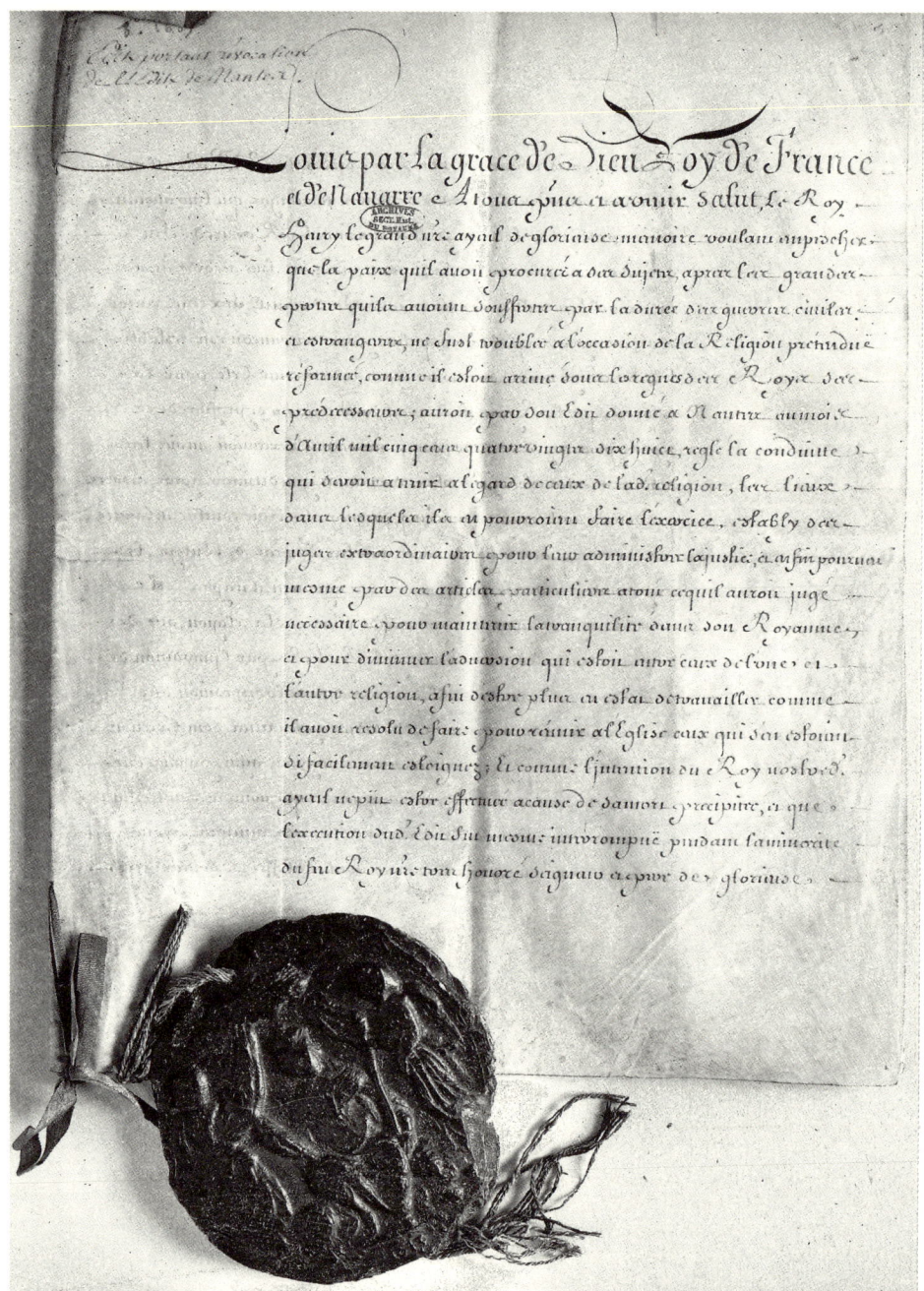

Revokationsurkunde von 1685. Der Widerruf des Toleranzedikts von Nantes beendete die staatsrechtliche Anerkennung des Protestantismus in Frankreich. Erst 100 Jahre später, mit der bürgerlichen Revolution, gewannen die Hugenotten diesen Status zurück. Archives Nationales, Paris

»Und infolgedessen wollen Wir und gefällt es Uns, daß alle Tempel derer von der besagten vorgeblich reformierten Religion . . . unverzüglich zerstört werden.«

»Verbieten Unseren besagten Untertanen von der vorgeblich reformierten Religion, sich noch ferner zu versammeln, um den Gottesdienst . . . zu halten . . .«

»Befehlen ernstlich allen Predigern der besagten vorgeblich reformierten Religion, die sich nicht bekehren . . ., vierzehn Tage nach der Veröffentlichung Unseres gegenwärtigen Ediktes Unser Königreich . . . zu verlassen . . ., bei Strafe der Galeeren.«

»Verbieten ganz ausdrücklich und wiederholentlich allen Unseren Untertanen von der genannten vorgeblich reformierten Religion, . . . aus Unserem besagtem Königreiche . . . auszuwandern . . .« [1]

Weitere Artikel bestimmten die Konversion, die Rückkehr sich Bekehrender und die Bestrafung Rückfälliger.

Mit dem Widerruf des Toleranzediktes von Nantes schien das Kapitel »Protestantismus in Frankreich« abgeschlossen. Die totale Einheit des Staates hatte in der totalen Einheit des Glaubens ihren Abschluß gefunden. Wenn fürderhin von Hugenotten die Rede sein sollte, dann von ihrer Flucht ins Ausland, ins Exil.

[1] Zitiert in: Mémoires de Castelnau, zitiert in: Soldan, Wilhelm Gottlieb: Geschichte des Protestantismus in Frankreich bis zum Tode Karls IX. — Leipzig, 1855. — S. 91 f.

Marie Cornuel [1]

❧ *Sie ist eine herbe Frau. Das Unglück hat sie hart gemacht. Als Mademoiselle Cornuel war sie voller Liebreiz gewesen und von vielen Männern umworben worden. Ihr aber hatte einzig Jean gefallen, und so war sie im März 1661 eine Madame de Maizière geworden. Zehn Monate später kam ihr erstes Kind zur Welt. Aber es war behindert. Die Großmutter brachte es mit jenem Unglück in Zusammenhang, das ihre Tochter im dritten Monat der Schwangerschaft erlebt hatte. Da war unmittelbar vor Marie ein Baugerüst zusammengestürzt. Einige Bauarbeiter kamen mit Schrecken und Schrammen davon, ein junger Hilfsarbeiter aber verstarb an Quetschwunden in Maries Armen. Wie hatte Marie dabei geweint, und wie weinte sie nach der Geburt ihrer Tochter. Schwerbehindert, bedurfte die Kleine fortgesetzter Pflege, konnte fast nichts selbständig. Deshalb vielleicht stürzte sich Marie in die Arbeit an der Seite ihres Mannes. Jean de Maizière hatte das Kaufmannsgeschäft seines Vaters übernommen. Aber Jean war ein mürrischer Mann, das tat dem Geschäft nicht gut. Da Pierre de Maizière neben seinem großen Handelskontor auch die Tuchmacherei verlegt hatte, zog sich Jean mehr und mehr zu seinen Webstühlen zurück, begann schließlich selbst neue Webverfahren auszuprobieren und ließ sich im Kontor nur noch gelegentlich sehen. Im gleichen Maße, wie Jean sich zurückzog, übernahm Marie die Führung des Geschäfts. Probleme, die dort auftraten, beriet sie lieber mit ihrem Schwiegervater als mit ihrem Mann. Zu Pierre de Maizière entwickelte sie eine geradezu kindliche Liebe und Verehrung. Zu ihm wankte sie, wenn sie wieder ein Unglück getroffen hatte. Im August 1666 war ihr der Sohn gestorben, noch nicht zweijährig. Drei Jahre später die zweite Tochter, die nur ein Jahr jünger als ihre Erstgeborene gewesen war. Fünf Monate darauf verunglückte der zweite Sohn, ebenfalls noch nicht zweijährig.*

Pierre de Maizière nahm sie dann in seine Arme und tröstete sie. Er erzählte ihr von Philippe de Maizière, der im Kampf mit spanischen Soldaten im Norden Frankreichs gefallen war, von dem Päckchen mit deutschen Reiterpistolen und dem goldenen Siegelring, das man seinem Großvater übergeben hatte. Er erzählte von den Bartholomäusmorden und wie Isaak – des Vaters Name verriet ihn schon als Hugenotten – nach Metz gegangen war. Dort hatte sein Vater gemeinsam mit seiner Frau eine eigene Gastwirtschaft aufgebaut, und aller Gewinn war in die Ausbildung der Söhne geflossen. Da gab es schon das Edikt von Nantes, und

Bruder François und er hätten eine Petite école der Metzer Gemeinde besuchen können. Nächtelang diskutierten sie beide. Als François dann auf die Artistenfakultät in Sedan zog, gingen ihre Streitgespräche brieflich weiter. François nahm jedes Fach ernst, und so berührten seine Briefe sowohl Themen der Logik wie der Ethik, der Physik – das ist Naturkunde – wie der Metaphysik – das ist Philosophie. 1623, erinnert sich Vater Pierre, sei die Mutter gestorben, die er sehr geliebt hatte. Zur Beerdigung war François von der theologischen Akademie gekommen und hatte ihm nächtelang sein Konzept einer geschichtlichen Darstellung des Calvinismus in bezug auf den Staat erläutert. Es handle sich bei diesem Problem um ein sehr altes und sehr wichtiges Thema. Das würden schon zahlreiche Stellen im Alten und Neuen Testament belegen. Jedem sei ja die Stelle aus dem Römerbrief des Paulus bekannt, wo er ermahne: »Jedermann sei untertan der Obrigkeit, die Gewalt über ihn hat. Denn es ist keine Obrigkeit ohne von Gott; wo aber Obrigkeit ist, die ist von Gott verordnet.« Dieses Gebot hätte man selbst dann zu befolgen, wenn die Obrigkeit eine heidnische sei. Allerdings mit der gewissensschweren Einschränkung: Solange Gottes souveräne Herrschaft unangetastet bleibe! Selbst als die französischen Könige Protestanten verfolgten und gegen sie Krieg führten, hätten sich Calvin und Bèze verantwortungsbewußt von allen militanten Gedanken fern gehalten. Lange sei es ihnen darum gegangen, die Krone zum erneuerten Glauben zu führen. Das könne man in Briefen Calvins an Franz I. oder beispielsweise in der Widmung der ›Institutio‹ nachlesen. Nach der Bartholomäusnacht habe man jedoch zu erkennen vermeint, daß dieses Königtum gegen Gottes Gebote verstoße, daß dieses Königtum nicht von Gott sei. In einem solchen Fall habe das Volk das Recht, seinen Glauben zu verteidigen. Man dürfe – so war man damals der Meinung – einem gottlosen König nicht nur nicht gehorchen, sondern müsse ihm widersprechen und widertun. Denn Gott sei des Königs König.

Über diese theologische Begründung calvinistischer Militanz hatten sie heftig gestritten. Im Streit auch war der schwere Siegelring auf Pierre überkommen. François hatte sich mit einer Synode überworfen, als er für eine vehemente Verteidigung der Rechte der Protestanten in Frankreich sprach. Durch seine Heirat war er in das Goldschmiedegeschäft des Schwiegervaters gekommen und hatte – uneins mit sich selbst – den Predigerrock mit der Handwerkerschürze vertauscht. Seitdem las er kein Buch mehr, hatte auf die heftigen Anwürfe seines Bruders kein Wort der Entgegnung gesagt, sondern ihm den Siegelring des Vaters

[1] Vgl.: Die Geschichte der Familie de Maizière basiert auf genealogischen Unterlagen — Familienbibeln, Auszügen aus Kirchenregistern von Metz — sowie Ausführungen in: Tuchman, Barbara: Der ferne Spiegel: Das dramatische 14. Jahrhundert. — München, 1987, und: Huizinga Johan: Herbst des Mittelalters. — Stuttgart, 1975.

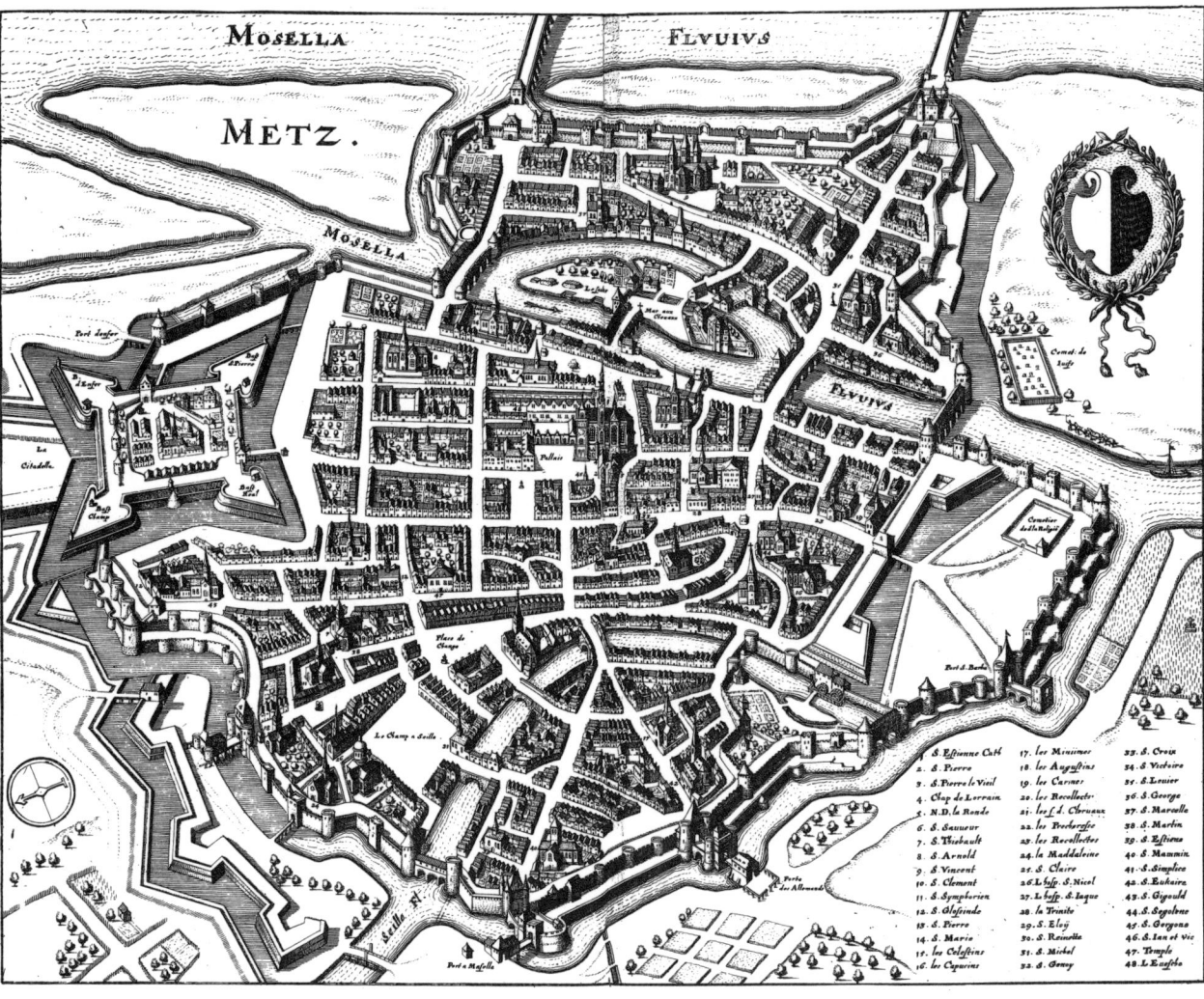

Stadtansicht von Metz. Nach Paris sollte seit Anfang des 17. Jahrhunderts Metz zur Heimat der de Maizières werden, bevor sie Frankreich endgültig verließen. Darstellung aus der Vogelperspektive, Zeichnung von Matthäus Merian d. Ä., 1645. Deutsche Staatsbibliothek, Berlin

hingelegt. Den nun soll in Kürze Jean bekommen, doch Marie schüttelt den Kopf. Allein im Juli 1682 ist es wirklich so weit: der einundachtzigjährige Schwiegervater stirbt. Noch auf dem Sterbelager empfiehlt er Jean und Marie, Frankreich zu verlassen. Wie eine Schlinge ziehe sich das Unheil um die Protestanten zusammen. Er rechnet Jean vor, daß ein Kaufmannsgeschäft beinahe verlustlos ins Ausland zu übertragen sei und daß über kurz oder lang protestantischen Kaufleuten der Beruf hier sowieso verboten werden würde. Doch nun ist es Jean, der den Kopf schüttelt. Er will nicht aus Frankreich fort.

Marie dagegen sitzt jetzt häufig mit »Maître Orly« zusammen, einem Jugendfreund, der inzwischen ein kundiger Jurist geworden ist. Zusammen suchen sie Jean de Maizière zu überreden, die Webereien günstig zu verkaufen. Jean jedoch sagt nicht Nein und nicht Ja. Er legt sich im Januar 1684 ins Bett, um im April darin zu sterben. Herbst und Winter gehen während des Teilverkaufs dahin. Im Frühjahr erkrankt die dreizehnjährige Susanne, im Sommer der kleine Paul.

Neun Kinder hat Marie geboren, sechs sind ihr schon gestorben. Soll sie die beiden gesunden auch noch verlieren? Dabei wird die Situation für Protestanten in Frankreich immer bedrohlicher. In Metz war es im Vergleich zu anderen Städten noch erträglich. Doch als am 22. Oktober das Edikt von Fontainebleau in Metz verlesen wird, stürzen katholische Eiferer sofort zum protestantischen Tempel, um ihn zu zerstören. Überall werden Wachen aufgestellt, um das Entweichen der Protestanten zu verhindern. Der Pöbel rottet sich zusammen und stößt Morddrohungen gegen die »verdammten Ketzer« aus. Schließlich verbreitet sich das Gerücht, daß die Calvinisten Feuer in der Stadt legen wollen, um im Durcheinander der Katastrophe zu entfliehen. Kurz entschlossen verfügt der Gouverneur die Alarmierung der Garnison.

Monsieur Orly, der eben von Madame de Maizière gekommen ist und in seiner Eigenschaft als Notar und Freund der Familie die umsichtige Veräußerung der mobilen Werte der de Maizière in die Wege leiten soll, findet sein Notariat versiegelt. In seinem Hause hat sich ein Hauptmann mit Soldaten einquartiert. Statt einer Entschuldigung weist der Offizier seine Order vor und ist bereit, sofort das Haus zu verlassen, wenn Orly konvertiert. Statt seinen Glauben zu verleugnen, trifft Orly sich mit honorigen Protestanten, um die Lage zu beraten. Anderntags informiert ihn heimlich ein Gerichtsdiener, daß eine Klage wegen verbotener Konventikel oder Geheimbündelei eingegangen sei. Sofort packt der Notar seine Wertsachen zusammen, spricht mit seiner Frau die Flucht ab und verläßt das Haus über die Hofseite. Die betrunkenen Dragoner bemerken ihn nicht. Doch entgegen seinen Plänen gelingt es Orly nicht, die Stadt zu verlassen. Er irrt umher, und niemand will sich seiner annehmen. Endlich ziehen ihn einige Juden bei Dunkelheit in ihr Haus, verstecken ihn schließlich in der Synagoge. Als die Flucht des Notars bemerkt wird und seine Spur nicht auffindbar ist, toben die Soldaten im Haus der Familie Orly. Der Offizier droht mit sofortiger Hinrichtung, und Madame Orly, die das Versteck ihres Mannes tatsächlich nicht kennt, rettet sich durch die Konversion. Wenig später weiß Orly von dieser Entwicklung, und da er nicht ewig im Versteck bleiben und seine Gastgeber gefährden will, verläßt er die Synagoge. Er geht in eine katholische Kirche und erklärt seinen Übertritt; nicht ohne den insgeheimen Einwand, diesen Schritt im Ausland zu bereuen und rückgängig zu machen.

In der Tat schließt ihm das katholische Zertifikat nicht nur sein verwüstetes Haus auf, bringt ihn mit seiner Familie zusammen, sondern erlaubt ihm auch die Wiederaufnahme seiner Arbeit. Bevor er jedoch sein Geschäft wieder in Gang gesetzt hat, kerkert man ihn ein. Eine erneute Denunziation? Widersprüche in der herrschenden Politik? Jedenfalls wird er zwei Tage vor Weihnachten in die Festung Verdun überführt. Noch bevor er Nachricht von seiner Frau erhält — man hatte die Familie gezwungen, nach der Franche-Comté umzusiedeln —, wird Orly erneut in Ketten geschlossen und zieht mit Leidensgefährten durch Frankreich. Mitten im Winter durchqueren sie die Champagne, das Berry und das Poitou. In La Rochelle besteigen sie Boote, um endlich auf der vorgelagerten Insel Ré von den Ketten befreit zu werden. Aber kurz nur ist die Pause. Noch haben sie sich von den Strapazen nicht

erholt, da müssen sie einen Amerika-Segler besteigen. Durch den frühjahrsstürmischen Atlantik geht es nach Martinique. Hier beginnt unter ungewohnter Sonne eine erbarmungslose Arbeit: Roden. Mit Äxten und Sägen wird Plantagenland und Bauholz gewonnen. Endlich gelingt die Flucht auf eine der Nachbarinseln. Ein englisches Schiff nimmt die Geflüchteten mit zurück nach Europa.

In Holland erfährt Orly, daß seine Familie in Hessen auf ihn wartet. Dort trifft er auch Madame de Maizière wieder. Zusammen mit einigen glaubensfesten Protestanten und unter der Führung eines Predigers aus einem Metzer Vorort, waren beide Frauen nach Kassel entkommen. Allerdings hat die Flucht, so kurz sie auch nur durch französisches Gebiet führte, alles Vermögen verbraucht: Bestechungsgelder, Führer-

Die Familienbibel der de Maizières. Handschriftlich sind hier Geburts- und Sterbetage der Familienmitglieder eingetragen. Solche Daten sind oft die einzigen genealogischen Unterlagen angesichts der Fluchtwirren. Privatbesitz

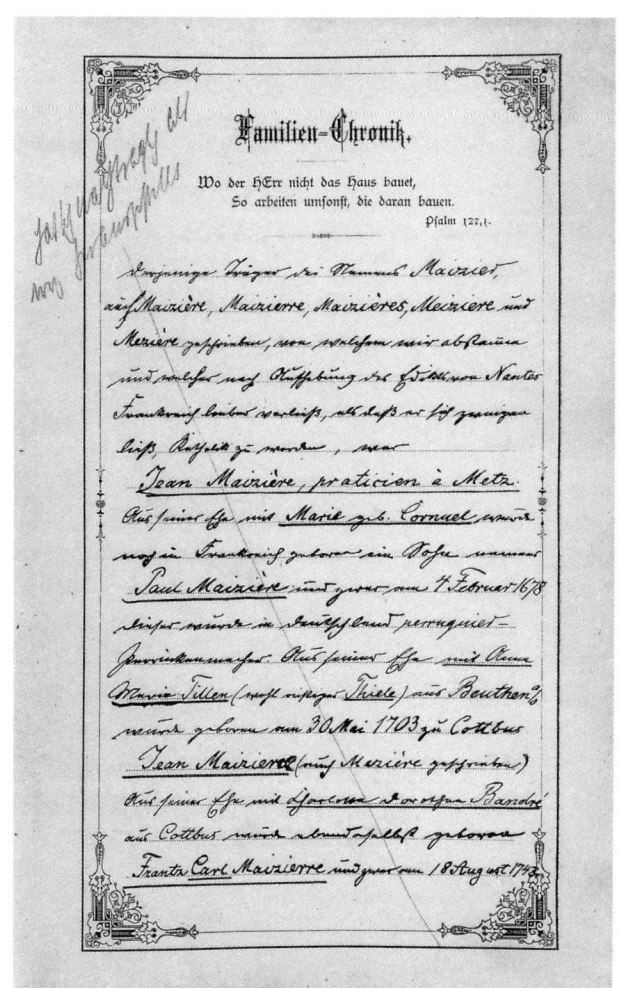

lohn, überteuerte Unterkünfte und Lebensmittel, Reisekosten. Jetzt lebt Madame de Maizière mit der behinderten Marie, ihrem Sohn Paul und der kränkelnden Susanne in einer Baracke vor der hessischen Hauptstadt. Was für ein Glück, daß der Notar über seine ausländischen Freunde, über katholische Kollegen wenigstens einige der Vermögenswerte den de Maizières übereignen kann. Was für ein Zufall, daß Madame de Maizière in Kassel einen Offizier Martin trifft, einen Nachfahren eben jenes Capitain Martin, der den Urgroßvater ihres Mannes aus der Schlacht von Moncontour getragen hatte. Dieser Martin will in den Dienst des Kurfürsten von Brandenburg treten, dessen militärische Kapazität er höher schätzt als die aller französischen Marschälle und der ein protestantischer Fürst ist und Réfugiés eine neue Heimat bietet. Die beiden Familien schließen sich ihm an und wandern über Halle (Saale) in Richtung Cottbus. Als sie mit einem Wagenzug nach Frankfurt (Oder) reisen können, nehmen sie auch den kleinen Umweg über Crossen in Kauf. Dieser Ort, an der Einmündung der Bober in die Oder, soll jedoch für eine Generation die neue Heimat der de Maizière werden. Spätere Generationen werden in Cottbus und Burg leben, schließlich sogar in Berlin.

DAS EXIL DER HUGENOTTEN

4

Um Christi willen Exulant

❧ Voller Demut, aber unbeirrt waren »die von der Religion« zu Beginn des 16. Jahrhunderts auf ihre Scheiterhaufen gestiegen. Betend hatten sie ihren Arm erhoben zur Abwehr der niederprasselnden Schläge und schließlich nach alttestamentarischer Weise Gleiches mit Gleichem vergolten. Stolz hatten sie ihre Fahnen über protestantischen Plätzen aufgezogen und ihren »Staat« errichtet. Das Edikt von Nantes (1598) hatte zwar nicht ihr protestantisches Gemeinwesen, jedoch ihre Existenz anerkannt. Aber eine Bewegung, die verhält, fällt zurück. Platz um Platz war den Hugenotten abgenommen worden, Provinz um Provinz. Das Gnadenedikt von Nîmes (1629) zeigte den Tod der politischen Partei an. Ihre alten Anhänger zog man Stück um Stück auf die Seite der Sieger. Das Edikt von Fontainebleau (1685) mit dem Widerruf des Edikts von Nantes sollte den französischen Protestantismus zum Erlöschen bringen. Doch unter der fahlen Asche war Glut. Wie Phönix erhob sich der Glaube ein letztes Mal.

Kaum zogen die Dragonerregimenter fort, sammelte die Gemeinde sich, kehrten Versteckte aus den Wäldern zurück. Viele traten ins Parquet zwischen Kanzel und Gestühl, um zu bereuen, um die Absage an den calvinistischen Glauben zu widerrufen. Inniger klangen die Gebete und Gesänge zum Himmel. Wo der katholische Druck andauerte, sah man vielen die Halbherzigkeit an. Gewiß, sie gingen zur Messe, aber was sie in der Ohrenbeichte bekannten, waren nicht Jahrzehnte calvinistischer Irrtümer. »Hartherzige«, »Verstockte« nannten die Priester jene scheinheiligen Katholiken. Natürlich mußten die Noveaux Convertis, die Neubekehrten, Heirat und Kindstaufe nach katholischem Zeremoniell durchführen lassen, bildete doch das katholische Personenstandsregister die alleinige Grundlage für eine legale Existenz. Doch abends lasen sie die Bibel, erzogen ihre Kinder im reformierten Glauben, setzten so außer Kraft, was die Priester im Katechismusunterricht verkündet hatten. Das Ausmaß jenes stillen Widerstandes machten besonders

Testamente und Bestattungen deutlich. Im ersteren versagte man sich dem katholischen Modell mit der Anrufung der Jungfrau Maria und der Heiligen sowie der Bitte um eine Messe und neuntägige Andachtsübungen. Die Ablehnung des Katholizismus auf dem Sterbebett war kritisch: Der Überlebende riskierte Gefängnis oder Galeere, der Tote landete auf dem Schindanger. Daher entzog man sich dem Priester, verheimlichte die Krankheit, das Sterben.

Überall suchten ehemalige Hugenotten — nun sie ja nicht mehr von öffentlichen Ämtern ausgeschlossen waren — diese zurückzuerobern. Notare und Lehrer, Ärzte und Hebammen, sogar Gemeinderäte und Bürgermeister galten als bevorzugte Posten, entsprachen sie doch einerseits oft den Kenntnissen und Ambitionen der Bewerber, andererseits ermöglichten sie den Schutz von Glaubensgenossen.

Stufenlos waren die Übergänge vom heimlichen Widerstand bis zum offenen Bekenntnis. Schon zwei Jahre vor der Revokation hatte man landesweit einen gewaltfreien Widerstand zu entfachen versucht. Es war darum gegangen, sich an einem bestimmten Tag an den Standorten zerstörter Tempel zu versammeln und dort öffentlich zu beten. Einer der Organisatoren, Brousson, erklärte die zugrunde liegende Auffassung: »Was die Menschen anbetrifft, so unterdrücken sie uns um so mehr, je mehr Lauheit und Furchtsamkeit sie in uns spüren.« [1] Doch es kam zu Versammlungen fast nur in den Cevennen, im Vivarais und in der Dauphiné. Jene Lauheit verbot daher alle weitergehenden Widerstandspläne. Den Hugenotten blieb nur die Alternative zwischen Bekehrung und Auswanderung.

1666 hatte der König alle nicht genehmigten Auswanderungen mit Freiheitsstrafe und Vermögensverlust belegen lassen. Doch bewies der Verkauf eines Hauses, einer Werkstatt oder eines Ackers schon den Willen zur Landesflucht? Konnte man eine durchs Land reisende Familie als flüchtige Hugenotten verhaften? Erst der Grenzübertritt gab den schlagenden Beweis. Aber die Grenze konnte nicht Meter für Meter abgeriegelt werden. So schlichen die Hugenotten auf Abwegen aus dem Land. Oder sie nutzten abenteuerliche Verstecke in Gefährten, verkleideten sich als

❧ Eingeständnis eines Pfarrers aus Sédan:
»Weil sie immer von ihren verwandten Glaubensgenossen umgeben sind, bringen letztere sie durch Gebete von den Sterbesakramenten ab, sie drohen und verständigen uns nicht, und wir erfahren dieses Unglück erst, wenn die Personen bereits verstorben sind.« [2]

---

[1] Zitiert in: Coquerel, Charles: Geschichte der Kirchen in der Wüste unter den Protestanten Frankreichs vom Ende der Regierung Ludwigs XIV. an bis zur französischen Revolution. — Berlin, 1846. — S. 13.

[2] MacKee, D.: Les protestants de Sedan et la révocation de l'édit de Nantes, opposition, fuites et résistances. — In: Bulletin de la Société de l'Histoire du Protestantisme Français, 1981. — S. 249 f. — Übersetzt in: Die Hugenotten. 1685–1985 / hrsg. von Rudolf von Thadden und Michelle Magdelaine. — München, 1985. — S. 20.

Flüchtende Reformierte aus Frankreich. Wer seinen reformierten Glauben bewahren wollte, floh unter den widrigsten Umständen, in vielerlei Verkleidungen und auf oft abenteuerlichen Wegen aus Frankreich. Kupferstich (Details) von Jan Luyken. Reformierte Domgemeinde, Halle (Saale)

Bettler oder Händler. Manches Wächterauge wurde von glänzender Münze abgelenkt . . . Rund 200 000 französische Protestanten verließen ihr Heimatland, um ihrem Glauben treu zu bleiben!

Raststätte Schweiz

❧ Die Schweiz — und hier sind immer die protestantischen Kantone gemeint — spielte als hugenottisches Exil eine besondere Rolle. Anders als das Refuge in Brandenburg-Preußen oder Nordamerika, in England oder Holland war das der Eidgenossenschaft von Anfang an auf besondere Weise mit der Geschichte des französischen Protestantismus verknüpft. Von der

Schweiz aus hatte Calvin seine Hauptwirkung entfaltet, in der Schweiz wurden Hunderte von reformierten Predigern für Frankreich ausgebildet, hier fanden lange vor dem großen Exodus Glaubensverfolgte eine Raststätte, Platz zur Stärkung und Vorbereitung für die Rückkehr. Diese Sonderstellung der Schweiz war durch ihre geographische Nähe zu Frankreich sowie Sprachgemeinschaft und Kulturähnlichkeit bedingt. Durch das Wirken Calvins, die Umwandlung der Stadt in jene Republik aus bürgerlichem Fleiß und evangelischem Sinn, entstand in Genf so etwas wie ein Leitbild hugenottischer Lebenssicht und -weise. Wo immer in Europa Hugenotten ihre Kirchen errichteten, Genf kanonisierte sie.

Anfang des 16. Jahrhunderts, als der Protestantismus in Frankreich noch keine Massenerscheinung darstellte, traten seine Anhänger um so auffälliger in Erscheinung. Daher kann es nicht verwundern, daß als erste Flüchtlinge bedeutende Männer in der Schweiz um Asyl nachsuchten. Die Literatur nennt namentlich François Lambert. Seine evangelischen Predigten hatten ihn dem Zorn übermächtiger Feinde ausgesetzt, so daß er 1522 in Zürich Unterschlupf suchte. Hier disputierte er mit Zwingli, traf sich wenig später mit Luther in Wittenberg und nahm eine Berufung nach Hessen an — ein Schicksal, das das Refuge schon beispielhaft kennzeichnet, auch wenn es Tausende erst am Ende des 17. Jahrhunderts erfahren sollten.

Bis zu den Religionskriegen in Frankreich blieben es Einzelne, die in der Schweiz meist kurzzeitig Aufenthalt suchten, unter ihnen Jean Baunin, Leibarzt von Franz I. und Margarete von Navarra, und der Sprachwissenschaftler und Mathematiker Pierre de la Ramée, Humanisten also und natürlich immer wieder Prediger. Unter ihnen befand sich Guillaume Farel. Er hatte fast drei Jahre in der evangelischen Gemeinde von Meaux gewirkt, bis man ihn 1523 von dort vertrieb. Über Straßburg, Zürich und Basel kommend — Orte, in denen er sich mit Bucer, Zwingli und Oekolampad traf —, wirkte er vornehmlich in Neufchâtel.

Bald sollte Genf jedoch — wie auch andere protestantische Orte der Schweiz — nicht mehr bloß Rast- und Bildungsplatz einiger weniger französischer Protestanten sein. Die Religionskriege, insbesondere die Greuel der Bartholomäusnacht, schwemmten eine erste Flut um ihr Leben Bangender ins Schweizer Exil. Über Straßburg oder die burgundische Pforte flüchteten sie in die nördliche Schweiz, nach Basel und Zürich; die meisten jedoch über das Tal zwischen Jura und den Westalpen nach Genf. So schwoll die Einwohnerzahl Genfs und seiner schmalen Umgebung seit 1572 um einige Tausend an. Weniger die unmittelbare Not als die Berichte der Entkommenen ließen das Herz der protestantischen Schweiz für die Réfugiés schlagen. Aus Paris und Orléans, Rouen und Toulouse, aus Lyon und Bourges kamen sie, die durch Zufall oder Geschick den unmittelbaren Massakern entflohen waren. Seigneurs und Bauern, Prediger mit ihren geschrumpften Gemeinden, Zunftmeister und Gesellen suchten in Genf ein Unterkommen, solange das katholische Schwert in Frankreich wütete.

Von den ersten Religionsflüchtlingen des 16. Jahrhunderts bis zu denen des 18. Jahrhunderts während der Camisardenkämpfe und des Überfalls auf das Fürstentum Orange stellte die protestantische Schweiz ihr Land und ihre Hilfe zur Verfügung. Doch weder der Anfang noch das Ende dieses Exils konnte sich mit dem sogenannten Grand Refuge vergleichen.

Das Verbot der protestantischen Religion durch das Edikt von Fontainebleau bedeutete für die protestantischen Prediger sofortigen Existenzverlust und Entwurzelung, da sie binnen 14 Tagen das Land zu verlassen hatten. Schnell mußte der Besitz gesichert und die Reise angetreten werden.

Théodore Cabrit, Prediger im Languedoc, versteckte in aller Eile seine umfangreiche Bibliothek, vergrub Wertsachen und verpachtete sein Landgut an katholische Verwandte, um es auf diese Weise vor Verlust zu schützen. Dann begab er sich mit seinem Bruder, ebenfalls Prediger, zu Fuß auf die Reise ins Ungewisse. Auf halbem Wege nach Genf erfuhren sie durch Zufall, daß sie ihre Frauen und die Kinder unter sieben Jahren hätten mitnehmen dürfen. Sie kehrten um und sandten ihre Familien in die Schweiz. In Bern trafen sie einander wieder, glücklich, aber inzwischen auch mittellos.

Hatte die Revokation den protestantischen Predigern die Ausreise befohlen, so untersagte sie diese allen anderen aufs strengste. Wer dennoch heimlich Frankreich verlassen wollte, mußte mit Galeere oder — Frauen und Kinder — mit Klosterhaft rechnen. So flohen viele durch die Dunkelheit, auf abgeschiedenen Wegen oder in Verkleidungen. Selbst die Pfade über die Vogesen oder gar die Jurischen Alpen wurden gewählt. Doch überall lauerten Soldaten, kauerten Grenzwächter, sicherten diensteifrige Bürgermeister.

Kurz vor Genf ergriffen sie die Töpferfamilie Blavignac. Während sie den Vater zusammenschlugen, entkamen die Söhne. Jean Delavit, Advokat, wurde im September 1685 in Grenoble inhaftiert, nach Montpellier und wenig später nach Fort Saint André deportiert. Dort gelang ihm die Flucht, er lebte drei Wochen in einem Versteck bei Bruder und Schwester bis zur gemeinsamen Flucht mit dem Schiff nach Italien. Von hier aus überquerten sie die Westalpen und erreichten endlich — nach achtmonatiger Flucht — im April 1686 Lausanne. Beides sind Beispiele ungezählter Schicksale.

Waren die Wege aus Frankreich heraus unsicher, so traf das für die Ziele der Flüchtenden erst recht zu. Manche Familie sandte daher Kundschafter in die Schweiz, die entweder zurückkehrten oder ihre Familien nachkommen ließen. Je gewaltiger der Flüchtlingsstrom anschwoll und je dauerhafter er wurde, um so mehr stellten sich die Schweizer auf die Réfugiés ein. In den Grenzgebieten entstand ein regelrechter Führerdienst. Diese Tätigkeit war genauso gefährlich wie die Flucht selbst, erwartete doch einen aufgegriffenen Menschenschmuggler die französische Galeere oder gar der Tod. Die Entschädigungen, die routinierte Grenzgänger forderten, waren dementsprechend hoch und führten bald zu einem einträglichen Geschäft.

Da sickerten sie also in die Grafschaft Neufchâtel, ins Wallis ein, da strömten sie ins Genfer Land. 16 000 Einwohner hatte Genf zur Zeit des Grand Refuge, aber nach dem amtlichen Verzeichnis zählte man in den drei Jahren seit dem Edikt von Fontainebleau 21 000 Flüchtlinge! Nach neuesten Erhebungen errechnete Hotz für die Jahre 1684 bis 1686 exakt 5 617 Immigranten. [1] Unmöglich konnten die Réfugiés länger als ein paar Tage in der Stadt bleiben. Doch bevor man sie weitersandte, mußte ihnen geholfen werden.

Selbst Alte und Kranke hatten die Flucht gewagt. Doch auch wer gesund in Frankreich abgereist war, kam zumindest mit wunden Füßen und Läusen — den häufigsten Fluchterwerbungen — in der Schweiz an. Alle Stadtbücher jener Zeit vermerken hinter vielen Flüchtlingsnamen »ist ellend, gehet an Krücken«, »ist lahm«, »hat das böß wehe . . .« [2] Die Ortsärzte und Bader fühlten sich überfordert. Ihre Rechnungen waren bedeutend, und nicht immer führte ihre Kunst zur Wiederherstellung der Gesundheit — die Sterberegister der Kirchen schwollen ungewöhnlich an.

Viele kamen mittellos in die Schweiz; sie mußten verpflegt, oft auch neu eingekleidet werden. Die Strapazen der Flucht geboten eine Ruhepause, ein warmes Haus, ein Bett waren unabdingbar. Private Unter-

❧ Fluchtbericht eines Adligen aus Tours:
»Da gingen wir morgens um 7 Uhr fort und mein Herr Vetter versprach mir gut zu bewahren mein Geld. Als wir etwa vier heures marschiert, waren da ein Trupp von Groß und klein, alt und jung Leuten. Und als wir hinkamen, da waren es eitel Hugenottes, mehr denn 300 . . . Und wir gingen weiter, was aber sehr lentement (langsam) geschah, denn der Wagen waren sehr viel, und auf ihnen gab es auch alte und malade Leute und viele Kühe und Rinder . . . Was für weitere Verfolgungen wir noch ausgestanden haben und für horrible Not oft über uns hereingebrochen ist, wir nur z. B. in der Stadt Mercourt ein furieuser Volkshaufen auf uns schoß und mit Steinen nach uns warf, also daß acht Leute, unter denen zwei enfants (Kinder) tot daliegen blieben, und von denen diese Armen beschimpft, dann durch die Strassen geschleift wurden und endlich in den Fluß placiert sein worden, das alles zu deskripieren (beschreiben) erfordert zu viel Zeit und regt das Gemüt allzusehr auf.« [3]

[1] Zitiert in: Scheurer, Rémy: Durchgang. Aufnahme und Integration der Hugenottenflüchtlinge in der Schweiz. — In: Die Hugenotten. 1685–1985/hrsg. von Rudolf von Thadden und Michelle Magdelaine. — München, 1985. — S. 39.

[2] Zitiert in: Die Hugenotten in der Schweiz/hrsg. vom Musée historique de l'Ancien-Évêché. — Lausanne, 1985. — S. 50.

[3] Zitiert in: Lotter, Ferdinand: Etliche merveilleuse Nachrichten über mein Leben. — In: Der Deutsche Hugenott. — Flensburg (1955) 4. — S. 115 ff.

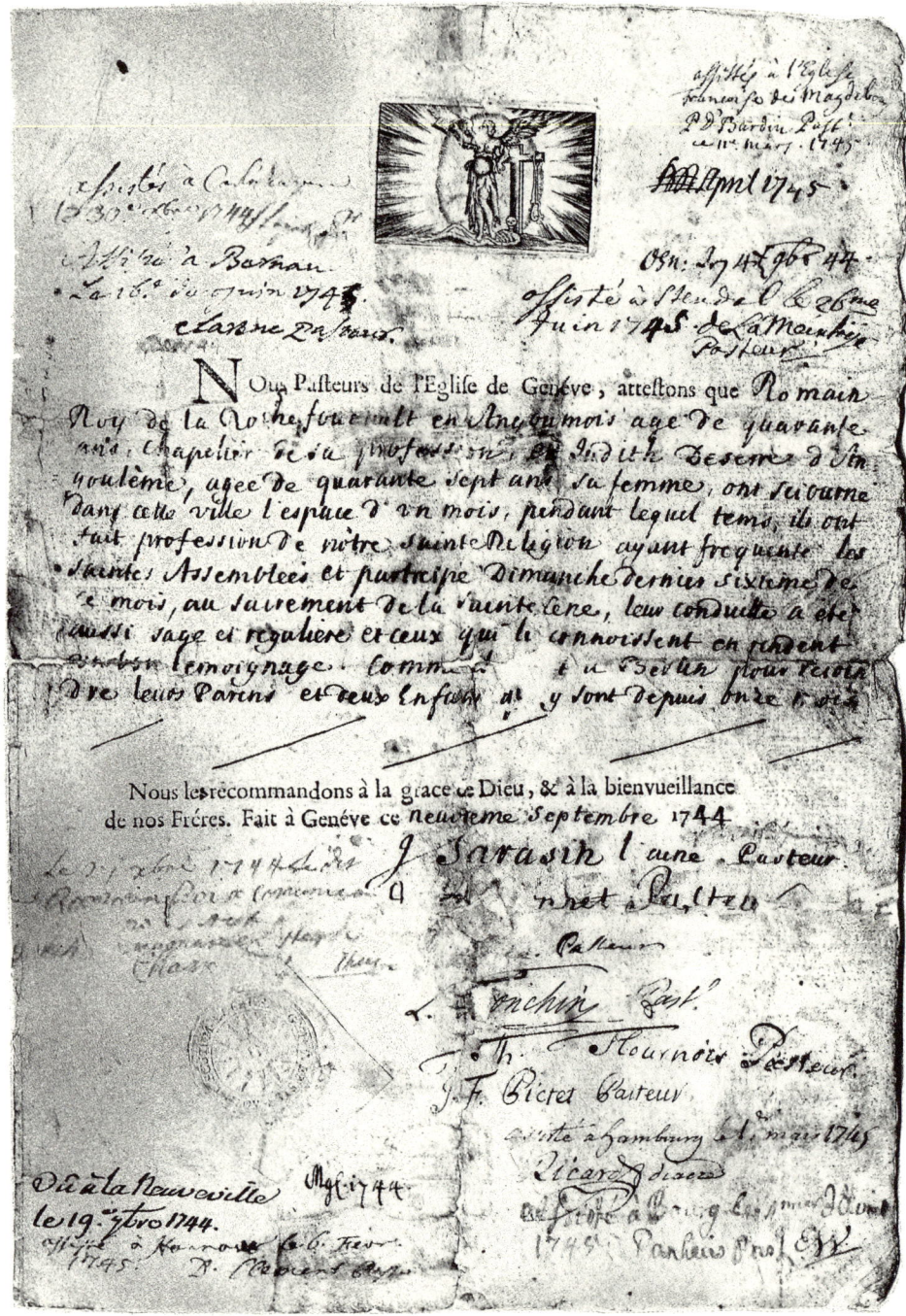

*Konfessionszeugnis und Weggeleitbrief für die Familie Roy von
1744. »Wir, Pastoren der Kirchengemeinde Genf,
bescheinigen. . .« — so beginnen zahllose solcher Dokumente, die
den Flüchtlingen das Weiterkommen erleichtern sollten.
Deutsches Hugenotten-Museum, Bad Karlshafen*

Protestanten. Die Ankommenden wurden daher nach
Herkunft, Ziel und Heimatgemeinde befragt. Das nötige Zeugnis attestierten die Prediger nur dem, der das
reformierte Bekenntnis, Gebete und Psalmen herzusa-
gen wußte. Auf diese Weise gelang es, »unwürdige Elemente, Papisten, Faulenzer und dergleichen« fernzu-
halten. [1] Später wurde auf diesen Attesten die Route
der Weiterreise vermerkt, der Rat oder ein französischer Pfarrer der jeweiligen Ortschaft trugen Ankunft,
Unterstützungsgelder und Weiterleitung gewissenhaft
ein. Um diesen Flüchtlingspässen größere Glaubwür-
digkeit zu verleihen — sie erwiesen sich besonders für
die Weiterreise nach Deutschland, Holland oder England als bedeutsam —, begann man bald mit der Ausgabe gedruckter Zeugnisse.

Hatten die Dragonaden schon Anfang der achtziger
Jahre Hunderte in die Schweiz getrieben, so riß der
Strom seit dem Verbotsedikt für zwei Jahrzehnte nicht
mehr ab. Sicher wollten viele der Flüchtlinge dicht an
der Heimatgrenze bleiben, hofften sie doch auf eine
»Revokation« der Revokation. Wenn Genf tatsächlich
keinen Platz mehr bot, so wollten sie doch im französischsprachigen Teil der Schweiz bleiben. Doch auch
dieses Gebiet war bald überfordert. In den evangelischen Orten etablierten sich Exulantenkammern, von
den Franzosen »Chambres des Réfugiés« genannt, um
eine gleichmäßige Verteilung und damit Belastung der
Schweiz zu organisieren. Die Bildung eines solchen
Ratsorgans hatte sich notwendig gemacht, da die Mitglieder des Kleinen Rats — der kantonalen Regierung
— überlastet und zugleich mit den speziellen Fragen
der französischen Flüchtlinge zu wenig vertraut waren. Als Vorsitzender fungierte zwar weiterhin ein
Ratsherr, doch standen ihm ein schweizerischer und
ein französischer Theologe zur Seite; wenig später
wurde auch noch ein Almoser für die Verteilung der
Unterstützungsgelder bestellt.

Die Exulantenkammern besaßen Autorität in
Flüchtlingsfragen, doch konnten sie nur im kantonalen Rahmen entscheiden. Längst aber war das Refugi-
antenproblem nur noch von allen evangelischen Kantonen gemeinsam zu bewältigen. Auf den Tagsatzun-
gen — den Landtagen —, besonders von 1689 in
Baden bei Zürich und 1699 in Aarau, wurden gemeinsame Entscheidungen getroffen. Aus den Unterstüt-
zungsfonds konnte den betroffenen Orten Geld zur

künfte wurden zur Verfügung gestellt, Gastwirte für
ihre Leistungen an den Flüchtlingen entlohnt, alte
Klosteranlagen — seit der Reformation stillgelegt —
den Hugenotten überlassen. Insbesondere für höher-
stehende Flüchtlinge brauchte man dazu noch bares
Geld . . .

Doch nicht jeder, der bedürftig schien, war der
Schweizer Hilfe wert. Da nutzten Schwindler und
Bettler die Gutwilligkeit. Manchen Abenteurer
schwemmte der Strom mit, und sogar Katholiken
schlüpften in den mitleiderregenden Rock flüchtender

[1] Wildbolz, Hans: Die französische Kolonie von Bern
1689—1850: Geschichte einer
Hugenotten-Gemeinde. —
Bern, 1925. — S. 20.

Versammlung des Kleinen und Großen Rates der Stadt Zürich.
Das demokratische System der Schweizer Orte sicherte den
Konsens seiner Bevölkerung auch in Fragen der französischen
Glaubensflüchtlinge. Kupferstich von David Herrliberger, 1752.
Zentralbibliothek, Zürich

Verfügung gestellt werden. Bald aber mußten auch fernerliegende Landschaften wie Glarus, Appenzell und Sankt Gallen Verfolgte aufnehmen. Nach dem Verteilerschlüssel von 1684 hatte man Zürich 30 Prozent, Bern 50 Prozent, Basel 12 Prozent und Schaffhausen 8 Prozent der Flüchtlinge zugesprochen. »Allein Zudrang und Noth verschoben und überschritten immer wieder dieses Zahlenverhältnis. So ist berichtet, daß den 16. Wintermonat 1685 die Zahl der Flüchtlinge sich folgendermaßen stellte: in Zürich 500, in Bern 1 486, in Basel 50 Haushaltungen; den 5. Christmonat in Zürich 458, in Bern 764, in Basel 184, in Schaffhausen 122 Personen . . . in Lausanne 664, Livis 262, Morges 244, Aelen 174, Neuws 123, Iserten 61 Personen.« [1]

Ähnlich gestaltete sich die finanzielle Situation. Hatte Genf 1684 aus einer Kollekte für die Flüchtlinge noch einen Überschuß behalten, so blieb in den folgenden Jahren in diesem und in allen anderen Orten das Aufkommen hinter den Notwendigkeiten zurück.

Auch hier hatte man nach einem Schlüssel die Last entsprechend der ökonomischen Stärke verteilt, doch schieden immer wieder Orte aus erneuerten Abkommen aus oder kamen den eingegangenen Verpflichtungen nicht oder nur mit Verzug nach. Im 16. Jahrhundert war man noch mit einigen 100 Talern ausgekommen, wie etwa Zürich 1573 an Genf 400 Taler übergeben hatte. Jetzt nun, am Ende des 17. Jahrhunderts, mußten Kollekten von 30 000 Gulden (1684) oder 44 515 Pfund (1695) ins Auge gefaßt werden. Speißegger, Säckelmeister für das Schaffhauser Flüchtlingswesen, hatte in seinem Kassenbüchlein vermerkt, daß seit Beginn des Flüchtlingsstroms bis zum August 1686 genau 26 245 Gulden und für 1687 bis 1689 genau 49 670 Gulden ein- und ausgezahlt worden waren. [2]

Diese Summen ergaben sich aus den festgelegten Unterstützungsgeldern für die einzelnen Réfugiés. So hatte Schaffhausen, dem neben der kurzfristigen Verpflegung vornehmlich die Weiterleitung nach und durch deutsche Territorien oblag, bestimmt, daß einer adligen Familie 30 Taler, einem Geistlichen 20 Taler, einer Familie mittleren Standes 10 bis 15 Taler und einer aus geringem Stand 6 Taler übergeben werden. Bern hatte für den Unterhalt seiner Flüchtlinge pro Monat 10 Schweizerfranken und täglich 1 Pfund Brot

[1] Zitiert in: Mörikofer, Johann Caspar: Geschichte der evangelischen Flüchtlinge in der Schweiz. — Leipzig, 1876. — S. 204.

[2] Vgl.: Uzler, Rudolf: Schaffhausen und die französischen Glaubensflüchtlinge. — Zürich, 1940. — S. 4.

[1] Berner Ratsmanual vom 6. 4. 1693. — Zitiert in: Wildbolz, Hans: Die französische Kolonie von Bern 1689−1850: Geschichte einer Hugenotten-Gemeinde. — Bern, 1925. — S. 96.

[2] Zitiert in: Mörikofer, Johann Caspar: Geschichte der evangelischen Flüchtlinge in der Schweiz. — Leipzig, 1876. — S. 22.

für Adlige und Geistliche beziehungsweise 1 Franken, 10 Sous und Brot für gewöhnliche Leute festgelegt.

Angesichts der Zahl der Flüchtlinge, ihrer Not und der beschränkten Unterstützungsgelder konnten Debatten in den Rathäusern über das Maß der Bedürftigkeit nicht ausbleiben. Aber auch die Hilfe durch öffentliche Kollekten erfolgte ungleichmäßig und mußte durch Appelle an das Mitleid oder die Verheißung von Gotteslohn angestachelt werden.

Bern trug sowohl finanziell als auch von der Anzahl der Unterbringungen her die Hauptlast. Zweifellos hatte es im 16. Jahrhundert seine größte territoriale Ausdehnung erfahren, besaß um 1700 die schlagkräftigste Armee der Eidgenossenschaft und teilte sich mit Zürich die Führung der protestantischen Kantone. Es besaß nicht nur das größte Potential für die Flüchtlingshilfe, sondern in Nikolaus Daxelhofer auch einen Politiker, der die Flüchtlingsfrage geschickt für eine Abwendung von Frankreich zu nutzen verstand. Das Verhältnis zu einem Frankreich auf dem Höhepunkt seiner Macht und seines Expansionsdranges bestimmte nicht nur in Genf und Basel beinahe jeden Ratsbeschluß, sondern auch in den übrigen Schweizer Orten. Der wachsende Ansturm überforderte aber sowohl Berns Vermögen als auch das aller protestantischen Kantone zusammen, so daß sie das protestantische Ausland um Hilfe bitten mußten. Auch die Flüchtlinge selbst stimmten in die Hilferufe ein, wie

Schaffhausen. War Genf Eintrittsort der meisten Flüchtlinge, so Schaffhausen Ausreisestation. Von hier ging es in deutsche Territorien, nach Holland oder England, nach Dänemark oder Rußland. Kupferstich von Johann Georg Ringlin nach Friedrich Bernhard Werner, 1725. Zentralbibliothek, Zürich

ein Schreiben an die Landesfürsten evangelischer Staaten belegt. England und Holland versprachen größere Summen, nicht selten aber bedauerten sie, »da die Zeitumstände uns daran hindern«, wie es in einem Schreiben der englischen Königin von 1708 hieß. [2] Die protestantischen Fürsten deutscher Staaten halfen auf ihre Weise, weniger durch Unterstützung der Schweiz beziehungsweise ihrer Gäste als vielmehr durch Einladungspatente, Reiseunterstützungen und Quartiervergabe.

Der Abzug der Réfugiés entsprach auch am ehesten den Vorstellungen der Schweizer. Allein die Versorgung der einheimischen Bevölkerung mit Getreide bereitete schon Sorgen. Die Beköstigung so vieler Flüchtlinge und die kärglichen Ernten am Ende des 17. Jahrhunderts brachten das Land an den Rand des Ruins, zumal es auf Getreidelieferungen aus Frankreich oder auf den Transport durch französisches Territorium angewiesen war. Auf die Verteilung der Réfugiés über das ganze Land folgte nun eine Weiterleitung in die tatsächlichen Aufnahmeländer, wie die deutschen

Territorien und Holland, in kleinerem Umfang auch England oder Irland.

Die Aussiedlung einer so großen Menschenmenge erforderte jedoch umfangreiche Vorbereitungen. Vertreter der Kantone verhandelten wegen der Aufnahme in protestantischen Ländern, von Österreich erwirkten sie das Durchzugsrecht durch Schwaben, für die Rheinreise ab Basel waren französische Pässe nötig. Der geplante Transit hatte die verwirrenden Zollregelungen zu berücksichtigen, Zwischenquartiere mußten vorbereitet werden. Für die eigenen Gebiete war ein gestaffelter Transportplan auszuarbeiten, Reisewagen und Schiffe wurden benötigt.

Schließlich war es soweit. Papiere für 140 Genfer Flüchtlinge — so viele faßte das gemietete Schiff — lagen bereit. Die Auswanderer versammelten sich zu einem Abschiedsgottesdienst. Freunde und Verwandte gaben der Gruppe bis zum Genfer See das Geleit. In Lausanne stiegen die Reisenden nach Yverdon um. Gewiß wäre der Landtransport billiger gewesen, doch für Frauen und Kinder, Alte und Gepäck erwies sich der Schiffsweg über den Neuenburger und Biler See, die Aare abwärts bis an den Rhein als bequemer. Von hier aus wählte man den gefahrloseren Weg über Schaffhausen. Auch Berner Transporte nahmen zumeist diese Route, obwohl man Solothurn, Aarau oder Brugg nicht allein die Zwischenrast zumuten konnte. Aus dem Zürcher Kanton ging es die Limmat abwärts bis zur Aare oder landein direkt nach Schaffhausen. Welche Route auch immer genutzt wurde, Schaffhausen bildete den Endpunkt. Die Schweiz war zum Durchgangsland geworden, in Genf betreten, in Schaffhausen verlassen. 5000 Schaffhausener versorgten in nur fünf Jahren rund 25 000 Hugenotten! Eine kontinuierliche Durchreise wäre noch erträglich gewesen, aber ungünstige Jahreszeiten machten die stete Weiterleitung unmöglich, die Bitten deutscher Fürsten um kurzzeitigen Aufschub verzögerten, das Sammeln größerer Reisegruppen verursachte Aufenthalte.

Die Fürsten deutscher Territorien wie Hessen und Brandenburg nahmen die aus der Schweiz ausreisenden Hugenotten gern auf, da ihre Gebiete vergleichsweise dünn besiedelt, die Verluste des Dreißigjährigen Krieges noch immer nicht ausgeglichen waren. Die ökonomische Situation der Schweiz stellte sich indessen anders dar. Seit gut einem Jahrhundert hatte sich die landwirtschaftliche Nutzfläche nicht mehr vergrößert, so daß auch kein merklicher Zuwachs an Naturprodukten zu verzeichnen war. Selbst Handel und Gewerbe nahmen zur Zeit des Grand Refuge eine negative Entwicklung.

Während des Refuge im 16. Jahrhundert hatten sich die Gewerke der Schweizer Städte noch im Aufschwung befunden. Viele der eingewanderten Franzosen besaßen Fertigkeiten, die man bewunderte und als nützlich empfand, und nicht nur Genf bot beispielsweise solchen Männern Platz zur Ausübung ihres Handwerks. Die Folge war eine rasche Entwicklung der Uhren- und Schmuckproduktion. Hugenottische Goldschmiede, Juweliere, Graveure und Ziseleure halfen, Genf zu einem europäischen Zentrum des Kunsthandwerks zu machen. Besonders der mit Emaille verzierte Luxusgegenstand fand in ganz Europa Anerkennung.

In den ersten Jahren des Grand Refuge am Ende des 17. Jahrhunderts dagegen ließ der Genfer Rat eine Ansiedlung nicht zu, befürchtete er doch ständig französische Restriktionen. Als 1689 der Kleine Rat den wenig bemittelten Hugenotten durch Handelsgenehmigungen zu eigenem Einkommen verhelfen wollte, vereitelte dies die Konkurrenz. Die Furcht vor hugenottischem Wettbewerb behinderte in vielen Schweizer Orten ein Wirksamwerden hugenottischen Gewerbefleißes. Die Zünfte Basels und Schaffhausens, Churs und Graubündens, Zürichs und anderer Städte unterdrückten französische Gewerke und Warenhandlungen. So erinnerten Zürcher Zunftmeister den Rat in einer Beschwerdeschrift daran, daß die Exulanten »sich allen Handwerken und Negotien, so hiesige Bür-

Genf war die Stadt der meisten Buchdrucker und Uhrmacher. Taschenuhr aus der Werkstatt des Réfugiés Claude Tomegay, 1705. Musée de l'Horlogerie, Genf

⚜ Am 26. Februar 1686 klagte der Rat von Schaffhausen, daß ihm durch die »Durchreisenden alle Exulanten von allen Seiten her aufgebürdet, sehr viele Kleider aufgemuthet, der bisher ohngeweigerte Zehrpfennig annoch begehrt, darzu ganz kostbar entfernte Begleitung angemuthet, auch ander unzahlbare Spesen unvermeidlich erweket und hiermit alle Last dem Schwächeren aufgelegt.« [1]

⚜ »...so ist doch unverkennbar, daß der Gewerbestand nicht unbesorgt zusah und eine gewisse Abneigung gegen diese Fremden hie und da geltend machen konnte.« [2]

[1] Missivenbücher, Schaffhausen vom 26. 2. 1686. — Zitiert in: Uzler, Rudolf: Schaffhausen und die französischen Glaubensflüchtlinge. — Zürich, 1940. — S. 16.

[2] Burckhardt, Ludwig: Die französischen Religionsflüchtlinge in Basel. — In: Beiträge zur vaterländischen Geschichte / hrsg. von der Historischen Gesellschaft in Basel. — Basel, 1860. — S. 319.

Farbig bedruckter leichter Baumwollstoff (Detail), sogenannter Indienne, 18. Jahrhundert. Musée d'art et d'histoire, Genf

ger treiben, zu enthalten« [1] haben. In Basel klagten 70 Küfermeister, daß sie bisher allein das Recht zur Branntweindestillation gehabt haben, nun aber »kaufen die Refugianten Treber und Trusen auf, und brennen einen geringern und wohlfeilern Branntwein und hausieren damit«. [2] Genf beklagte den Handelseifer der Hugenotten, und Chur unterband die Ansiedlung überhaupt. Die veraltete Wirtschaftsorganisation in Zünften und Stadtmonopolen sowie das krisenhafte Wirtschaftsleben behinderten zudem die Integration der Hugenotten.

Die Schweiz behielt am ehesten die Wohlhabenden, die mit besten internationalen Geschäftsbeziehungen und mit neuen Gewerben, im Lande. So entstanden hugenottische Töpfereien in Genf und Lausanne, in Zürich etablierten sich Seifensieder, Waagenmacher aus Lyon nahmen ihre Produktion in Genf auf. Diese Stadt wurde auch Mittelpunkt des hugenottischen Bankwesens, das seine internationalen Beziehungen über ganz Europa aufrechterhalten konnte. Aarau bot Knopf- und Hutmachern eine neue Wirkungsstätte, Graubünden Handschuhmachern. Beinahe zwei Drittel — erfährt man aus der Berufsstatistik französischer

Magnetometer und Windmesser. Während Textilien sowohl gehobenen wie auch Massenbedarf befriedigten, blieb die Fertigung wissenschaftlicher Geräte immer eine Angelegenheit weniger Spezialisten. Wissenschaftliche Geräte von Jacques Paul, 18. Jahrhundert. Musée d'histoire des sciences, Genf

[1] Zitiert in: Mörikofer, Johann Caspar: Geschichte der evangelischen Flüchtlinge in der Schweiz. — Leipzig. 1876. — S. 250.

[2] Zitiert ebenda. — S. 253.

*Temple de la Fusterie.
Außerhalb Frankreichs
bauten Hugenotten nur
wenige Kirchen. Diese
reformierte Kirche in Genf
gehört zu den schönsten
Sakralbauten der Réfugiés.*

Der Geldwechsler und seine Frau. Der hochentwickelte Geldverkehr in den Niederlanden führte schließlich zur Überwindung letzter theologischer Bedenken in der calvinistischen Glaubenslehre: Die Kapitalisierung von Geld wurde nicht nur nicht mehr verfemt, sondern ihre Akteure konnten als gute Christen auch in die Kirchenleitungen einziehen. Gemälde von Quinten Massys, 1514. Staatliche Kunstsammlungen Dresden, Gemäldegalerie Alte Meister

Einführung eines jungen Predigers in sein Amt in einer wallonisch-französischen Kirche in Holland. Kupferstich von Bernard Picart, 1789. Staatliche Kunstsammlungen Dresden, Kupferstich-Kabinett

Militärmütze eines Trommlers vom englischen Dragonerregiment aus dem Besitz der Familie Lefroy. National Army Museum, London

John Ligonier, Colonel des Königlichen Regiments der Berittenen Garde, einer der zahlreichen Hugenotten in der englischen Armee. Gemälde von Joshua Reynolds, 1755, National Army Museum, London

*Von Franzosen eingeführte Geburtshilfezange. Die protestan-
tischen Hebammen und Ärzte erfreuten sich eines ausgezeichne-
ten Rufes. Arbeit von Hugh Chamberlen, 17. Jahrhundert. Royal
College of Obstetricians and Gynaecologists, London*

*Eiserne Marke des Französischen Hospitals, mit der das
Eigentum dieser Institution inventarisiert und geschützt wurde.
Museum of London*

*Henry Guinand. Von Beruf eigentlich Kaufmann, war er seit
1712 Direktor des Französischen Hospitals. Gemälde eines unbekannten Künstlers, gegen 1721. The French Hospital, London*

Der Große Kurfürst empfängt die Hugenotten. Apotheose des Großen Kurfürsten von Brandenburg, dessen weitgehende Privilegierung der Hugenotten das Land mit Handwerkern und Manufacturiers bevölkern sollte. Friedrich Wilhelm von Hohenzollern war selbst Calvinist und begrüßte auch von daher den Zustrom in sein Land. Gemälde von Hugo Vogel, 1885. Hugenottenmuseum, Berlin

Zehn-Gebote-Tafel. Nicht die Anerkennung der zehn Gebote unterscheidet Protestanten von Katholiken, sondern ihre größeren Anstrengungen bei deren Durchsetzung. Insbesondere die calvinistischen Kirchen erzogen ihre Mitglieder zu tiefer Gottgläubigkeit, hohem Arbeitseifer und einfacher Lebensführung. Zeichnung von Eléazar Laurent, 1748. Französisch-reformierte Kirche, Groß-Ziethen

Das französische Hospital in Berlin sicherte — wie fast überall in der Diaspora — Kranken und Pflegebedürftigen die Hilfe der Glaubensgenossen. Kolorierter Kupferstich, 1733. Hugenottenmuseum, Berlin

Die Niederlagstraße, zwischen der Straße Unter den Linden und Französischer Straße gelegen, war zum Zentrum des Berliner Refuge geworden. Zeitweilig beinahe jeder siebente Berliner sprach Französisch als seine Muttersprache und fand in der Niederlagstraße die wichtigsten Organe der Kolonie: Konsistorium, Gericht und Gymnasium. Aquarell von Eduard Muret, 1882. Hugenottenmuseum, Berlin

Werbeplakat einer Weißbier-brauerei, 19. Jahrhundert. Mit den auswandernden Hugenotten kam auch französische Kultur in die Gastländer. Zu dieser Kultur gehörte das leichte Weizenbier, das in Deutschland als »Berliner Weiße« einen dauerhaften Namen errang. Hugenottenmuseum, Berlin

Die Französische Kirche (mit heutigem Hugenottenmuseum) —
nach Notquartieren, Simultannutzungen und Umbauten der
erste Berliner Kirchenbau der Hugenotten — wurde durch den
Turmvorbau zu einer der prachtvollsten in der sonst eher
schlichten Baugeschichte der Calvinisten

Jean-Pierre Frédéric Ancillon, Prediger der französischen
Gemeinde und Professor der Geschichte, wurde 1810 Erzieher
des Kronprinzen. Nach dessen Inthronisation stieg Ancillon zum
preußischen Staats- und Kabinettsminister auf. Gemälde eines
unbekannten Künstlers. Hugenottenmuseum, Berlin

Französische Seidenstoffe, um 1720. Frankreich galt auf dem Gebiet der Textilproduktion als führend. Entsprechend begehrt waren flüchtige Textilmeister. Sie stellten im europäischen Refuge die Masse der Handwerker, Manufakturherren und Arbeiter. Staatliche Kunstsammlungen Dresden, Kunstgewerbemuseum (Farbe), und Staatliche Schlösser und Gärten Potsdam—Sanssouci

Tischuhr mit Schlagwerk und Kerzenanzünder, ein mechanisches Meisterwerk des 17. Jahrhunderts aus der Werkstatt von Pierre Froméry. Staatliche Schlösser und Gärten Berlin. Schloß Charlottenburg

Huguenot Monument und Huguenot Memorial Museum in Franchhoek, einer der hugenottischen Gründungen an der Südspitze Afrikas. Gerade Franzosen mit ihren Kenntnissen im Wein- und Gemüseanbau sowie in der Schafzucht waren für die holländische Expansion in den Indischen Ozean hochwillkommen.

Einwohner in Genf während der Jahre 1684 bis 1719 — betrieben ein Handwerk, wovon fast die Hälfte zum Textilsektor gehörte. Seide und Baumwolle rangierten vor Leinen.

Bern, eine der wenigen Schweizer Städte, die recht früh eine liberale Wirtschaftspolitik betrieben und das moderne Verlagswesen zuließen, ging hier allen voran. Es führte Maulbeersetzlinge und Seidenraupen ein und erleichterte den Import von Rohseide durch Aufhebung des Einfuhrzolls. Startkapitale mit Niedrigzinsen wurden bereitgestellt, ebenso mietfreie Arbeitsräume. In der Folge entwickelten sich die Bandwirkerei in Basel und die Stoffweberei in Zürich. Hier insbesondere führten Hugenotten neuartige Seidengewebe wie Taft, Lamée und Rips ein. Ebenfalls neu war die Fertigung von Seidenstrümpfen auf dem englischen Wirkstuhl. Anfang des 17. Jahrhunderts entthronte die Baumwolle die Woll- und Leinenproduktion. Brillant bedruckte sogenannte Indienne wie auch Musseline begannen ihren Triumphzug von der Schweizer Textilindustrie aus. Entsprechend ihrer volkswirtschaftlichen Bedeutung konzentrierten sich in diesen Bereichen sowohl außergewöhnlich kunstfertige Werkstätten, wie die Gobelinproduktion Pierre Merciers, als auch Großwerkstätten, wie die von Jonquière, der 30 Webstühle betrieb, oder die der Genfer Meister, die zusammen rund 3000 Arbeiter beschäftigten.

Männer dieser Gewerbe litten weder Not noch bedurften sie schweizerischer Almosen. Allein, sie wären nicht Calvinisten gewesen, wenn ihr Reichtum nicht auch bedürftigen Glaubensgenossen gedient hätte. Ihre Einzahlungen statteten die Bourse françoise — zuerst nur eine Kasse der gegenseitigen Hilfe — mit wichtigen Finanzmitteln aus und trugen auf diese Weise zur Sicherung der Existenz französischer Kolonien bei.

Französische Gemeinden hatten sich schon frühzeitig im 16. Jahrhundert in einigen Schweizer Orten, beispielsweise in Basel, Genf und Bern, gebildet. Entsprechend der calvinistischen »Discipline d'Église« waren mit ihnen Presbyterien aus Predigern und Laien entstanden, die alle Fragen des Gemeindewesens behandelten. Insbesondere während der Zeit des Grand Refuge oblag ihnen die Betreuung der Neuankömmlinge. Mit dem Anschwellen der Flüchtlingsgemeinden entstanden in einer Reihe schweizerischer Orte regelrechte Kolonieverwaltungen, so in Yverdon (1685), Lausanne (1687) und Bern (1689). Nimmt man die Etablierung einer Bourse françoise hinzu, so können Morges und Mondon ebenfalls als französische Kolonien mit selbständiger Verwaltung gerechnet werden.

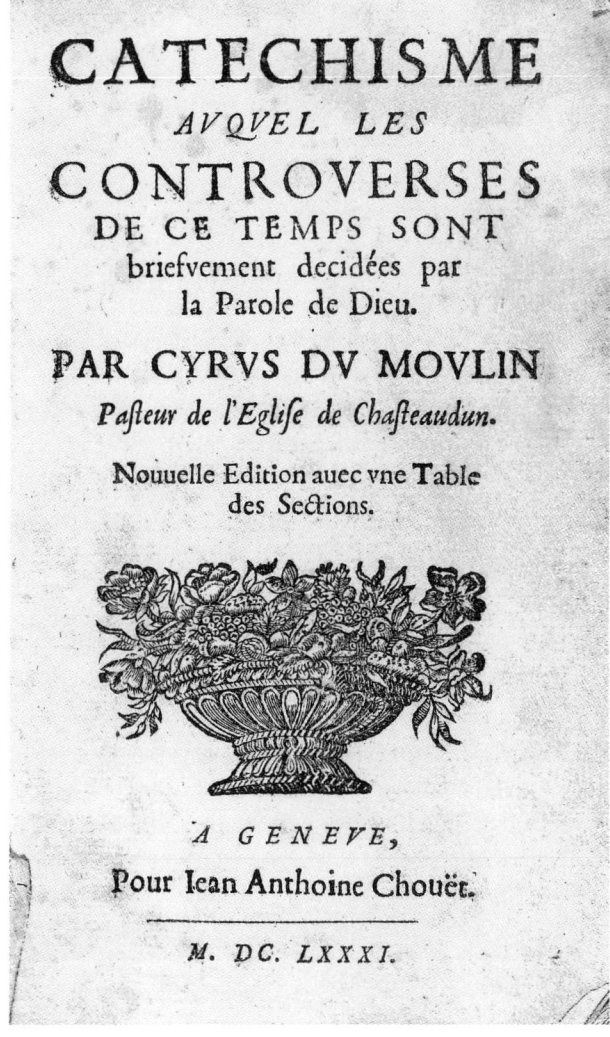

Katechismus. Wie schon im 16. Jahrhundert, so sorgten auch im 17. und 18. Jahrhundert Druckereien in der Schweiz für einen unablässigen Strom an Bibeln, Katechismen und anderen geistlichen Schriften für französische Bedürfnisse. Genfer Druck, 1681. Reformierte Domgemeinde, Halle (Saale)

Zur ersten Aufgabe der französischen Gemeinde zählte naturgemäß die Organisation des Kirchenlebens. Dazu gehörte die Wahl oder Bestätigung französischer Prediger, die Abstimmung mit der schweizerischen Gastgemeinde über Gottesdienste sowie die Einrichtung einer Katechismuslehre. In Bern beispielsweise wurde neben den sonn- und wochentäglichen Gottesdiensten viermal wöchentlich eine Katechismusstunde abgehalten. Voraussetzung dazu war eine ausreichende Zahl von Bibeln und Katechismen. Hieran hatten Druckereien in der Schweiz seit Beginn der französischen Reformation hervorragenden Anteil; sie bildeten einen Teil der materiellen Basis, die das Überleben des westeuropäischen Protestantismus sichern half.

⚜ »...verordneten, daß der französische Gottesdienst am Sonntag um elf Uhr durch eine Glocke beim Fraumünster eingeleutet werden soll. Ferner solle ein Gottesdienst am Dienstag zur gewöhnlichen Stunde stattfinden, die Predigt mit besonderm Text soll namentlich enthalten Warnung des Volkes vor Abfall, Vorstellungen der Greuel des Papstthums und Darstellung der Noth in Frankreich.« Aus der Zürcher Verordnung vom Herbst 1685 [1]

[1] Zitiert in: Mörikofer, Johann Caspar: Geschichte der evangelischen Flüchtliche in der Schweiz. — Leipzig. 1876. — S. 206.

Nous pasteurs soussignés certifions sur le rapport de plusieurs personnes dignes de foy que Jaques Albert de Brassac de Belfortes dans le diocese de Castres Chirurgien agé de vingt deux ans ou environ cheveux court noir Corpsies la taille riche a toujours fait profession de nostre religion sans Comettre aucune scandale qui soit venu a nostre Connoissance, La fureur des enemis de la verité l'a Contraint de sortir du Royaume et d'abandonner ses biens pour Conserver la purité de sa Conscience. nous prions ceux de nos freres ausquels la providence de Dieu l'adressera de le reconnoistre pour un vray membre de l'Eglise et de luy donner le moyen de subsister de sa profession a Lausanne ce 30 8bre 1685

Aber nicht nur Bibeln und Gebetbücher mußten in ausreichender Zahl vorhanden sein, sondern gleichfalls Gesangbücher. Da der Psalm eine wichtige Quelle calvinistischer Spiritualität bildete, schenkten fast alle Presbyterien dem Kirchengesang große Aufmerksamkeit und ermahnten die Gemeinde des öfteren, dem Vorsänger genau zu folgen. 1688 schlug eine Synode dann vor, den Psalter zu erneuern. Statt der mehr als hundertjährigen Fassung von Bèze und Marot wurden die Texte von Valentin Conrart zur neuen Grundlage der Lieder genommen. Damit vollzog man eine sprachliche Modernisierung und paßte sie dem Stilgefühl der klassischen französischen Literatur an. Seit 1700 benutzte die Mehrheit der frankophonen protestantischen Kirchen Europas dieses revidierte Psalmenbuch.

Für all diese theologischen Aufgaben standen französische Seelsorger in ausreichender Zahl zur Verfügung. Im Gegenteil, nur ein Bruchteil der in die Schweiz geflüchteten Prediger konnte in den Gemeinden von Genf und Zürich, von Bern und Basel, von Biel und Winterthur, in den Landschaften der Waadt und Neufchâtels, Sankt Gallens und Graubündens ein Amt finden. Um sich erzwungener Untätigkeit zu erwehren, riefen einige Prediger Einrichtungen zur gegenseitigen Hilfeleistung ins Leben, andere machten sich zu Verteidigern der Réfugiés, ja sie wurden zu Agenten einer militanten Lösung des französischen Religionsproblems!

Im Gegensatz zur Zahl der Theologen stand vor allem der verfügbare Kirchenraum. Wenn schon in einem Ort mit 12 bis 15 französischen Familien der brennende Wunsch nach einem eigenen Gotteshaus sich äußerte, so überschwemmten jetzt Hunderte von Glaubensflüchtlingen geradezu die wenigen seit dem 16. Jahrhundert bestehenden französischen beziehungsweise schweizerischen Kirchen. Der Kirchenbau im Exil gehörte deshalb nach Jahren oder Jahrzehnten geschlossener Tempel in Frankreich zu den erhebendsten Augenblicken im Leben von Presbyterium und Gemeinde. Leider blieb er aufgrund des Übergangscharakters der Gemeinde eine Ausnahme. Der Bau des Temple-Nêuf — später Fusterie-Kirche genannt — in Zürich 1713 bis 1715 stellt einen solchen Sonderfall dar. Wenn der Neubau von Kirchen weit hinter den Wünschen der Réfugiés zurückblieb, so mußte auf vorhandene Gebäude zurückgegriffen werden. Auf diese Weise entstanden in Bern und Zürich, Aarau und Sankt Gallen, Schaffhausen und Winterthur französi-

Kommunionskelch und -platte. Ob in neuerbauten Kirchen oder Scheunen der freie Gottesdienst stattfand, immer war er vom gleichen Ernst erfüllt, und wie Reliquien der Kontinuität wurden Geräte des heiligen Abendmahls geschätzt. Französische Kirche Saint Gallen, 1710

sche Gotteshäuser. Auch die als französische Kirche genutzten Räumlichkeiten in Basel, seit 1572 schon bestehend, füllten sich mit Menschen, denen der reformierte Gottesdienst ein Herzensbedürfnis war.

Damit die Gläubigen Bibel und Psalter lesen konnten und den beruflichen Anforderungen gewachsen waren, mußten die Flüchtlingsgemeinden auch Sorge um den Schulunterricht tragen. Die Ausbildung von Theologen hatte insbesondere die Universität Genf übernommen; die Universität Lausanne, im Jahre 1537 gegründet, unterstützte diesen Tätigkeitsbereich. Die niederen Schulen hatten neben dem Religionsunterricht und dem Psalmensingen vornehmlich die Vermittlung der französischen Sprache durch Lesen und Schreiben sowie das Rechnen zu sichern. Lehrer und Lehrerinnen in Bern beispielsweise unterrichteten in der Sommerszeit von 7 bis 10 Uhr und von 12 bis 15 Uhr, im Winter begann der Unterricht eine Stunde später. Trotz der kostenlosen Unterrichtung lag die Zahl der französischen Schüler stets unter der Anzahl »Schulpflichtiger«. Zum einen besuchten einige von ihnen Schweizer Schulen, zum anderen mußte manches Kind aus ökonomischen Gründen dem Unterricht fern bleiben. Daran konnte auch die finanzielle Unterstützung der Réfugiés nichts ändern.

Die Hilfe seitens der »Direction des Pauvres Réfugiés« — wie die Bourse françoise auch genannt wurde — bestand in einer regelmäßigen Unterstützung für Nahrung und Heizung, in Gewährung freier Unterkunft und gegebenenfalls in medizinischer Hilfe. Ihre Geldmittel erhielt die Bourse durch Kollekten der Schweizer und der Franzosen selbst, durch Stiftungen und Vermächtnisse. Da die Einnahmen der Kirchenkollekten sehr stark von der allgemeinen Stimmung, vor allem aber von der Beliebtheit des Pfarrers abhingen, sammelte man neuerdings nicht mehr an den Kirchentüren, sondern hielt den Kollektenbeutel in der Kirche jedem einzelnen Besucher hin.

Für Pflegebedürftige hatte die Berner Kolonie ab 1689 ein eigenes Spital. In drei Zimmern standen 20 Betten, wobei kurioserweise ein weiteres Zimmer je nach Bedürfnis Verstorbenen oder Gästen vorbehalten blieb. Wichtigste Ausstattungsgegenstände waren ein großer Küchenkessel und eine Bibel. Hier, im Welschen Spital, stand auch der Block, das Zuchtmittel der Kolonie. War das Konsistorium nämlich mit Kirchenstrafen für das Singen unzüchtiger Lieder, verbotene Sonntagsarbeit oder Sittlichkeitsdelikte nicht erfolgreich, so sperrte man »lüderliche Personen in die Spinnstube« [1] oder schloß sie für einen oder mehrere Tage in den Block. Zur Schande kam, neben der unbequemen Lage, kärgliche Nahrung.

Nach den Abebben des Flüchtlingsstroms im ersten Drittel des 18. Jahrhunderts und der Aus- beziehungsweise Weiterreise Tausender Hugenotten entspannte sich die Situation in der Schweiz. Noch existierten die Kolonien mit ihren Institutionen und vor allem ihren Fonds eine Zeitlang weiter; einige »Bourses« bestanden bis in das 19. Jahrhundert hinein. Schließlich lösten sie sich auf oder vereinten sich mit schweizerischen Einrichtungen. Mit ihnen verschwanden, wenn auch zeitverschoben, die Exilkirchen. Dennoch sollten viele Prediger einen dauerhaften Einfluß behalten: Ihre Söhne und Enkel hatten als Schweizer Theologen Anteil an der zunehmend aufgeklärten Haltung der Schweizer Volkskirchen.

Eine in gewisser Weise ähnliche Entwicklung hatte das soziale und gewerbliche Leben genommen. Manches Zunftgesetz, das die Ansiedlung Fremder verbot, war durch Einheirat unterwandert worden. So hatten neue Verfahren und mancher Beruf nicht bloß zeitweiliges Domizil in der Schweiz gefunden, sondern sich mit der einheimischen Industrie verschwägert und auf Dauer erhalten.

Von unbestritten größter Wichtigkeit war jedoch nicht die eine oder andere Technik, waren nicht Einflüsse auf das Alltagsleben, waren nicht einmal die 20 000 bis 22 000 Hugenotten, die eine dauerhafte Heimat in der Schweiz gefunden hatten. Alles das überragte die Erinnerung an ein Land, das fast zwei Jahrhunderte hindurch verfolgten Franzosen kurz- oder längerfristig Zufluchtsort sein konnte, das schätzungsweise 120 000, vielleicht sogar 140 000 Menschen Sicherheit vor Lebensgefahr und Glaubensverlust geboten hatte. Eine solche Haltung ehrt ein Volk auf ganz besondere Weise.

Die freien Niederlande

❧ Die lutherische Lehre verdammen, die weltliche Inquisition einführen und die Ketzer auf die Holzstöße führen — diese Maßnahmen sollten nach dem Willen von Kaiser Karl V. die Niederlande vor der Reformation sichern.

Mit Wohlwollen hatte das Antwerpener Bürgertum die Bemühungen des Augustiner-Priors Praepositus um eine Reform der erstarrten katholischen Kirche beobachtet. Selbst die Predigten seiner Mönche — gebildete Männer, die die brennenden Fragen der Zeit und der Welt nicht aussparten — fanden wieder interes-

[1] Zitiert in: Wildbolz, Hans: Die französische Kolonie von Bern 1689—1850: Geschichte einer Hugenotten-Gemeinde. — Bern, 1925. — S. 162.

Verbrennungen von Calvinisten in den Niederlanden gehörten zum Alltag der spanischen Fremdherrschaft. Radierung von Jan Luyken. Moravska galerie, Brno

sierte Zuhörer. Für Zeit und Welt waren die Werkmeister und Manufakturisten, die Reeder und Kaufleute aufgeschlossen, gehörten doch die Niederlande zu den entwickeltsten Gebieten Europas. Tuche aus Leiden und Utrecht waren ein Markenbegriff, Salzheringe ein Massengut geworden. Aber nicht nur die in Seewasser konservierten Fische reisten durch ganz Europa. Auf Schelde und Maas, Rhein und Ems schipperten Waren der verschiedensten Art, und dickbäuchige Koggen und Fleuten nahmen viele von ihnen für den Seeverkehr auf. Nicht nur holländische oder brabantische, seeländische oder flandrische Produkte wurden versandt. Als seien die Niederlande das Handelskontor Europas geworden, begegneten hier englische und deutsche, spanische und russische Waren einander. Was augsburgische oder lombardische Bankhäuser vermochten, konnten jene in Antwerpen jetzt ebenfalls. Aber daß man seit 1531 stellvertretend für die Waren mit Papierzetteln auf der Börse in Antwerpen handeln konnte, gab es weder in London noch in Lübeck oder Genua.

Die Verfolgung der Lutheraner durch das katholische Habsburg war den Großbürgern in Gent und Brügge, in Brüssel und Amsterdam eigentlich unangenehm, sprachen ihnen doch die Protestanten aus dem Herzen. Etwas anderes mochte es mit den Täufern sein. Das Bürgertum hatte nichts gegen die kleinen Handwerker, die Tagelöhner und Meier, doch roch ihre Lehre nach Umsturz und Gleichmacherei. Da

schienen die Anhänger jenes Menno Simons ganz anderer Art zu sein; sie griffen nicht zu den Waffen, um das propagierte christlich-einfache Leben den Patriziern aufzuzwingen. Sie ließen sich wehrlos zum Feuerstoß führen. Bald 2500 solcher Feuer hatten nun schon gebrannt. Was das niederländische Bürgertum wirklich aufschreckte, war die Behinderung der Geschäfte durch Habsburg-Spanien, war die immer maßloser werdende Abschöpfung aller Akkumulationsmittel. Hatte Karl V. die 17 Provinzen zu einem Staatsverband gemacht, so offensichtlich nur, damit sein Nachfolger — der spanische Philipp II. — alle mit einem Mal schröpfen konnte. Der Adel protestierte gegen die Einschränkung feudaler Rechte, gegen die wachsende Zahl von Bistümern und gegen die spanische Inquisition. Das Bürgertum protestierte gegen den Geldabfluß. Das Volk wehrte sich in lokalen Aufständen gegen drückende Steuern. Spanien schickte Alba, der als neuer Statthalter mit brutalster Gewalt alle Widerstände zu ersticken trachtete. Sein mittelalterliches Steuersystem beschwor den Untergang von Gewerbe und Handel herauf. Ein Kampf auf Leben und Tod begann. Was als Aufstand gegen die spanische Herrschaft begann, sollte die erste bürgerliche Revolution in der Geschichte werden.

Revolutionäres Handeln braucht auch revolutionäres Denken. Wie lutherisches Gedankengut aus Deutschland nach den Niederlanden eingesickert, wie die täuferische Lehre aus dem Nordosten im ersten Viertel des 16. Jahrhunderts eingedrungen war, so nun um die Mitte des Jahrhunderts aus dem Süden der Calvinismus.

Prediger kamen ins Land. Auf Wagen, die man mit einem Predigtstuhl versehen hatte, zogen sie durch Städte und Dörfer, und überall hatten sie großen Zulauf. Wo die Großen sie schützten, wo das Stadtregiment es erlaubte, klebten sie Zettel an die Wände, Flugblätter, die für den Calvinismus warben. Bücher wurden gedruckt. Das niederländische Druckereigewerbe gehörte schon im 16. Jahrhundert zu den größten in Europa, nun also tauchten Schriften von Bucer und Oekolampad, von Lefèvre und Calvin auf. Die Fernhändler berichteten von calvinistischen Gemeinden in Frankreich, in Straßburg und der Schweiz.

Als der Bürgerkrieg in Frankreich losbrach, strömten auch französische Flüchtlinge ins Land, natürlich zuerst in den französischsprachigen Teil. Hier fanden sie nicht nur eine Sprachgemeinschaft, sondern auch reformierte Kirchen, denen sie sich anschlossen. Solche wallonische Kirchen neuen Glaubens zählte man zu Beginn des französischen Bürgerkrieges etwa 20. Aber zehn Jahre später hatten schon 300 bis 400 Orte der Niederlande einen Kern von Protestanten, unter ihnen mehr als 800 französische Familien. Nach der Bartholomäusnacht suchten weitere Religionsflüchtlinge in den Niederlanden Zuflucht.

Aber noch waren die Niederlande nicht das große Refuge, als das sie in die hugenottische Geschichte eingehen sollten. Der gewaltige Druck, den Spanien ausübte, um die Provinzen seinem Absolutismus unterzuordnen, hatte große Teile des Adels resignieren lassen. Allein Wilhelm von Oranien kämpfte weiter gegen Albas Heere. Die Geusen eroberten 1572 Brielle und befreiten die nördlichen Provinzen. Diese sieben Provinzen konstituierten sich 1581 zu einem republikanischen Staatswesen. Noch wußte niemand, daß damit die Weichen für die weitere Entwicklung gestellt waren: Die südlichen Provinzen blieben unter der Hoheit Spaniens und damit katholisch, die nördlichen Generalstaaten erklärten sich für unabhängig und den Calvinismus zur Staatsreligion. Damit ging ein Prozeß zu Ende, der mit der Agitation französischer Prädikanten begonnen hatte, mit der Annahme des Calvinschen Katechismus im Süden und des Heidelberger Katechismus im Norden fortgesetzt und mit dem Aufbau von Presbyterien sowie der Abhaltung von Synoden gefestigt werden konnte. Für das hugenottische Refuge erlangte dabei Bedeutung, daß die wallonischen Kirchen seit der Dordrechter Synode von 1578 eine eigenständige Gruppe innerhalb der reformierten Kirche der Generalstaaten bildeten.

In den folgenden Jahrzehnten sollten neben der Schweiz die freien Niederlande ein bevorzugtes Refuge werden. Sicher war das Ausweichen vor französischer Unterdrückung für Geistliche, für Intellektuelle und Kaufleute leichter als für Handwerker oder gar Bauern. Um so schneller kehrten sie aber auch zurück, wenn sich die Situation entspannte. In dem Maße, wie französische Pressionen umfassender und nachdrücklicher wurden, schwoll der Flüchtlingsstrom über alles Bisherige an. Die Dragonaden schließlich ließen Tausende und Abertausende in den nördlichen Niederlanden Zuflucht suchen. Nach dem förmlichen Verbot der protestantischen Religion in Frankreich stieg ihre Zahl auf schätzungsweise 50 000 Réfugiés. Die protestantischen Niederlande waren zum größten Refuge der Hugenotten, zu einer »großen Arche der Flüchtlinge« geworden!

Nicht nur die Nähe dieses Landes bewirkte die große Zahl. Da sich die südlichen Niederlande in spanischer Hand befanden, gab es auch keine Sprachgemeinschaft mehr. Das Bürgerland im Norden mit seiner protestantischen Religion, seiner Libertät im politischen, ökonomischen und geistigen Leben zog die Flüchtlinge an. Hier wurden Hugenotten nicht nur nicht verfolgt, sondern nachdrücklich durch Einladungsedikte willkommen geheißen.

Amsterdam verfaßte schon 1681 ein Sendschreiben mit vielerlei Rechten und Privilegien; die Regierung von Holland bot kirchliche Freiheit und bürgerliches Auskommen, unterstützt von zwölfjähriger Steuerfreiheit; die Ständeversammlung von Friesland stellte die Einwandernden den Einheimischen gleich. . . Um überall, also auch in Frankreich, solche Einladungen bekannt zu machen, druckte man die Verfügungen in Gazetten nach. Die Kaufleute wurden angehalten, ihren Geschäftspartnern in Briefen von den Ansiedlungsbedingungen Mitteilung zu machen. Selbst exilierten Predigern war es nicht zu profan, von Steuerbefreiungen, kostenlosem Bürgerrecht, aufwandslosem Eintritt in Zünfte und Gilden und von der Möglichkeit billiger Kredite nach Frankreich zu schreiben. »Es ist nicht übertrieben, zu sagen, daß in den ersten Jahren ein Wetteifer um die Gunst der Glaubensflüchtlinge einsetzte! Ein Beschluß der Stände von Groningen und Ommelande von 1686 ist in dieser Hinsicht sehr bezeichnend: Nicht nur wurden die Verordnungen über die bereits gewährten Rechte und Privilegien erweitert und bis 1700 verlängert, sondern es wurden auch weitere Argumente vorgebracht: das gesunde Klima, die Fruchtbarkeit des Bodens, das Vorhandensein einer Universität und guter Schulen, die niedrigen Lebenskosten und verlockende Kredite. . .« [1]

War es christliche Nächstenliebe gegenüber Glaubensbrüdern, die solch ein Entgegenkommen auslöste? Gewiß auch, aber zu allererst gab es ein handfestes ökonomisches Interesse. Die Niederlande hatten im Dreißigjährigen Krieg Menschen und Güter eingebüßt. Colbert hemmte mit seiner Abschließung des französischen Marktes die Handelsnation. Zudem forderte die Ausbeutung der Kolonien Menschen — wie sollte man sonst ein zweites Batavia, ein zweites Holland gründen? Gegen Englands Herrschaftsansprüche, besonders auf dem Meer, mußte man sich wappnen. Frankreich mit seiner Luxusindustrie stellte nicht nur einen Konkurrenten dar, sondern mit seiner Expansionslust auch eine Gefahr. Was lag näher, als Flüchtlinge in den Generalstaaten heimisch zu machen! Und wenn die Flüchtlinge reiche Kaufleute wa-

⚜ »Langsam, doch mit großer Beharrlichkeit arbeitete diese mittlerweile an ihrer Organisation, ihrer Katechese, Predigt und Seelsorge, sodaß endlich die Mehrheit der Bevölkerung zu ihrer Kirche gerechnet werden konnte.« [2]

[1] Bots, Hans; Bastiaanse, René: Die Hugenotten und die niederländischen Generalstaaten. — In: Die Hugenotten. 1685–1985/hrsg. von Rudolf von Thadden und Michelle Magdelaine. — München, 1985. — S. 58.

[2] Jong, Otto de: Niederländische Kirchengeschichte seit dem 16. Jahrhundert. — In: Moeller, Bernd: Die Kirche in ihrer Geschichte: Ein Handbuch. — Göttingen, 1975. — S. M 200.

ren, vermögende Manufakturherren oder kunstfertige Handwerker, so schien der Gewinn doppelt.

Neben einer allgemein gehaltenen Einladungs- und Ansiedlungspolitik verfolgten Stände und Stadtherrschaften eine ganz gezielte Wirtschaftspolitik. Bauern konnten in Friesland kostenlos Land erhalten, sich auf freien Bauernstellen niederlassen; Haarlem beispielsweise lud zur Errichtung von Manufakturen ein, und andere Städte konzentrierten sich speziell auf die Förderung des Textilgewerbes. Der Gesandte der Generalstaaten in Paris war sich nicht zu schade, persönlich Broschüren unter den Hugenotten zu verteilen, die mit bewährten Fluchtmöglichkeiten vertraut machten und die großen Vergünstigungen anpriesen. Dabei lenkte er sein Augenmerk besonders auf Produzenten feiner Gewebe. Mit Spitzen und Borten, Litzen und Kordeln sollte künftighin nicht nur Frankreich den europäischen Markt beliefern. Seiden und leichte Indiennes konnten genausogut in Arnheim und Utrecht wie in Lyon und Paris gefertigt werden — wenn man jene Meister gewann, die die feinen Garne herzustellen verstanden, die die Farbrezepturen beherrschten und die neuen Web- und Wirkstühle bauen konnten.

Die Bürgerrepublik interessierte Aufwand und Nutzen, sie wollte die vielen Gulden nicht umsonst in die französischen Flüchtlinge investiert haben. Ohne Zweifel stand an erster Stelle der Bevölkerungsgewinn. Hatten insbesondere die nördlichen und östlichen Provinzen unter einem direkten Menschenmangel gelitten, so gehörten am Ende des Jahrhunderts die nördlichen Niederlande durch ihre aktive Bevölkerungspolitik nach der Lombardei und Frankreich zu den dichtbesiedeltsten Gebieten Europas. Nach neuesten Untersuchungen blieben allein in Amsterdam von

Privilegienbrief Groningens für die französischen Réfugiés vom 5./15. 2. 1686. Rijksarchief, Groningen

PRIVILEGIEN
Voor de Franse en andere Gereformeerde
VLUCHTELINGEN.

EXTRACT Uyt het Resolutie-Boeck der Ed: Mog: Heeren Staten van Stadt Groningen ende Ommelanden.

Veneris den 5/15 Februarij 1686.

AMSTERDAM

a. St Anthonis Pfort *d.* Zuyder kirch *g.* Frantzosische Kirch *k.* Heiliger Sten *n.* Das Rahthaus *q.* Zollhaus *t.* Westindisch Haus *x.*
b. Westindisch Haus *e.* Reguliers Thurn *h.* Oelofs Cappel *l.* Die Bürse *o.* Newe Kirch *r.* Herings Packerey Thurn u. *v.* Norder kirch *y.*
c. Monckelbans Thurn *f.* Schrayhax Thurn *i.* Alte kirch *m.* Die Wange *p.* Ianrompoorts Thurn *s.* Wester kirch *w.* Statts Herberg *z.*

Ansicht von Amsterdam. Es war naiv zu glauben, auf die Ansiedlungsedikte hin würden sich nur vermögende Rentiers, Manufacturiers oder Gelehrte von Weltrang in den Generalstaaten niederlassen. Im Vergleich aber zu allen anderen Ländern gewann Holland in der Tat den größten Anteil wohlhabender Réfugiés. Kupferstich von Caspar Merian aus: Topographia, Frankfurt 1654. Deutsche Staatsbibliothek, Berlin

1681 bis 1683 mehr als 800 Hugenotten dauerhaft wohnen, ihre Zahl stieg nach 1685 noch erheblich.

Ein zweiter Gewinn war der Geldzufluß. Die exponierte Stellung der Generalstaaten im europäischen und im Überseehandel lud französische Kaufleute geradezu ein, ihr Kapital nicht im schweizerischen Chur oder im dänischen Fredericia anzulegen, sondern in den Metropolen des Welthandels. Schon 1685 schätzte der französische Botschafter in Haag, Comte d'Avaux, daß mehr als 20 Millionen Livres aus Frankreich kamen. So habe ein gewisser Mariet, Weinhändler aus Paris, 600 000 Livres und der Buchhändler Gaylen eine Million Livres nach Holland mitgebracht. [1] Eine Folge dieses Kapitalzuflusses war unter anderem die Verbilligung von Leihkapital. Sechs-Monate-Geld in Gold wurde mit $1/2$ Prozent, in Silber mit $1/4$ Prozent verzinst. Der Wechseldiskont fiel um zwei Prozentpunkte, er halbierte sich binnen weniger Jahre. [2]

Dieser Zinsfall belebte nicht nur das Wechselgeschäft, sondern erleichterte auch die Gründung oder Erweiterung von Geschäften und Werkstätten mit Fremdkapital. Solche Unternehmungen wurden vor

allem in Amsterdam und Leiden — der nach Lyon wahrscheinlich industrialisiertesten Stadt der Welt —, in Utrecht und Dordrecht etabliert. Die dabei führende Tuchindustrie versorgte nicht nur der Welt größte Flotte mit Segeltuch und Europas Mühlengewerbe mit Müllerleinen, sondern exportierte auch Feintuche wie Etamin und Flor, Serge und Samt, Camlet und Krepp. Leiden beispielsweise produzierte schon 1671 rund 139 000 Ballen Tuch, mit der Einwanderung hugenottischer Textilmeister stieg diese Fertigung rapide. Die Verarbeitung von Leinen und Wolle, von Baumwolle und Seide setzte eine umfangreiche Garnerei, eine sich ausweitende Färberei und Kämmerei und natürlich auch Weberei voraus. Einige der Manufakturen betrieben über 100 Web- und Wirkstühle. Eines der Paradeunternehmen sollte das des Pierre Baille werden. Dieser war vor seiner Einwanderung Generaldirektor der königlichen Manufaktur in Clermont-de-Lodève, Languedoc, gewesen. Amsterdams Magistrat verschaffte ihm ein zinsloses Darlehen von ungefähr 50 000 Gulden und die Möglichkeit unentgeltlicher Beschäftigung von Waisenkindern während des ersten Jahres.

Für eine solche entwickelte Textilindustrie waren werkzeugproduzierende Handwerker in größerer Zahl und von hervorragendem Können nötig, aber auch Dessinateure und Modelmacher, Gold- und Silberzieher. Andere Zweige nutzten den Zufluß von Kapital, Arbeitskräften und Können ebenfalls. Die Papier- und

[1] Arnal, Ernest Jean: De l'influence des réfugiés français aux Pays-Bas. — In: Bulletin de la Fondation Huguenote des Pays-Bas. — Amsterdam, 1986. — S. 231.

[2] Vgl.: Larsen, Erik: Calvinist Economy and 17th Century Dutch Art. — Lawrence, 1979.

❧ Aus einem Schreiben von Pastor Scion namens der in Amsterdam ansässigen Hugenotten:
Der Magistrat könne sich überzeugen von »einer großen Zahl verschiedener Gewerke, die zuvor nicht in der Stadt existiert haben, ebenso wenig wie in den gesamten Vereinigten Provinzen; Sticker in Seide und Garn, Dessinateure für Stickereien und Blumenstoffe, Fabrikanten von Serge und Draguette, Bleicher, Lyonner Zieher und Garner von Gold und Silber; Glasbläser und Ebenisten; Mützenmacher und Hersteller von Talglichten und viele andere. Sie sehen hier eine Fülle neuer Fabrikate, die man bisher aus Frankreich beziehen mußte und die nun hier produziert werden...« [1]

Buchherstellung erfuhr einen bedeutenden Aufschwung. Bisher hatte man Papier aus Frankreich importiert; seit sich Martin Orges bei Apeldoorn niedergelassen hatte, entstand eine regelrechte französische Papierindustrie an den Ufern der Zaan. Die Glasmanufakturen erzeugten Fensterscheiben und Spiegel en masse. Vornehmlich das Luxusgewerbe profitierte von französischen Filzhutherstellern, von Juwelieren und Uhrmachern, von Graveuren und Vergoldern, von Tapezierern und Fächermachern.

Der ökonomische Impuls galt nicht allein dem Handwerk und den Manufakturen. Die Nordmeerfischerei, insbesondere in Dordrecht, nahm einen regelrechten Aufschwung; mehrmals wurde der Posten eines »Direktors der Grönlandfischerei« mit einem Hugenotten besetzt. Auch in der Landwirtschaft machte sich französischer Einfluß bemerkbar. Edelgemüse wurden verstärkt angebaut, Erdbeeren, sogar Artischocken, die milderes Klima bevorzugten. Am eindrucksvollsten entwickelte sich die Blumenzucht. Rosen und Nelken kamen aus Frankreich, und der Anbau von Tulpen — von venezianischen Händlern eingeführt — konnte kaum die europäische Nachfrage nach dieser Modeblume decken.

Schließlich entwickelte sich in den Niederlanden eine Kunst»industrie«. Nicht mehr nur der Adel kaufte edles Mobiliar und Geschirr in Silber, Zinn und Porzellan, Uhren und Musikinstrumente, Gold- und Silberwaren und bearbeitete Edelsteine sowie Bilder, sondern die reich gewordenen Bürger stiegen zur mächtigen Käuferschicht auf. Selbst für das Ausland arbeiteten Künstler, Kunsthandwerker und Kopisten. Für Bilder gab es regelrechte Börsen, auf denen Agenten ganz Europas als Zwischenhändler kauften; Altarstücke beispielsweise wurden nach Spanien und sogar Amerika veräußert. An dieser Entwicklung hatten durchaus nicht nur Holländer Anteil, sondern auch Hugenotten. Die calvinistische Kunstauffassung, die Kirchen karg hielt, gestattete sehr wohl bildnerische Darstellungen zu profanen Zwecken.

Entgegen dem Eindruck, den diese Darstellungen erzeugen müssen, entgegen vor allem der Hoffnung der niederländischen Stände und Magistrate erwies sich der ökonomische Einfluß der Hugenotten — insbesondere gemessen an ihrer Zahl — geringer als angenommen. Am Ende des 17. Jahrhunderts kennzeichnete eine wirtschaftliche Stagnation Westeuropa, die auch die Hugenotten nicht aufhalten konnten. Das schon benannte Musterunternehmen des Pierre Baille ging 1684 in Konkurs, auch die Übernahme durch die Stadt konnte nicht verhindern, daß die relative Überproduktion den Bankrott dieser Großmanufaktur

bewirkte. Es ist erstaunlich, daß hugenottische Réfugiés — so willkommen ihre Produktion in den Gastländern war — weder in der Schweiz noch in Deutschland, weder in England noch in den nördlichen Niederlanden einen allgemeinen Zuwachs an Innovation und Produktion auf Dauer hervorriefen. Ganz außer Zweifel steht jedoch der punktuelle Gewinn, und für die Niederlande kann man sogar von einer allgemeinen, wenn auch vorübergehenden Belebung sprechen. Niemand wollte mehr auf die Zugewanderten verzichten. Holland und Westfriesland verliehen den Réfugiés 1709 die Bürgerrechte. Die Provinz Geldern folgte noch im gleichen Jahr, und sechs Jahre später naturalisierten die Generalstaaten insgesamt. Die Einbürgerung der Hugenotten 1715 erfolgte aber nicht nur in Anerkennung ihres wirtschaftlichen Beitrages, sie bewirkte zugleich eine Aufhebung bisheriger Privilegien. Die wirtschaftlichen Stockungen hatten die Konkurrenz ehemaliger französischer Produzenten überdeutlich gemacht, und die Klagen der niederländischen Bürger waren immer nachdrücklicher geworden. Die Naturalisierung stellte jetzt die vordem privilegierten Einwanderer den Niederländern gleich.

Der politische Akt der Naturalisation von 1715 entsprach im übrigen auch der tatsächlichen Assimilation der Hugenotten. Gewiß hoben einige Besonderheiten sie noch immer aus der Masse der Bevölkerung heraus, aber von der Gefahr einer Überfremdung, einer Französisierung gar, konnte keine Rede sein. Die meisten Réfugiés hatten sich in das niederländische Wirtschaftsleben integriert, eine ganze Reihe von ihnen engagierte sich politisch und fühlte sich anerkannt, sonst hätten nicht Leiden und Amsterdam Hugenotten zu Bürgermeistern gewählt. Auch über die städtischen Belange hinaus wirkten sie. Jacques Basnage de Beauval beispielsweise arbeitete am Zustandekommen des Utrechter Friedens von 1713 maßgeblich mit.

Einen unübersehbaren Einfluß besaßen Hugenotten im niederländischen Militär, das für den Bestand der Republik eine entscheidende Rolle spielte. Allein von 1686 bis 1689 registrierte man in den Generalstaaten mehr als 500 französische Offiziere. Vauban, führender Festungsbaumeister des französischen Königs, beklagte sich, daß durch die Aufhebung des Edikts von Nantes 600 Offiziere und 12 000 Soldaten das Königreich verlassen hätten. Benoît schrieb in seiner »Histoire de l'Edit de Nantes«, daß »alle Höfe Europas davon überschwemmt waren«. Für die Versorgung dieser Militärs bewilligten die niederländischen Stände 1686 einen Kredit von 100 000 Gulden, ein Verfahren, das jährlich erneuert werden mußte.

[1] Zitiert in: Bulletin de la Fondation Huguenote des Pays-Bas. — Amsterdam, 1986. — S. 214.

Die Réfugiés vergießen ihr Blut zum Ruhme ihres neuen Vaterlandes. Kupferstich von Daniel Chodowiecki

Das Schicksal der Republik war eng mit dem Haus Oranien verknüpft. Wilhelm I. von Oranien hatte ein Heer gegen die spanischen Besatzungstruppen geführt, war erster Statthalter der Republik geworden, sein Sohn Moritz hatte den Bestand des noch immer nicht anerkannten Staates gesichert, während sein Enkel Wilhelm II. ihn endgültig befestigen konnte.

Neben der antispanischen Zielrichtung niederländischer Politik traten auch starke Gegensätze zu England — hier besonders im Kampf um die See- und Handelsvorherrschaft — und zu Frankreich — das nach Norden zu expandieren trachtete — auf. Zugleich kämpften in den Niederlanden selbst großbürgerliche und adlig-bürgerliche Fraktionen um die Macht, die Wilhelm III. schließlich an sich reißen konnte. Er vermochte den französisch-niederländischen Krieg zu beenden, und dieser Gegensatz, der ja auch eine katholisch-protestantische Komponente trug, sowie das calvinistische Bekenntnis des Hauses Oranien hatten schon vermehrt protestantische Offiziere und Soldaten aus Frankreich in die Armee der

Generalstaaten geführt. Ähnlich wie im vergangenen Jahrhundert Heinrich IV. von Frankreich den Protestantismus als ideologisches Rüstzeug seiner Interessen zu nutzen verstanden hatte, sammelte auch Wilhelm III. unter dem evangelischen Banner alles, was antikatholisch und antifranzösisch eingestellt war. Als 1660 die Restauration in England die Macht der Bourgeoisie und der Gentry untergrub, setzte das Parlament Jakob II. ab und stoppte so die Versuche zur Refeudalisierung und Rekatholisierung. Zur Stabilisierung der politischen Verhältnisse wurde Maria II. Stuart — Tochter von Jakob II. — auf den Thron berufen. Maria II. aber war die Gattin Wilhelms III. von Oranien, der zu seiner niederländischen Hausmacht das englische Königreich hinzugewinnen konnte, wenn er England und Irland von den Anhängern der katholischen Stuarts zu befreien vermochte.

Als nun Wilhelm III. eine Landungsarmee für England zusammenstellte, sammelten die Hugenotten in den Niederlanden — nach vielleicht übertriebenen Angaben des französischen Botschafters — 500 000 Écus. Aber vor allem stellten Hugenotten ein bedeutendes Militärkontingent. Drei Infanterie-Regimenter, eine Schwadron Kavallerie und mehr als 700 Offiziere schifften sich nach England ein. Viele in der Schule von Turenne und Condé ausgebildete Offiziere führten niederländische Kommandos: 54 von ihnen allein in den Garde-Regimentern zu Pferd, 36 in der Garde du Corps. [1] Die Zahl der Offiziere überstieg dennoch bedeutend die der Offiziersstellen, so daß viele Regimenter mit überproportional vielen Offizieren besetzt waren, ja Offiziere als Soldaten kämpften.

Zu den namhaftesten Offizieren zählte gewiß Frédéric Schomberg, der schon in Frankreich und Portugal siegreiche Schlachten geführt hatte und in der Landungsarmee nun das Vizekommando und in der Irlandexpedition den Oberbefehl innehatte. Auch de Ruvigny nahm einen führenden Platz im Offizierscorps ein, später sollte er das Oberkommando in den spanischen Erbfolgekriegen übertragen bekommen. Goulon war Kommandant der Artillerie, Cambon, de la Melonière und andere besetzten weitere hohe Posten.

Die Auswanderung der französischen Militärs und ihr Einsatz in antifranzösischen Armeen, besonders aber deren Erfolge in der sogenannten Glorreichen Revolution, beunruhigten Ludwig XIV. und seinen Kriegsminister. 1689 ließ er bekanntmachen, daß jeder flüchtige französische Militär mit der Hälfte seiner Einkünfte aus französischem Vermögen rechnen dürfe, falls er in die Armee Dänemarks, des Verbündeten Frankreichs, überträte. Dieses Angebot blieb jedoch recht wirkungslos, nicht nur wegen der vorteil-

[1] Grant, Arthur James: The Huguenots. — London, 1934. — S. 184.

haften Bedingungen in den Niederlanden, in England oder Brandenburg, sondern auch aufgrund einer hervorragenden Gegenpropaganda.

So hatte Pierre Jurieu, einer der führenden Ideologen der orthodoxen Hugenotten, den Boden für die Glorreiche Revolution bei Hugenotten diesseits und jenseits des Kanals zu bereiten geholfen. Jean Claude verfaßte im Auftrag Wilhelms III. von Oranien die Broschüre »Die Klagen der grausam im Königreich Frankreich verfolgten Protestanten«, die vornehmlich in England ihre heimliche Wirkung tat. In dieselbe ideologische Stoßrichtung reihten sich Hunderte von Pamphleten, Satiren und tendenziösen Schriften ein. »Geißel Gottes«, »Tyrann der Seelen«, »grausamer Henker der anständigen Leute« wurde Ludwig XIV. darin tituliert.

So unangenehm derartige Schmähschriften an die Adresse einer ausländischen Macht die niederländischen Behörden mitunter berührten, so halfen sie andererseits, niederländische Interessen zu verwirklichen und waren sichtbarer Ausweis der großen politischen Freiheit. Gerade um dieser Freiheit willen kamen Tausende Flüchtlinge in die Generalstaaten. Schon in den sechziger Jahren schätzte man 4000 hugenottische Flüchtlinge. Seit 1680 stieg ihre Zahl rapide an, um zwischen 1685 und 1687 ihre absolute Spitze zu erreichen. Aber selbst in den zehn Jahren nach 1690 floß der Strom unaufhörlich. Im Jahresmittel erreichten in dieser Zeit immer noch 400 bis 500 Réfugiés allein Amsterdam.

An dieser Auswanderungswelle trugen insbesondere die Expansionen Frankreichs Schuld; während des Pfälzischen Erbfolgekrieges (1688—1697) flohen Hugenotten, die in der Pfalz ein Refugium zu finden geglaubt hatten, ebenso kamen Protestanten aus dem Fürstentum Orange (1703) und aus Lille (1715). Die Gesamtzahl der Hugenotten in den Niederlanden wird auf mehr als 75 000 geschätzt.

Die politische und ideelle Libertät der freien Niederlande stellte einen entscheidenden Grund dar, warum sich unter den Auswanderern neben Bürgern und Militärs überproportional viele Geistliche und Gelehrte befanden. Die kulturellen Bindungen zwischen Frankreich und den Niederlanden, die schon seit dem 16. Jahrhundert bestanden, vertieften sich durch den Zustrom von Hugenotten. So hatte das Französische als Sprache der Diplomatie, des Militärs und der Kultur festen Fuß gefaßt. Pierre Bayle hob hervor, daß »die französische Sprache so bekannt sei, . . . daß Bücher mehr Absatz als alle anderen fänden und es kaum gebildete Leute gäbe, die französisch nicht verstünden,

obwohl sie es nicht sprechen könnten«. [1] Viele lateinische Schriften, aber auch englische, wurden in französischen Übersetzungen auf dem Kontinent verbreitet. Die holländischen Bücherpressen versorgten in der Tat den halben Kontinent. Was in Frankreich oder zeitweilig in England zu drucken verboten war, wurde in Haag oder Utrecht, in Dordrecht oder Leiden gedruckt. Allein in Amsterdam gab es mehr als 200 Buchdrucker und -händler, darunter etwa 80 Réfugiés. Die große Masse der Schriften diente dem Tag. Sie entstand im Auftrag weltlicher oder geistlicher Behörden oder mit Unterstützung von Mäzenen. Besonders die Ereignisse in Frankreich fanden verbreitetes Interesse, so daß Zeitungen mit hohen Auflagen und großem Vertrieb rechnen konnten.

Die Generalstaaten hatten schon 1620 die erste französischsprachige Zeitung Europas herausgegeben, den »Courant d'Italie et d'Allemagne«. Besonders seit den achtziger Jahren entstanden mehrere Jour-

Titelblatt der Schrift von Hugo Grotius »De veritate religionis christianae« von 1629. Ratsschulbibliothek, Zwickau

[1] Zitiert in: Bots, Hans; Bastiaanse, René: Die Hugenotten und die niederländischen Generalstaaten. — In: Die Hugenotten. 1685 – 1985 / hrsg. von Rudolf von Thadden und Michelle Magdelaine. — München, 1985. — S. 69.

nale, die durch die verstreuten Hugenotten einen europäischen Leserkreis fanden. Die »Nouvelles de la République des Lettres« — herausgegeben von 1684 bis 1687 —, ihr Nachfolger, die »Histoire des Ouvrages des Savants« (1687—1709), die »Bibliothèque Universelle et Historique« (1686—1693), das »Journal d'Amsterdam« (1673), das »Nouveau Journal des Savants« (1694—1696), die »Lettres Historiques« (1692—1698), die »Histoire Critique de la République des Lettres« (1712—1718) und noch weitere sorgten dafür, daß die Niederlande in der Tat auch eine Republik des Geistes wurden. Zu beinahe allen diesen geistigen Unternehmungen trugen Hugenotten auf die eine oder andere Weise bei.

Herausragender Autor sowohl in diesen Gazetten wie insbesondere durch sein »Dictionnaire historique et critique« war Pierre Bayle. Sein Wirken half der Aufklärung den Boden zu bereiten. Zu den berühmten Gelehrten zählten auch der Mathematiker Bernard, der aus Nions geflüchtet war, und der Physiker Denis Papin, dessen »Topf« den Weg zur atmosphärischen Dampfmaschine bereitete. Juristen wie François Hotman und Jean de Barbeyrac hatten Anteil an einer modernen Rechtsprechung. In den Niederlanden — theoretisch begründet gerade auch durch hugenottische Juristen — gewann die Justiz an Logik und Humanität, die Folter wurde weitgehend abgeschafft, Hinrichtungen weniger quälerisch.

Auch die öffentliche Anerkennung des Zins als legitimen Abkömmling des Leihkapitals ist ein holländisches Verdienst, an dem Hugenotten ideologisch und praktisch teilhatten. Während die katholische Kirche seit Jahrhunderten den Zins verfemen ließ, erzwang die moderne bürgerliche Produktion mehr und mehr seine stillschweigende Duldung. Auch reformierte Theologen sprachen sich im 16. Jahrhundert gegen ihn aus, und noch Mitte des 17. Jahrhunderts schloß man private Geldverleiher von der Kommunion aus. Ein erster Schritt war die Nichtbelastung des Zinsnehmens mit theologischem Gedankengut. Eine Entschließung der Generalstaaten von 1658 entzog den Geldverleih, das heißt seine Beurteilung, der Kompetenz der Prediger. Obgleich man auch später noch mancherorts darüber debattierte, ob ein Bankier in das Konsistorium aufgenommen werden könne, setzte sich in der Praxis die Anerkennung dieses bürgerlichen Geschäfts mehr und mehr durch.

Die Bezeichnung wallonische Kirche für die hugenottischen Flüchtlingskirchen mag etwas ungenau sein, doch hat sie sich in der Literatur eingebürgert. Zu Recht bezeichnet man die wallonischen Kirchen des 16. Jahrhunderts als Flüchtlingskirchen, da sie doch aus den spanischen Niederlanden nach dem Norden kamen, aber ihre Mitglieder waren französischsprachige Niederländer. Nur ein kleiner Prozentteil unter ihnen konnte sich Franzose nennen, war Hugenott im strengen Sinne des Wortes. Im 17. Jahrhundert jedoch, infolge der Drangsalierungen und erst recht mit dem Edikt von Fontainebleau, wurden die wallonischen Kirchen zu Häfen der flüchtenden Hugenotten. Hier fanden diese »ein neues, protestantisches und freies Frankreich«. [1] Dieses zweite Refuge sicherte sogar Bestand und Identität der wallonischen Kirche. Waren im 16. Jahrhundert 15 wallonische Kirchen im Norden entstanden und noch einmal soviel bis zum zweiten Refuge im 17. Jahrhundert, so betrug ihre Zahl allein in den 20 Jahren nach 1682 beinahe genausoviele Gemeinden!

Die wallonischen Gemeinden des ersten Refuge charakterisierte ein Mangel an Predigern, und eine Assimilation in die niederländisch-reformierte Kirche schien unausweichlich. Mit der Ausweisung der Prediger aus Frankreich wandelte sich die Situation jäh. Zur Zeit der Revokation hatten in Frankreich noch etwas mehr als 700 Prediger gewirkt. Unter dem Druck der Pressionen konvertierten rund 140 Prediger, so daß also ungefähr 560 ihrem Glauben treu blieben und Frankreich verließen. In die freien Niederlande gingen nach Angaben von Samuel Mours 323 Pfarrer, das entspricht mehr als der Hälfte aller geflüchteten Geistlichen.

Ein Vergleich des gesamten Flüchtlingsstroms von Hugenotten mit dem der Geistlichen ergibt ein ungleichgewichtiges Bild. Wenn in die vier Hauptaufnahmeländer Niederlande, England, Deutschland und Schweiz ungefähr 150 000 Hugenotten flüchteten, so nahmen die nördlichen Niederlande davon ein Drittel auf. Für sie standen aber fast 50 Prozent aller geflohenen Prediger zur Verfügung. [2] Läßt man einmal alle vor dem Großen Refuge übergesiedelten Geistlichen außer Betracht und erinnert sich daran, daß auch die Schweiz relativ viele französische Geistliche aufgenommen hatte, so ergibt sich, daß die hugenottische Diaspora in manchen Regionen keine hugenottischen Prediger oder in unzureichender Zahl, in anderen wieder ein Überangebot von ihnen besaß. Aus diesem Grund schickten abseits liegende Gemeinden immer wieder Sendschreiben in die Schweiz und in die Niederlande, wenn sie um Prediger baten. Auch der Weiterzug einiger hugenottischer Geistlicher nach England, in die englischen Amerikabesitzungen oder in die holländischen Kolonien Surinam und Südafrika änderte nichts an diesem Ungleichgewicht. Daraus resultiert die relative Beständigkeit hugenottischer Kirchen

[1] Zitiert in: Bots, Hans; Bastiaanse, René: Die Hugenotten und die niederländischen Generalstaaten. — In: Die Hugenotten. 1685 — 1985 / hrsg. von Rudolf von Thadden und Michelle Magdelaine. — München. 1985. — S. 57.

[2] Vgl.: Mours, Samuel: Le Protestantisme en France au XVIIe siècle. — Paris, 1967; Gagnebin, F. H.: Pasteurs de France réfugiés en Hollande. — In: Bulletin de la Commission de l'Histoire des Églises Wallones. — La Haye (1885) 1.

in Holland. Während in den anderen Exilterritorien die Gemeinden oft binnen weniger Jahre ihre Eigenständigkeit verloren, sich den einheimischen anschlossen, so blieben wallonische Kirchen für zwei, drei, ja vier Jahrzehnte bestehen, bevor sie sich assimilierten. Das Durchschnittsalter aller nach 1685 gegründeten hugenottischen Kirchen in den freien Niederlanden betrug 25 Jahre, also fast eine Generation, was eine Ausnahme im hugenottischen Exil darstellt. Nicht nur diese relative Beständigkeit zeichnete die Niederlande aus. In dem Maße, wie in Frankreich der Calvinismus zurückgedrängt worden war und wie in England der Anglikanismus die Oberhand gewann, orientierte sich jetzt die Entwicklung der reformierten Theologie weitgehend an den Generalstaaten.

Für viele hugenottische Geistliche mußte das Gastland erhebliche Unterstützung leisten. Anfangs erbrachten Kollekten große Geldmittel. 1686 wurden in Haarlem 8 000 Gulden gesammelt, in Amsterdam drei Jahre zuvor 10 000. Insbesondere die Revokation schloß die

Holland empfängt die Réfugiés. Apotheose auf die Aufnahmebereitschaft der Niederlande. Anonymer Kupferstich, 1699. Archives Nationales, Paris

Beerdigungsfeier in Den Haag. Hatten Hugenotten in Frankreich ihre Glaubensgenossen heimlich beerdigen müssen, so erlaubten die Gastländer eine dem Brauch entsprechende Zeremonie. Kupferstich von Bernard Picard, 1789. Staatliche Kunstsammlungen Dresden, Kupferstich-Kabinett

Herzen der Niederländer auf und damit auch ihre Börsen. Aber im letzten Jahrzehnt des Jahrhunderts ließ die Großzügigkeit der Spender nach. Die Versorgung der Prediger, die keine Anstellung in Kirchen oder an Bildungsinstituten besaßen, mußte von staatlicher Seite gesichert werden. »1695 organisierten die Amsterdamer Magistratsbeamten zum ersten Mal eine Lotterie zugunsten der französischen Glaubensflüchtlinge. Andere Städte ahmten dieses Beispiel mit großem Erfolg nach. Der Anreiz des Gewinns und die Lust am Risiko ermöglichten auf diese Weise einen Ertrag höherer Summen als frühere Kollekten.« [1] Auf diese Weise und durch die Spenden von Körperschaften und Privatpersonen kamen beträchtliche Mittel zusammen. Amsterdam allein übergab in den fünf Jahren seit 1685 rund 250 000 Gulden.

Die Mittel aus den Sammlungen, Spenden und Lotterien wurden in der Regel den örtlichen wallonischen Kirchen übergeben. Diese verwendeten das Geld hauptsächlich zum Unterhalt ihrer Pastoren und zur Unterstützung armer Réfugiés. Die Presbyterien einigten sich darauf, daß verheiratete Pastoren ein Jahreseinkommen von 400 Gulden, die unverheirateten 300 oder 250 Gulden bekamen. Nur wo man erschwerte Bedingungen erkannte, erhöhte man das Salär, wie zum Beispiel für die Seeländischen Inseln.

Obgleich der Prozentsatz vermögender Hugenotten in den Niederlanden vergleichsweise höher als in anderen Exilländern lag, gab es doch auch eine erkleckliche Zahl Unbemittelter, ja Notleidender. Für sie wurden die Diakone der wallonischen Kirchen tätig. Witwen und Waisen erhielten besondere Hilfe, vor allem bei der Beschaffung von Unterkünften. Die Prinzessin von Oranien gründete »Maisons de Refuge« in Haarlem, Delft, Haag und Hardewijk. Aber Unterstützung fanden nicht nur Hugenotten, die im Lande blieben. Der Weitertransport nach Surinam, Pernambuco (Brasilien), Saint Martin und Tobago sowie Südafrika mochte noch im holländischen Interesse liegen, aber die Versorgung für Durchreisende oder gar der Freikauf von Galeerenhäftlingen waren Ausweise protestantischer Gemeinschaft und christlicher Nächstenliebe. Mochte das aufgebrachte Geld für den Reichtum des Landes sprechen, seine Verwendung für die Réfugiés zeugte gleichzeitig von Hilfsbereitschaft und Großzügigkeit. Diese ihre Hilfe schrieb die Niederlande mit unauslöschlichen Lettern ins Erinnerungsbuch des hugenottischen Refuge.

⚜ »Die Generalstaaten breiteten sich in einer Liberalität aus, die kaum in Worte zu fassen ist. Der Staat schuf Geldfonds für eine unglaubliche große Anzahl von Pensionen, die Offizieren, Edelleuten und Pastoren gewährt wurden. Er gab auch große Summen für den Unterhalt armer Familien. Die Städte setzten Kollekten an, die hohe Beträge einbrachten. . . Die Privatleute schließlich nahmen sich die öffentlichen Organe zum Vorbild, und jeder gab im Rahmen seiner Möglichkeiten und Kräfte Beweise seiner Anteilnahme und seines Eifers.« [2]

Das englische Reich

⚜ Die Wirren des französischen Religionskrieges schwemmten Hugenotten auch nach England. Hatten bisher die Verfolgten ein Ausweichen ins französischsprachige Exil bevorzugt, so wählten sie jetzt mehr und mehr auch fremdsprachige Gastländer. Oft machte die Notwendigkeit einer schnellen Flucht das nächstliegende Land zum Refuge. Die Zahl der Huge-

[1] Vgl.: Bots, Hans; Bastiaanse, René: Die Hugenotten und die niederländischen Generalstaaten. — In: Die Hugenotten. 1685–1985/hrsg. von Rudolf von Thadden und Michelle Magdelaine. — München. 1985. — S. 58.

[2] Vgl.: Benoît, Élie: Histoire de l'Édit de Nantes. — 2. Bd. — Buch III. — Delft. 1695. — S. 950 ff.

Landung der Hugenotten. In offenen und zu kleinen Booten erreichten viele Flüchtlinge die weiße Küste bei Dover. Zeichnung von Simon Durrand, 19. Jahrhundert. British Library, London

notten aus der Normandie, der Bretagne und dem Guyenne, die die Seepassage nach England nutzten, um dem katholischen Schwert zu entkommen, stieg an. Doch konnten sie in England ihrem Glauben leben?

Bereits 1550 hatte der junge englische König Eduard VI. ein Patent unterschrieben, das die französische und holländische Gemeinde anerkannte und als Kirche zuließ. Gleichzeitig übergab er ihnen die Jesus-Kirche in Austin Friars (London) zur alternierenden Benutzung. Da sie jedoch bald der gewachsenen Zahl von Niederländern und Franzosen nicht mehr genügte, erhielten die Hugenotten die Kirche des Saint-Anthony-Hospitals in der Threadneedle Street. Diese Kirche sollte von nun an für rund 200 Jahre — zusammen mit der späteren Savoy-Kirche — Zentrum des hugenottischen Lebens in England werden.

Wenn auch das Patent von 1550 als Gründungsurkunde der reformierten französischen Kirche in England gilt, sicherte es doch nicht automatisch ein ungestörtes Refuge. Schon drei Jahre später starb Eduard VI., und die katholische Maria bestieg den Thron. Ihre drakonische Rekatholisierung beleuchteten 300 Scheiterhaufen, und die Schreie der Verbrennenden gellten in den empfindlichen Ohren der Réfugiés. Taten nicht jene 175 Emigranten aus Flandern, Frankreich und Schottland sowie jene Engländer

recht, die sich schon im September des ersten Regierungsjahres der „bloody Mary" auf zwei Schiffe flüchteten, um Zuflucht auf dem zwar nicht sicheren, aber doch jedenfalls weitläufigeren Kontinent zu suchen? Nach der Verlobung Marias mit dem spanischen Philipp im März 1555 erging jedenfalls ein Ausweisungsgebot für alle Réfugiés binnen 24 Tagen. Mit bürokratischer Konsequenz wurden auch die Privilegien und Vergünstigungen widerrufen.

Nach dem frühen Tod Marias mußte Königin Elisabeth zwischen der Wiederannäherung an Rom und der Festigung des Protestantismus wählen. Es sprach für ihre staatsmännische Klugheit, daß sie außenpolitisch die Selbständigkeit, das Erstarken ihres Landes und innenpolitisch einen Ausgleich zwischen katholischen und protestantischen Kräften sichern konnte. Die anglikanische Kirche blieb in ihrer Struktur und in ihren Glaubensdogmen katholisch, aber national ausgerichtet. Ihre Toleranz bewahrte Auffassungen der römischen Kirche, die bis zum Tridentinischen Konzil 1545/63 protestantische Gruppen als zur Mutterkirche gehörig betrachtete. Daher entwickelte sich der Protestantismus in England ungehinderter, und ausländische Protestanten suchten im Inselreich wieder Exil.

Erhalten gebliebene Listen weisen für 1567 in London fast 5 000 Ausländer nach, die Mehrzahl davon Flamen. Die Zahl der französischen Emigranten stieg jedoch schnell an: von 512 auf 1 119 im darauffolgenden Jahr. [1] Die Frankreich gegenüberliegenden Küstenorte konnten diesen Menschenstrom nicht schnell genug weiterleiten. Oft kamen die Flüchtlinge in offenen Booten, durchfroren und durchnäßt. Sie mußten mit Nahrungsmitteln versorgt und die Reisemöglichkeiten vervielfacht werden. Selbst London konnte eine schnelle Aufnahme nicht sichern. Der Strom wurde zu den südenglischen Städten weitergeleitet: Canterbury, Southampton, Norwich. Die wenig über 100 Hugenotten in Southampton erhielten in unmittelbarer Folge der Bartholomäusnacht 641 Glaubensgenossen. Norwich zählte schon vor dieser Auswanderungswelle fast 4 000 Réfugiés, allerdings nicht nur französischen Ursprungs. 1582 wiesen die Kirchenlisten dieser wieder aufblühenden Stadt 4 679 Kommunikanten aus, obgleich wenige Jahre zuvor die Pest auch unter den Réfugiés Opferlese gehalten hatte.

Eine auch bloß annähernd genaue Gesamtzahl der in der zweiten Hälfte des 16. Jahrhunderts in England lebenden Hugenotten ist unmöglich anzugeben, da die nur teilweise überkommenen Listen der französischen Kirchen nachweislich mehr Abendmahlsteilnehmer aufweisen, als Hugenotten am Ort siedelten. Schätzungen geben für diese Zeit 10 000 Fremde in England an, die Mehrzahl Niederländer und Franzosen.

Diese Fremden baten Elisabeth um das Wiederinkraftsetzen des Patentbriefes. Tatsächlich wurde das Kirchenprivileg erteilt, allerdings unter dem Vorbehalt, daß der Bischof von London zugleich Superintendent der fremden Kirche sei. Obgleich die englische Regierung eine weitere Abgrenzung von der römischen Kirche durchsetzte, indem der katholische Gottesdienst verboten und das Fernbleiben vom neuen Ritus mit 20 Pfund bestraft wurde, lag ihr nichts an einer, wenn auch protestantischen, so doch eigenständigen fremden Kirche. Die Suprematie der englischen Krone von 1534 wurde durch das Gesetz von 1559 gefestigt. Die Oberhoheit der Krone über die nationale Kirche bildete ein wesentliches Merkmal der anglikanischen Kirche. Das Beibehalten des Episkopats und großer Teile des katholischen Ritus wie andererseits die englische Bibel und das Allgemeine Gebetbuch konstituierten die englische Kirche als Kirche zwischen Katholizismus und Protestantismus. Gerade diese Zwischen-

stellung beförderte das Entstehen eines radikalen protestantistischen Flügels, des Presbyterianismus.

Diese Strömung erhielt starke Impulse durch die schottische Reformation. Wie die französische Reformation mit dem Namen Calvins verbunden ist, so die schottische mit dem von John Knox, einem Schüler Calvins. Die Gier der großen Adligen nach dem katholischen Besitz hatte sich in Schottland mit einer antifranzösischen nationalen Stimmung und einer volkstümlichen protestantischen Bewegung verbunden. Die Folge war das Entstehen einer originär protestantischen Kirche auf der Basis des Presbyterialsystems mit der calvinistischen Prädestinationslehre im Mittelpunkt und einer Verbindung von Kirchen- und Staatsinteresse im Convenant. Der Convenant, das Bündnis schottischer Adliger, Bürger und Bauern sowie der protestantischen Geistlichkeit, erzwang — nicht zuletzt durch militärische Hilfe Englands — den Rückzug Frankreichs aus Schottland und schließlich die Flucht Maria Stuarts nach England. In England gelang es Elisabeth — entgegen französischen, spanischen und römischen Interessen —, ihrem Königreich Eigenständigkeit zu wahren und größeres europäisches Gewicht zu verleihen.

John Knox, überragender Führer der calvinistischen Reformation und Begründer der presbyterialen Kirche in Schottland. Sein Einfluß war auch in England spürbar. Anonymer Kupferstich. Staatliche Kunstsammlungen Dresden, Kupferstich-Kabinett

❧ Aus einem Schreiben des Bürgermeisters des englischen Küstenortes Rye an die Königin: »...hier nimmt täglich eine große Zahl Franzosen Zuflucht, sodaß schätzungsweise bereits 500 Personen hier sind, und da die benachbarten Landstriche unfruchtbar sind, herrscht bei uns großer Mangel an Korn...«[2]

[1] Schickler, Fernand de: Les Églises du Refuge en Angleterre. — Paris, 1892. — S. 148 ff.

[2] Domestic State Papers, Elizabeth 1562, Nr. 35. — Zitiert in: Smiles, Samuel: The Huguenots: Their settlements, churches, and industries in England and Ireland. — London, 1870. — S. 80.

⚜ Aus einem zeitgenössischen Artikel:
»...wenn wir eine große Zahl französischer Protestanten hierher ziehen könnten, wäre das ein Akt großer Nächstenliebe, ein großer Verlust für den französischen König und die größte Wohltat, die wir uns selbst antun könnten...«[1]

Diesem Gewicht durften sogar Auswärtige ihren Teil beifügen. Es war in England zur Tradition geworden, fremde Handwerker einzuladen, sie unter den Schutz der Krone zu stellen und besonders die im Land erzeugte Wolle zu feinerem Tuche verarbeiten zu lassen. Noch dominierten in dieser Branche die Niederländer, doch mehr und mehr verschob sich das Gewicht zugunsten französischer Einwanderer.

Jakob I., auf dessen Haupt sich 1603 die englische und die schottische Königskrone vereinigten, ließ gezielt französische Spezialisten, etwa »drei erstklassige Handwerker der Alaunverarbeitung«, bestellen. In Sandwich erhielten Bürgermeister und Verwaltung Vollmachten für die Ansiedlung »gewisser Fremder, die allerlei Handwerke ausüben, zur Fremdenkirche der Stadt London gehören, und befähigt sind, Strickstoffe, Wollwaren und andere Kleidungsgegenstände zu machen«. [2] Norwich beispielsweise, dessen Absinken in die Bedeutungslosigkeit unaufhaltsam schien, erhielt durch die hugenottische Transfusion seinen Ruf als ein Zentrum der Krepptuchfertigung.

Doch was dem Land als Ganzem diente, stieß lokal auf Widerstand. Händler und Handwerker, Bürger und Zünfte sahen in den französischen Fremden eine unliebsame Konkurrenz. Den einen verweigerten sie die Berufszulassung, von anderen verlangten sie den Zwangseintritt in Gilden; sie suchten den Kleinhandel der Réfugiés zu unterbinden und verweigerten ihnen die Beschäftigung von einheimischen Lehrlingen und Gesellen. Als im Parlament durch einflußreiche Fürsprache eine Eingabe der Londoner Kaufleute gegen den Handel der Réfugiés abgelehnt wurde, tauchten im Mai 1593 in London Plakate auf, die die Fremden zum Verlassen der Stadt aufforderten. Erst Polizei konnte eine Aktion der nach Tausenden zählenden Londoner Lehrlinge und Gesellen verhüten.

Nach dem Tode Burghleys, eines hochstehenden Beschützers der Glaubensflüchtlinge, sah sich der Londoner Bürgermeister in der Lage, offen die Antifremdenpartei zu unterstützen; er verbot 1598 den Flamen und Franzosen ihr Gewerbe, falls sie nicht den Zünften beitreten und deren allesregelnde Gesetze akzeptieren würden. Drei Jahre wogte der Streit, und oft genug war es die Königin selbst, die schlichten und schützen mußte. Mit der Verleihung des Bürgerrechts stand ihr ein Mittel zur Verfügung, die Fremden in den englischen Städten heimisch zu machen. Doch die Naturalisation — ausschließliches Recht des Parlaments — wurde den Réfugiés zumeist verweigert. Daher mußten Hugenotten auch das Doppelte an Steuern im Vergleich mit den anderen Untertanen Ihrer Majestät aufbringen.

[1] Zitiert in: Lee, Grace: The Huguenot Settlements in Ireland. — London; New York; Toronto, 1936. — S. 23.

[2] Vgl.: Die französisch-reformierten Flüchtlings- oder Hugenotten-Stiftungen in England. — In: Der Deutsche Hugenott/hrsg. vom Deutschen Hugenotten-Verein. — Flensburg (1962) 1. — S. 45.

Kommunionskelch und dazugehörige Platte. Schenkung Stephen Romillys für die Französische Kirche von Hoxton, 1717. The French Hospital, London

So unzufrieden Katholiken und Anglikaner, englische Presbyterianer und schottische Calvinisten mit der Regierung Elisabeths waren, sollten doch erst die folgenden Jahrzehnte Mäßigung und Geschick dieser ein hal-

L'église des Grecs in London. Das Anschwellen des Flüchtlingsstroms in London führte dazu, daß den Hugenotten unter anderem die für die griechisch-orthodoxe Kongregation eingerichtete Kirche überlassen wurde. Hier im vornehmen Westen Londons waren einige Hugenotten schon weit von calvinistischer Schlichtheit entfernt. Kupferstich von William Hogarth, 1738. British Library, London

bes Jahrhundert dauernden elisabethanischen Herrschaft zeigen. Die Vereinheitlichung der Kirchen beider Länder im Anglikanismus unter dem folgenden Jakob I. führte zu einer neuen Form des Kampfes der Kirchen: Konformisten und Nonkonformisten hießen die neuen Lager. Wer einer Duldung der Anhänger des Katholizismus, einem Ausbau des Bischofssystems zur Untergrabung von Presbyterien und Synoden, einer Wiederannäherung an die römische Kurie ohne Aufgabe der Nationalkirche, der Vertreibung unbeugsamer und der Eingliederung beugsamer Puritaner in die anglikanische Staatskirche das Wort redete — der war Konformist. Alles andere, alles Gegenteilige war nonkonformistisch. Dieser Kirchenstreit spiegelte sich auch in der französischen Kirche Englands wider. Um als eigenständige Kirche in England existieren zu können, hatten sich die französischen Gemeinden glaubhaft vom kontinentalen Protestantismus abzugrenzen. So trafen die Vertreter französischsprechender Kongregationen schon 1572 die Festlegung, nicht an der calvinistischen Generalsynode in Emden (Niederlande) teilzunehmen. Vielmehr sollten nationale Kolloquien und Synoden den Status der hugenottischen Kirchen in der anglikanischen Kirche dokumentieren.

Die Heftigkeit, mit der die Ein- und Unterordnung der Hugenotten wie aller anderen Fremden in die Staatskirche betrieben wurde, schwankte mit den zur Macht gelangten Herrschern, mit der Interessendivergenz zwischen Krone und Parlament sowie mit Rücksichtnahmen auf die verschiedensten internationalen und nationalen Kräfte. Unter Karl I. und seinem agilen Bischof Laud verstärkte sich der Druck auf die eingewanderten Franzosen derart, daß einige hundert Familien nach Holland, eine noch größere Zahl nach Nordamerika flüchteten. Die Revolutionsregierung des Commonwealth erleichterte den im englischen Exil verbliebenen Hugenotten ihre Existenz, empfing Einwandernde mit offenen Armen. Ansiedlung, Arbeit und Kirche wurden als frei wählbar deklariert, gleichwohl, vorhandene Tendenzen zu einer englischen Einheitskirche berührten nicht die tradierte Substanz der hugenottischen Kirchen. Während der Restaurationszeit unter Karl II., mehr noch unter Jakob II., verstärkte sich erneut der Druck. Wer nicht wiederum die

Flucht ins Auge fassen wollte, mußte sich einer Gewissensfrage stellen, die mitunter spürbare Auswirkungen auf sein Leben nach sich ziehen konnte. Die hugenottischen Gemeinden spalteten sich damit förmlich in konformistische und nonkonformistische. Die Konformisten, die dem englischen Druck nachgaben, argumentierten verschämt, daß »Confessio de Foi« und »Discipline« die anglikanische Kirchenpraxis nicht direkt ausschlössen. Kommentare aus Genf und Paris wiesen diese Schutzbehauptung jedoch eindeutig zurück. Aus Bordeaux kam für alle in England weilenden Hugenotten die Empfehlung des Anschlusses an die nonkonformistische französische Kirche der Threadneedle Street. Savoy-Kirche im reichen Westen Londons und Threadneedle-Street-Kirche im ärmeren Osten waren zu Zeichen des Konformismus und des Nonkonformismus geworden.

Die Savoy-Kirche besaß in ihrem Führer Durel gewissermaßen einen vermittelnden Vertreter. Durel hatte als Pfarrer auf der Kanalinsel Jersey gewirkt, deren Bewohner Franzosen waren, die normannischem Recht unterlagen, die französische Währung nutzten, aber gleichwohl zu Untertanen des englischen Königs zählten. Hier entwickelte sich früh eine Mischung aus calvinistischer und anglikanischer Kirche. Da die Kanalinseln für französische Flüchtlinge schnell zu erreichen waren, bildeten sie gewissermaßen eine Zwischenstation, und eine vergleichsweise große Zahl französischer Prediger arbeitete hier und später in England.

Doch nicht die besondere Rolle der Kanalinseln mit ihrer eigentümlichen Kirche führte zur Herausbildung der konformistischen französischen Kirchen in England, sondern die Pression der anglikanischen Staatskirche. Dover mag als Beispiel dienen. 1635, nach anderen Quellen 1646, bildete sich hier eine calvinistische Gemeinde. Königliche Anerkennung wurde ihr jedoch erst zuteil, als sie 1685 zur englischen Liturgie überwechselte. Diese Stellung zur anglikanischen Kirche sollte für zunehmend mehr Franzosen bedeutsam werden. Besonders seit den vierziger Jahren des 17. Jahrhunderts war der Flüchtlingsstrom ununterbrochen gestiegen. Neben den »alten« Kirchen Londons und Southamptons, Canterburys und Norwichs, die zu Zeiten Eduards VI. und Elisabeth I. entstanden waren, etablierten sich französische Kirchen im küstennahen Sandwich und Rey, Faversham und Sandoft und seit den verschärften Verfolgungen der achtziger Jahre in Ipswich und Colchester, Thorpe-le-Soken und Dartmouth, Plymouth und Stonehouse, Exeter und Bristol. Die Masse der Flüchtenden jedoch siedelte in London, in Spitalfield, das quasi französischsprachig wurde, in Soho und anderen London naheliegenden Gemeinden. Der Großraum London zählte während des Höhepunktes hugenottischen Refuges 28 französische Gemeinden. Auf fast 20 000 war die Zahl der französischen Flüchtlinge schon gestiegen, und noch immer legten neue Boote an Britanniens Küsten an.

Jedem der Ankommenden stellte sich die Frage: Anpassung an den anglikanischen Ritus oder Beharren auf calvinistischem Kult? Die Konformisten besaßen zweifellos die besseren Beziehungen zu Krone und Adel, zu anglikanischer Geistlichkeit und Beamtenschaft. So war es kein Zufall, daß im westlichen London die Zahl konformistischer Gemeinden überwog, Gemeinden, deren Mitglieder höfische Bedürfnisse befriedigten. Im östlichen London fand sich dagegen keine einzige Gemeinde zur Konformität bereit. 1680 waren drei Fünftel der Gemeinden Londons einschließlich der näheren Umgebung nonkonformistisch.

Angesichts der Konzentration der Hugenotten in den englischen Küstenstädten und in London überstieg die Immigration schnell die Möglichkeiten der Gastorte und ihrer Fremdenkirchen. In Rey beispielsweise mußte ein Stundenregime zur Benutzung der örtlichen Kirche eingeführt werden, so daß den Hugenotten das Gotteshaus sonntags von 8 bis 10 Uhr und von 12 bis 14 Uhr zur Verfügung stand. Ehemals katholische Kirchen, Klosterräumlichkeiten und Hauskapellen wurden zu hugenottischen Gotteshäusern. Der großen Feuersbrunst in London fiel 1662 auch die Threadneedle-Kirche zum Opfer, die eilends wieder errichtet werden mußte.

Neben den Sorgen um würdige Gebetsstätten — die entsprechend der calvinistischen Praxis auch Räume für Konsistorien und möglichst auch Bibliotheken enthalten sollten — standen die um die Versorgung der hugenottischen Prediger. Für berühmte Theologen wie Jacques Abbadie, Jacques Saurin, Pierre Allix oder de la Mothe war es leicht, ein auskömmliches Salär zu erhalten. Andere reisten als Militärprediger im Troß der englischen Armeen wie Armand de Bourdier, der zu den Vertrauten Marschall Schombergs bis zu dessen Tode gehörte. Wieder andere wurden Hausprediger hochgestellter und vermögender Personen wie Jacques Serces, der beim Earl of Harrington predigte. Fast alle diese herausragenden Theologen taten sich zumeist auch als Schriftsteller hervor, ja erlangten europäische Berühmtheit wie Abbadie oder bekleideten Ämter an Universitäten, Akademien und Schulen. Die Hauptmasse der französischen Prediger jedoch teilte ihr Auskommen mit ihren Gemeindebrüdern und -schwestern. Die Konsistorien mußten daher von Anfang an nicht nur für das geistliche Wohl, sondern auch für das leibliche sorgen.

Seit den siebziger Jahren des 17. Jahrhunderts, das heißt mit der anschwellenden Einwanderung überstiegen die notwendigen Ausgaben mehr und mehr die Einnahmen in den Gemeinden selbst. Diese suchten um königliche Erlaubnis für öffentliche oder Hauskollekten nach. In der Regel kamen mehrere tausend Pfund Sterling zusammen, deren Verwendung ein englisch-französisches Komitee überwachte. Anders als zu Zeiten Karls II., der eine doppelbödige Politik eines geheimen Rekatholisierungsabkommens mit Ludwig XIV. und andererseits die Einladung von französischen Glaubensflüchtlingen und ihre Privilegierung gemäß einem Rat des englischen Gesandten am französischen Hofe betrieb, ordnete Jakob II. die Verteilung einer Kollekte von fast 40 000 Pfund in Abhängigkeit vom Bekenntnis zur anglikanischen Kirche an. Dieses Geld wurde nicht nur für den Unterhalt von

⚜ Zeitungsbericht: »Plymouth, den 6. September 1681. Gestern kam ein offenes Boot mit vierzig oder fünfzig französischen Protestanten aus der Gegend um La Rochelle an. Mit diesem Boot waren noch vier weitere aufgebrochen. Eines davon soll in Dartmouth eingelaufen sein. Aber von den drei anderen fehlt noch jede Nachricht.« [1]

[1] Agnew, David: Protestant Exiles from France chiefly in the Reign of Louis XIV. — Edinburgh, 1871. — S. 19.

Puppe in der Uniform der Mädchen der Westminster Charity School. Unter einem blauwollenen Kleid wurden ein rosafarbenes Unterkleid aus Baumwolle und weiße Pantalons getragen. French Protestant Church, London

Predigern und Kirchen benötigt, sondern auch für die calvinistische Schulbildung und Armenfürsorge. Seit 1561 hatte es in London eine französische Schule gegeben, und 1574 nach Canterbury weiterziehende Réfugiés konnten sich einen Schulmeister mitbringen, der verpflichtet war, Französisch wie Englisch gleichermaßen zu unterrichten. In den achtziger Jahren des folgenden Jahrhunderts gab es in Spitalfields und in Soho je zwei französische Schulen. Die Schulbildung erfuhr in beide Richtungen eine Erweiterung. Für Mittellose wurde eine kostenfreie Unterweisung eingerichtet, wie 1747 die »Westminster French Protestant Charity School«, die die Kinder mit gleicher Kleidung versah und ihnen gemeinsam mit den Lehrern Unterkunft bot. Sie lernten Lesen sowie Schreiben und erhielten Religionsunterricht. Diese Bildungseinrichtung schloß übrigens erst in den zwanziger Jahren unseres Jahrhunderts, wobei die »Westminster French Protestant School Foundation« noch heute hu-

genottische Nachfahren finanziell unterstützt. Am anderen Ende des Schulsystems standen die von Bischof Compton gegründete Französische Akademie und die privat geführten Akademien von Foubert (1680 gegründet), von Metre (1686) und Meure (1691).

Diakone und Älteste hatten bestimmte Distrikte ihrer Parochie zugeteilt bekommen. Während die Ältesten mit Kirchenangelegenheiten, Verhalten der Gemeindemitglieder, mit Heiraten oder der Verteilung der Abendmahlsmarken sowie den Finanzen befaßt waren, sorgten die Diakone für die Alten und Kranken sowie Armen, die ohne familiäre Unterstützung lebten. Sie besuchten wöchentlich Bedürftige, um sie zu unterstützen oder ihre Einlieferung ins Hospital zu veranlassen. Mit rührender Sorgfalt sind ihre Aktivitäten in den Kirchenunterlagen verzeichnet. So wurde etwa Jean Tessier am 18. Januar 1693 visitiert und elf Tage später ins Hospital gesandt. Dort erhielt er zum Lebensunterhalt wöchentlich zwei Schillinge. Vier Monate später bekam er ein Paar Schuhe und Hosen, ein Jahr darauf zwei Hemden. Wieder ein Jahr später ließ man seine Schuhe ausbessern, und im Jahre 1695 brauchte er weitere Bekleidungsstücke. Auch Jacob Marmois mußte wegen einer langwierigen Krankheit unterstützt werden. Seine Arbeitsunfähigkeit machte ihn, seine Frau und neun Kinder zu Almosenempfängern. Vier Schillinge pro Woche, im dritten Jahr nur noch zwei Schillinge, sechs Pence mußten zum Lebensunterhalt hinreichen.

Zum Ende des 17. Jahrhunderts schwoll mit dem Exulantenstrom auch die Zahl Hilfsbedürftiger. In Soho und Spitalfields mußten zwei Suppenküchen eröffnet werden. In ähnlicher Weise halfen verschiedene Freundschaftsgesellschaften. Als Klubs zur gegenseitigen Unterstützung auf der Basis von Landsmannschaften gegründet, waren die »Societé des Parisiens«, die »Norman Friendly Society«, »The Society of Protestant Refugees from High and Low Normandy« und andere entstanden. In der »Norman Friendly Society« beispielsweise trafen sich Hugenotten der Normandie jeden Montag abend und beredeten bei Bier und Tabak ihre Geschäfte. 1703 gegründet, trafen sich bis 1720 nur sechs Mitglieder, doch stieg dann ihre Zahl auf 55. Bei Krankheit erhielten sie einen Unterstützungsbeitrag von sieben Schilling pro Woche, und im Falle des Todes wurden Ausgaben bis zu 50 Schilling bestritten. Sinn und Zusammenhalt dieser Gesellschaft ließen sie bis in die sechziger Jahre unseres Jahrhunderts fortbestehen.

Die umfassendste Form der Fürsorge stellte sicherlich die Errichtung des französischen Hospitals dar. Der Initiator Jacques de Gastigny war im Dienste Wil-

»Die Franzosen haben verschiedene große Schulen sowohl in London wie in dessen Nähe.« Misson, 1698 [1]

[1] Zitiert in: The Quiet Conquest. The Huguenots 1685 to 1985/hrsg. vom Museum of London. — London, 1985. — S. 89.

Der Königl. Krönüngs-Actus
WILHLMI III. und MARIÆ in England, zü Londen.

helms III. von Oranien nach England gekommen und
hatte in seinem Testament 1 000 Pfund Sterling für
den Bau eines Hospitals bereitgestellt. Dieses Legat
wurde durch Spenden mehr als verdoppelt, so daß
1718 das »French Protestant Hospital« eingerichtet
werden konnte. 1760 versorgte es beispielsweise 234
französische Protestanten für kürzere oder längere
Zeit. Ein Jahrhundert später konnte ein neues, im aufwendigen viktorianischen Stil gebautes Hospital ein-
geweiht werden. Dabei hatten »der Präsident und die
Vorsteher des Hospitals für bedürftige französische
Protestanten und deren in Groß-Britannien ansässige
Nachkommen« — so der offizielle Name der Körper-
schaft — noch weitere private Stiftungen zu verwalten, etwa die Coqueau-Stiftung für zehn bedürftige
Frauen über 50 Jahre, die Windsorstiftung, die Beihilfe für zwei Frauen und einen Mann bot, die Anwärter auf einen Hospital-Platz waren, den Boislin-Fonds,
der Geschenke an Bedürftige ausgab, den Mounier-
Lehrlingsfonds für die Ausbildung jährlich zweier
Knaben und einige weitere mildtätige Stiftungen.

*Krönung Wilhelms III. von Oranien zum König von England.
Durch die Heirat mit Maria von England und seine
Inthronisation im April 1689 herrschte er als William I. bis
1702. Anonymer Kupferstich. Sächsische Landesbibliothek,
Dresden*

Eine solche Entwicklung der Hugenotten in England,
Behauptung und Anpassung gleichermaßen, setzte allerdings mehr als nur Duldung von seiten des Gastlan-
des voraus. Tatsächlich mußte in der englischen Politik ein Umschwung erfolgen, um dieses Land als
zweitgrößtes Exil zu sichern. Der Gebrauch des Be-
griffs »Glorreiche Revolution« für den Sturz des pro-
katholischen Jakob II. und die Inthronisation des protestantischen Wilhelms von Oranien scheint von dieser
Seite völlig angebracht.

Jakob II. hatte die vorsichtig lavierende Politik seines Bruders und Vorgängers auf dem Thron aufgegeben. Presbyterianer, aber auch Anglikaner wurden aus
geistlichen und weltlichen Ämtern verdrängt und
durch Katholiken ersetzt. Nach mehr als 100 Jahren

erlebte Westminster wieder eine feierliche Messe; Beichtstühle wurden wieder geöffnet, göttliche Gnade konnte nur mehr über den Priester erlangt werden, und die Jesuiten strömten mit römischen Instruktionen versehen ins Land. Noch ließ Jakob II. Hugenotten einreisen, eine Anweisung an englische Kapitäne, daß dafür französische Pässe nötig seien, bremste allerdings den Strom. Die im Land befindlichen hatten sich konform zu verhalten, galten doch Calvinisten wie Presbyterianer dem König gleichermaßen als Feinde. Zwar profitierten die Hugenotten von der 1687 ergangenen »Declaration of Indulgence«, aber unter der Tarnkappe allgemeiner Toleranz war die Wegbereitung für den Katholizismus offensichtlich.

Angesichts der Ereignisse in Frankreich vor und nach dem Widerruf des Edikts von Nantes herrschte bald »die allgemeine Überzeugung, daß eine planmäßige Verschwörung zur Vernichtung des Protestantismus in ganz Europa im Gange sei«. [1] Die heftige Rekatholisierung und der Bruch mit der anglikanischen Kirche trennten den König von seiner letzten sozialen Basis, dem Großgrundbesitz. An diesem Punkt ähnelte die Situation Jakobs II. fatal der seines Vaters: Karl I. hatte sie um Krone und Kopf gebracht! Grundbesitz, Bürgertum und anglikanische Geistlichkeit tendierten zu einem Umsturz ohne die Gefahren extremer Entwicklungen, wie sie die Cromwell-Revolution gebracht hatte. Gesucht wurde ein neuer König, ein König von des Parlaments Gnaden. Als dieser König bot sich Wilhelm III. von Oranien an.

Wilhelm von Oranien, in der Aura eines großen Namens stehend, bereitete seit Jahren in den nördlichen Niederlanden ein Landungsunternehmen vor, für das ihm der Protestantismus Schild und Fahne war. So verwundert es nicht, daß viele der geflüchteten Franzosen hier Sold und Berufung gleichermaßen fanden. Am 15. November 1688 betrat das vom englischen Parlament gegen Jakob II. gerufene Heer in Torbay englischen Boden. Weder in England noch in Schottland hatte Jakob II. irgendwelchen Rückhalt, so daß Wilhelm am 18. Dezember in einem eindrucksvollen Zug in London einrückte, von den Hugenotten enthusiastisch umjubelt. Erwartungsgemäß wurde wenige Monate darauf — am 24. April 1689 — die »Deklaration zur Unterstützung der französischen Protestanten« erlassen. Das Parlament, das mit der »Glorreichen Revolution« endgültig über das Königtum gesiegt hatte, verkündete im selben Jahr das Toleranzgesetz. Damit war den hugenottischen Kirchen — die Anerkennung der anglikanischen Staatskirche im allgemeinen vorausgesetzt — ihre eigene Existenz als Institution des Glaubens und des sozialen Lebens der fran-

zösischen Protestanten gesichert. Der Grund zur Spaltung in konformistische und nonkonformistische Gemeinden fiel fort, und die konformistischen fanden zu ihrer originären französischen Form zurück. Nach dem Tode Wilhelms im Jahre 1702 betete daher die große Mehrzahl der französischen Einwanderer in dem Glauben, um dessentwillen sie geflohen war.

Die Deklaration bewirkte übrigens, daß die Zahl der Einwanderer sprunghaft anstieg, so daß neueste Schätzungen 40 000 bis 50 000 Hugenotten in England und Schottland annehmen. [2] Damit war die englische Insel nach den nördlichen Niederlanden zum größten Refuge der Glaubensverfolgten geworden, wobei allerdings der Anteil der Zugewanderten aufgrund der englischen Populationsentwicklung nie über ein Prozent der Bevölkerung wuchs.

Aber war die Sicherheit des englischen Refuge endgültig? Jakob II. hatte sich inzwischen nach Frankreich geflüchtet und schiffte sich mit französischen Königstruppen nach Irland ein, um dort einen katholischen Aufstand zu entfachen.

Irland gehörte seit 1541 zur englischen Krone. Der ständige Landraub und die Unfähigkeit zu einer Inte-

Die Deklaration zur Unterstützung der französischen Protestanten vom 24. April 1689 versprach den Hugenotten Gastrecht, eigene Kirchen und materielle Hilfe.

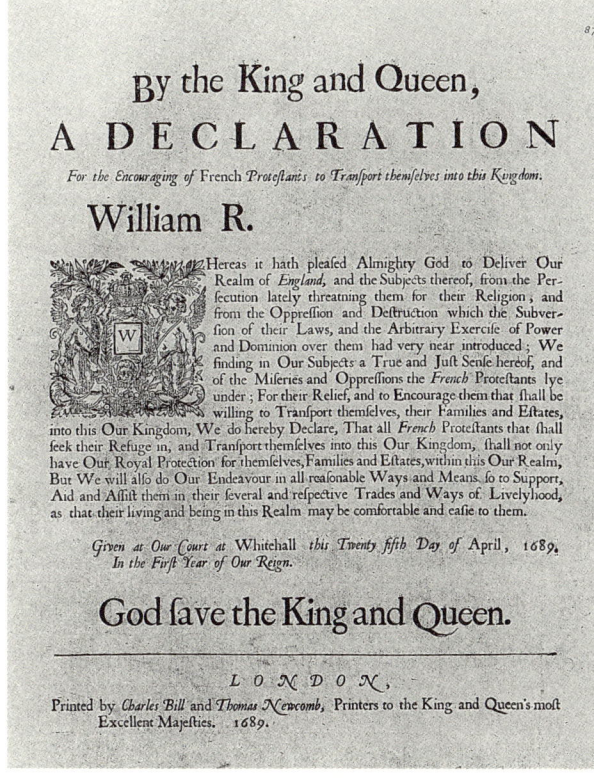

⚜ Deklaration für die Unterstützung der französischen Protestanten:

»...Wir erklären hierdurch, daß alle Französischen Protestanten, die ihr Refuge suchen und deshalb in Unser Königreich kommen, nicht nur Unsere Königliche Protektion für sich selbst, ihre Familien und ihr Besitztum in Unserem Reich haben, sondern Wir wollen auch Unsere Unterstützung auf jede vertretbare Art und Weise zu Hilfe, Beistand und Mitwirkung ihnen geben bei ihren verschiedenen und ansehnlichen Unternehmungen hinsichtlich des Lebensunterhalts, daß ihr Leben und ihre Existenz in diesem Reich für sie leicht und angenehm sei.« [3]

[1] Morton, Arthur: Volksgeschichte Englands. — Berlin, 1956. — S. 313.

[2] Vgl.: Gwynn, Robin: Huguenot Heritage: The History and Contribution of the Huguenots in Britain. — London; Boston; Melbourne; Henley, 1985. — S. 24; Lottes, Günter: England und der Exodus der Hugenotten: — In: Duchhardt, Heinz: Die Konfessionspolitik Ludwigs XIV. und die Aufhebung des Edikts von Nantes. — In: Der Exodus der Hugenotten. Die Aufhebung des Edikts von Nantes 1685 als europäisches Ereignis/hrsg. von Heinz Duchhardt. — Beiheft zum Archiv für Kulturgeschichte. — Köln; Wien (1985) 24. — S. 70.

[3] Reproduziert in: The Quiet Conquest: The Huguenots 1685 to 1985/hrsg. vom Museum of London. — London, 1985. — S. VIII.

❧ Lacoste de Casteljaloux,
Teilnehmer der Irland-Expedition:
»In dieser politischen Lage
gab Seine Majestät Anweisun-
gen, drei Infanterieregimenter
und ein Kavallerieregiment
aufzustellen, die ich ohne
Übertreibung die prächtigsten
der Armee nennen kann...
Ich glaube, wir hätten kühn
der Phalanx Alexanders und
den römischen Legionen die
Stirn bieten können.« [1]

[1] Vgl.: Cottret, Bernard:
Glorreiche Revolution,
schändliche Revokation?
Französische Protestanten
und Protestanten Englands.
— In: Die Hugenotten.
1685–1985/hrsg. von Rudolf
Thadden und Michelle Mag-
delaine. — München, 1985.
— S. 83.

[2] Vgl. ebenda.

grationspolitik hatten die Insel jedoch eine Enklave im englischen Reich bleiben lassen. Was an Reformation Irland erreichte, gelangte nie bis ins Volk. Zwar anerkannte das irische Parlament die englische Suprematie, zwar wurden die irischen Territorialfürsten unterworfen und vertrieben oder machten ihren Frieden mit der englischen Macht, doch die englische Bibel und das englische Gebetbuch akzeptierte die irischsprechende Bevölkerung nicht. Stattdessen stärkten Jesuiten und Missionspriester vom Festland den Katholizismus und festigten die Verbindung von anti-englischem Interesse und katholischem Kult, die die Bevölkerungsmehrheit bis heute kennzeichnet.

Eine Sicherung anglikanischer und englischer Ansprüche glaubte man am besten durch eine englische Besiedlung zu erreichen. Mit dieser kamen schon zu Zeiten Heinrichs VIII. und Eduards VI. auch einige hugenottische Flüchtlinge auf die grüne Insel. Doch es blieb bei wenigen Salzarbeitern, Glasmachern, Gerbern und nur wenig mehr Bergarbeitern und Textilproduzenten.

Nach der Niederschlagung mehrerer Aufstände wurde weiteres irisches Land konfisziert und an englische Siedler übergeben. Cromwell ließ ganz Irland vermessen und die neuen Claims als Sold an Offiziere und Soldaten verteilen. Auch Wilhelm verfuhr in ähnlicher Weise. Letztendlich blieben jedoch nur wenige Siedler im Lande. Diese — mögen es schottische Presbyterianer, englische Anglikaner oder französische Hugenotten gewesen sein — wurden von der katholischen Umgebung paralysiert, schließlich absorbiert. Mit Ausnahme der kleinen englischen Oberschicht und dem Ulster-Distrikt blieb das Land katholisch. Die Entwicklung wurde noch verstärkt durch die Richtungswechsel in der englischen Politik und dem ökonomischen Gegensatz Irland—England.

Obgleich infolge der englischen Ausrottungspolitik dem Land bald Arbeitskräfte fehlten und immer wieder Einladungen an Engländer wie Fremde ergingen, blieb die Zahl der Kolonisten gering. Die größte Zuwanderung von Hugenotten erfolgte um 1630, als in Frankreich mit dem Fall La Rochelles der Protestantismus seine militärisch-politische Niederlage erlitt und Karl I. beziehungsweise Bischof Laud England-Réfugiés nach Irland weitertrieben. Weitere Zuwanderungen geschahen im Gefolge der Irland-Expedition Wilhelms sowie letztlich Mitte des 18. Jahrhunderts, als die »Kirche der Wüste« und der Camisardenaufstand liquidiert wurden. Alles in allem mögen 2 000 bis 6 000 hugenottische Glaubensflüchtlinge in Irland angenommen worden sein. In der besten Zeit waren zehn calvinistische Kirchen zu zählen: vier in Dublin, zwei in Cork und je eine in Lisburn, Portarlington, Carlow und Waterford. Den Quellen zufolge existierten kleine Kolonien ohne hugenottische Kirchen in Dundalk, Wexford, Innishannon, Clonmel und Kilkenny. Will man einige versprengte Familien ohne Kirchen und ohne Prediger auch als Kolonien zählen, so müßten noch sechs bis acht Orte genannt werden. Dublin hatte zweifellos die stärkste Kolonie mit den vielfältigsten Tätigkeiten ihrer Mitglieder. Lisburn und Waterford jedoch waren die ökonomisch bedeutendsten; hier konzentrierte sich die Tuchindustrie.

Die Landung Jakobs II. im März 1689 mit französischen Truppen hatte allerdings auch die Existenz der Hugenotten wieder in Frage gestellt. Das irische Parlament verabschiedete Beschlüsse zur Stärkung des Katholizismus und zur Selbständigkeit der Insel. Eine heftige Protestantenverfolgung veranlaßte viele Hugenotten zur Flucht. Im August setzte Schomberg mit einem Teil der Armee Wilhelms über, um die Insel wieder unter englische Botmäßigkeit zu bringen. Als der Widerstand größer als erwartet war, rekrutierte Wilhelm in England eine Expeditionsarmee. Fünf hugenottische Regimenter — drei Infanterie-, ein Kavallerie- und ein nicht rein hugenottisches Dragonerregiment — gehörten zum Landungskorps. Hugenottische Offiziere drängten sich so, daß »wir fünfzehn Offiziere pro Kompanie waren, nämlich fünf Hauptleute, fünf Leutnants und fünf Fähnriche«, berichtete ein Teilnehmer. [2] Nachdem alle Offiziersstellen besetzt waren, kämpften einige Offiziere selbst als Soldaten.

Als Jakob II. auch in Irland entmachtet und der katholische Aufstand niedergeschlagen war, siedelten sich insbesondere in Portarlington, Dublin, Youghal, Waterford und Belfast viele Hugenotten an. Nach der Stabilisierung der politischen Verhältnisse kehrten auch die Flüchtlinge zurück, und dazu kamen neue französische Exulanten. Das »Leinentuch-Gesetz«, das der englischen Industrie die feinen Tuche, der irischen die groben zuwies, veranlaßte beispielsweise den mit Abstand bedeutendsten hugenottischen Produzenten Louis Crommelin mit 75 Weberfamilien, 1000 Stühlen und rund 10 000 Pfund Sterling nach Irland zu gehen. Durch seine Manufaktur wurde Lisburn zu einem Zentrum der Segeltuchfertigung. Auch Waterford entwickelte sich zu einem Leinenzentrum mit einer Jahresproduktion von 10 000 bis 12 000 Pfund Sterling um die Mitte des 18. Jahrhunderts. Aber die Leinentuche stießen zunehmend auf Konkurrenz. War auf der einen Seite für die Herstellung von Gütern gehobenen Bedarfs der irische Markt viel zu beschränkt, so beengten zum anderen die englische und die holländische Konkurrenz eine Massenproduk-

Papiermühle in London. Von Hugenotten geführte Papiermühlen erzeugten auch das Papier für die Banknoten, das die Bank von England für ihre Emissionen benutzte.

tion. In der Folge schrumpften schon seit der Mitte des 18. Jahrhunderts die irischen Kolonien und verschwanden schließlich.

Der hugenottische Beitrag zur englischen Ökonomie erwies sich als bedeutend dauerhafter und nachhaltiger. An der Spitze der Produktion stand hier, wie überall in Europa, die Tuchproduktion. Hatte man ursprünglich Wolle nach Flandern und Frankreich exportiert, um dann die Tuche wieder zu importieren, so entwickelte sich insbesondere durch die Réfugiés eine eigenständige Tuchfertigung. Die Immigranten verarbeiteten die englische Wolle zu den verschiedensten Arten, darunter den feinen flandrischen und spanischen. Die Entwicklung verlief rasant. Eben noch machten sich Pamphletisten über die französischen Modetorheiten englischer Damen und Gentlemen lustig, die dem Land so viel Gold kosteten — man mußte Mitte des 17. Jahrhunderts mit einem Negativsaldo in der Handelsbilanz England—Frankreich von etwa eineinhalb Millionen Pfund rechnen —, da begannen

die Hugenotten in Spitalfields mit der englischen Seidenerzeugung. Schwarze, weiße und farbige Seidengewebe entstanden, und eine entsprechende Verarbeitungsindustrie wurde aus dem Boden gestampft. London, Southampton, Canterbury und Ipswich wetteiferten miteinander, und die Regierung stachelte die Produzenten an. Sie verteilte Patente, gründete die »Königliche Seiden-Gesellschaft«, beschränkte den Seidenimport, bekämpfte den Schmuggel und erließ 1697 ein eigenes »Seiden-Gesetz«. Die Folge war ein schnelles Aufblühen der südenglischen Seidenindustrie. Bald konnte der Bedarf Britanniens gedeckt werden, und der Export nach Amerika begann, ja selbst französische Auslandsmärkte wurden erobert. Auf der Grundlage der Seidengarnerei entstanden Tapeten à la mode; für Richmond hatte ein hugenottischer Manufacturier sogar einige Arbeiter der Firma Gobelin für sich gewinnen können. Voraussetzung für die Entwicklung der Tuchproduktion war die Herstellung der Garne und Webstühle. Die Zieherei von Gold- und Silberfäden mußte verfeinert werden, Metallurgie und Metallverarbeitung erhielten Anstöße.

Die hugenottenfreundliche Politik Wilhelms III., die den Aufstieg hugenottischer Manufacturiers und Händler in der Londoner City bewirkte, stieß aller-

❧ Lyons Handelskammer klagte 1753:

»Die Epoche seit 1685 war fatal für unsere Industrie nicht so sehr, weil man uns Arbeitskräfte entzog, sondern weil neue Industrien in England und Holland dadurch verursacht wurden.« [1]

[1] Zitiert in: Gwynn, Robin: Huguenot Heritage: The History and Contribution of the Huguenots in Britain. — London; Boston; Melbourne; Henley, 1985. — S. 69.

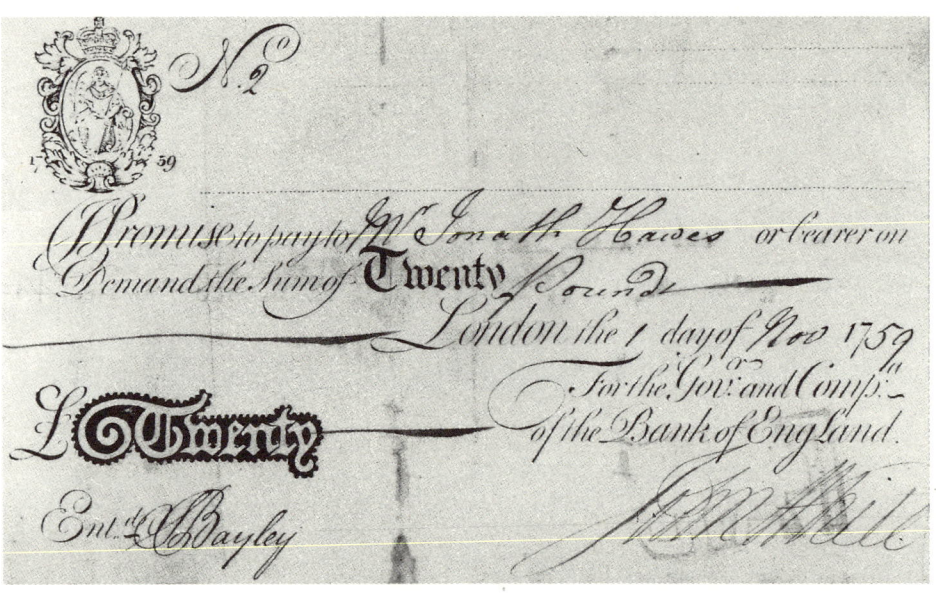

20-Pfund-Note, 1759. Bank of England, London

Porträt des vom englischen Königshause geadelten Kaufmanns und Direktors der Bank of England Sir Richard Houblon. Gemälde von Isaac Wood, um 1715. Bank of England, London

Darstellung der zeittypischen Glasfabrikation, an deren Ausbau Hugenotten partizipierten. Science Museum, London

⚜ »In der Armee, den Künsten, im Handwerk und der Bildung, in Religion, Wissenschaft und Handel, in beinahe jeder Art menschlicher Bestrebung — Englands Ehrenschuld gegenüber den Hugenotten ist umfassend.« [1]

dings auch auf Widerstand. Ein im Parlament 1694 diskutiertes Naturalisierungsgesetz wurde teilweise heftig attackiert. Als Kronzeuge mag Daniel Defoe dienen, dessen gleichermaßen englisches und bürgerliches Empfinden ihn skandieren ließ:

»Wir warnen den König, daß er reicht seine Hände,
An Hugenotten, Niederländer, an Fremde! « [2]

Eine sachliche Würdigung muß feststellen, daß das französische Handwerk dem englischen in vielen Branchen eindeutig überlegen war. Neben der Textilproduktion, einschließlich den vor- und nachgelagerten Zweigen, sowie dem Accessoires-Gewerbe sind die Gold- und Silberverarbeitung, die Fertigung von Juwelen und Uhren, von Glas und Möbeln des gehobenen Bedarfs sowie die Papierherstellung und der Druck zu nennen. Indessen waren diese handwerklichen Erfahrungen ohne größere Bedeutung für die weitere englische Entwicklung, da nicht der Luxusproduktion die Zukunft gehörte, sondern der Massenfertigung. Betrachtet man den hugenottischen Beitrag insgesamt, so ist festzustellen, daß seit dem Ende des 16. Jahrhunderts, durchs ganze 17. Jahrhundert punktuelle Einflüsse, in der ersten Hälfte des 18. Jahrhunderts auch ein breiter Einfluß zu bemerken ist. Weniges an technischem Wissen mag von Langzeitwirkung gewesen sein, wie der Strumpfwirk- und der Jacquardwebstuhl, die Erzeugung weißen Papiers oder später der Farbdruck. Das meiste blieb seiner Zeit verhaftet, leistete keinen Beitrag zu dem, was England zur »Werkstatt der Welt« machen sollte. Jedoch gehört das ökonomische Wirken der Hugenotten unverzichtbar zur Geschichte der englischen Nationalökonomie.

[1] Vgl.: Gwynn, Robin: Huguenot Heritage: The History and Contribution of the Huguenots in Britain. — London; Boston; Melbourne; Henley, 1985. — S. 90.

[2] Zitiert in: Lee, Grace: The Huguenot Settlements in Ireland. — London; New York; Toronto, 1936. — S. 257.

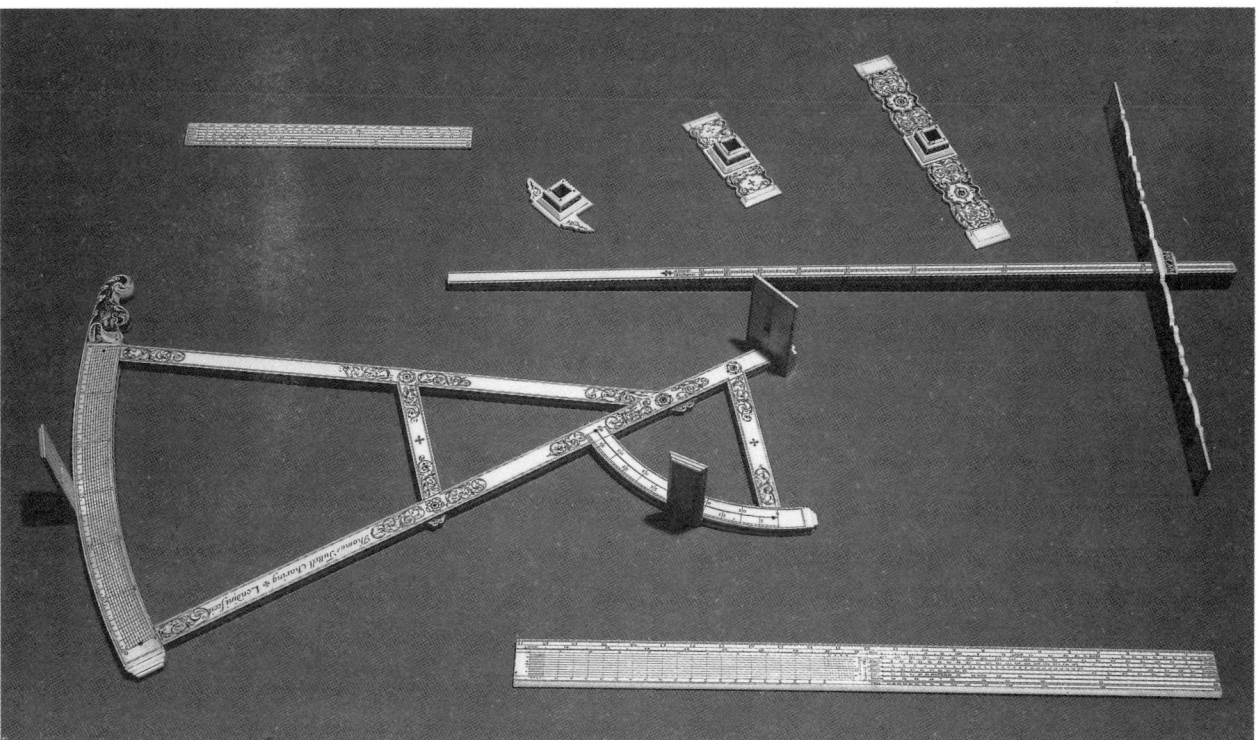

England war mit Holland zusammen im 17./18. Jahrhundert die führende Seefahrtnation. Seine Schiffe bedurften zur optimalen Ausstattung eines reichhaltigen Instrumentariums: hier ein kostbares Navigationsbesteck aus Elfenbein mit Silbereinlagen. Arbeit von Thomas Tuttell, um 1700. National Maritime Museum, Greenwich

Zu einer ähnlichen Einschätzung berechtigen die intellektuellen Wirkungen. Hugenotten waren Männer des Buches! Schon im 16. Jahrhundert traten sie vereinzelt als Schriftsteller in England auf, wie Belmain, der Sprachlehrer Eduards VI. und Elisabeths I., oder du Ploichem und Véron mit ihren Sprachlehrbüchern. Im 17. Jahrhundert erschienen medizinische Traktate wie Hugh Chamberlens »Geburtshilfe« oder Denis Papins, Salomon de Caus', Tuttells und Moxons physikalische und mathematische Schriften. Sie stehen als Beispiele neben geisteswissenschaftlichen Werken, die etwa die Übertragung der Philosophie Pierre Bayles oder John Lockes betreffen, der englischen Geschichte wie auch ihrer Staatseinrichtungen oder der europäischen Aufklärung gewidmet sind.

Der Vollständigkeit halber sei erwähnt, daß auch hugenottische Künstler in England Exil fanden. Louis Chéron eröffnete in Sir Knellers Haus nach dem Vorbild der Pariser »Académie Royale de la Peinture et Sculpture« die »Saint Martins Lane Academy«. Erstmals studierten Künstler im puritanischen England den menschlichen Körper nicht mehr bloß an antiken Gipsmodellen, sondern direkt am nackten Leib von

Mann und Frau. Berühmte Namen wie William Hogarth und Louis-François Roubiliac tauchten hier auf und Thomas Gainsborough und Charles Grignion in der kleineren »Covent Garden School«. Anne d'Urfey schrieb Theaterstücke, David Garrick faszinierte die Londoner mit seiner Natürlichkeit und Suggestivkraft auf der Schaubühne, Pierre Prelleur, Organist an der Christuskirche in Spitalsfields, komponierte Bühnenmusiken.

Alle drei Namen stehen zugleich für eine Entwicklung, die unter dem Begriff der »Assimilation« zu sehen ist, denn profanes Theater war nach calvinistischer Moral lange Zeit inakzeptabel. In Genf, in den französischen Hugenottenstädten, in den schottischen Städten des Convenant galten Schauspiele als Gaukeleien des Teufels. In Berlin protestierte die französische Kirche gegen das französische Komödienhaus, in Edinburgh verbot das Presbyterium der kleinen französischen Gemeinde das Lesen von Corneille und Molière, die aus flandrischen Druckereien ins Land geschmuggelt wurden.

Doch das Leben in der Diaspora, die Niederlagen in Frankreich, die Koexistenz mit anderen protestantischen Kirchen, die Eingewöhnung ins Exil ließen die strenge calvinistische Moral verflachen. Luxus und Wohlleben, die Unfähigkeit, eine selbstauferlegte Lebensstrenge über Generationen zu bewahren, und die Wirkungen der philosophischen Aufklärung schlugen Breschen in die Trinität von Glauben, Arbeit und

Einzug der Hugenotten. Die historisierende Darstellung zeigt die Ankunft von französischen Glaubensflüchtlingen 1686 in Erlangen. Glasmalerei von Friedrich Clemens Erbrard, Ende 19. Jahrhundert. Rathaus Erlangen

Genügsamkeit. Namensänderungen, Heiraten mit Nicht-Hugenotten — im 16. Jahrhundert von der französischen Kirchengemeinde noch gebannt — häuften sich gegen Ende des 17. Jahrhunderts. Noch wirkten strenge Kirchenzucht und Ghettoexistenz der völligen Auflösung entgegen. Doch die Wohlhabenden unterlagen diesen Zwängen schon weniger. Die französische Sprache wurde mehr und mehr durch die englische verdrängt. Am längsten bewahrte sich hugenottische Eigenheit bei Kirchen, die aus der Tradition französischer Gemeinden fortgeführt wurden, so etwa die Kirche am Hungerford Market oder Le Petit Charenton, beide in London. Sie erhielt sich auch dort, wo finanzielle Abhängigkeit die Ärmeren an die Hilfe der Kirchen oder der Gewerksorganisationen band. Am Ende des 17. Jahrhunderts waren die Hugenotten in die britische Gesellschaft voll integriert, und die meisten französischen Kirchen hatten ihre Funktion ein-

gestellt. Hugenottische Tradition lebte nur noch in Familiengeschichten fort, bis 1885 die »Huguenot Society of London« gegründet wurde — ein Ausdruck hugenottischen Geschichtsbewußtseins.

Deutsche Territorien

Als Folge des Dreißigjährigen Krieges hatte die Entwicklung Deutschlands einen erschreckenden Tiefpunkt erreicht. In mehr als dreihundert souveräne Herrschaften zerrissen, war es zum Tummelplatz ausländischer Machenschaften geworden. In einigen Teilen konservierte die zweite Leibeigenschaft feudale Produktions- und Gesellschaftsstrukturen, während beinahe überall absolutistische Prunksucht selbst kleinster Souveräne das Mehrprodukt in luxuriöser Konsumtion verbrauchte. Das deutsche Volk fand sich in seiner Entwicklung um viele Jahrzehnte, vielleicht um ein ganzes Jahrhundert zurückgeworfen.

Die unentwickelten und teilweise immer noch zerstörten Proportionen zwischen ländlicher und städtischer Produktion, zwischen den Bedürfnissen steigender militärischer und höfischer Aufwendungen und ihren Voraussetzungen, aber auch die Beispiele der Machtentfaltung anderer Staaten wie Frankreich und England und vieler Städte der Schweiz und der Niederlande ließen die ökonomischen Probleme deutlich werden. Seit Jahrhunderten hatte in Deutschland die Ökonomie staatlicherseits nicht mehr solche Aufmerksamkeit genossen wie nun seit dem Ende des Dreißigjährigen Krieges. Die Schlußfolgerungen der Fürsten und Magistrate kulminierten in den Schlagworten »Peuplierung«, »Commercium« und »Manufactur«. Je nach Lage der Landschaft und des Ortes suchten die Obrigkeiten ausländische Siedler zu gewinnen, die zu Wüstungen verkomme Landstriche und Ortschaften erneut urbar zu machen bereit waren. Oder sie luden spezielle Berufsgruppen zur Niederlassung ein. Patente, Freibriefe und Konzessionen wurden in den Kanzleien entworfen, Agenten zur Anwerbung ausgesandt und sogar durch Tradition geheiligte feudale, zünftige oder städtische Rechte durchbrochen.

Die Einwanderung von Handwerkern oder Bauern, von Manufakturisten gar oder Intelligenzlern in die deutschen Territorien blieb spärlich und weit hinter Erwartung und Notwendigkeit zurück. Die Hugenotten bevorzugten eher die protestantischen Niederlande und die aufgeschlossenen Kantone der Schweiz. Von einigen Siedlern in den Randgebieten Deutschlands abgesehen, profitierte nur die Pfalz bis zum pfälzischen Erbfolgekrieg von nennenswerter Ansiedlung.

Der pfälzische Herzog Johann I. war gegen 1580 vom lutherischen zum reformierten Bekenntnis übergewechselt und hatte damit den Grundstein gelegt, daß die Pfalz bis in die achtziger Jahre des 17. Jahrhunderts als »Vorort« des reformierten Bekenntnisses in Deutschland galt. Die Nähe zur französischen Grenze und die Bereitwilligkeit der pfälzischen Herrscher beziehungsweise ihrer Frauen zur Hilfe für die Bedrückten prädestinierte dieses Land. Die flüchtenden Hugenotten fanden hier den Wallonen bereits zugesprochene Kirchen, von denen die in Mannheim seit 1606 existierte. In Zweibrücken, wo schon ein Jahr zuvor

Symbolische Darstellung des Gedeihens des reformierten Glaubens in den Exilländern. Radierung, 1700. Hugenottenmuseum, Berlin

eine französische Gemeinde um den französischen Hofprediger entstanden war, hatte Madame de Rohan, Frau des Pfalzgrafen, großen Anteil am Aufblühen dieser Gemeinde. Doch mit so vielem anderen riß der Dreißigjährige Krieg auch diese Hugenottenenklaven in den Untergang. Gerade im Jahre 1685, in dem die Hugenotten zu Tausenden eine nahe Heimstatt für sich und ihren Glauben suchten, folgte ein katholischer Kurfürst den reformierten Herrschern in der Pfalz. Obgleich Philipp Wilhelm die Anerkennung der bestehenden religiösen Verhältnisse versprochen hatte und die Ansiedlung von Hugenotten duldete, betrieb er eine Rekatholisierung. Das bedeutete erneute Flucht für die pfälzischen Hugenotten. Schließlich überzog der pfälzische Erbfolgekrieg das Land. Besonders 1689 und 1693 richteten französische Truppen schwerste Verwüstungen an. Selbst der erzwungene französische Rückzug änderte nichts an der Bedrohung durch den riesigen Nachbarn. Erst in den zwanziger Jahren des 18. Jahrhunderts fanden sich wieder kleine Gemeinden, in Billigheim und Zweibrücken etwa, welche bis zur Französischen Revolution beziehungsweise bis zum Beginn des 19. Jahrhunderts formal bestehen blieben.

Fiel auch die Pfalz als Aufnahmeland der Réfugiés aus, so traf das nun jedoch nicht mehr auf die anderen deutschen Territorien zu. Im Gegenteil, die seit 1685 anschwellende Fluchtwelle ließ sie als Alternative für die überfüllte Schweiz und die protestantischen Niederlande erscheinen. So sehr sich katholische und lutherische oder reformierte Territorien in Deutschland in ihren ökonomischen Bedürfnissen auch glichen, so boten doch lediglich letztere den Hugenotten eine neue Heimstatt. Allein das protestantische Landesbekenntnis war noch keine Gewähr für Aufenthaltsgenehmigung und Ansiedlung. Mancher Souverän oder Magistrat enthielt sich der Einladung, wenn er Differenzen zwischen Lutheranern und Calvinisten voraussah. So blieben letztlich nur einige Territorien, die den Glaubensflüchtlingen Aufnahme, Unterkunft und Arbeit zu bieten bereit waren. Frankfurt am Main und die großen Hansestädte erlaubten hugenottische Ansiedlungen nur in Randgebieten. Sachsen und Weimar, Westfalen, Mecklenburg und Holstein wollten oder konnten keine Unterstützung geben, ihre Siedlungspolitik ließ kein Gedeihen zu. Aber selbst wenn die Fürsten von Hessen-Homburg, Brandenburg-Bayreuth oder Niedersachsen eine gastliche Aufnahme planten und in gewissem Umfang auch realisierten, so engte sich doch der Kreis schließlich auf Hessen-Kassel und Brandenburg-Preußen ein. Zugleich muß je-

»Daß sich viele dieser Flüchtlinge gerade dem Gebiet der Kurpfalz und Pfalz-Zweibrückens zuwendeten, hat namentlich darin seinen Grund, daß die Fürsten dieser beiden Länder so viele Beweise ihrer Teilnahme an dem traurigen Geschick ihrer unglücklichen Glaubensbrüder, namentlich in Frankreich, aber auch in den Niederlanden, gegeben haben. . . « [1]

[1] Die wallonischen und französischen Kolonien in der Pfalz aus dem 16., 17. und 18. Jahrhundert. – In: Der Deutsche Hugenott/hrsg. vom Deutschen Hugenotten-Verein. – Flensburg (1962) 2. – S. 34.

❧ »Freyheits Concession und Begnadigung/welche der Durchleuchtigste Fürst und Herr, Herr Carl Landgraff zu Hessen/Fürst zu Herßfeld/Graff zu Catzenelnbogen/Dietz/Ziegenhain/Nidda und Schaumburg/etc. denenjenigen/welche sich in dero Fürstenthume/Graff- und Herrschafften niederlassen/und solche Manufacturen/so biß dahero in dero Landen nicht getrieben worden/oder auch andere nutzliche Handarbeit entweder selbst machen/oder welche die Arbeit verlegen wollen/alß da sind Kauff- und Handels-Leute/und wer sonst darzu erfordert wird/gnädigst ertheilen wollen.« [1]

Freiheitskonzession. Erst der Erlaß vom Dezember 1685 lud speziell französische Flüchtlinge zur Siedlung in Hessen-Kassel ein. Hessisches Staatsarchiv, Marburg

[1] Reproduziert in: 300 Jahre Hugenotten in Hessen: Herkunft und Flucht. Aufnahme und Assimilation. Wirkung und Ausstrahlung. — Kassel, 1985. — S. 87.

[2] Ebenda. — S. 86.

[3] Vgl. ebenda. — S. 88.

doch festgestellt werden, daß nicht wenige deutsche Städte — auch wenn sie Hugenotten mitunter keine neue Heimstatt boten — eine hilfreiche Herberge auf der Durchreise waren. Frankfurt am Main beispielsweise versorgte zwischen 1665 und 1705 rund 97 000 Flüchtlinge, wozu ungefähr 150 000 Gulden verwendet wurden. Unter diesen Durchreisenden befanden sich besonders seit 1685 zahlreiche Hugenotten, so daß Frankfurt als »Drehscheibe« des Refuge bezeichnet werden kann.

Zu Recht wird die Freiheitskonzession des Landgrafen Carl von Hessen-Kassel als Einladungs- und Privilegienedikt für die einwandernden Hugenotten verstanden. Doch ihr Erscheinen bereits am 18. April 1685 beruhte nicht auf besonders prophetischen Gaben des Landesherrn hinsichtlich des französischen Revokationsedikts vom Oktober, sondern war allgemein an Einwanderungswillige gerichtet, die der »reformierten Religion beigetan« sind und »solche Manufacturen, so bis dahero in Dero Landen nicht getrieben worden,

oder auch andere nützliche Handarbeit entweder selbst machen, oder welche Arbeit verlegen wollen, als da sind Kauf- und Handelsleute, und wer sonst dazu erfordert wird. . .« [2] Zehnjährige Freiheit von Lasten und Abgaben, Befreiung von Zunftzwängen, ausdrücklicher Schutz des Landesherrn und sogar die Erlaubnis zum Bau eigener Kirchen und Schulen sind noch nicht auf die französischen Flüchtlinge ausschließlich gerichtet. Auch der Einladungserlaß vom 1. August 1685, für »Personen, die sehr reich an Vermögen und Gewerbe sind« [3], zielte noch auf keine besondere Nationalität. Erst ein dritter Erlaß, der vom 12. Dezember 1685, richtete sich vorzüglich an französische Glaubensflüchtlinge.

Diese Erlasse verdeutlichen die Absicht der hessischen Regierung, einen innovatorischen Schub durch beruflich qualifizierte Personen des städtischen Milieus auszulösen. Dem diente auch die Werbetätigkeit hessischer Agenten in Orten der Schweiz und vor allem in Frankfurt am Main. Flüchtlingskommissare und seit 1701 die »Französische Kanzlei« suchten die Ankommenden unterzubringen, mit Geldern der Kollekten zu unterstützen und ihnen bei der beruflichen Etablierung zu helfen. Entgegen der kurfürstlichen Planung schwoll der Flüchtlingsstrom jedoch rasch über die Bedürfnisse des Landes an. In herrschaftlichen Gebäuden, Mietswohnungen, ja Baracken und Hütten am Ortsrand mußte man provisorische Unterkommen suchen. Selbst der Bau der Kasseler Oberneustadt und die Stadtgründung Sieburg/Karlshafen konnten den Ansturm der zweiten Einwanderungswelle von 1699 nicht fassen.

Etwa zwei Drittel der nach Hessen einwandernden Hugenotten kamen als Bauern aus dem Metzer Land, der Dauphiné und dem Languedoc. Für sie mußten wider die ursprünglichen Intentionen ländliche Kolonien eingerichtet werden. Insgesamt 21 Orte wurden neu gegründet, 19 andere erlebten teilweise beachtliche Zuwanderungen. Rund 3800 Hugenotten siedelten sich auf diese Weise in Hessen-Kassel an, das ist — bei der vergleichsweise geringen Bevölkerung — mit 2,4 Prozent der höchste Prozentsatz in einem deutschen Territorium, obgleich Brandenburg-Preußen mit fast 20 000 Hugenotten natürlich absoluten Vorrang genoß.

Bis zur strikten Verweigerung einer Rückkehr auf dem Rijswijker Friedenskongreß (1698) durch Ludwig XIV. hatten die Hugenotten mit einer unwiderruflichen Etablierung gezögert, jetzt begannen sie in den Gastländern ihre neue Heimat zu sehen. Gleichgültig, ob im städtischen oder dörflichen Milieu, ungeachtet,

Eine Sanduhr in vier Viertelstundenausführung, wie sie insbesondere Prediger auf der Kanzel verwendeten, 18. Jahrhundert. Hugenottenmuseum, Berlin

ob feste Unterkünfte oder Bretterbuden — der Gottesdienst war die erste und wichtigste Verrichtung der Neusiedler. 1704 entstand in Hofgeismar die erste französische Kirche, ein Jahr später in Carlsdorf eine weitere, 1710 schließlich in der Neustadt Kassels. Immer ähnelten sie sich, da ihre Funktion als Predigerkirchen von der räumlichen Ordnung verlangte, daß von jedem Platz aus der Prediger zu sehen und hören war. Vier- und achteckige Räume wurden daher bevorzugt; in der Mitte oder an einer der Wände befand sich die Kanzel, ihr beigeordnet der Platz des Vorlesers, der nach dem ersten Läuten ein Kapitel der Heiligen Schrift oder der »Discipline« zu Gehör brachte. Beim zweiten Läuten bestieg der Prediger Pult oder Kanzel. Gemeinsam betete die Gemeinde das Sündenbekenntnis. Dann traten Gemeindemitglieder zwischen Prediger und Gemeinde, die ihre Vergehen in Frankreich, während der Flucht oder hier im Lande sühnen wollten. Der Psalmengesang und ein Gebet vereinten wieder die geläuterte Gemeinde. Ihnen folgte die Predigt: Worte des Dankes an Gott, daß nun wieder der Kultus entsprechend calvinistischer Bestimmung durchgeführt werden konnte; Worte des Dankes an den Landesherrn, Besinnung auf die durchlebten Leiden und Gebete für die in Frankreich Verbliebe-

nen, für die unter dem Katholizismus Leidenden, für die Eingekerkerten und die auf den Galeeren und trotz dieses Gedenkens auch Fürbitte für den französischen König. Nach der Predigt kamen wieder gemeinsames Gebet und Gesang.

Am Nachmittag fand ein zweiter Gottesdienst statt. Neben diesen beiden sonntäglichen Diensten war die Wochenmitte einem weiteren Predigtgottesdienst vorbehalten, und zwei Betstunden unterteilten die Wochentage nochmals. Viermal im Jahr betrat die Gemeinde das Parquet, den Platz zwischen Kanzel und Stuhlreihen, wo der Abendmahlstisch stand. Ostern, Johanni und Michaeli sowie Weihnachten aß man geheiligtes Brot, trank geheiligten Wein in der geistigen Gemeinschaft mit Jesu.

Die Hugenotten im Refuge bemühten sich, ihre Eigenständigkeit in kirchlicher Hinsicht zu wahren. Zwar beließ die deutsche Landesobrigkeit ihnen die innere Ausgestaltung des Kirchenlebens gemäß »Discipline« und »Confessio de Foi«, doch unterlag die äußere Form von Herrschaft zu Herrschaft unterschiedlichen Zwängen. Vielerorts durften die französischen Gotteshäuser nicht als Kirchen in Erscheinung treten;

⚜ »Von 7 Uhr früh bis Nachmittags vier Uhr blieb die Gemeinde zusammen, sich jeglicher Nahrung enthaltend, Psalmen singend, auf den Knien betend, den Schriftvorlesungen des Lecteurs und den Worten des Geistlichen lauschend, der . . dreimal zu einer einstündigen Predigt das Wort ergriff.« [1]

Landgraf Carl von Hessen-Kassel machte sich persönlich um die Ansiedlung der Réfugiés verdient. Marmorbüste von Pierre Étienne Monnot, 1686. Staatliche Kunstsammlungen Kassel, Hessisches Landesmuseum

[1] Heussner, Alfred: Die französische Colonie in Cassel. — In: Geschichtsblätter des Deutschen Hugenotten-Vereins/hrsg. vom Deutschen Hugenotten-Verein. — Bd. XII. — Magdeburg (1903) 2/3. — S. 10.

Hugenottenkirche in Karlsdorf bei Hofgeismar mit bemerkenswert schönem Portal. Sie wurde in einer Siedlung, dem wüsten Gauze, von 24 Hugenottenfamilien errichtet.

Hamburg bestand ausdrücklich darauf, daß ihr Bau sich von den Bürgerhäusern nicht unterschied. Häufig fand sich das Verbot, Glockentürme zu bauen. Noch einschneidender wirkte der landesherrliche Eingriff in den Zusammenhang der Gemeinden. Kolloquien und Synoden wurden untersagt, eine Nationalsynode war undenkbar. Das landesbischöfliche Recht des Souveräns durfte durch calvinistische Selbständigkeit nicht verdrängt werden. Auf diese Weise wurde die Presbyterialverfassung der Refugegemeinden in Deutschland nicht durch die synodale Struktur ergänzt, sondern durch eine konsistoriale Leitung ersetzt. Ausnahmen bildeten die Markgrafschaft Brandenburg-Bayreuth und die Reformierten Kirchen Niedersachsens. Alle zwei Jahre seit Gründung der Bayreuther Kolonien regelten Synoden die gemeinsamen Aufgaben. Der niedersächsische Synodalverband, der sich 1703 in Hameln konstituierte, fungierte zugleich als Kirchengericht über den Presbyterien. Ab 1732 trat jedoch keine Synode mehr zusammen.

Am beharrlichsten bestanden die französischen Gemeinden — welche Rechte sie auch immer genossen — auf ihrer Sprache. Der Gottesdienst in Französisch war ein Ritual eigenen Gewichts geworden. Mochte auch die Gemeinde durch den Verkehr mit Deutschen ihre Muttersprache langsam vergessen, das Gebet blieb lange Zeit französisch. Noch 1818 bestellte die — längst deutschsprachige — Gemeinde von Todenhau-

[1] Yon, Catherine: Das Refuge auf dem Lande: Das Beispiel Hessen. — In: Die Hugenotten. 1685 – 1985 / hrsg. von Rudolf von Thadden und Michelle Magdelaine. — München, 1985. — S. 141.

sen (Hessen) einen französischen Pfarrer nach dem Tod des vorherigen. Und selbst als auch in den Kirchen das Deutsche Einzug gehalten hatte, blieben noch Spuren konserviert, wie die Äußerung des Carlsdorfer Hugenottenabkömmlings Louis Bonnet von 1920/30 bezeugt: »Beten, das kann ich nur französisch.« [1]

Bildeten Religionsfreiheit und Kirchenverfassung auch die Voraussetzung für eine Einwanderung und Ansiedlung, so hatte doch für den Bestand der Hugenottenkolonie ihre ökonomische Überlebensfähigkeit ausschlaggebende Bedeutung. Behindernd dabei wirkte die Diskrepanz zwischen fortgeschrittener hugenottischer Produktion und beschränkter deutscher Konsumtion sowie die deutsch-französische Konkurrenz am Orte. Mit der Ansiedlung spezieller Berufe, insbesondere neuer Handwerke, der Etablierung von Manufakturen und Handelshäusern konnte im Land ein spürbarer Fortschritt erreicht werden. Doch die Verpflanzung neuer Berufe und Tätigkeiten, die Erzeugung ungewohnter Produkte stieß anfangs vielerorts auf mangelnde Nachfrage. Bützow in Mecklenburg, Homburg in Hessen-Homburg, Bayreuth in Brandenburg-Bayreuth, Karlshafen in Hessen-Kassel und viele andere Kolonien siechten dahin, weil ihre

Französisch-deutsche Schreibübung aus der Gemeinde Louisendorf von 1825. Obgleich längst assimiliert, pflegte man mit Eifer die französische Sprache. Hessisches Staatsarchiv, Marburg

Unter einem Dach: Kirche und Pfarrhaus sowie Schule, erbaut 1649, in Saint Ottilien, einer hugenottischen Neugründung.

Mitglieder nicht den lebensnotwendigen Absatz ihrer Produkte fanden. In anderen Siedlungsorten versperrten administrative und ökonomische Maßnahmen die Integration der Hugenotten. Frankfurt am Main schloß sie vom Bürger- und Zunftrecht aus, Nürnberg — für den Absatz der benachbarten Erlanger Waren unverzichtbar — sperrte Märkte und Messen, Lübeck versagte die gewohnte Befreiung von Zöllen, Steuern und anderen Lasten, legte im Gegenteil den hugenottischen Händlern ein jährliches »Schutzgeld« auf. Fast ausnahmslos intervenierten deutsche Innungen gegen die Zunftfreiheit der Franzosen, beklagten Magistrate Braugerechtigkeit und Steuerfreijahre. Heftig suchten sich Einheimische gegen das von den Hugenotten angewandte Stücklohn-Prinzip zur Wehr zu setzen, durchbrach doch diese Frühform des Akkords althergebrachte Zunftgeruhsamkeit.

Allein aus diesen Gründen erfüllten sich die weitgespannten Hoffnungen der absolutistischen Planungen nicht. Zwar registrierten die meisten Berichterstatter die Etablierung von Woll- und Strumpfmanufakturen, von Hutmachereien und Gerbereien sowie von Verbesserungen im Gartenbau und bei der Zucht von Truthühnern, doch eine dauerhafte und umfassende Wirkung mußte gleichermaßen verneint werden. Trotzdem sind durch die Übernahme der Strumpfwirkstühle, der Bandmühlenweberei oder der neuen Formen der Betriebsorganisation, durch Eintritt deutscher Meister in die französischen Manufakturen und deutscher Lehrjungen bei französischen Meistern bleibende Effekte festzustellen. »Wo immer sich Réfugiés befristet oder dauerhaft niederlassen, lassen sich ihre Einflüsse in Handel, Gewerbe und Landwirtschaft verfolgen«, zitiert der Kasseler Katalog anläßlich 300 Jahre Hugenotten in Hessen zustimmend die Erkenntnis von Lothar Zögner. [1] Diese Integration wurde durch das Nebeneinanderwohnen, durch die zunehmend gemeinsam erlebte Geschichte und die seit der dritten Generation häufigeren Mischheiraten verstärkt und formte aus Landesfremden Einwohner, aus Einwohnern Einheimische.

Besorgt fragte Kurfürst Friedrich Wilhelm in Vorbereitung einer Landesvisitation, »wie Unsere. . . an Einwohner und Manschaft sehr entblösete und desolierte Lande hinwieder mit Volk besetzet und selbige dadurch in mehreres Aufnehmen gebracht werden könnten?« [2] Denn Brandenburg-Preußen gehörte zu jenen deutschen Gebieten, die durch Requi-

[1] Zögner, Lothar: Hugenottendörfer in Nordhessen: Planung, Aufbau und Entwicklung von siebzehn französischen Emigrantenkolonien: Eine Studie zur historisch-geographischen Landeskunde. — In: Marburger Geographische Schriften. — Marburg (1966) 28. — S. 247.

[2] Verordnung vom 6. 2. 1652. — Zitiert in: Schultze, Johannes: Die Mark Brandenburg. — Bd. 5. Von 1648 bis zu ihrer Auflösung. — Berlin (West), 1969. — S. 14.

⚜ Merkantilistischer Kern-
satz:
Menschen achte vor dem
größten Reichthum.

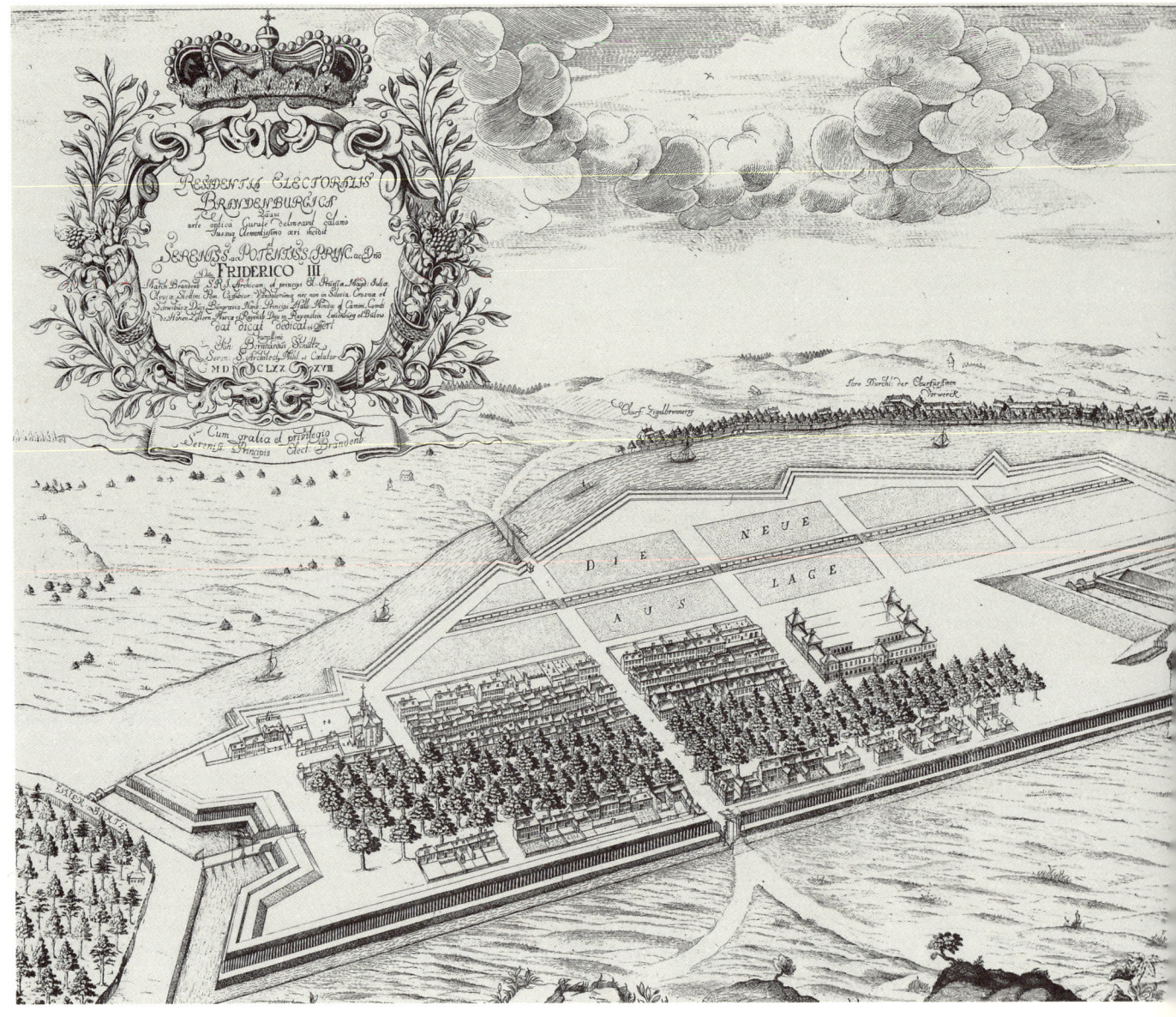

Berlin aus der Vogelperspektive. Links und rechts der
Lindenallee (links im Bild) entstanden die Quartiere der
Hugenotten. Kupferstich von Johann Bernhard Schulz, 1688.
Märkisches Museum, Berlin

rierungen und Aushebungen, durch Krieg und Nach-
krieg am meisten ausgeblutet waren. Tausende Werkstätten blieben leer, Äcker lagen unbestellt und ver-
waldeten, Dörfer und Städte waren entvölkert. Brandenburg hatte mehr als ein Drittel seiner Bewohner
durch den Dreißigjährigen Krieg verloren!

Der Vorschlag der Kameralisten, die Ökonomie
und Staatsverwaltung untersuchten, lautete: Import
von Menschen, denn Menschen, das sind Arbeitskräfte, Steuerzahler, Soldaten! So rief die kurfürstli-
che Verwaltung Kriegsflüchtlinge zurück, lud sie ein,
ihre alten Orte wieder zu besiedeln. Um der darnieder-
liegenden Textilindustrie aufzuhelfen, hatte der Kurfürst die Anwerbung von Meistern aus Sachsen und
England veranlaßt. Vergeblich, denn wer wollte schon
gern in ein armes Land übersiedeln? Der Einladung
friesischer Bauern und holländischer Meier suchte
Brandenburg mit Privilegien nachzuhelfen. Trotz allem, es setzte keine ins Gewicht fallende Einwanderung ein! Aber wollte man die »Peuplierung« der Natur überlassen, so wäre der alte Bevölkerungsstand
frühestens nach 50 bis 70 Jahren wieder erreicht.

Aufmerksam beobachteten Diplomaten und Agenten Brandenburgs, wo die Not, wo Bedrückung Menschen aus ihrer Heimat vertrieb. Ein Judenpogrom in
Wien ließ Friedrich Wilhelm das hundertjährige An-
siedlungsverbot aufheben, und so kamen 1671 etwa
50 jüdische Familien nach Berlin. Bedrängte waren
auch die Hugenotten in Frankreich. Doch eine Einla-

dung der in Frankreich Verfemten vertrug sich schlecht mit der Stellung Brandenburgs als Bezieher französischer Subsidien. Erst das Revokationsedikt räumte politische Bedenken aus. Jetzt hieß es schnell zu handeln, wollte man die in die Schweiz, nach Holland und England Fliehenden in die Staaten der Hohenzollern lenken.

Am 29. Oktober 1685 erging das großzügige Potsdamer Edikt. In 14 Artikeln wurden den Hugenotten Transportunterstützung, freies Niederlassungsrecht, Übergabe von ungenützten Häusern und Grundstükken, kostenlose Lieferung von Baumaterialien und freie Berufswahl mit fürstlicher Unterstützung bei der Etablierung sowie unentgeltlicher Erwerb des Bürgerrechts zugesichert.

Selbstredend gewährte man den um ihres Glaubens willen Geflohenen Religionsfreiheit und eigene Kir-

chen: »In einer ieden Stadt wollen wir gedachten unsern Frantzösischen Glaubens-Genossen einen besondern Prediger halten, auch einen bequemen Ort anweisen lassen, woselbst das exercitium Religionis Reformatae in Frantzösischer Sprache, und der Gottesdienst mit eben denen Gebräuchen und Ceremonien gehalten werden sol, wie es biß anhero bey den Evanglisch Reformierten Kirchen in Frankreich bräuchlich gewesen.« [1]

Dieser Artikel des Potsdamer Einladungsedikts und vor allem seine tatsächliche und andauernde Realisierung sicherten den Hugenotten eine französischreformierte Kirche inmitten der lutherischen und katholischen Bevölkerung in den Staaten der Hohenzollern, eine Kirche, die bis in die Gegenwart Bestand behielt. Allerdings mußte das bischöfliche Recht des Landesherrn anerkannt werden, wie es in den lutheri-

[1] Zitiert in: Mengin, Ernst: Das Recht der französischreformierten Kirche in Preußen: Urkundliche Denkschrift. — Berlin, 1929. — S. 192.

⚜ Kurfürst Friedrich Wilhelm:
»Wenn fremde Familien angesetzt werden, so muß man sie nicht mit einheimischen vermischen, sondern ganze Dörfer und Kolonien mitten unter dem groben und bunten Zeug anlegen, . . .damit das hiesige Volk umso besser siehet und gewahr wird, wie jene sich einrichten und wirtschaften.« [1]

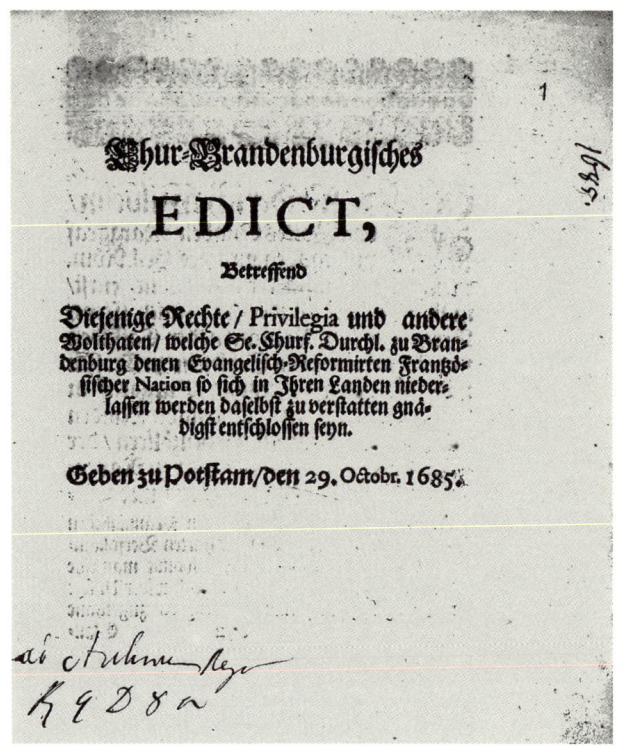

Das Potsdamer Einladungsedikt von 1685 bildete die Voraussetzung für die einmalige Entwicklung eigenverwalteter französischer Kolonien in einem Exilland. Zentrales Staatsarchiv Merseburg

schen Landeskirchen Brauch geworden war. Auch ließ sich die synodale Verfassung der calvinistischen Kirche nicht durchsetzen. Jedoch schwenkte die französische Kirchenführung erstaunlich schnell in das empfohlene Konsistorialsystem ein. Das heißt, an die Stelle von Kolloquien und Synoden, die einen demokratischen Zusammenhalt aller Gemeinden sicherten, trat nun ein Konglomerat aus basisdemokratischem Presbyterialsystem und obrigkeitlicher Konsistorialführung.

Neben die materielle Privilegierung und die kirchliche Sonderstellung trat noch ein weiterer Anreiz: die eigene Rechtsprechung der Franzosen untereinander. Das waren Grundlagen, die binnen weniger Jahre eine ausgesprochen französische Kolonie mit weitgehender Selbstverwaltung ausbilden halfen, ein in der hugenottischen Exilgeschichte einmaliger Akt.

Auf schnellstem Wege wurden 2 000 deutsch-französische Exemplare des Potsdamer Edikts nach Frankreich geschleust. Die Residenten Brandenburgs in der Schweiz, in England und Holland, in Hamburg, Frankfurt am Main und Köln vervielfältigten sie durch Nachdruck oder durch Anzeigen in Zeitungen. Sie bauten auch eine funktionierende Fluchthilfe- und Ansiedlungsorganisation auf. Den ausreisenden Fran-

zosen wurden Reisewege empfohlen, Unterstützungsgelder gezahlt sowie Unterbringung und Verpflegung in den großen Rastorten gesichert. Unter König Friedrich II. gab es sogar gedruckte Gespannscheine für die Nutzung der Postpferde, Reisepässe und abgestufte Wegegelder für die Einwandernden. Auf diese Weise angezogen, immigrierten allein bis 1697 beinahe 12 000 Hugenotten in die Territorien der Hohenzollern. Am Ende der hugenottischen Kolonisation sollten es rund 20 000 Franzosen sein.

Den politischen Beobachtern der europäischen Szene war klar, daß derart weitgehende Privilegien nicht allein und nicht einmal zuerst den reformierten Glaubensgenossen galten. Zweifelsohne war es ein erwünschter Nebeneffekt, daß das reformierte Herrscherhaus durch die Hugenotten auch zu reformierten Untertanen kommen würde; tatsächlich war jedoch »gewiß, daß das utile [der praktische Nutzen] damit gemeint, maßen schon vor mehr dann sieben Monaten man dahier . . . bemühet gewesen . . . einige Manufacturen, auch sonsten, da möglich, ganze colonias aus Frankreich anhero zu ziehen«. [2] So berichtete der österreichische Gesandte Hans Heinrich Fridak anläßlich der Publizierung des Potsdamer Edikts aus Berlin nach Wien. Einige Manufakturen — das war die Idealvorstellung, und in Berlin tat man alles, um sie zu verwirklichen. Monsieur Fleureton wurde die Konzession für eine Papiermühle bei Burg, später bei Prenzlau erteilt. Ein Zuschuß von 1 200 Talern sollte eine zweite Mühle errichten helfen. Perrin eröffnete auf dieser Grundlage die Fabrikation französischer Spielkarten, die dann die deutschen weitgehend verdrängten. Den Herren Petit & le Quoy wurde bei der Etablierung einer ersten Ölmühle alle Unterstützung zuteil.

Mühlen waren zu jener Zeit die großen Antriebsmaschinen, deren hoher Wirkungsgrad in den verschiedensten Produktionen Anwendung fand. Beispielsweise stellte die Herstellung von Sprengpulver in Mühlen das Gleichgewicht zu der seit Ende des 17. Jahrhunderts manufakturmäßig betriebenen Erzeugung von Gewehren her. Gewehr- und Geschützproduktion lenken das Augenmerk auf die Metallindustrie; sie erhielt durch Réfugiés ebenfalls Auftrieb. Ihr Einfluß reichte von der Erzgewinnung über das Hüttenwesen bis zur Bearbeitung. Metallguß stellte bis zu dieser Zeit ein völlig untergeordnetes und relativ grobes Verfahren dar, jetzt begann es neben Schmiede und Schlosserei ein eigenständiges Leben zu führen. Der Hugenott Étienne de Cordier wurde zum Direktor sämtlicher kurfürstlicher Eisenhütten und Gießereien berufen. Auch die Eisenwerke Peitz und Cottbus, das Hammerwerk Hegermühle, die Kupfer- und Messing-

[1] Zitiert in: Erbe, Helmut: Die Hugenotten in Deutschland. — Essen, 1937. — S. 4.

[2] Zitiert in: Grieshammer, Werner: Studien zur Geschichte der Réfugiés in Brandenburg-Preußen bis 1713. — Berlin, 1935. — Fußnote 74.

*Ansicht vom Kupferhammer bei Eberswalde. Hier wurden Kupfer
und Messing unter hugenottischer Leitung erzeugt. Kolorierte
Radierung von Friedrich August Schmidt nach Florian
Großpietsch. Staatliche Museen zu Berlin, Kupferstichkabinett*

werke Eberswalde wurden der befördernden Leitung
von Hugenotten anvertraut. Kupfer- und Zinnarbei-
ter, Emailleure und Edelmetallner schufen einen glei-
tenden Übergang vom Grobschmied zum Juwelier. De
Moor & Colomb aus Nîmes eröffnete die einzige Spie-
gelmanufaktur der Mark Brandenburg. Valérie, der
vom Schweizer Exil die Zuzugsbedingungen für sich
und 23 Weberfamilien aushandelte, errichtete in Halle
eine Tuchmanufaktur, Sechehay eine Lohmühle. Por-
zellanmanufakturen und Glasfabriken entstanden,
Drahtziehereien und Gerbereien . . .

Der Zuzug hugenottischer Manufacturiers hing jedoch nicht allein von der Bereitstellung von Arbeitsräumen, von finanzieller Unterstützung und Privilegierung hinsichtlich der Erzeugnisse ab, sondern gleichermaßen vom gesamten wirtschaftlichen Umfeld.
Fast ein Jahrhundert lang klagten Unternehmer über
mangelnde und unqualifizierte Arbeiter. Die feudale

*Strumpfwirkstuhl, um 1750. In England wurde der Wirkstuhl
erfunden, in Frankreich fand er weite Verbreitung. Réfugiés
arbeiteten mit ihm in Exilländern. Auf ihm wurden Westen,
Mützen und vor allem Strümpfe erzeugt. Stadtmuseum, Erlangen*

Struktur Brandenburgs band die übergroße Menge der
Arbeitskräfte durch die Verhältnisse der Leibeigenschaft an den Boden oder an die fesselnden Bedingungen der Zünfte. Selbst wo Arbeitskräfte für moderne
Produktionen frei wurden, entsprachen sie zumeist
vom Stand ihrer Bildung, ihrer Qualifikation und Arbeitserfahrung nicht französischen Wünschen. Auch
die erzeugten Produkte überstiegen nicht selten die
Aufnahmefähigkeit der Mark Brandenburg. Ganze
Kolonien lösten sich wieder auf, da der mangelnde Absatz die Lebensfähigkeit der französischen Unternehmen nicht sicherte. Dazu trugen allerdings auch Un-
willen und Behinderungen, ja Boykott der deutschen
Bevölkerung bei. Allein in einem Bereich erwies sich
der Bedarf als so groß, daß ein dauerhafter und volks-
wirtschaftlich bedeutender Einfluß hugenottischer
Produzenten unübersehbar ist: in der Tuchproduktion.

Die Hauptmasse der hugenottischen Gewerbetreibenden — und diese stellten schon mehr als die Hälfte
der einwandernden Réfugiés überhaupt — war mit der
Textilerzeugung und -verarbeitung befaßt. Garner
und Walker, Weber und Wirker, Färber und Drucker,
Appreteure und Sticker, Knüpfer und Schneider halfen Luxusbedürfnisse und Massennachfrage zu befriedigen. Es entstanden begehrte Bänder und Borten, Litzen und Kordeln aus den verschiedensten Materialien,
Wand- und Fußtapeten wurden gewebt und Bildteppiche geknüpft. Hugenottische Meister bestickten
Pferdedecken und Sänftenbespannungen mit höchster
Kunstfertigkeit, um besonders dem Prunkbedürfnis

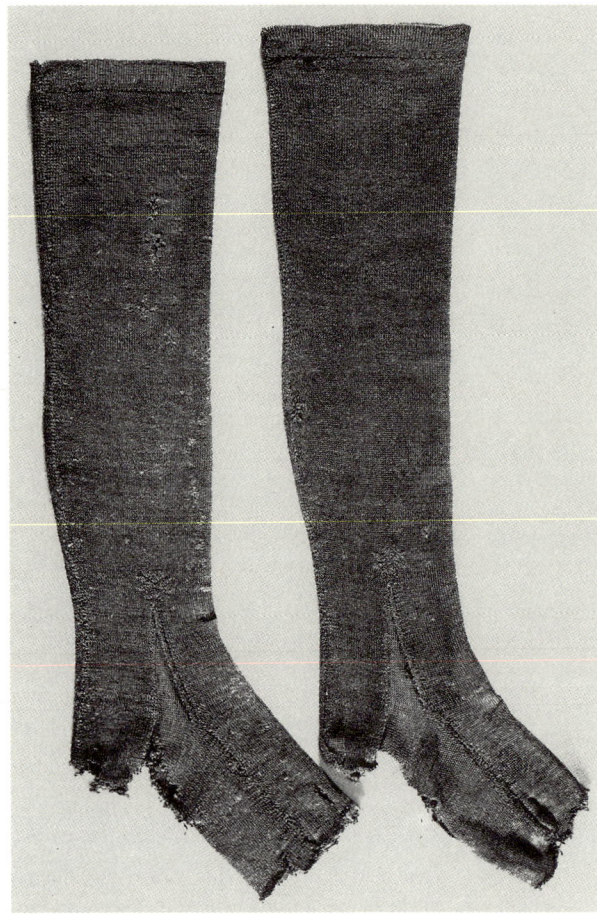

Gewirkte Kinderstrümpfe des Prinzen Ludwig Karl Wilhelm von Preußen. Grüne Seide, um 1718. Staatliche Schlösser und Gärten Potsdam-Sanssouci

⚜ »Unter der Regierung König Friedrich Wilhelms waren alle Zitze, Kattune und dergleichen baumwollene Zeuge aufs schärffste verboten. Sie durften nicht allein zu Kleidern getragen, sondern auch nicht einmal alt zu Möbeln, Bettumhängen u. d. gl. gebraucht werden.« [1]

[1] Nicolai, Friedrich: Beschreibung der Königlichen Residenzstädte Berlin und Potsdam. — Berlin, 1786. — S. 523.

von Kurfürst Friedrich III., seit 1701 erster König in Preußen, Ausdruck zu geben. Doch nicht nur Friedrich III., auch die anderen Hohenzollernfürsten nutzten die Erfahrungen französischer Wirker und Weber zur Selbstdarstellung ihrer Herrschaft und der Leistungsfähigkeit des aufstrebenden Staates.

Mit der Bestallung des Pierre Mercier im Jahre 1686 zum Hoftapetenwirker etablierte sich in Berlin die erste künstlerische Textilmanufaktur, die unter Mercier, später Charles Vigne, sogar internationale Berühmtheit erlangte. Für die Wirtschaftskraft Brandenburg-Preußens war jedoch weniger die hugenottische Stickerei — etwa des Schwarzen-Adler-Ordens — als vielmehr die Erzeugung von Massentuchen bedeutsam. Wolle, die bislang zu den unverarbeiteten Exportprodukten gehört hatte, blieb nun im Lande und wurde zu Tuchen verwebt. Dem Selbstverständnis merkantilistischer Politik entsprechend, reglementierte insbesondere König Friedrich Wilhelm I. die Verarbeitung einheimischer Rohstoffe, verbot den Import von Baumwolle und Baumwolltuchen. Unter solchen Bedingungen profitierten hugenottische Wollmeister, litten allerdings hugenottische Kattunweber, -färber und -drucker. Auf dem Gebiete der Seidenerzeugung und -verarbeitung ließ sich mit solchen Methoden zwar der Import reduzieren, nicht aber die Nachfrage reglementieren.

Friedrich II., Nachfolger des spartanischen Königs, kombinierte Bedürfnis und kameralistische Wirtschaftspolitik. Er kurbelte mit beträchtlichem Aufwand die Erzeugung preußischer Seide an. Seidenproduktion setzte Seidenraupenzucht, diese die Maulbeerbaumpflanzung voraus. In den Unterlagen der französischen Kolonieführung ist säuberlich vermerkt, mit welchem Eifer an Wegrändern, auf Schulhöfen und Kirchplätzen, in Gärten und selbst auf Friedhöfen Maulbeerbäume oder -sträucher gepflanzt wurden. Obgleich die natürlichen Bedingungen dem Maulbeerbaum und auch der Seidenraupenzucht entgegenstanden, erhöhte sich die Seidenproduktion von 100 Pfund am Beginn der friderizianischen Regierungszeit auf 11 000 Pfund an deren Ende. Doch bei aller Ausdehnung der Produktion befriedigte nicht Seide den Massenbedarf nach Tuch, sondern Wolle. Besonders weißes und blaues Wolltuch wurde benötigt — für die Soldaten.

Die Vergrößerung der Armee und ihre Existenz auch in Friedenszeiten stellten Konsequenzen aus den Erfahrungen des Dreißigjährigen Krieges dar. Zudem machte das stehende Heer den Herrscher unabhängiger von den altfeudalen Ständen. Den bisherigen vielfältigen Unterstellungsverhältnissen entsprach die bunte Kostümierung der Soldaten, die Armee des Königs dagegen sollte durch uniforme Kleidung ihre Einheitlichkeit verdeutlichen, Uniform jedoch verlangte nach ausreichender und gleichbleibender Produktion. Stärkten etwa 600 hugenottische Militärs — darunter hochqualifizierte Truppenführer und Ingenieuroffiziere — die preußische Heereskraft, so halfen hugenottische Tuchmeister deren Bekleidung zu sichern. Hugenotten erhielten die Privilegien zur Anfertigung militärischer Hüte und Knöpfe, und sie erzeugten jenes später berühmte blaue Tuch.

War mit der Ansiedlung der französischen Glaubensflüchtlinge also mehr bewirkt als die Wiederauffüllung eines entvölkerten Landes? Zweifellos brachten die Hugenotten nicht nur ihre Arbeitskraft und Arbeitserfahrung mit, sondern auch neueste Erfindungen und Produktionsverfahren. Obgleich obrigkeitliche Förderung die Ansiedlung hugenottischer Bürger ermöglichte, entstand jedoch kein Importbürgertum. Die feudal-absolutistische Wirtschaftspolitik wirkte zu widersprüchlich, schuf gleichermaßen die Bedingungen eines überhitzten Treibhauses und die Enge eines Fischbeinkorsetts. Wenige der von Hugenotten eingerichteten Glas- oder Keramikmanufakturen, der Kupfer- und Zinnwerkstätten und ähnlicher Unternehmungen bestanden auf Dauer. Die Seidenproduktion konnte trotz königlicher Maulbeerbaum-Prämien und Webstuhl-Geldern den kostengünstigeren italienischen oder französischen Erzeugnissen keinen Widerstand entgegensetzen. Sie ging unter.

Wirkungen riefen die Hugenotten nicht nur in den städtischen Produktionen hervor, sondern ebenfalls in der Landwirtschaft. Besonders im Gartenbau und in der Tabakpflanzung brachten sie Fortschritte. Ihre Erfolge im Gartenbau veranlaßten Bewunderer zu regelrechten Besichtigungstouren der Gärten. Hochgezüchtete Obstbäume wie besonders die Kirschen, der Anbau von Bohnen und Blumenkohl, von Spargel, Chicorée und Artischocken, von Salaten und Küchenkräutern erregten Staunen und Neid. König Friedrich I. ließ sich fortan Feingemüse nicht mehr aus

Sogenannte Fußtapeten aus der Manufaktur Charles Vignes Erben, Berlin, um 1765. Staatliche Schlösser und Gärten Potsdam-Sanssouci

Hamburg oder Leipzig kommen, sondern von Hugenotten liefern. Der Anbau in Gewächshäusern und Frühbeeten förderte die gärtnerischen Erfolge noch.

Blieben die Märker dem »Bohnenfressen« gegenüber anfangs skeptisch, so setzte sich der Tabak rasch durch. Der Anbau dieses aromatischen Nachtschattengewächses, die Tabakspinnerei und sein Vertrieb erwiesen sich als außerordentlich lukrativ. Tabakhändler aus Brandenburg exportierten sogar nach Dänemark, Schweden und Polen. Aus den Unterlagen der Magdeburger Kolonie geht hervor, daß bis 1708 für rund 350 000 Taler Tabak nach Böhmen und nach Schlesien verkauft worden war. Nach dem gröberen Pfeifentabak pflanzten die Tabakbauern unter Friedrich II. bald auch den feineren Schnupftabak an. Erst der Aufschlag einer Staatssteuer im Jahre 1766 beendete den Reichtum der Tabakpflanzer, ja führte viele in den Ruin. Die Frankfurter Kolonie, deren Existenz auf dem Tabak basierte, siechte bis zur förmlichen Auflösung dahin.

Die wenigsten Fortschritte brachten die Hugenotten dem Ackerbau und der Viehzucht. Zwar versuchten sie hier und da eine Intensivierung durch den Anbau von Erbsen oder Zwischenfrüchten auf der Sommerbrache oder eine Erhöhung der Ackerfruchtbarkeit durch verstärkte Düngung, doch wurden diese Ansätze schnell von der traditionellen Arbeitsweise aufgesogen. Die Zahl hugenottischer Ackerbauern war in Brandenburg-Preußen gering im Vergleich zu der der Gewerbetreibenden; nur jeder Fünfte siedelte auf dem Lande. Ihre Befreiung von der Leibeigenschaft stellte sie zwar auf eine günstigere Position als die Masse märkischer Bauern und Kossäten, die wöchentlich zwei Tage und in der Erntezeit sogar täglich bei ihren Grundherren arbeiten mußten, doch waren sie insgesamt zu unbemittelt. Zur Besiedlung der verödeten Amtsbezirke Chorin, Gramzow oder Löcknitz wurden ihnen zwar Boden und Hof überlassen, oft auch Geschenke an Vieh — in der Regel eine Kuh und zwei Ziegen — gemacht, doch fehlte es vielen am Dringlichsten: am Saatgut. So baten zum Beispiel 53 Groß-Ziethener Bauern um 100 Taler Vorschuß, um Saatgetreide kaufen zu können. Die Bemerkung, daß die »französischen Reformierten in unserer Gegend die ersten waren, die sich mit einem gewissen häuslichen Komfort zu umgeben verstanden« [1], darf nicht über den relativen Mangel an Betriebsmitteln und Kapital hinwegtäuschen.

Naturgemäß war die Zahl der französischen Siedler in den Dörfern fast gleichbedeutend mit Ackerbauern. Doch schon in den Städten der Uckermark überwog

✤ »Nachdem seine Churfürstl. Durchlauchtigkeit zu Brandenburg pp. Unser gnädigster Herr, sub dato Potsdam den 16. Nov. 1686, angleichen Potsdam den 17. Juny 1687 bereits gnädigst verordnet, daß die . . .sich Etablierte Frantzösische und Pfältzische Ackersleute und Cossäten, wie auch ihre Kinder und Nachkommen nach Endigung der ihnen gewilligten Freyjahre, zu keinen wirklichen Frondiensten jemahlen angehalten sondern in ein gewisses jährliches Dienstgeld. . . gesetzet werden sollen; So lassen Sie solches nicht allein dabey allerdings gnädigst bewenden, sondern willen und ordnen auch gnädigst, daß sothane Frantzoische und Pfältzische Ackersleute und Cossäten vor sich und ihre Nachkommen von aller leibeigenschaft, wie sie auch Namen haben möchte, zu ewigen Zeiten befreyet sein sollen.« [2]

[1] Ohle, R.: Die Besiedlung der Uckermark und die Geschichte ihrer Dorfkirchen. — In: Mitteilungen des Uckermärkischen Museums- und Geschichtsvereins. — Bd. 5. — Prenzlau, 1915. — S. 177.

[2] Zitiert in: Pick, Margarete: Die französischen Kolonien in der Uckermark. — Prenzlau, 1935. — S. 15 f.

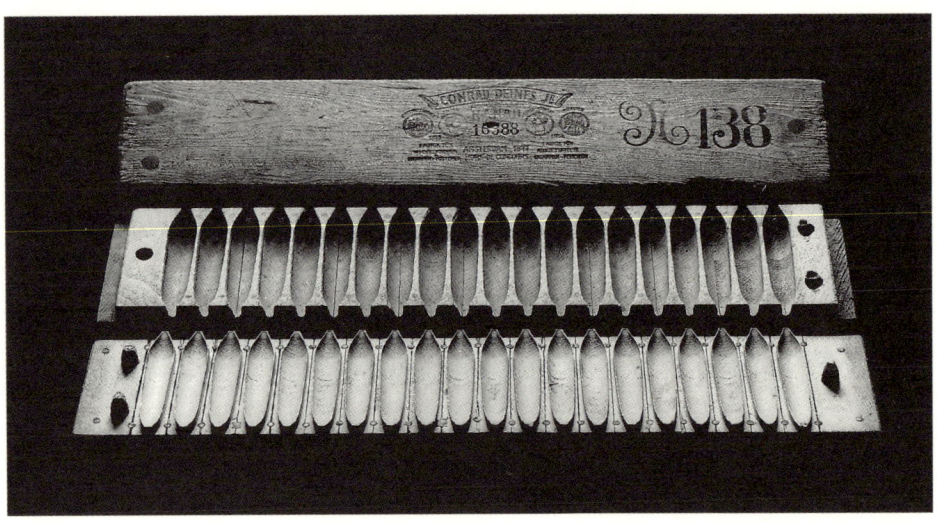

Tabakpresse. Mit ihrer Hilfe erhielten die kunstvoll gedrehten Tabakblätter die Zigarrenform. Historisches Museum Hanau

die Zahl der städtischen Gewerke und Dienste die der Bauern und Tabakpflanzer und Gärtner. In den vier größeren Städten dieses Gebiets beispielsweise — Angermünde, Prenzlau, Schwedt und Strasburg — lag die Zahl der in der bäuerlichen Produktion Beschäftigten um 1700 bei 69, die der städtischen Produktionen bei 74; daneben finden wir noch 12 Personen, die als Rentiers oder Standespersonen lebten. In Magdeburg, Frankfurt (Oder) und Halle (Saale), erst recht aber in Berlin verschob sich diese soziale Gliederung noch weiter zugunsten der städtischen Gewerke und Dienste. Überall finden wir hugenottische Bäcker und Brauer, deren Weißbrote und Brötchen ebenso wie Weißbiere, Liköre und Branntweine eine angenehme Erweiterung des täglichen Angebots darstellten. Maurer und Zimmerer, Böttcher und Lichtegießer, Schlosser und Webstuhlbauer konzentrierten sich in den großen Städten, Kaufleute und Krämer gleichermaßen.

In Magdeburg, vor allem aber in den Universitätsstädten Frankfurt (Oder) und Halle (Saale) sowie der Residenzstadt Berlin gehörten auch Vertreter der Intelligenz zu den Einwanderern. Prediger bildeten — verständlich, wenn man sich des französischen Auswanderungsgebots erinnert — die Überzahl. Doch auch Ärzte und Apotheker, Lehrer und Juristen, Ingenieure und Baumeister sowie Wissenschaftler und Künstler stellten eine beachtliche Zahl in dieser Berufsgruppe.

Aus der Schar hugenottischer Intellektueller ragten jene heraus, deren Tätigkeit mit namentlichen Leistungen verknüpft war: die Wissenschaftler und Künstler. Nach Holland — das schon Zeitgenossen als »Gelehrtenrepublik« apostrophierten und das zum Exil vieler hugenottischer Geistesgrößen avancierte — wurde Berlin zu einem zweiten Sammelpunkt französischer Gelehrsamkeit. Schon vor dem Potsdamer Ein-

ladungsedikt weilten Hugenotten in Berlin, die französische Sprache und französische Sitte, französische Koch- und Gartenkunst lehrten. Auf Ritterakademien lernten die jungen Adligen, was zu wissen not tat, gleichgültig, ob es der Lebensweise dienlich oder nur nach der Mode nötig schien. Auch von der Wiederbelebung einer wissenschaftlichen Akademie kündete ein Patent des Kurfürsten Friedrich Wilhelm vom 20. August 1687, doch entstand erst auf Leibniz' Drängen und zur Befriedigung der Prunksucht des Kurfürsten, beziehungsweise Königs, Friedrich 1700 (Stiftung) oder 1710 (Arbeitsbeginn) die »Academie Royale des Sciences et Belles-Lettres«. Unter ihren Mitgliedern, die zu mehr als einem Drittel Hugenotten waren, befanden sich neben Charles Ancillon und François de Gaultier — Führer der französischen Kolonie — die beiden Naudés (Mathematiker), Étienne Chauvin (Philosoph und Herausgeber der ersten Berliner wissenschaftlichen Zeitschrift) und Alphonse de Vignoles (Schöpfer einer Bibel-Chronologie).

In der Zeit des Soldatenkönigs Friedrich Wilhelm I., dem allein die Medizin als Wissenschaftsdisziplin von praktischem Nutzen und fördernswert erschien, zerfiel die Akademie. Friedrich II. mußte sie neu beleben, um ihr zur Blüte zu verhelfen. Aufgrund seiner Gallomanie bevorzugte er bei der Verleihung der Akademiesitze die in Berlin ansässig gewordenen Hugenotten, aber auch Franzosen überhaupt. Die Sta-

Waffeleisen. Brötchen und Bouletten, kleine Würstchen und Waffeln gehörten zur französischen Alltagsküche und fanden in den Exilländern, insbesondere den östlichen, Verbreitung. Reformierte Kirche Bergholz bei Prenzlau

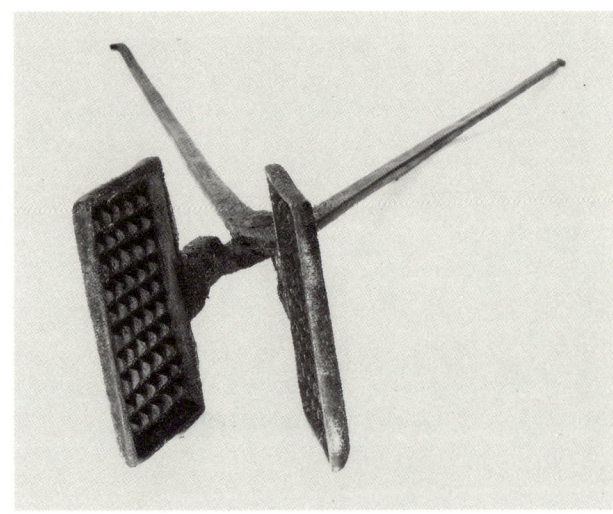

tistik zählte unter den Akademiemitgliedern in der Regierungszeit Friedrichs II. 29 Hugenotten, von A wie Achard (Rübenzuckerindustrie) bis V wie des Vignoles (Mitherausgeber der »Bibliothèque germaniques«). Ohne den wissenschaftlichen Rang der Londoner oder Pariser Wissenschaftsgesellschaften zu erreichen, trug die Berliner Akademie jedoch dazu bei, daß im Denken überholte Auffassungen verdrängt wurden.

Die naturwissenschaftlichen und mathematischen Leistungen der Akademiemitglieder wurden zwar von denen der gesellschaftswissenschaftlichen Disziplinen, insbesondere Historiographie und Philosophie überschattet, doch gab es hier ebenfalls bleibende theoretische und der Praxis dienende Erkenntnisse. Forschungsmöglichkeiten dafür boten beispielsweise solche Neueinrichtungen wie die Bibliothek und die Gymnasien, das anatomische Theater, die Sternwarte und der botanische Garten sowie Laboratorien, Kabinette und Sammlungen. Unbestritten sind die Leistungen der Akademie beim Austausch nationaler Erkenntnisse. Durch Übersetzungen, Apologien, aber auch eigenständige Arbeiten in Zeitschriften, Büchern, wissenschaftlichen Korrespondenzen und der Lehre gelang der Anschluß an westeuropäisches Denken. »Die Vermittlerrolle der Réfugiés im geistigen Emanzipationsprozeß in Europa, in der République des Lettres, . . . konnte sich nunmehr voll ausprägen. Sie ist Teil des Beitrages, den die Hugenotten in Brandenburg-Preußen zur Entwicklung der Wissenschaft in der deutschen Geschichte geleistet haben.« [1] Diese Vermittlung war durchaus kein einseitiges Nehmen, sondern durch die Übersetzung etwa der historischen und staatsrechtlichen Schriften Samuel von Pufendorffs oder der philosophischen Christian Wolffs ins Französische auch ein Geben. Insbesondere Jean Henri Samuel Formey half, die aufklärerische Philosophie Wolffs in Frankreich und damit Westeuropa bekannt zu machen. Die Arbeiten zur Aufklärung gehörten überhaupt zu den Verdiensten der Akademie und ihrer hugenottischen Mitglieder. Daß dieser Beitrag nicht auf die Akademie beschränkt blieb, beweisen die Verdienste von l'Enfant und Jacques Abbadie, letzterer besonders um die Descartes-Rezeption bemüht.

Die Übernahme der Akademieleitung in den sechziger Jahren durch Friedrich II. versperrte der radikalen Aufklärung diese Institution. Ungeachtet dessen trug sie unzweifelhaft zur Verbürgerlichung des Denkens im feudalabsolutistischen Preußen bei.

Galt die Akademie als die Spitze intellektueller Institutionen, so ruhte sie auf einem durch die Hugenotten verbreiterten Sockel von Universitäten, Ritterakademien und Ingenieurschulen, Gymnasien und allgemeinen Schulen. Es war einer der Wesenszüge des Calvinismus, daß er der Bildung erhöhte Aufmerksamkeit schenkte. Bildung war gleichermaßen unabdingbar für Geistliche, Juristen und Lehrer wie für bürgerliche Professionen. Für ankommende Hugenotten, die ihr Studium hatten abbrechen müssen, richtete Kurfürst Friedrich Wilhelm freie Studienplätze an der Universität Frankfurt (Oder) ein. Hier wie später am Berliner Predigerstift, das 1770 eröffnet wurde, studierten insbesondere Kinder aus weniger vermögenden Familien. Reiche zog es nach wie vor an berühmte ausländische Universitäten, etwa nach Genf oder Lausanne.

Die Vorbereitung auf das Universitätsstudium erfolgte in der Regel in den Gymnasien. Nach dem Dreißigjährigen Krieg zählte Berlin nur noch drei dieser Bildungsinstitute. Das französische, in dem »in Catechismo und Christenthum, in Linguis, sonderlich Latinitate und Stylo, in Disciplinis, in der Historia, sowohl Ecclesiastica auch civile, wie auch Geographia« [2] unterrichtet wurde, eröffnete 1689. Gerade die Ausbildung in Latein und Französisch zog auch deutsche Schüler an, wenngleich die Qualität sehr vom Format der Lehrer abhing und die Schule zeitweilig nicht vor Oberflächlichkeit bewahrt blieb.

Die für Calvinisten selbstverständliche Bindung der Schule an die Kirche wurde 1690 expressis verbis durch eine Verordnung für Brandenburg bestätigt. Es oblag also den Kirchenführungen — die sich behutsam zu örtlichen Konsistorien und einem Oberkonsistorium entwickelten —, die Einrichtung, Unterhaltung und Beaufsichtigung zu steuern. Dies betraf vornehmlich jene einfachsten Schulen, die in allen Parochien der großen Städte und überall, wo Hugenotten eine Kirche gründeten, entstanden. Man rühmte sich, daß außer Religionsunterricht auch Schreiben und Lesen vermittelt wurden. Im Unterschied zu den Deutschen findet sich unter den Hugenotten nur ein verschwindend kleiner Prozentsatz von Analphabeten, obgleich manche Eltern und Manufakturisten den Mangel an Arbeitskräften allzugern durch Kinderarbeit behoben. Selbst eine so typische Erscheinung wie fehlende Schulbildung in den allerärmsten Familien vermied die Berliner Kolonie durch die »École de Charité«. Hier wurden im Gründungsjahr 12 Kinder, 40 Jahre später schon 200 kostenlos unterrichtet.

Die Güte französischer Bildung schlug nicht nur in den unteren Schichten des Volkes zu Buche, auch die gehobenen genossen französischen Unterricht. Sowohl Bürgertum wie Adel orientierten sich derart auf französische Erzieher beziehungsweise Erzieherinnen, daß beispielsweise die Hugenotten die höfische Bildung

✠ »Die eingetretene Concurrenz in Gewerbsbetrieben lehrte den Bürger hiernächst erkennen, daß sein Heil von guter Schulbildung immer mehr und mehr abhängig werde.« [3]

[1] Grau, Conrad: Hugenotten in der Wissenschaft Brandenburg-Preußens Ende des 17. und im 18. Jahrhundert. — In: Zeitschrift für Geschichtswissenschaft. — Berlin (1986) 6. — S. 509.

[2] Geiger, Ludwig: Berlin 1688–1840: Geschichte des geistigen Lebens der preußischen Hauptstadt. — Berlin, 1892. — S. 245.

[3] Fidicin, Ernst: Historisch-diplomatische Beiträge zur Geschichte Berlins. — 5. Teil: Geschichte der Stadt. — Berlin, 1842. — S. 439.

Abendmahlsmarken, 18. Jahrhundert. Ursprünglich wurden sie ausgegeben, um die Hugenotten vor katholischen Provokateuren zu schützen. Später gerieten sie zum Zuchtmittel der Gemeindedisziplin: Der Ausschluß vom Abendmahl grenzte den Gläubigen zeitweilig aus der Gemeinde aus. Hugenottenmuseum, Berlin

den sowie Prinzessin Amalie — alles Töchter König Friedrich Wilhelms I. — erzog. Die Söhne der Winterfeldt und Puttkamer, der Dohna, Finkenstein, Schlieben, von der Goltz und andere genossen nicht nur französische Erziehung, sondern viele heirateten hugenottische Frauen. Auf diese Weise floß nicht nur französische Bildung und Kultur, sondern auch französisches Blut in die Familien der Humboldts und Steins, Scharnhorsts und Blüchers, Gneisenaus und Schills, um nur einige Namen bekannter preußischer Patrioten und Reformer zu nennen. Hundert Jahre nach dem Edikt von Fontainebleau, anläßlich der Erinnerungsfeierlichkeiten des Potsdamer Einladungsedikts, resümierte die Führung der Französischen Kolonie: »Wenn man von einer Kolonie spricht, so versteht man darunter meistens eine Gesellschaft von Menschen ein und derselben Nation, die sich in einem fremden Land niedergelassen haben, ohne sich mit der

❦ »Unvermerkt kam die Erziehung der Jugend in die Hände der Franzosen; und ihnen verdanken wir mehr Angenehmes im Umgange und mehr Ungezwungenheit im Betragen.« [1]

gänzlich übernahmen. Alle Prinzen und Prinzessinen des brandenburgisch-preußischen Hofes seit Kurfürst Friedrich Wilhelm erhielten Hugenotten als Lehrer und Betreuer. Darunter waren so kultivierte und gebildete Männer wie Jean-Pierre Ancillon, der später zum preußischen Staats- und Kabinettsminister seines einstigen Zöglings avancierte, und Mademoiselle d'Ingenheim, die als Gouvernante der Prinzessin Louise Sophie Dorothea schließlich nach deren Heirat mit dem schwedischen König Hofdame daselbst wurde, oder Mademoiselle de Jancourt, die die spätere Markgräfin von Schwedt, die spätere Königin von Schwe-

Sogenannter Vaterunser-Ziegel. In den nassen Ton hatte ein südfranzösischer Réfugié das Gebet eingeritzt und den Ziegel zum Abdecken seines Fachwerkhauses benutzt. Ende 17./Anfang 18. Jahrhundert. Deutsches Hugenotten-Museum, Bad Karlshafen

[1] Friedrich II. von Preußen Zur Geschichte des wirtschaftlichen und geistigen Lebens in Brandenburg-Preußen. — In: Friedrich der Große: Denkwürdigkeiten/ hrsg. von M. Krammer. — Berlin, o. J. — S. 24.

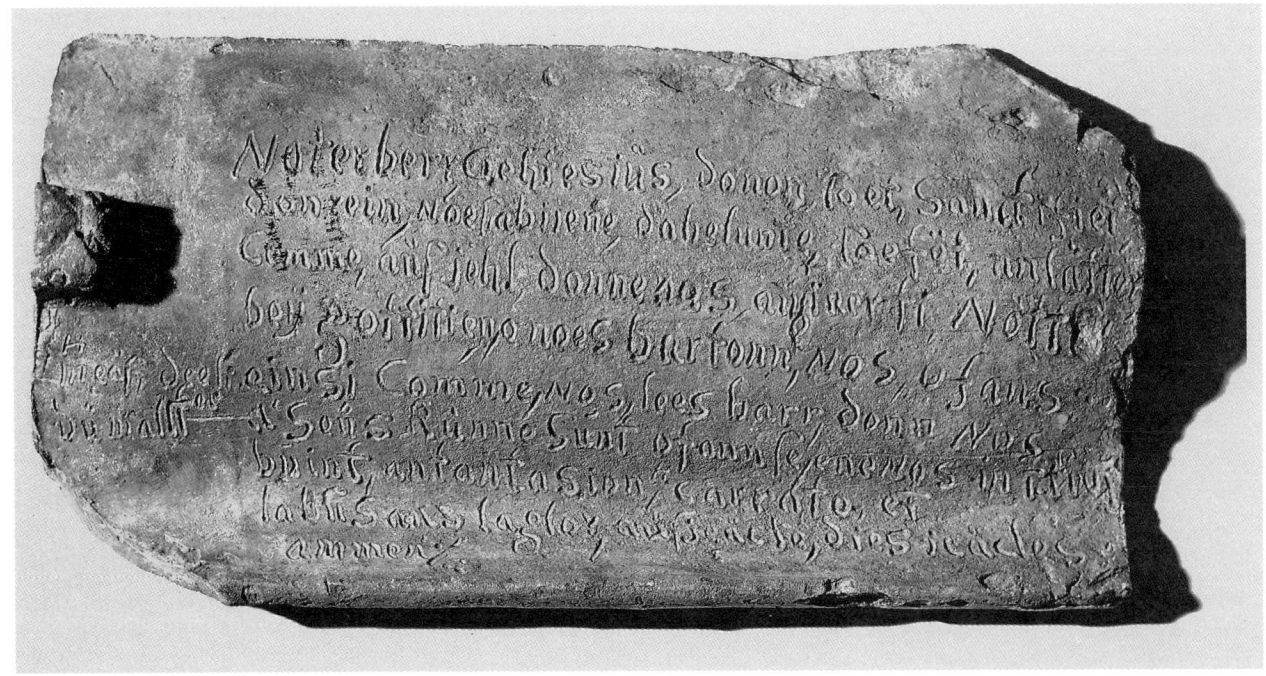

eingeborenen Nation zu vermischen. Aber diese Definition trifft auf uns im strengen Sinne nicht zu: wir sind mit der deutschen Nation vermischt, und zwar sowohl im Hinblick auf unsere Wohnungen und unsere Gewerbe als auch selbst im Hinblick auf unsere Heiraten, die häufig national gemischt sind.« [1]

In der Tat traf die Definition einer »Kolonie« auf die französischen Hugenottennachfahren längst nicht mehr im inhaltlichen Sinne zu. Dennoch bestand bis zu den preußischen Staatsreformen von 1809 die Französische Kolonie mit ihrem Sonderrecht innerhalb des preußischen Staates fort. Durch eine Kabinettsorder vom 30. Oktober 1809 wurde festgestellt: »Unerträglich . . . mit der neuen Organisation ist die isolierte Verfassung der Kolonie in sich, besonders die Vereinigung der einzelnen Gemeinden zu einem abgesonderten Ganzen . . .

Se. Königl. Majestät wiederholen und erklären ausdrücklich, dass . . . die abgesonderte Verfassung, welche die Kolonie in ihrer Gesamtheit gehabt hat, aufhören muß.« [2]

Die Ancillons [3]

⚜ *Louis-Frédéric Ancillon sitzt an seinem Schreibtisch, blättert gedankenverloren in seiner Bibel, im »Ersten Buch der Chronik«: die Geschlechterfolge, die Söhne Davids . . . »Sechs wurden ihm in Hebron geboren . . . In Jerusalem wurden ihm folgende geboren: Simmaa, Sobab, Nathan und Salomon . . .« [4] Salomon, einer unter so vielen Kindern Davids . . .*

Soeben hat Louis-Frédéric die Geburt seines Sohnes in diese Bibel eingetragen, auf der Innenseite des hinteren Deckels: 30. April 1767, Jean-Pierre-Frédéric Ancillon.

Da stehen sie alle verzeichnet, die Ancillons, seit David mit dieser Bibel aus Metz geflohen war. Hundert Jahre sind noch nicht vergangen, und was ist geblieben? Namen, Erinnerungen, ein Bündel Notizen Joseph Ancillons, Tagebuchblätter von Charles, Briefe, Predigten . . . Alles Papier, doch einst war es pralles Leben gewesen.

»Viele hatten sich aus dem Königreich hinwegbegeben, hatten ihren Stab auf fremden Boden gesetzt. Aus dem Vivarais, den beiden Languedoc, aus der Provence und Die, aus halb Frankreich waren sie in die freye Schweiz retirieret. Dort feierten sie seit langer Zeit ihren ersten öffentlichen Gottesdienst. Viele von ihnen zogen weiter, über Frankfurt am Main, über Halberstadt, nach Berlin. Werden wir all die Gerechtigkeiten, Freyheiten und Praerogativen wirklich erhalten? Wird endlich Brandenburg unser Refugium werden?«

Als Joseph Ancillon diese Notiz niederschrieb, befand er sich selbst erst seit kurzem in Berlin. Sein Bruder David hatte als Prediger nach der Verkündigung des Edikts von Fontainebleau sofort Metz verlassen müssen und war nach Hanau in der Main-Niederung gegangen. Hier bereiteten seine Söhne sich in den siebziger Jahren auf ihre Universitätsstudien vor, und hier fand Vater David Anstellung an der Predigerschule. Aber mehrere Mißstimmigkeiten mit der Schulleitung ließen ihn bald wieder abreisen. In Frankfurt am Main hatte er dann hoffnungsvolle Gespräche mit dem brandenburgischen Residenten Merian, der ihm schließlich einen Reisepaß ausstellte und ihn mit einer kleinen Barschaft versah. So traf David Ancillon 1686 in Berlin ein und wurde zum Prediger der französischen Gemeinde berufen.

Mit François de Gaultier zusammen empfängt Ancillon die ankommenden Franzosen. Er erkundigt sich nach Drangsalen und Flucht, nach Profession und Vermögen.

»Das Vermögen dieser Leute besteht, im Gegensatz zu einigen Hoffnungen im churfürstlichen Schlosse, weniger in Kapitalien als in Kenntnissen und Fertigkeiten. Doch selbige sind darnach ebenso willkommen und mit Freyheiten und Privilegiis bedacht.«

So wichtig Arbeit und Unterkommen sein mögen, erstes Bedürfnis ist das gemeinsame Gebet, ist der Gottesdienst. Die kleine französische Gemeinde hatte bislang in einem Zimmer über den kurfürstlichen Pferdeställen gebetet, seit der Einwanderungsstrom anschwoll, durfte sie die Schloßkapelle mitbenutzen. De Gaultier und Ancillon dringen jedoch auf ein eigenes Gotteshaus, zumal die Kapelle nicht tausend oder gar zweitausend Menschen zu fassen vermag. Man weicht in eine Scheune der Vorstadt aus. Und David Ancillon predigt:

» . . . lag nicht Unser Herr Jesus, als er geboren war, in einer Krippe, daraus sonst Ochs und Esel fraßen? Scheuten die Hirten vom Felde, die Engel vom Himmel, die Könige vom Morgenland, in diesem Stall zu beten? Meine Brüder und Schwestern, vielleicht sagt einer: Dies war doch ein Kind, des wirklicher Raum die Arme seiner Mutter Maria war. Aber feierte der Mann Jesus mit seinen Jüngern nicht das Abendmahl in kargen Hütten, ja, auf dem Feld am Berg, in einem Fischerboot?«

[1] L'heureuse colonie, ou célébration du Jubilé des colonies françoises établies dans les États du Roi: consistant en un Recueil de Sermons prononcés dans les cinq paroises françoises de Berlin. — Berlin, 1785. — S. 6. — Übersetzt in: Die Hugenotten. 1685–1985/hrsg. von Rudolf von Thadden und Michelle Magdelaine. — München, 1985. — S. 195.

[2] Zitiert in: Mengin, Ernst: Das Recht der französisch-reformierten Kirche in Preußen: Urkundliche Denkschrift. — Berlin, 1929. — S. 273.

[3] Der Abschnitt »Ancillon« basiert auf genealogischen Angaben, auf Aktenmaterial des Zentralen Staatsarchivs Merseburg sowie auf dem Kapitel »Die Rechtsprechung in der Kolonie« in dem Sammelband »Hugenotten in Berlin«/hrsg. von Gottfried Bregulla. — Berlin, 1988.

[4] Die Bibel, 1 Chronik, 3.

David Ancillon d. Ä. Durch das Edikt von Fontainebleau aus Frankreich verwiesen, fand er als Prediger in der Berliner Gemeinde eine zweite Heimat. Kupferstich, 1698. Hugenottenmuseum, Berlin

69 Jahre zählt David 1686, als er die Familie nachkommen läßt. Mit der Frau und den beiden Söhnen kommt auch der Bruder mit nach Berlin. 1626 geboren, also 6 Jahre jünger als David, arbeitet Joseph als Jurist wie der Vater. Kann ein Jurist sein Auskommen in Brandenburg-Preußen finden? Anders als in den Einladungsedikten anderer Länder hatte das Potsdamer Edikt den Immigranten bei Streitfällen untereinander eine eigene Gerichtskompetenz zugestanden. »So viel die Jurisdiction und Entscheidung der zwischen offt gedachten Frantzösischen Familien sich ereignender Irrungen und Streitigkeiten betrifft, da sind wir gnädigst zufrieden, und bewilligen hiemit, daß . . . dieselbe imand ihres Mittels erwählen mögen, welcher bemächtiget seyn soll, dergleichen differentien ohne einige Weitläuftigkeit, in der Güte zu vergleichen und abzuthun.« [1]

Aus dem Schlosse hört man zwar Meinungen, daß der 10. Artikel eben keinen ordentlichen Richter, keinen Gerichtsprozeß den Franzosen erlaube, sondern lediglich Friedensstifter, Schiedsrichter. Aber wenn doch mit Joseph und Charles ausgebildete Juristen zu Verfügung stehen, wenn doch die Überleitung eines Schiedsverfahrens in einen ordentlichen Prozeß vor den Magistraten sich als äußerst schwierig und lang-

wierig erweist? In einer der frühen Tagebucheintragungen von Charles plädiert dieser seinem Onkel gegenüber für eine eigene Koloniegerichtsbarkeit. Joseph verweist auf die Ablehnung eben dieses Antrags von Richter Persode aus Magdeburg, aber Charles notiert, daß man eben nicht zu viel fragen solle.

»Die Problema liegen anders als Onkel Joseph glaubt: Wir urtheilen nach lothringischem Recht, wie überhaupt der ganze Norden Gewohnheitsrecht, der Süden römisches Recht zugrunde legt. In unserer Colonie sind aber Familien aus beinahe allen Teilen Frankreichs ansässig geworden. Es muß ein einheitliches Recht geben, wenn es eine Colonie sein soll!«

In mehreren Sitzungen berät die Kolonieführung über den Vorschlag von Charles Ancillon. Doch bevor sie sich für ein einheitliches Recht ausspricht, muß die Zuständigkeit der Kolonie für alle immigrierten Franzosen geklärt werden. Die Réfugiés, die beispielsweise 1672 aus Alt-Landsberg nach Berlin übersiedelten, hatten sich vom Kurfürsten unter Schloßrecht stellen lassen, für sie war ausschließlich der Schloßvogt zuständig. Dies galt ebenso für die französischen Bediensteten wie den Koch, den Gärtner und den Tanzmeister. Ihre Zahl blieb eingestandenermaßen begrenzt. Gefährlicher für die Absicht eines französischen Kolonierechts dagegen erweist sich das Bürgerrecht. Jeder Hugenott, der in eine der Zünfte eintreten will, muß vor dem Magistrat den Bürgereid ablegen. Damit steht er unter der Rechtshoheit der Stadtverwaltung.

Das Zusammenleben der Hugenotten in einer Kolonie mit einheitlicher Vertretung durch eine französische Kolonieführung sehen alle als wünschenswert an, auch die Prediger.

David Fornerod, der seit 1672 die kleine reformierte Gemeinde betreut hatte, konnte ihre Unterordnung unter das deutsche Konsistorium nicht verhindern. Jacques Abbadie, der ihm im Amt folgte, und erst recht François de Gaultier und David Ancillon arbeiten jedoch für eine größere Eigenständigkeit. Dreimal, in den Jahren 1684, 1686 und 1688, war Abbadie in den Niederlanden gewesen und hatte von dort hugenottische Flüchtlinge nach Brandenburg geführt. Sein Wort besitzt Gewicht im Schloß. Auch de Gaultier, den gleiche Aufträge in die Schweiz geführt hatten, läßt bei Gelegenheit ein Wort für eine eigenständige Kirche in den Staaten der Hohenzollern fallen. Und David Ancillon predigt über den Artikel 11 des Edikts.

»Niemals ist der Ausdruck des Antlitzes Gottes leuchtender erschienen, da der große Hohenzollernfürst sich entschloß, einer Unzahl von unschuldigen Menschen Hand und Heimat zu geben . . . Und be-

[1] Edict, betreffend diejenige Rechte, Privilegia und andere Wohlthaten, welche Se. Churfürstl. Durchl. zu Brandenburg denen Evangelisch-Reformirten Frantzösischer Nation, so sich in Ihren Landen niederlassen werden, wegen der Jurisdiction und sonst, daselbst zu verstatten gnädigst entschlossen seyn; den 29. Octobr. 1685, Artikel 10. — In: Mengin, Ernst: Das Recht der französisch-reformierten Kirche in Preußen: Urkundliche Denkschrift. — Berlin, 1929. — S. 192.

stimmte im großherzigen Einladungsedikt: ›In einer ie- den Stadt wollen wird . . . Unsern Frantzösischen Glaubens-Genossen einen besonderen Prediger hal- ten, auch einen bequemen Ort anweisen lassen, wo- selbst das Exercitium Religionis Reformatae in Frant- zösischer Sprache, und der Gottesdienst mit eben de- nen Gebräuchen und Ceremonien gehalten werden sol, wie es biß anhero bey den Evangelisch Reformirten Kirchen in Franckreich bräuchlich gewesen.‹[1]

Ist es nicht unser Glaubensbekenntnis, ist nicht die Kirchenordnung, wie wir sie von unseren Vätern ererbt, wie sie Calvin erarbeitete und die Nationalsyno- den sie annahmen, unsere Grundlage? Wie aber soll eine reformierte Kirche fortbestehen, wenn sie von die- ser Grundlage abweicht? Mögen doch die Leugner ins Parquett treten und erklären, warum diese Grund- lage, auf der unsere Kirche ruht, nur in Frankreich gel- ten soll, nicht aber hier in Berlin und Magdeburg, in Frankfurt und Halle, in Königsberg und Cleve . . .«

Ende des Jahres 1689 ist es geschafft. Am 7. Dezem- ber stellt eine Erklärung des Kurfürsten fest, daß aus- nahmslos alle Franzosen Mitglieder der französisch- reformierten Kirche und ihrer »discipline écclésiasti- que« unterstellt seien.

Charles Ancillon. Als ausgebildeter Jurist übernahm er zusammen mit seinem Onkel, Joseph Ancillon, die rechtliche Ausgestaltung der französischen Kolonie. Kupferstich von de Broen, 1659. Hugenottenmuseum, Berlin

Zur Durchsetzung dieser Kirchenordnung ist das Konsistorium berufen, doch hier gibt es von seiten eini- ger Kolonisten Einspruch. Beispielsweise argumentie- ren sie, daß das Konsistorium, da vom Kurfürsten ein- gesetzt, statt von der Gemeinde gewählt und von der Synode bestätigt, nicht rechtmäßig sei. Joseph in ei- nem Erinnerungsblatt:

»David beklagt sich, daß die Kinder in der Kirche herumtoben, daß manch Kirchgänger nach dem Got- tesdienst einen Destillationsbetrieb aufsucht, daß ei- nige vom Spielteufel besessen seien . . .

Das Geheimdasein in Frankreich, die Auflösungser- scheinungen der Flucht und die Neubildung von Ge- meinden in einem gänzlich fremden Land haben calvi- nistische Gesinnung und Lebensführung arg in Mitlei- denschaft gezogen. Ich bin beauftragt gewesen, den Entwurf zu einem Kirchengericht zu machen. Staats- minister Dankelmann hat ihn überarbeitet und dem Churfürsten lutherische Bischofsrechte eingeschrie- ben. Aber es wird nicht veröffentlicht.«

Es ist unbekannt, warum von der Notiz Josephs bis zur Installierung der »Commission Ecclésiastique bei der Französischen Colonie« mehr als ein Jahr vergeht. Am 4. Mai 1694 endlich werden der Rat von Span- heim, der Rat Neuhausen und die französischen Predi- ger François Bancelin und François de Gaultier beru- fen, »Unordnungen und Streitigkeiten, so bey Admini- stration der Frantzösischen Refugierten Kirchen-Sa- chen in Dero Landen fürkommen«[1] beizulegen.

Während das Presbyterium — oder wie es in Anleh- nung an die lutherische Landeskirche genannt wird: das Konsistorium — innerhalb der hugenottischen Ge- meinde auf calvinistische Lebensführung sieht, hat die »Commission Ecclésiastique« Probleme zu bewältigen, die entweder die Mittel der Kirche überschreiten oder den Verkehr mit der deutschen Umgebung betreffen. Im ersten Falle muß man beispielsweise einige der un- züchtigen Mädchen und Frauen dem Spinn- und Zuchthaus übergeben, im zweiten gilt es vor allem, die Streitigkeiten mit der lutherischen Gemeinde bei der gemeinsamen Benutzung der Dorotheenstädtischen Kirche zu beheben. Hier ist es schon Ende der achtzi- ger Jahre zu gegenseitigen Beschimpfungen, ja zu Handgreiflichkeiten gekommen. Auf dem Werder, wo ein ehemaliger Reitstall als Kirche eingerichtet worden war, zieht man daher kurzerhand eine Mauer, die lu- therische und calvinistische Gläubige trennt.

Auf diese Weise etabliert sich die französische Kir- che. Neu nach Berlin einwandernde Hugenotten kön- nen nun in eine zwar leicht modifizierte, aber im Wesen nach calvinistischen Grundsätzen funktionierende Glaubensgemeinschaft integriert werden.

[1] Zitiert aus dem »Etablis- sement der Commission Ec- clesiastique bey der Frantzö- sischen Colonie, vom 4. May Anno 1694«. — wiedergege- ben: ebenda. — S. 200.

*Handschreiben von Charles Ancillon an Kurfürst Friedrich III.
von 1689, in dem er auf die vergrößerte Zahl von Franzosen
hinweist und darauf, daß sein Haus für die Gerichtstage zu eng
geworden sei. Zentrales Staatsarchiv Merseburg*

Joseph nimmt für sich auch die Ausarbeitung des
Kolonierechts in Anspruch. Darüber ist Charles verär-
gert. Seine Stellung zum Onkel wird in den Tagebuch-
blättern immer kritischer. Er, Charles, ist Richter und
Direktor der Kolonie in Berlin, er hat die Vorschläge zu
einem einheitlichen Kolonierecht in den Versammlungen von Konsistorium und Familienoberhäuptern ein-
gebracht, er hat auf eine zweite Instanz innerhalb der
Koloniegerichtsbarkeit gedrängt. Vom 18. August
1687 gibt es eine lakonische Eintragung:

»Wenn ich die 2 000 Taler eingezahlt hätte, wäre
ich jetzt Oberrichter.«

Die Spannungen zwischen Onkel und Neffen ver-
schärfen sich rapide. Dabei ist der dreißigjährige
Charles sowohl in der Kolonie als auch in der brandenburgischen Verwaltung angesehen. Ebensowenig
kann er sich über mangelnde Arbeit beklagen. Für den
Richter gibt es unzählige Fälle von Eigentumsdelikten,
unterlassenen Miet- und Lohnzahlungen. Endlos lau-
fen oft die Grenzstreitigkeiten in den Vorstädten,
Hausbau und Gärten betreffend. Bald 4 000 Hugue-
notten leben in Berlin, bei einer Einwohnerzahl von
22 000 eine erhebliche Größenordnung. Alle diese
Einwanderer müssen mit Wohn- und Arbeitsräumen
versorgt werden. Verzeihlich, wenn in der Eile alte Eigentumsrechte verletzt und eingeklagt werden, wenn
die zurückgesetzten Altbewohner weder Baustoffe
noch in Zwangskollekten eingenommenes Geld überlassen wollen.

Die Zahl der Erbschaftssachen hat ebenfalls ein
Ausmaß erreicht, daß in der Wohnung von Charles Ancillon längst nicht mehr Platz genug ist für den An-
drang der Ratsuchenden und der Klagenden. So zieht
das französische Gericht in das Gebäude des französischen Konsistoriums in der Niederlagstraße. Da hier
nun auch Obergericht und nebenan wenig später das
französische Gymnasium und das theologische Seminar eingerichtet werden, wird die Niederlagstraße
zum Zentrum der Berliner Kolonie.

Die Tätigkeit des Richters Charles Ancillon bleibt
dabei keineswegs auf Berlin beschränkt. Erstens sind
Inspektoren für die ländlichen Kolonien zu bestellen,
die als reisende Richter fungieren, zweitens hat man
den Zusammenhang der brandenburgischen Kolonien
im Auge zu behalten, und drittens verursacht beispielsweise gerade die Messe in Frankfurt (Oder) Ak-
tenstöße und Arbeit.

*Mit der anschwellenden Zahl von Réfugiés entsteht
auch ein zunehmender Druck auf die bürgerliche Ausgestaltung der Exilgemeinde. Joseph Ancillon leistete
hier ebenfalls entscheidende Vorarbeiten. Erneut legt
er einen Entwurf vor, der die Notwendigkeit der Unterstellung aller Franzosen unter die Koloniegerichtsbarkeit feststellt. Wieder ist es Ezechiel von Spanheim, der
den Entwurf in seine endgültige Form bringt. 1690 publiziert, bestimmt der Erlaß, daß die französischen Koloniegerichte Recht zu sprechen haben für alle Réfugiés, ausgenommen Militärpersonen und Geistliche.*

Deutsche Händler wie Frankfurter Magistrat suchen oft mit unlauteren Mitteln sich der expansiven Franzosen zu entledigen, die Konkurrenz zu verhindern. Die selbstbewußten Franzosen informieren ihren Koloniedirektor, Schreiben wechseln zwischen Berlin und Frankfurt, verändern aber nicht die Positionen der reformierten Kaufleute. So interveniert Ancillon beim Kurfürsten. Ein fürstliches Donnerwetter befiehlt den Frankfurtern, daß »bei Vermeidung Unserer schweren Ahndung diese Franzosen vor allen anderen dahinzukommenden Handelsleuten mit den benötigten Krambuden zu versehen« [1] seien. Aber die Widerstände gehen weiter. Zur Frühjahrsmesse 1692 überfällt ein Berliner Kaufmann seinen französischen Konkurrenten. Doch nicht der Märker wird vom Frankfurter Magistrat arretiert, sondern der Franzose. Erneut ergeht eine Kabinettsorder, die nachdrücklich an die Unterstellung der Hugenotten unter französische Richter erinnert. Aber der Magistrat bleibt halsstarrig. Er betont, daß die Frankfurter Obrigkeit das alleinige Recht über Franzosen aus Berlin habe, weil sie ja Fremde seien und der Kurfürst für diesen Fall doch nichts verordnet habe. Vorausgegangen war ein vermeintlicher Diebstahl bei einem Berliner Kaufmann, der von dem Beschuldigten, einem hugenottischen Händler, geleugnet wurde und dennoch seine Verhaftung zur Folge hatte. Erst die Vermittlung des Staatsministers von Brand und die Übereinkunft, daß brandenburgische Franzosen dem französischen Richter unterstellt seien, während Franzosen anderer Länder einem Judicium mixtum, einem gemischten Gericht, unterworfen werden, beruhigt die aufgebrachten Gemüter.

Neben diesen Rechtsfällen hat Charles Ancillon den neu ankommenden Hugenotten namens des Kurfürsten den Untertaneneid abzunehmen und sie in ihre Rechte und Pflichten einzuführen. Mit ausgewählten Réfugiés reist er durch die Lande, um genehme Siedlungsplätze zu finden, so etwa mit einer größeren Gruppe aus dem heimatlichen Metz.

All dies kann einen Mann durchaus ausfüllen, aber Charles ist offensichtlich ehrgeiziger. Die Neidereien, die Quertreibereien zwischen den beiden Ancillons werden immer offensichtlicher, so daß sie die Kolonie zu belasten beginnen. Gespräche in der Familie fruchten nichts; Vater David, der noch den größten Einfluß besessen hatte, war 1692 verstorben. Das Konsistorium sucht das vertrauensvolle Gespräch mit einflußreichen Mitarbeitern des Kurfürsten. Graf Dohna ist es wohl, der, durch Eigentumsrechte im Genfer Gebiet mit der Schweiz mehrfach verbunden, eine Gesandtschaft in die protestantischen Kantone lancierte. 1695 jedenfalls ergreift Charles die angebotene Möglichkeit und geht im Auftrage Kurfürst Friedrichs III. in die Schweiz. Schließlich erhält er sogar Urlaub, um für längere Zeit in die Dienste Baden-Durlachs zu treten.

Als Charles 1699 nach Berlin zurückkehrt, hat ein vorausgegangener Brief Josephs alle Streitmöglichkeiten beseitigt.

»... und hat Gott mich nun schon 73 Jahre auf der Erde weilen lassen, doch will er wohl mit den schwindenden Kräften mich auf mein Ende vorbereiten. Wenn Du zurückkehrst, könnte ich erleichtert meine Ämter niederlegen ...«

Dies ist mehr eine Entscheidung der Weisheit als der tatsächlichen Altersschwäche. Joseph Ancillon sollte 93 Jahre alt werden; er starb erst am 4. Oktober 1719, vier Jahre später als sein Neffe Charles.

Zu diesem Zeitpunkt hatte sich die französische Koloniegerichtsbarkeit innerhalb der Staaten der Hohenzollern längst bewährt. Es gab erstens gut ausgebildete französische Richter, deren Besoldung in keiner Weise der der deutschen nachstand. Es gab zweitens ein zusammenhängendes Gerichtssystem, bestehend aus dem Güteverfahren vor einem Richter oder Inspekteur der jeweiligen Kolonie, dem ordentlichen Gerichtsverfahren vor dem Untergericht, das in jeder größeren Stadt mit Réfugiés existierte, und es gab das Berufungsverfahren vor dem Berliner Obergericht.

Die ordentlichen Koloniegerichte bildeten sich durch das Übergewicht französischer Richter an den installierten Kollegien mit dem französischen Kommissar als Vertreter kurfürstlicher Interessen und einem deutschen Bürgermeister. Die Kommissare waren an Bagatellstreitigkeiten nicht interessiert und die deutschen Bürgermeister mit der französischen Sprache und insbesondere mit dem französischen Recht zu wenig vertraut. Auch die Stellung des Oberrichters, zu dem 1699 Charles Ancillon nach dem Rücktritt seines Onkels berufen wurde, hatte man zu einem ordentlichen Gericht mit dem Minister für französische Angelegenheiten als Vorsitzenden und zwei Oberjustizräten ausgebaut.

Drittens gab es ein französisches Kolonierecht. Dieses Recht entstand als Reaktion auf die ganz diffuse Rechtslage französischer Immigranten mit unterschiedlichen Rechtsauffassungen in einem Gastland mit wiederum unterschiedlichen Rechtssituationen: in Cleve anderen beispielsweise als in der Mark Brandenburg und wiederum anderen im Herzogtum Preußen. Binnen einem Jahrzehnt hatte die Kolonie mit der »Ordonnance française pour les Réfugiés dans les Etats du Brandenbourg« sich ein einheitliches Recht geschaffen. Es umfaßte Zivil- und Kriminalrecht sowie eine

[1] Zitiert in: Geschichtsblätter des Deutschen Hugenotten-Vereins/hrsg. vom Deutschen Hugenotten-Verein. — Braunschweig (1895) 7—9. — 5. Zehnt. — S. 26.

Prozeßordnung. 1702 wurde diese Ordonnance als für alle Franzosen in brandenburg-preußischen Territorien geltendes Recht von König Friedrich I. in Kraft gesetzt. Damit war — sieht man vom Militärrecht einmal ab — zum erstenmal eine Rechtsordnung entstanden, die in allen Gebieten der Hohenzollern gleichermaßen galt.

»Es ist klug gehandelt, ihnen einen französischen Richter zu geben, der ihr Vertrauen besitzt und der ihre Sitten und Gewohnheiten kennt und somit die Streitigkeiten unter ihnen in gewohnter Weise schlichtet . . . Jedem Richter steht zur Seite ein Gerichtsschreiber, ein Gerichtsdiener, einige Notare und Anwälte, die vor ihnen den Rechtsstreit zu führen haben . . .« [1]

So schrieb Charles Ancillon in seinem Huldigungsmanuskript hohenzollernscher Politik. Doch Streitigkeiten zwischen Franzosen der Kolonie machten nur einen Bruchteil der Rechtsfälle aus.

»Wir haben mehr deutsch-französischen Ärger! Der große Magistrat will alles an sich ziehen.«

So beginnt eine Notiz Josephs aus dem Jahr 1709. Gerade sind die Magistrate von Berlin und Cölln, vom Werder und den anderen Vorstädten zu einem Gesamtberliner Magistrat kombiniert worden. Schon die einzelnen Magistrate hatten versucht, die Rechte der französischen Richter zu schmälern, oder sie eigneten sich Rechte an, für die es keine ausdrückliche Festlegung gab. Dem Magistrat lag daran, »Aczise-, Contribution-, Policey- und Commerciensachen« völlig an sich zu ziehen, weil ihm dies nicht nur mehr Macht verlieh, sondern auch die Möglichkeit gab, seine Finanzlage durch Gebühren, Taxen, Sporteln und ähnliches zu verbessern. Dabei gibt es vielfältige Berührungspunkte, die eine gedeihliche Zusammenarbeit nötig machen. Zum Beispiel die komplizierten Unterstellungsverhältnisse. Französische Hofbedienstete sowie Adlige unterstehen in persona nach wie vor deutschem Recht, als Hausbesitzer aber dem französischen Kolonierecht. Umgekehrt ist mit einigen Häusern ein Back- und Braurecht fest verbunden. Die Jurisdiktion über solche Tätigkeiten obliegt von alters her den deutschen Magistraten. Als deutsche und französische Bäckerzünfte in Streit über schwarzes und weißes Brot geraten, mischen sich Nichtbäcker hinein, deren Häuser Backöfen besitzen und von ihren Besitzern auch für den Verkauf über die Straße genutzt werden. Wer ist nun befugt, diesen Franzosen das Backrecht zu- oder abzusprechen?

Ähnliche Wirren erzeugt der Eintritt von Franzosen in deutsche Zünfte. In Person unterstehen sie französischem Recht, als Meister oder Gesellen deutschem Recht. Umgekehrt ist es bei deutschen Dienstboten

Verordnung über deutsch-französische Rechtsstreitigkeiten, 1702. Die Mehrzahl der Rechtsfälle trat nicht zwischen Franzosen, sondern zwischen Franzosen und Deutschen auf. Das Reglement bestimmte Kompetenz und Verfahren dieser gemischten Fälle. Zentrales Staatsarchiv Merseburg

oder Arbeitern in französischen Häusern. Die Beispiele zeigen die Quellen steter Auseinandersetzungen zwischen Magistraten und Koloniegerichten.

Für all diese Fälle, wo französische und deutsche Prozeßparteien aufeinanderstoßen, hat das Potsdamer Edikt bestimmt, daß »selbige durch den Magistrat eines ieden Orts und diejenige welche die Frantzösische Nation zu ihrem Schieds-Richter erwählen wird, zugleich und gesamter Hand untersuchet, und summariter zu Recht entschieden und erhöret werden . . .« [2] Während die Magistrate die französischen Richter als bloße Beisitzer verstehen, suchen die Franzosen ihre Stellung ebenfalls zu stärken. Ein Erlaß von 1708 entscheidet dann, daß die französischen Richter als Bürgermeister in die Magistrate eintreten sollen, begleitet von ein bis zwei französischen Ratsmännern. Gegen diesen Beschluß protestieren die deutschen Bürgermeister erfolgreich. Auch die 1719 »Neuverfaßte Verordnung wie es der Jurisdiction halber zwischen Teutschen und Frantzösischen Gerichten gehalten werden soll«, die eine Kompetenzabgrenzung

[1] Vgl.: Ancillon, Charles: Geschichte der Niederlassung der Réfugiés in den Staaten Seiner Kurfürstlichen Hoheit von Brandenburg. — Berlin, 1939. — Nachdruck der französischen Originalausgabe von 1690. — S. 27.

[2] Vgl.: Edict, betreffend diejenige Rechte, Privilegia und andere Wohlthaten, welche Se. Churfürstl. Durchl. zu Brandenburg denen Evangelisch-Reformirten Frantzösischer Nation, so sich in Ihren Landen niederlassen werden, wegen der Jurisdiction und sonst, daselbst zu verstatten gnädigst entschlossen seyn; den 29. Octobr. 1685, Artikel 10. — In: Mengin, Ernst: Das Recht der französisch-reformierten Kirche in Preußen: Urkundliche Denkschrift. — Berlin, 1929. — S. 192.

versucht und die Zusammenarbeit auf Gebieten wie Feuerordnungen, Einquartierungen, Handhabung von Maßen und Gewichten, Straßen- und Marktregeln, die Konsumtionstaxen und vieles andere mehr dekretiert, wird in der Praxis vielfältig unterlaufen. Eine der letzten Notizen von Joseph:

»Wie haben wir aufrichtig getrauert, als der Große Kurfürst zu Grabe getragen wurde. Er nannte uns seine Familie adoptive, der jetzige König hat keine Verwandtschaft mit uns.«

Zwei Jahre nach seiner Thronbesteigung, 1715, versucht König Friedrich Wilhelm I. eine förmliche Assimilation der französischen Kolonie. Im Kombinationsedikt vom selben Jahr wird die Abschaffung des Ministers für französische Angelegenheiten, die Übernahme aller Kolonieangelegenheiten durch das General-Kriegs-Kommissariat und die Eingliederung der hohen französischen Gerichtsinstanzen in das Geheime Justiz-Collegium sowie der französischen Untergerichte in die deutschen Magistrate verfügt. Doch binnen zweier Jahre muß sich der König aufgrund des heftigen Widerstandes die Unmöglichkeit dieses Unterfangens eingestehen.

Die Kolonie hat ihre schwerste Belastungsprobe bestanden. Als ein Angriff auf französische Tabakpflanzer in der Uckermark erfolgt und die ersten nach Dänemark emigrieren, begreift der König wohl den Wert der Réfugiés und ihrer Nachkommen. So läßt er die alten Rechte fortbestehen. Er erlaubt sogar neuen Einwanderern — sie müssen durchaus nicht Franzosen sein — den Eintritt in die französische Kolonie. Diese Wahlfreiheit von 1720 wird 50 Jahre später von Friedrich II. erneuert und hat zur Folge, daß zwischen französisch-reformierter Gemeinde und französischer Kolonie unterschieden werden mußte.

Die Etabliertheit der französischen Kolonie und ihrer Mitglieder bringt allerdings auch Erscheinungen hervor, die mit calvinistischer Lebensführung unvereinbar sind. Es ist dies zum Beispiel der Streit um die Lichteproduktion, der einen dunklen Schatten wirft.

Als die Réfugiés in Brandenburg einwanderten, saß man hier noch bei Tranfunzeln. Ein helleres Licht gaben teure Wachskerzen. Sie fanden jedoch nur in gehobenen Haushaltungen Verwendung. Die Franzosen aber haben die neuen und preiswerten Talglichter mitgebracht. Das Produktionsverfahren und die zinnernen Gußformen stellen ihr Startkapital dar. 1735 gibt es in Berlin schon 47 französische Lichtezieher. Allerdings versäumen sie es, eine Zunft zu bilden. Damit ist ihre Fertigung ungeschützt. Als neun deutsche Seifensieder eine Innung konstituieren, erwerben sie nach Zunftrecht das Monopol der Lichteproduktion. Noch vergehen einige Jahre der Koexistenz, während die deutsche Produktion sich derweil ausweitet. Dann klagt die Innung beim Magistrat gegen die ungesetzliche französische Kerzenherstellung. Der Magistrat gibt den deutschen Seifensiedern recht und untersagt den französischen jede weitere Fabrikation. Die Franzosen glauben, dieses Verbot überhören zu können. 1757 kommt es zur ersten Beschlagnahme. Ein Büttel des Berliner Magistrats konfisziert französische Kerzen und Seife. Die französischen Lichtezieher beklagen sich nun ihrerseits bei ihrer Kolonieführung. Diese appelliert an die Kurmärkische Kriegs- und Domainen-Kammer. Die Kammer muß die Klage als unbegründet zurückweisen. Da die hugenottischen Meister weiter produzieren und der Magistrat weiter beschlagnahmt, klagt die Kolonieführung erneut.

Inzwischen haben die deutschen Lichtner eine Verschärfung ihrer Monopolstellung erreicht: Die Franzosen dürfen nicht nur keine Lichte oder Seife erzeugen oder verkaufen, sie dürfen weder Gesellen einstellen noch Lehrlinge ausbilden, noch können sie sich als Meister etablieren, wenn sie nicht bei deutschen Zunftmeistern gelernt haben! Der Grabenkrieg zwischen deutschen und französischen Meistern verschärft sich. Die Beschlagnahmen gehen weiter, die Klagen gehen weiter wie auch ihre Abweisungen. Erste französische Meister geben auf. Sie treten in die Berliner Zunft ein, einige als Mitarbeiter bei deutschen Meistern, andere als eigene Meister. So wandelt sich unmerklich die Situation. Als die Hugenottenfirma Royer & Co. um das Monopol für die Berliner und Magdeburger Lichtefertigung nachsucht, sieht sie sich einer geschlossenen deutsch-französischen Zunft gegenüber.

»Ob es nicht für das Allgemeinwohl besser sei, die Zünfte abzuschaffen, wurde von einigen anerkannten Autoritäten gefragt... In England und Holland, in Spanien und Portugal konnte jeder Bürger Handel treiben oder sonst einen Beruf ausüben, wie er wollte.« [1]

Die so fragen, sind Erman und Reclam in ihren neunbändigen »Mémoires pour servir à l'histoire des réfugiés françois dans les états du roi«. Es sind Prediger wie Louis-Frédéric Ancillon, und wie diese macht er sich Gedanken über die Zukunft. Gewiß besitzt die Kolonieverwaltung mit ihrer einzigartigen Gerichtsverfassung eine große Anziehungskraft. Rund 20 000 Hugenotten haben in Preußen eine neue Heimat gefunden. Aber gerade weil es eine neue Heimat geworden ist, dürfen da Institutionen fortbestehen, die ihren Zweck längst erfüllt haben? Gewiß, das Tribunal

[1] Zitiert nach der Übersetzung und Bearbeitung von: Krum, Horsta: Preußens Adoptivkinder — Die Hugenotten: 300 Jahre Edikt von Potsdam. — Berlin (West), 1985. — S. 203.

d'Orange, das 1709 als oberste Appellationsinstanz der Franzosen geschaffen wurde, hat sich 1716 mit dem Preußischen Ober-Appellationsgericht verbunden. Gewiß urteilen die französischen Gerichte seit 1742 nach preußischem Kriminalrecht, ist mit dem Inkrafttreten des »Allgemeinen Landrechts für die Preußischen Staaten« die »Ordonnance française« außer Kraft gesetzt worden, aber die französischen Gerichte nicht. Kann die französische Kolonie ewig erhalten bleiben?

Louis-Frédéric Ancillon blickt auf. All die Papiere auf seinem Tisch, all die Ancillons . . . Würde sein Sohn einst so sitzen, das Sterbedatum seines Vaters eintragen und in dessen hinterlassenen Papieren blättern? Seine Trauerpredigt auf Friedrich den Großen lesen oder einige der Abhandlungen, die er als Mitglied der wissenschaftlichen Akademie verfaßt hatte? Und wer würde Jean-Pierre-Frédéric Ancillon dann sein . . .

Die Neue Welt

❧ »Seinerzeit hatten wir in Brasilien einige vertrauenswürdige Personen zurückgelassen, die rund vier Monate später als wir nach Frankreich zurückkamen. In Paris trafen sie mit Sir du Pont zusammen, dem sie berichteten, sie hätten zu ihrem Leidwesen mitansehen müssen, wie Villegagnon drei von ihnen — des Evangeliums wegen — in Fort Coligny ertränken ließ.«
[1]

❧ Die arabisch-türkische Sperre im traditionellen Fernosthandel hatte Europa nach einem Seeweg zu den Schätzen »Indiens« suchen lassen. Was die Seefahrer entdeckten, war ein neuer Kontinent, dessen Gold und Silber den gestiegenen Ware-Geld-Verkehr intensivierte. Spanien und Portugal übernahmen die Führung in der überseeischen Expansion, schufen sich ihre Kolonialreiche, ihren sagenhaften Reichtum. Voller Neid blickte Frankreich auf den Gold- und Silberstrom, der Habsburgs europäische Machtpolitik finanzierte. Doch weder Franz I. noch Katharina von Medici partizipierten an der Aufteilung der Neuen Welt. Admiral Coligny versuchte, den französisch-habsburgischen Konflikt, aber auch den drohenden Bürgerkrieg in Frankreich durch eine Beteiligung an der Expansion nach dem »westlichen Indien« zu kanalisieren. Doch während spanische Conquistadoren mit der spanischen Militärmacht im Rücken die Neue Welt eroberten, blieben die französischen Landungsunternehmen Privatinitiative.

Am 12. Juli 1555 liefen unter dem Kommando des Vizeadmirals de Villegagnon aus Le Havre zwei Kriegsschiffe und ein Versorgungsschiff mit rund 100 Siedlern — nach anderen Quellen sind es 600 Siedler — nach Südamerika aus. Wie ein böses Vorzeichen schüttelte ein schwerer Sturm die Schiffe im Kanal, so

daß man noch einmal in Dieppe anlegte, wo auch 20 Personen gleich wieder von Bord gingen. Dann aber begann die Atlantiküberquerung, und am 11. November traf die Expedition in der brasilianischen Guanabarabucht ein. Unweit vom Zuckerhut, auf einer Insel, entstand Fort Coligny. Mit diesem Vorposten glaubte man in Paris das »France antartique« — wie man das ganze Land jenseits des südlichen Wendekreises bezeichnete — erobert zu haben.

Aber schon Anfang des Jahrhunderts hatten Spanien und Portugal die südamerikanische Küste zu ihrem Eigentum erklärt. 1555 war allerdings weit und breit kein iberisches Schiff zu sehen. Der Konflikt entstand vielmehr zwischen den Franzosen selbst. De Villegagnon richtete sein strenges Kolonialregime auf. Rasch kollidierten seine Lebensmaximen als Malteserritter mit den Bedürfnissen seiner Männer. Handelte es sich doch nicht allein um Hugenotten, sondern auch um Katholiken, und nicht wenige von ihnen waren in Gefängnissen angeworben worden. De Villegagnon schrieb um Hilfe nach Paris und Genf. Im März 1557 trafen weitere Siedler in der Bucht des späteren Rio de Janeiro ein, darunter erste Frauen, glaubensfeste Handwerker und drei von Calvin selbst ausgesuchte Theologen. Bald aber gesellten sich zu den Spannungen zwischen Kolonisten und Kommandanten religiöse Differenzen. Eine Revolte und ihre drakonische Niederschlagung veranlaßten einige Genfer, darunter den ehemaligen Theologiestudenten Jean de Léry, von der Insel zu fliehen. Die Rückkehr nach Frankreich gelang nur einigen von ihnen. Andere kehrten nach Fort Coligny zurück und wurden von de Villegagnon arretiert. Innerhalb von 12 Stunden mußten sie ein Glaubensbekenntnis niederschreiben, wurden daraufhin der Häresie angeklagt und als Ketzer hingerichtet.

Dieser Märtyrertod ließ die Männer im Gedächtnis der Hugenotten weiterleben, und ihr Glaubensbekenntnis gilt als erstes evangelisches Bekenntnis auf südamerikanischem Boden. Wenige Monate später verließ de Villegagnon die Insel, und zwei Jahre danach, 1560, eroberten Portugiesen das Fort. Damit war der Versuch einer südamerikanischen Kolonisation seitens Frankreichs gescheitert.

Aber noch hatte Coligny seine Pläne nicht aufgegeben. Im Februar 1562 starteten in Le Havre wieder zwei Schiffe. Kommandant war diesmal der hugenottische Offizier Jean Ribaut; sein Ziel: Florida. »Cape François« nannte er den sonnigen Strand, den er im April erreichte. Hier, in der Mündung eines Flusses, der heute Saint-Johns-River heißt, ließ er seinen ersten Stützpunkt anlegen. Ribaut selbst aber segelte mit etwa der Hälfte jener 150 Soldaten und Handwerker

[1] Lery, Jean de: Brasilianisches Tagebuch 1557. — Tübingen; Basel, 1967. — S. 163.

nordwärts weiter, an der Küste des späteren Georgia entlang bis South Carolina. Hier errichteten sie einen weiteren Stützpunkt, Charlesfort. Doch die Hoffnung, Gold mit der Schaufel einsacken zu können, erfüllte sich nicht. Soldaten wurden nicht gebraucht, da sich die Ureinwohner friedlich verhielten, und statt der Handwerker wären eigentlich Bauern besser am Platz gewesen. Enttäuschungen, Entbehrungen und mangelhafte Vorbereitungen führten zu Reibereien zwischen den Eroberern. Viele kehrten mit Ribaut wieder nach Europa zurück. Andere bauten später ein viel zu kleines Boot, um ebenfalls den Atlantik zu überqueren, und fanden dabei den Tod.

Coligny hatte inzwischen erkannt, daß eine erfolgreiche Kolonisationspolitik mit größerer Intensität sowie mehr Menschen und Material betrieben werden mußte. Aber inzwischen war mit dem Massaker von Vassy der Bürgerkrieg ausgebrochen und Colignys Aufmerksamkeit von den innerfranzösischen Ereignissen in Anspruch genommen worden. Nur nebenher noch startete 1564 eine zweite Florida-Expedition mit drei kleineren Schiffen. Ein Jahr später brachte Ribaut

Der Hafen von Rio de Janeiro, wo auf einer vorgelagerten Insel 1555 Fort Coligny entstanden war.

Südamerika. Zu spät und mit unzureichenden Mitteln suchte Frankreich amerikanische Gebiete zu kolonisieren. Karte von Guillaume de l'Isle, 1707. Bibliothèque Nationale, Paris

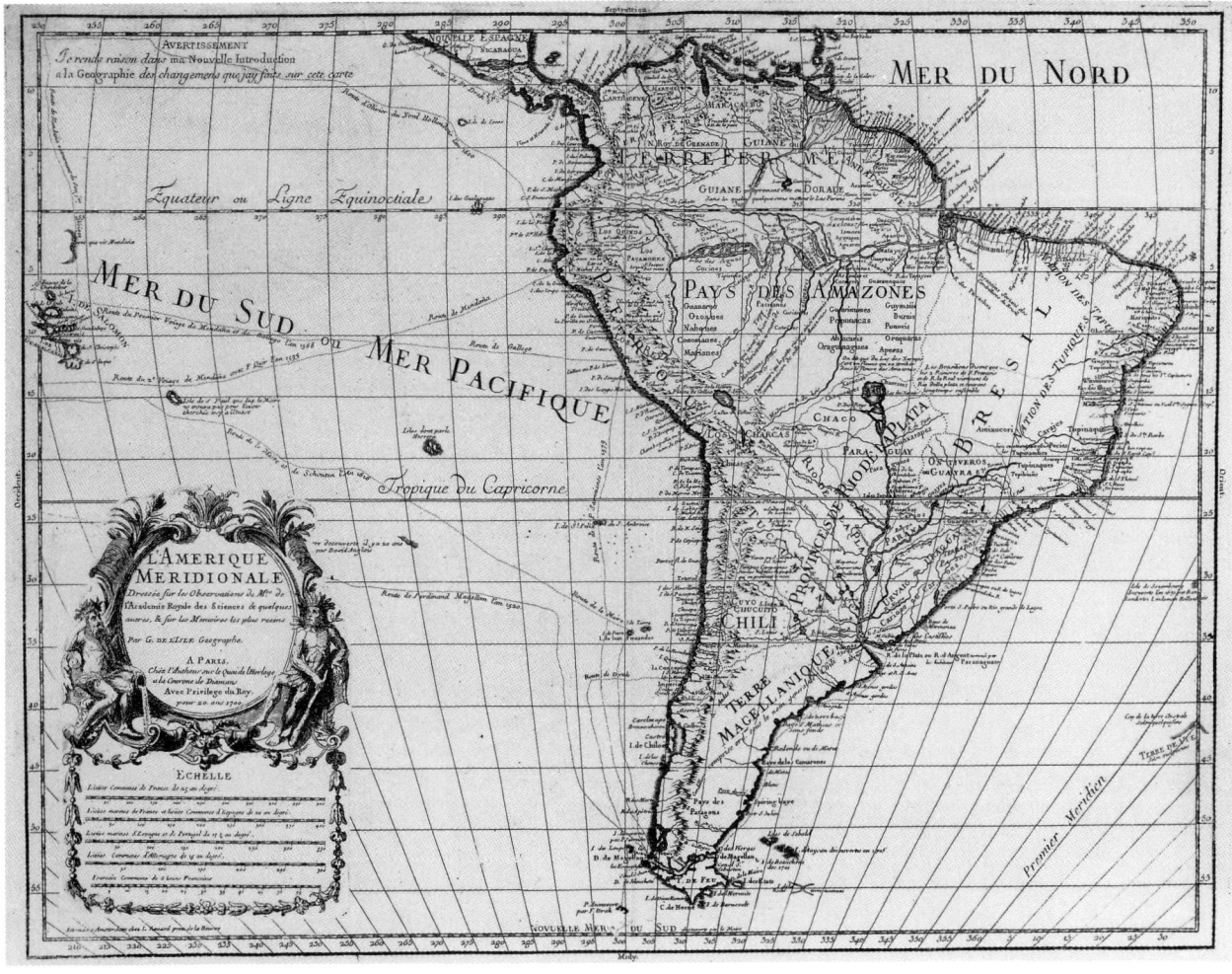

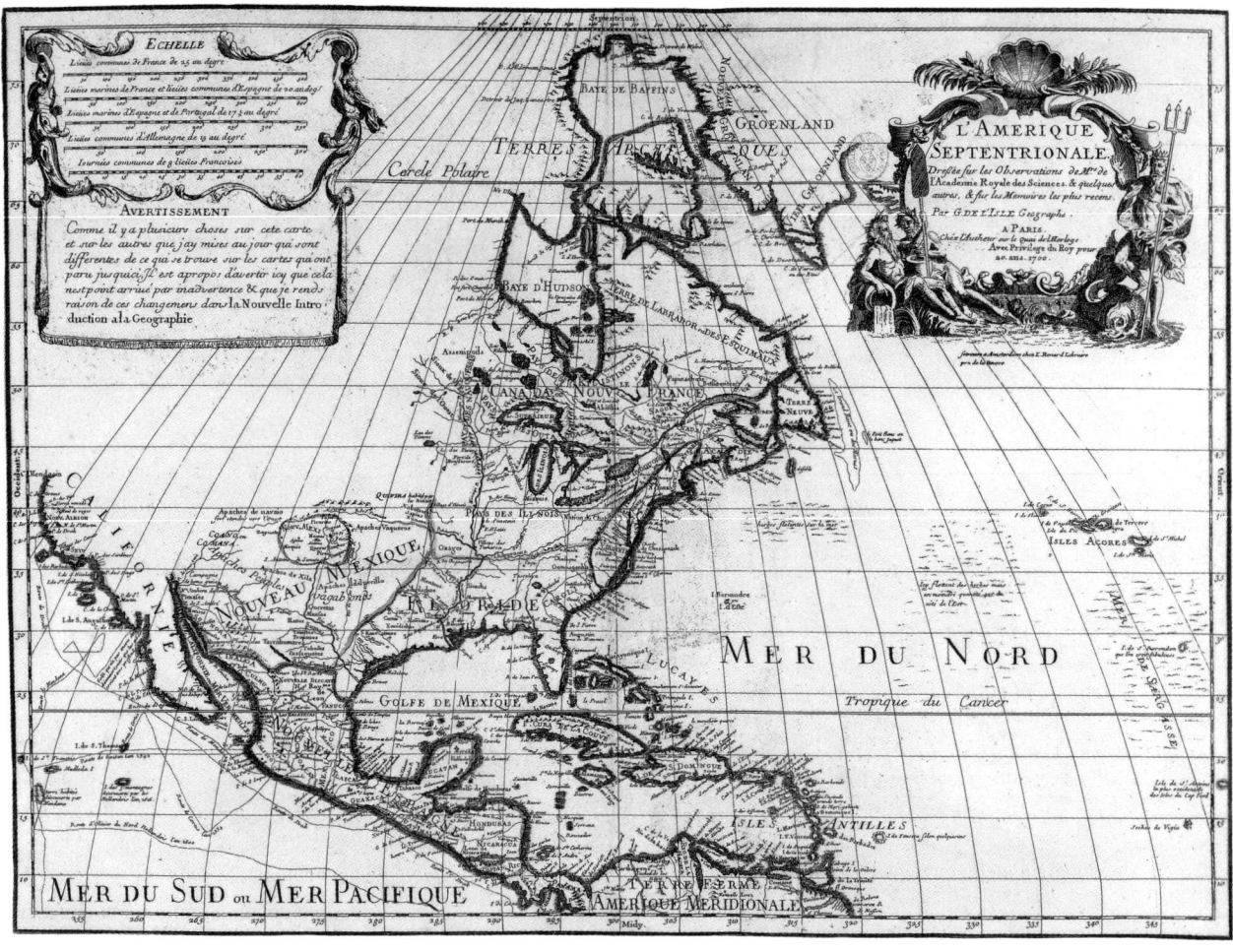

Nord- und Mittelamerika. Karte von Guillaume de l'Isle, Anfang 18. Jahrhundert, Bibliothèque Nationale, Paris

eine Flotte von sieben Schiffen zusammen, so daß rund 1000 Männer, Frauen und Kinder in eine vermeintliche Welt des Religionsfriedens ziehen konnten. Doch noch auf dem Wasser wurden sie von spanischen Schiffen aufgebracht. Wer sich nach Fort Carolina zu retten vermochte, sah sich auch dort von den Spaniern attackiert. Nur wenige entkamen den Massakern. Wieder war ein französischer Versuch gescheitert. Wie zum Hohn orientierten die expansiven Spanier Frankreich nun auf Südamerika, vorwiegend portugiesisches Interessengebiet, und auf die Kleinen Antillen.

Die kleinen Antilleninseln, vulkanischen Ursprungs, bargen, wie die Spanier schnell erkannten, kein Gold. So konnte Frankreich erstmals kolonisieren, ohne Spanien ins Gehege zu kommen. Schon 1536 hatte Frankreich auf den Bahamas Stützpunkte zu gründen versucht, war aber vertrieben worden. Erst in den Anfangsdezennien des 17. Jahrhunderts sollte eine nennenswerte Besiedelung erfolgen. Richelieu versuchte zwar, katholische Inseln zu schaffen, doch ließ sich 6 000 Kilometer von Frankreich entfernt der Glaubenskrieg nicht einfach reproduzieren. Der von Prote-

stanten beherrschte Handel sowie das Aufeinanderangewiesensein verboten jegliche Intoleranz. So konnten die Hugenotten bis 1685 fast unbelästigt ihrem Glauben leben. Auf Saint Christopher hatten sie sich sogar eine »große und einflußreiche Kirche« errichtet. [1] Die wallonische Synode versorgte sie mit Predigern.

1635 waren auch Martinique und Guadeloupe erobert worden. Die französischen Siedler hatten sich längst auf die Erfordernisse dieser Welt eingerichtet; sie bauten Zuckerrohr an und verarbeiteten es. Aber im Vorfeld der Revokation nahm doch die Verfolgung hugenottischer Händler und Plantageneigner zu. Die katholische Kirche und die Gouverneure versuchten, mit drakonischen Strafen dem Protestantismus Einhalt zu gebieten. So flohen viele seit der Revokation in den Norden Amerikas . . .

Hiermit wäre das hugenottische Exilkapitel Süd- und Mittelamerikas abgeschlossen, hätte es nicht noch Surinam gegeben. Seit Spanien in den südlichen Nieder-

[1] Stapleton, Ammon: Memorials of the Huguenots in America. — Carlisle. 1901. — S. 32.

landen verstärkt Druck ausübte, waren Wallonen in die nördlichen Niederlande geflohen, einige von ihnen gingen nach Niederländisch-Guyana. In ihrem Gefolge siedelten sich auch rund 150 bis 200 französische Familien unter der Führung von La Ravardière am Wiapoca-Fluß an. Dies war der Beginn einer Kolonisation Surinams, der sich immer wieder einige Hugenotten anschlossen. Die reformierte Synode unter Johann Moritz von Nassau-Siegen proklamierte für Neu-Holland Religionsfreiheit, so daß sich in den Jahren seit 1613 die wirtschaftlichen Verhältnisse positiv entwickelten und das Zusammenleben von Europäern, Indianern und importierten Negern erträglich wurde. Dieses Zusammenleben führte rasch zu einer Vermischung der Nationen, die kleine Zahl von Hugenotten ging in der weißen und braunen Bevölkerung auf. [1]

Auch während der Hugenottenverfolgung auf den Antillen setzten sich einige Protestanten nicht nach Nordamerika, sondern nach Surinam ab. Hier dominierte ebenfalls Plantagenwirtschaft, und die Fähigkeiten einzelner Franzosen ließ sie an der holländischen Verwaltung der Kolonie teilhaben.

Die glücklosen Versuche, im Süden der Neuen Welt Fuß zu fassen und Anteil zu nehmen am dortigen Reichtum, führten zur Abdrängung der Franzosen nach dem Norden. Bereits 1534 war Jacques Cartier auf der Nordroute über den Atlantik gesegelt und hatte dem französischen König den Sankt-Lorenz-Golf samt Strom entdeckt. Tatsächlich war er lediglich im Kielwasser normannischer und bretonischer Fischer gefahren. Diese hatten in den reichen Gründen vor Neufundland und Accadia — später Neu-Schottland genannt — gefischt und an der Küste den Fisch getrocknet oder gesalzen, um ihn für die lange Rückfahrt zu konservieren. Cartier aber ging es nicht um Fische, sondern um die Erkundung einer goldenen Welt. Er segelte unter dem Patronat des Hugenotten de la Roque, den Franz I. zum Vizekönig in Kanada eingesetzt hatte. Bei solchen papiernen Gnadenbeweisen und Patenten blieb es bis zu Ludwig XIII. Heinrich IV. hatte zwar generös an du Gast, Sieur de Mont, Land überschrieben, doch eben auch nur auf dem Papier. Die königliche Hoffnung auf das abgesprochene Zehntel des kanadischen Profits aus Indianerhandel, Getreideanbau und Erzexploitation blieb weitgehend unerfüllt. Ein mitgebrachtes Karibu, ein Elchkalb und nordamerikanische Vögel stellten zwar eine bestaunenswerte Rarität, aber keinen ökonomischen Gewinn dar. Es war auch nichts anderes zu erwarten, da die Siedler auf sich gestellt, ohne ausreichende Ausrüstung und folgende Unterstützung blieben.

De la Roque nahm an Cartiers dritter Reise 1541 mit etwa 200 Siedlern auf drei Schiffen teil. Aber der erste Winter zerblies alle Hoffnungen auf Dauer. Kälte und Skorbut töteten sie. Erfolglos blieb auch das Vorhaben, auf Sable Island — 115 Meilen vor Accadia gelegen — einen Posten zu begründen. Ein solcher Versuch war schon 1518 gescheitert. Da Freiwillige sich nicht hatten finden lassen, setzte man 1598 vierzig Verurteilte aus. Fünf Jahre später konnten lediglich elf von ihnen mehr tot als lebendig nach Frankreich zurückgebracht werden, sie hatten allein mit Hilfe der Indianer überlebt.

Als de Chauvin de Tonnetuit, einem hugenottischen Händler, Schiffseigner und Kapitän, das Monopol der Kanada-Ausbeutung überlassen wurde, führte er 1600 eine kleine Schar nach Tadoussac. Diese Siedlung war bisher nur im Sommer bewohnt worden, um Wale zu zerlegen, Fische zu trocknen und den Pelzhandel mit Indianern abzuwickeln. Aber selbst mit Hilfe der Indianer blieb ein Leben hier am Rande der Existenzmöglichkeiten. Die erste wirklich dauerhafte Siedlung war Port Royal auf Accadia, heute Annapolis auf Neu-Schottland.

Die rauhe Natur, das entbehrungsreiche Leben und die Kleinheit der verschiedenen Siedlungen — bis über die Mitte des 17. Jahrhunderts hinaus erreichte keine der Niederlassungen jene »kritische Masse«, um aus sich selbst heraus bestehen zu können —, alle diese Faktoren verboten eine Unterscheidung in Katholiken und Protestanten. Unter den Siedlern fanden sich beide Konfessionen. Die Händler und Schiffer waren in der Mehrzahl Protestanten, doch gab es sogar gemischte Unternehmen. Zwar hatte man in Paris das Toleranzedikt von Nantes ausdrücklich als nicht für Accadia und Kanada geltend bezeichnet, doch reiste Vizekönig du Mont mit dem Gebot für Religionsfreiheit in die Nouvelle France, das Neue Frankreich. Konsequenterweise fanden sich auf seinen Schiffen von 1604 ein katholischer und ein protestantischer Geistlicher. Protestantische Prediger hatten sich schon im vorangegangenen Jahrhundert mit eingeschifft, doch waren sie, wie die Siedler, der Natur unterlegen.

Mit der Ermordung Heinrichs IV. trat insofern eine Wende ein, daß jetzt die Jesuiten äußerste Aktivitäten entfalteten. Ihr Expansionismus, gestützt von der katholischen Kirche, verdrängte Protestanten aus administrativen Posten und — wenn auch langsamer — aus dem Handelsgeschäft. Unter Richelieus Herrschaft entstand die erste staatliche »Compagnie de Nouvelle France«. Gegen eine ökonomisch orientierte und daher liberale Politik Colberts opponierte der französische Klerus heftig. Besonders Bischof Laval,

⚜ Samuel de Champlain über Hugenotten und Katholiken in Kanada:

»... zwei Religionen sind natürlich kein großartiger Gewinn für die Glorie Gottes. Ich sah den Prediger und unseren Priester mit der Schrift ihre religiösen Differenzen bekämpfen: Ich kann nicht sagen, wer von ihnen besser kämpfte... Die Wilden waren manchmal auf der einen Seite, dann auf der andern Seite...« [2]

[1] Vgl.: Linde, Jan van der: Surinaamse suikerheren en hun kerk. — Wageningen, 1966. — S. 50.

[2] Zitiert in: Huguenot Trails/hrsg. von The Huguenot Society of Canada. — Bd. XIX. — Nr. 3. — Toronto, 1986. — S. 5.

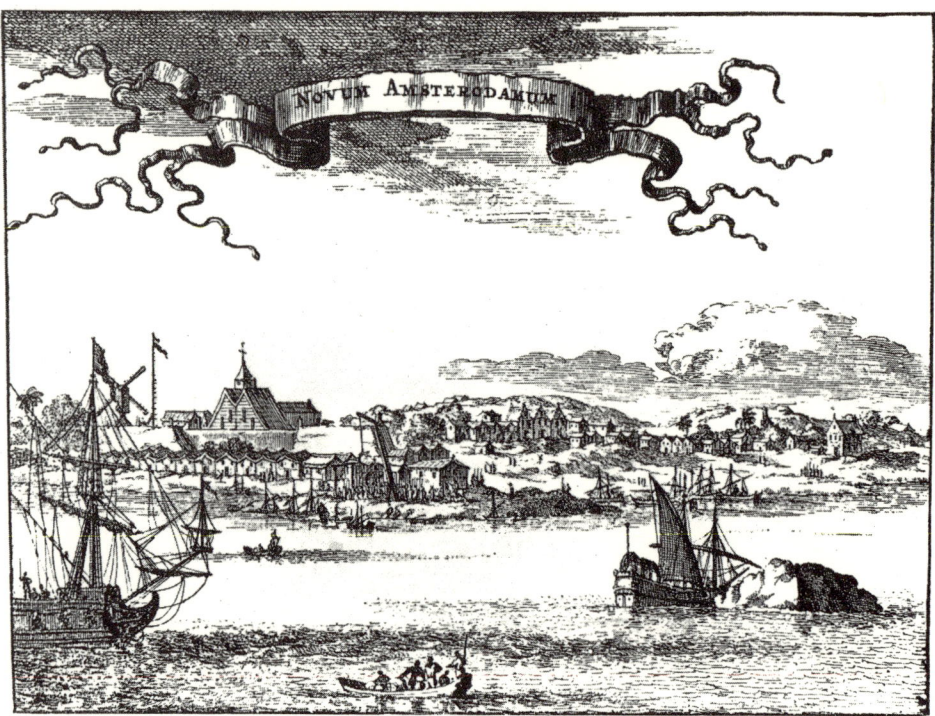

Neu-Amsterdam, nach der englischen Eroberung in New York umbenannt, war eine Zeitlang das hugenottische Zentrum der Ostküste. Ansicht von 1675

wohl den sozialen Konflikt zwischen Adel und Bürgertum übersah als auch den religiösen Konflikt unterschätzte. Infolgedessen blieb den Hugenotten nur eine Existenz in fremden protestantischen Kolonien, also in englischen und holländischen.

Anfang des 17. Jahrhunderts entschloß sich Holland, an der Aufteilung Amerikas teilzunehmen. 1614 setzte ein erstes Schiff Siedler am Hudson-Fluß ab. Doch erst zehn Jahre später entstand in einem natürlichen Hafen von Long Island eine dauerhafte Siedlung, hoffnungsvoll Neu-Amsterdam genannt. An der Entwicklung dieses Platzes hatte die 1622 gegründete holländische »West-Indische Handelskompagnie« übrigens gewichtigen Anteil. Als Pierre Minuit als Gouverneur im Mai 1626 seinen Dienst in Neu-Amsterdam antrat, fand er nur 30 rindengedeckte, einfache Häuser vor. Aber er traf auch auf Glaubensgenossen, Hugenotten, die über die nördlichen Niederlande nach Amerika gekommen waren. Noch war ihre Zahl gering, doch sollte sie rasch wachsen. Ein Fort wurde angelegt, aber es diente weniger dem Schutz vor Indianerüberfällen als vor feindlichen Europäern, denn mit den in diesem Gebiet ansässigen Indianern lebten die Siedler in gutem Einvernehmen. Für Werkzeuge und anderer Handelsware im Wert von 60 Gulden hatten sie 22 000 Acre Siedlungsland erwerben können. 1660 siedelten schon 200 Familien in Neu-Amsterdam. Neu-Haarlem entstand und das heutige Richmond, wenig später auch Neu-Pfalz mit Siedlern, die schon in der Pfalz ein Exil gesucht hatten. Manhattan begann auf 6 000 Acre, die man von den Indianern für »ein fettes Kalb jeden 24. Juni im Jahr und jedes Jahr, solange es gefordert wurde« erwarb. [3] Als Pieter Stuyvesant den Gouverneursposten übernahm, demonstrierte er mit seiner Person das gute Verhältnis von Holländern und Hugenotten; er hatte die Tochter des hugenottischen Predigers Bayard geheiratet, sein Stellvertreter war der Hugenotte Jacquett.

Ein Nachweis der Gesamtzahl der Hugenotten ist — wie auch in fast allen anderen amerikanischen Niederlassungen — bisher unmöglich. Das älteste Register der holländischen Kirche von Neu-Amsterdam (1639) weist nur wenige namentliche Eintragungen auf. Bekannt aber ist, daß die Hugenotten aus der ganzen Umgebung kamen, um dem französischsprachigen Gottesdienst beizuwohnen. Auch auf Staten Island entstand 1657 eine Kirche, in der Holländer, Wallo-

der seit der Selbstherrschaft Ludwigs XIV. in Kanada einen unnachgiebigen antiprotestantischen Kampf begann, attackierte Colberts Toleranzpolitik. 1685 schließlich erging auch in Kanada das Verbot des Protestantismus, und Gouverneur Denonville war beauftragt worden, notfalls mit Dragonaden die katholische Uniformität herzustellen. [1]

Gerade zur Zeit der Verschärfung des Religionskonfliktes warf England ein Auge auf das nördliche Amerika. 1628 wurde Port Royal und 1629 Quebec erobert. Unter der protestantischen Herrschaft Englands triumphierten die Hugenotten. Aber der englische Anspruch ließ sich nicht halten, so daß bald wieder eine antihugenottische Herrschaft Frankreichs folgte.

Dieser stete Bruderzwist zwischen den Franzosen wie auch die nationale Konkurrenz zwischen Frankreich einerseits sowie Spanien, Portugal, England und Holland andererseits verhinderten eigenständige hugenottische Kolonien, so daß Amerika kein Exilland im umfassenden Sinne für die französischen Glaubensflüchtlinge werden konnte. Infolgedessen blieb die Zahl protestantischer Siedler in Kanada gering und lag wohl zwischen 2 000 und 3 000; bis heute sind 471 hugenottische Familien exakt nachgewiesen. [2]

Colignys Plan, den religiösen Konflikt durch gemeinsame Ziele für Protestanten und Katholiken, etwa die Kolonialisierung oder später die antispanische Nationalpolitik, zu überwinden, mußte scheitern, weil er so-

[1] Zitiert in: Huguenot Trails/hrsg. von The Huguenot Society of Canada. — Bd. XIX. — Nr. 3. — Toronto, 1986. — S. 8.

[2] Vgl. [1] — S. 9.

[3] Records of the town of New Rochelle. 1699 – 1828 / transkribiert, übersetzt und publiziert von Jeanne Forbes. — New York, 1916. — S. XV.

nen und Hugenotten ihre Gottesdienste abhielten, abwechselnd in französischer und niederländischer Sprache.

Diese Entwicklung setzte auch nicht aus, als Engländer 1664 Neu-Amsterdam eroberten und die Stadt in New York umbenannten. Die Zahl der sich ansiedelnden Hugenotten stieg weiter, nun weniger aus den Niederlanden als aus England zureisend. »Die Kolonie in der Stadt New York wurde durch neuen Zuzug so zahlreich, daß die dortige Kirche eine Zeitlang die Metropole aller hugenottischen Gemeinden in Amerika wurde.« [1] Gegen Ende des 17. Jahrhunderts lebten ungefähr 600 Hugenotten in der Stadt. Seit 1682 besaßen sie endlich auch einen eigenen französischen Prediger. Sechs Jahre später weihten sie ihre erste Kirche ein: »Église Française à la Nouvelle York«. Bereits kurze Zeit später wurde die hölzerne Kirche zu klein; 1704 entstand eine steinerne: »The French Church of Saint Esprit«. Unter diesem Namen bewahrten die Nachfahren der hugenottischen Einwanderer ihre Kirche durch die Jahrhunderte. Zwar schrumpfte die Gemeinde, und die Kirche wurde während des amerikanischen Unabhängigkeitskrieges zum Militärarsenal degradiert, doch die Vereinigung mit der amerikanischen »Episcopal Church« belebte sie neu. Heute existiert sie als älteste Kirche der Hugenotten in Amerika fort, ein lebendiges Memorial der französischen Einwanderung, Assimilation und Bewahrung gleichermaßen.

Der Stolz auf die Kirchen ist verständlich, gab es doch nur wenige, und diese bildeten den einzigen Zusammenhang für die calvinistischen Glaubensflüchtlinge. Im Gegensatz zu anderen Fluchtländern entstand in ganz Amerika keine einzige hugenottische Kolonie im Sinne einer geschlossenen Bürgergemeinde. Selbst der kirchliche Zusammenhalt gewann nie die Stärke hugenottischer Gemeinden des europäischen Kontinents. Erwies sich in den französischen Eroberungen ein Zusammenwachsen aufgrund der katholischen Kontermaßnahmen und schließlich auch der staatlichen Unterdrückung als unmöglich, so waren die Unterschiede zwischen französisch-reformierter und holländischer beziehungsweise englischer Kirche zu gering und der Anpassungsdruck zu groß, als daß sich etwa in diesen amerikanischen Gebieten separate calvinistische Gemeinden hätten ausbilden können. Mit der beginnenden Besiedlung von Maine, Massachussetts, Connecticut, Delaware und dem Hinterland von New York entstanden in einigen größeren Flecken auch calvinistische Kongregationen, so in Oxford, Deerfield und Salem. In Boston errichteten Hugenotten 1663 eine französische Kirche. In Virginia wurden hugenottische Kirchen in den offiziellen Status einer Pfarrei erhoben, ohne jedoch den Satzungen der anglikanischen Kirche unterworfen zu sein. Ein Privileg, das man den Franzosen auf sieben, später auf weitere sieben Jahre zubilligte. Die größte Zahl calvinistischer Kirchen entstand in Carolina.

⚜ Früheste aktenkundige Ansiedlung von Hugenotten in Massachussetts, 1662: »John Touton, ein französischer Rechtsgelehrter und Einwohner von Rochelle (stellte) dem allgemeinen Gerichtshofe von Massachussetts in Beziehung auf sich und auf andere Protestanten, die ihrer Religion wegen aus ihren Wohnsitzen vertrieben sind, das Ansinnen, man möge ihnen gestatten, dort zu wohnen: und dieses Gesuch wurde ihnen gern bewilligt.« [2]

Neu-Pfalz war eine winzige Siedlung im heutigen Stadtgebiet von New York. Hier überdauerte die zweitälteste französische Kirche Amerikas, gebaut 1717.

[1] Klüber, K. W.: Übersicht der Wanderungen und Niederlassungen französischer, savoyischer und niederländischer Religionsflüchtlinge besonders nach Deutschland. — Karlsruhe, 1854. — S. 65.

[2] Zitiert in: Brandes, Karl: Kirchengeschichte, kirchliche Statistik und religiöses Leben der Vereinigten Staaten von Nordamerika. — Berlin, 1844. — S. 119 f.

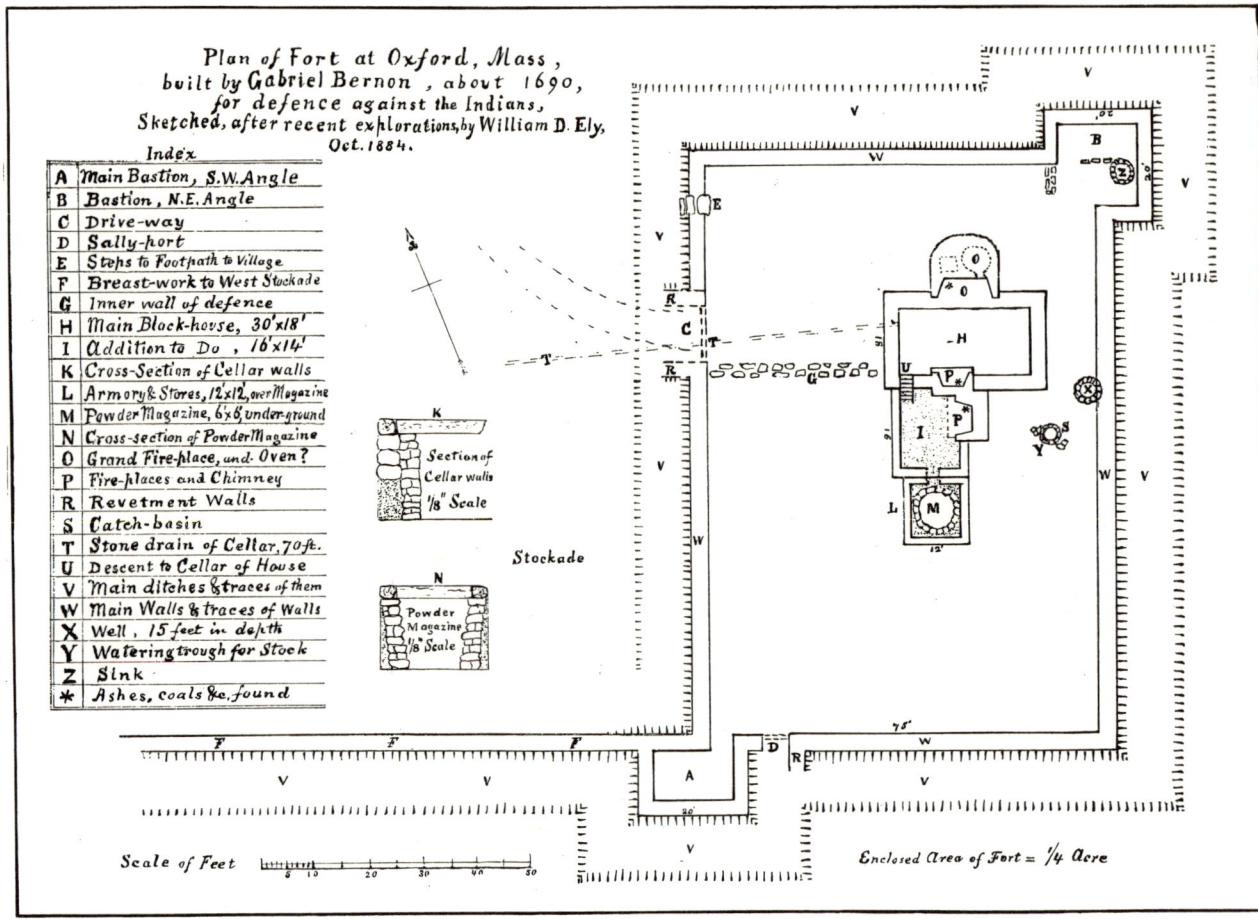

Hugenottenfort in Oxford. Unter einfachsten Bedingungen
bauten Hugenotten und ihre Nachbarn Häuser und Siedlungen.

Als erste größere Siedlung in Carolina entstand Port Royal, doch wurde bald das nördlicher gelegene Charles Town bevorzugt. Hier etablierte sich auch die Provinzregierung, deren Entgegenkommen die Ansiedlung von »Juden, Heiden und Andersgläubigen« [1] möglich machte. England sandte Unterstützungsgelder, um die englischen Ansiedlungen zu festigen. Das Parlament zahlte, Karl II. favorisierte, und selbst Jakob II. mit seiner restaurativen Politik half ungewollt den Kolonien, da viele Puritaner und mit ihnen Hugenotten sich nach Amerika absetzten. Wilhelm I. (III.) förderte wieder direkt und bewußt. In der Folge kam es zu immer neuen Siedlungsgründungen. Neben und nach dem Aufblühen von Charles Town am Saint-Johns-River entstanden sieben weitere Siedlungen mit Hugenotten. In Orange Quartier am Cooper-Fluß bauten 30 bis 40 Calvinisten 1687 eine Kirche. Santee am Santee-Fluß zählte bald 80 hugenottische Familien, die ebenfalls eine Kirche errichteten. Goose Creek wies in den neunziger Jahren über 80 calvinistische Kirchgänger aus. Saint John, Jamestown und Saint Berkeley waren ebenfalls Gründungen nach der Revokation. Solche Ansiedlungen rissen auch im 18. Jahrhundert nicht ab, wie das Entstehen von Perrysburg und New Bordeaux belegt.

Perrysburg erhielt seinen Namen nach dem ehemaligen Direktor der französischen »Ost-Indischen Compagnie« Jean P. Perry. Dieser hatte auf eine Anfrage an das britische Parlament 1732 eine zustimmende Antwort erhalten, so daß er sich mit schweizerischen und französischen Protestanten am Savannah-Fluß ansiedelte. 48 000 Acre waren ihm reserviert worden, die in den ersten zehn Jahren frei von Abgaben bewirtschaftet werden konnten. Um die Mitte des Jahrhunderts lebten unter den rund 800 Siedlern 120 Calvinisten. 1764 kam eine weitere Gruppe von 114 Hugenotten unter der Führung zweier Prediger nach Charles Town. Ein größerer Teil von ihnen ging nach Hillsboro, wo sie ihr New Bordeaux gründeten. Ein Jahr später verstärken diese Siedlung weitere 20 hugenottische Familien.

South Carolina mit seinem südländischen Klima schien sogar Emigranten geeignet, die ursprünglich nach den Kleinen Antillen hatten segeln wollen. Sie luden ihre Weinstöcke aus, ihre Maulbeersetzlinge und

[1] Zitiert in: Brandes, Karl: Kirchengeschichte, kirchliche Statistik und religiöses Leben der Vereinigten Staaten von Nordamerika. – Berlin, 1844. – S. 188 f.

Thomas Papillon, Kaufmann und Politiker, Direktor der Ostindischen Compagnie. Gemälde von Godfrey Kneller, 1698. National Portrait Gallery, London

Seidenspinner und begannen hier, sich eine neue Welt aufzubauen. Umgekehrt wanderten Hugenotten aus den Antillen nach Norden ab, als die Drangsale nach 1685 auch dort den Religionshaß schürten. Und aus dem hohen Norden flüchteten sich Hugenotten vor Jesuiten und katholischen Gouverneuren nach Carolina.

Das friedliche Leben, ja das Wohlwollen und die Unterstützung, die den Hugenotten in diesem Teil Neu-Englands zuteil wurden, beruhten auf dem wohlverstandenen englischen Interesse an sich entwickelnden Kolonien. Nur menschenreiche Kolonien konnten gegenüber der Natur, gegenüber widerstandswilligen Ureinwohnern und vor allem gegenüber anderen europäischen Kolonisationsbestrebungen Bestand haben und jenem weiten Land Produkte abgewinnen, die England begehrte. Schließlich entspannte sich auch die durch relative Überbevölkerung geprägte Lage gerade des Londoner Raumes mit Religionsflüchtlingen, wenn man ihre Weiterwanderung beförderte.

Die ökonomischen Bedürfnisse in den Kolonien waren selbstredend anders geartet als in den europäischen Exilländern. Die einzigen Voraussetzungen, die man hier fand, waren natürliche. Land in unermeßlicher Weite stand zur Urbarmachung bereit. So wurden die

Fort Carolina. Nur wer landwirtschaftliche Produktionen beherrschte, konnte diese harte Phase der Kultivierung des Landes überstehen. Zeichnung, 16. Jahrhundert

amerikanischen Kolonien, voran die beiden Carolina, eine Heimstätte für Bauern aus Frankreich. Doch wer in Frankreich ein kleiner Landwirt gewesen war, mußte in Carolina ein Großgrundbesitzer sein. Riesige Stücke Land konnten die hugenottischen Einwanderer von englischen Autoritäten käuflich erwerben oder einfach an sich reißen. Chabaciere besaß 5 300 Acre, Le Bas kaufte 3 000 Acre — addiert man alle überlieferten Flächenangaben, so besaßen Hugenotten in South Carolina vor 1698 rund 33 000 Acre! [1] Solche Weiten ließen sich nicht allein mit den Arbeitskräften der Familien bewirtschaften, Lohnarbeiter gab es nicht, so nahm man — Sklaven!

Jahr für Jahr hatten weiße Menschenjäger aus Afrika Sklaven herbeigeschafft, um die Plantagen der Antillen mit Arbeitskräften zu versorgen. Nun also breitete sich die Sklavenwirtschaft nach Norden aus. Menschen, die aus Frankreich geflohen waren, weil sie der Unterdrückung des protestantischen Glaubens entweichen wollten, benutzten und unterdrückten nun ihrerseits Andersfarbige und Andersdenkende. Die Hugenotten rechteten nicht über das System der Sklaverei, sie rechneten. Während ein Quadratkilometer Land 10 bis 15 Pfund kostete, mußte man für einen Sklaven 120 bis 230 Pfund zahlen. Aus Inventarlisten ist zu erfahren, daß einige hugenottische Siedler nur einen oder zwei Sklaven ihr eigen nannten, andere besaßen wie die Familie Gourdin 173 oder die Porchners 425 Sklaven. Einzelne Hugenotten etablierten sich so-

❧ »Großbritanniens Motive, Hugenotten nach South Carolina zu schicken, waren eine Mixtur aus christlicher Wohltätigkeit und ökonomischem Scharfsinn.« [2]

[1] Hirsch, Arthur H. The Huguenots of Colonial South Carolina. — Durham, 1928. — S. 173.

[2] Vgl. [1]. — S. 166.

gar im Sklavenhandel selbst. Jean-Baptiste du Casse machte offensichtlich nicht nur gute Gewinne, sondern auch Politik, denn 1691 wurde er Gouverneur von Sainte-Domingue, und seine militärisch gerüsteten Schiffe schützten nebenbei spanische Goldgaleonen, wofür Habsburg ihn mit dem »Goldenen Vlies« ehrte. Es bedurfte schon eines nachhaltigen persönlichen Erlebnisses, daß der eine oder andere Hugenott in Indianern und Negern die Menschenbrüder sah. Bei den allermeisten entpuppte sich der Nachweis der Auserwähltheit vor und von Gott als menschenverachtende Tüchtigkeit.

Mit dem Landbau verbunden war eine Palette von Berufen, die spezielle bäuerliche Bedürfnisse befriedigen konnten: Grobschmiede und Stellmacher, Zimmerer und Töpfer, Sattler und Seiler . . . Natürlich ist hierbei der Übergang zu städtischen Bedürfnissen gleitend. Aus den Sattlern wurden Lederschneider, die Handschuhe und Futterale für Gewehre zu fertigen verstanden. Zu einem besonders exportträchtigen Handwerk entwickelte sich die Hutmacherei; vorzüglich Hüte aus Biberhaar kamen sogar in Europa in Mode.

Der Handel, insbesondere der Fernhandel, bildete nach dem Agrarbereich die zweite Säule der Kolonialwirtschaft. Hatte er anfangs hauptsächlich den Kolonien selbst gedient, so entwickelte er sich rasch zum Vorteil für die europäischen Länder. Um von dem Import italienischer Rohseide loszukommen, hatte England die Anlage von Maulbeerplantagen und die Zucht von Seidenraupen protegiert. Bis zur Mitte des 18. Jahrhunderts dehnte sich die Anbaufläche ständig aus. Die Zahl der Häuser für die Kokonspinner stieg, und Hugenotten besaßen besonders in Charles Town und New Bordeaux große Garnereien. 1758 wurden von dem zentralen Exportplatz in Savannah rund 10 000 Pfund Seide nach Europa versandt; England hatte allerdings auf die zwanzigfache Menge gerechnet.

Den ökonomisch größten Erfolg erzielten Reis und Indigo. Für den Reisanbau erwiesen sich die natürlichen Verhältnisse in South Carolina mit warmem Klima und regelmäßigen Überschwemmungen als sehr günstig. Für das aufwendige Dreschen, Sieben und Schälen wurden bald Geräte entwickelt, die Einführung der Pendelmaschine des Hugenotten Guerrard revolutionierte einen Teil dieser Arbeit. Als aber im englisch-französischen Krieg 1756 England von der Versorgung mit Indigo abgeschnitten wurde, stiegen viele Plantagenbesitzer auf den Anbau der Färbepflanze um. Die steigende Tuchproduktion vergrößerte die Nachfrage ständig. In Carolina wuchs die Pflanze wild, kultivierte Exemplare waren von Huge-

notten aus den Antillen mitgebracht worden, von wo aus Frankreich sich und Europa versorgte. 1748 exportierte Carolina 134 000 Pfund, 1774 schon eine Million Pfund Indigo für 250 000 Pfund Sterling.

Tabak und Öl — letzteres durch Olivenanbau gewonnen — gehörten ebenso wie Salz zu bevorzugten Exportgütern der Kolonie. Wie einige Hugenotten mit ihren Kenntnissen der Seidenerzeugung, mit Setzlingen und Spinnern eingewandert waren, so andere mit Weinstöcken. Bald deckte der angebaute Wein nicht nur die Bedürfnisse des einheimischen Marktes, sondern konnte mit Erfolg exportiert werden, hatte man doch edle Sorten aus Madeira und Bordeaux angebaut. In einem Fall erzählt die Geschichte, daß die französische Regierung Monsieur Legeaux sogar das Angebot zur Rückkehr nach Frankreich machte, das Wiedereinsetzen in die Bürgerschaft und seine Besitztümer versprach. Sie bot ihm Schadenersatz, wenn er »alle Weinstöcke vernichten würde, die er (in Amerika) angelegt hatte . . .« [1]

Um ein vollständiges Bild des Beitrages der Hugenotten am ökonomischen Leben in Amerika zu zeichnen, wäre es nötig, die Pferdezucht, den Schiffbau beziehungsweise die Reparatur und Neuausstattung von »Windjammern« für den Küstenverkehr und die Atlantikfahrt darzustellen. Es wäre nötig, über Manufakturen der Kolophoniumerzeugung und der Nagelproduktion und natürlich auch der Tuchherstellung zu schreiben. Es wäre nötig, die um die Jahrhundertwende aufstrebende Leihkapitalbranche zu erwähnen, ebenso die erste große Feuerversicherung in Charles Town, die, von Hugenotten 1735 organisiert, 1740 nach einem Großbrand der Stadt mehr als ihr ganzes Kapital verausgaben mußte. Mit anderen Worten: Es wäre fast das gesamte Leben zu beschreiben. »Die Hugenotten« — heißt es in einer neueren Einschätzung der Geschichte Carolinas — »hatten ihren Platz in jedem Teil des Lebens dieses Landes, auch wenn ihr Anteil am politischen Leben im 18. Jahrhundert nicht sehr auffällig ist. Durch die Geschicklichkeit ihrer landwirtschaftlichen Arbeiten, durch die Gewandtheit ihrer Hände, das Hochhalten der Solidarität innerhalb der Familie, den großen Fortschritt ihrer Geschäfte, die Sicherheit in der Beurteilung öffentlicher Angelegenheiten, die Integrität als Réfugiés — durch all dies waren sie eines der wohltätigsten Elemente unseres Lebens.« [2]

Die von David D. Wallace und auch anderen Schriftstellern bemerkte »Unauffälligkeit« im gesellschaftlichen Leben gilt für alle englischsprachigen Kolonien. Sie ist der raschen Integration der Hugenotten ge-

[1] Vgl. Hirsch, Arthur H. The Huguenots of Colonial South Carolina. — Durham, 1928. — S. 209.

[2] Wallace, David D.: South Carolina: A Short History, 1520–1948. — Columbia, 1969. — S. 188.

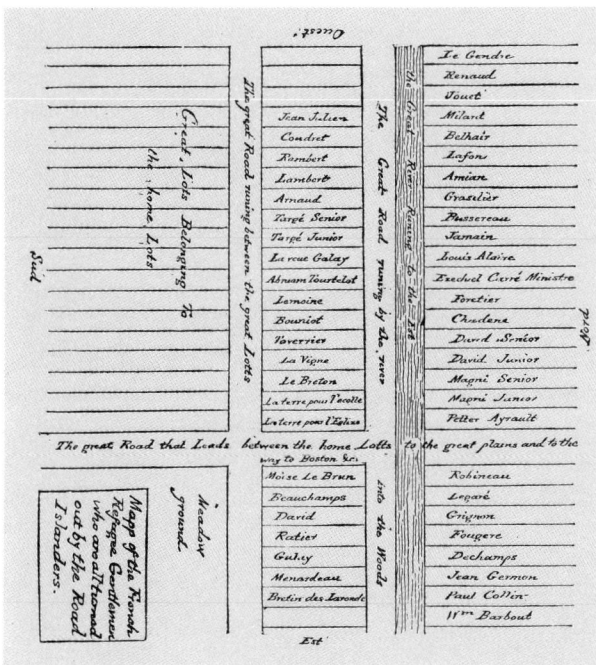

Siedlungsplan von Rhode Island. Mit Leichtigkeit konnten hugenottische Siedler eines erhalten: Land. Anonyme Zeichnung, 17. Jahrhundert

schuldet. Während in einigen europäischen Exilländern Hugenotten noch in der dritten Generation abgeschlossene Körperschaften bildeten, setzte in Amerika die Assimilation schon in der ersten Generation ein. Weder Bürgergemeinden noch starke Kirchen entstanden. Die neuen Staaten, die insgesamt aus Einwanderern bestanden, nahmen die Hugenotten aus gutem Grund schnell als Vollbürger auf. New York war wohl das erste Gebiet auf amerikanischem Boden, das den Fremden alle Bürgerrechte zubilligte. Die frühe Koexistenz von Holländern, Franzosen und Engländern führte hier zu einem völlig gleichberechtigten Zusammenleben. Maryland, Massachussetts und Virginia folgten mit der offiziellen Naturalisation noch vor der Revokation und dem größeren Zustrom von Franzosen. Die beiden Carolina erklärten 1696 die Bürgerrechte.

Zwar verlief die »Amerikanisierung« der Franzosen nicht konfliktlos, wie der Versuch der englischen Dissenters, die Hugenotten in ihren religionspolitischen Streit mit der etablierten Kirche (1682–1706) einzubeziehen, zeigt. Doch geht man fehl, wenn man den tatsächlichen Gegensatz der Strukturen der anglikanischen und der calvinistischen Kirche unbesehen auf Neu-England übertragen will. Es ist richtig, daß die anglikanische Kirche nicht presbyterial, sondern episcopal organisiert war; es ist richtig, daß sie weit

weniger antikatholisch als antipäpstlich war. In Amerika entwickelte sie sich jedoch »amerikanisch« — das heißt, daß schon der Ansatz einer Staatskirche und mit ihr die Uniformität scheitern mußten. Der Wille, die Kolonien mit Menschen zu besiedeln, verbot die Einschränkung auf eine Nationalität, auf eine Religion oder eine Glaubensrichtung. Der weite Raum der amerikanischen Kolonien und die Möglichkeit für jedermann, einem wie immer gearteten Druck auszuweichen, taten ein übriges. Und schließlich erwies sich die Kontrolle der amerikanischen Kirchen von Europa aus als ebenfalls undurchführbar, zudem gab man in England selbst nach der »Glorreichen Revolution« derartige Versuche auf. Die Folge war das Nebeneinander der importierten Kirchen wie ihre eigenständige Entwicklung. In diesem Nebeneinander fehlte aber die französisch-reformierte Kirche, genauer, sie prägte sich nicht stark genug aus. Dafür mußte es besondere Gründe geben.

Erstens blieb die Zahl der eingewanderten Hugenotten gegenüber der der Engländer vergleichsweise gering. Dieses quantitative Verhältnis entschied auch schon den englisch-französischen Gegensatz in Kanada. Hier standen englische Interessen von 200 000 Menschen denen von 10 000 Franzosen gegenüber, wobei Protestanten und Katholiken gemeinschaftlich gezählt sind. Dies gegen 1690, ein gutes halbes Jahrhundert später betrug das Verhältnis 1 500 000 Angloamerikaner zu 70 000 Frankokanadier. [1] Noch ungünstiger entwickelte sich das Verhältnis in South Carolina. Während 1692 jeder dritte der Kolonieversammlung Hugenott war, zählte man um die Jahrhundertwende 6000 Engländer und 440 Hugenotten. [2] Mag auch der Anteil an französischen Réfugiés in den Repräsentationsorganen überproportional groß gewesen sein, er nahm durch den steten Zustrom von Engländern rasch ab.

Den Prozentsatz der Hugenotten an der amerikanischen Bevölkerung jener Zeit festzustellen, ist bis heute unmöglich. »Die exakte Zahl von Hugenotten ist unbekannt«, heißt es lapidar in dem Beitrag »Gefährliches frühes Kanada« von Edith J. Sloan. [3] Nach Schiffslisten, Kirchenbüchern, Unterstützungsnachweisen und Steuererhebungen sind etwa 5 000 Hugenotten zu zählen. Da diese Erhebungen aber lückenhaft sind, kann man vielleicht die hugenottische Emigration nach Amerika auf 10 000 bis 12 000 Personen schätzen.

Zweitens gab es für die sehr zersiedelt lebenden Hugenotten nie genügend ausgebildete Pfarrer, da eine hinreichende Einwanderung von Predigern bis 1792 nicht erfolgte und eigene Ausbildungsstätten

⚜ »Die Franzosen wurden Englisch in Sprache und Religion, Britisch in Gefühl und Politik«. [4]

⚜ »Wo immer ein Pfarrer von dem Bischof von London zu einer Gemeinde geschickt wurde, deren Gottesdienst in Französisch abgehalten wurde, wurde die Established Church vorrangig und der französisch calvinistische Gottesdienst trocknete aus.« [5]

[1] Vgl.: Wade, Mason: The French Canadians. 1760–1945. — New York, 1955. — S. 20.

[2] Vgl.: Römer, Gerhard: Die Hugenottische Kirche in den englischen Kolonien Nord-Amerikas. — In: Der Deutsche Hugenott/hrsg. vom Deutschen Hugenotten-Verein. — Flensburg (1977) 3. — S. 23.

[3] Zitiert in: Huguenot Refugees in the Settling of Colonial America/hrsg. von Peter St. Gannon. — New York, 1985. — S. 83.

[4] Vgl. Hirsch, Arthur H.: The Huguenots of Colonial South Carolina. — Durham, 1928. — S. 90.

[5] Gaillard, Thomas: The Huguenot Churches in South Carolina. — In: Transactions of the Huguenot Society of South Carolina. — Charles-Town (1897) 5. — S. 75.

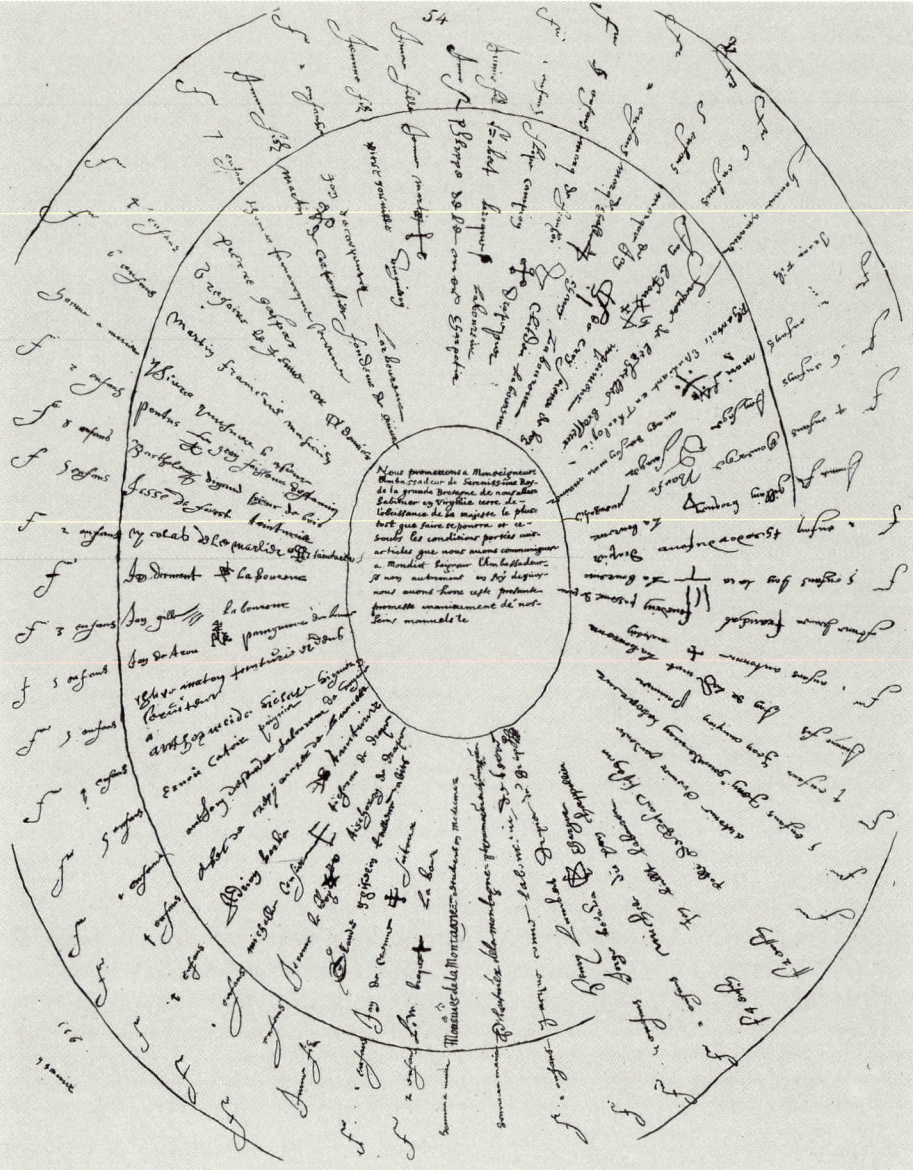

Petition wallonischer und französischer Siedler. Das politische Leben in der Neuen Welt befreite sich rasch von feudalen Importen und bildete schon früh bürgerlich-demokratische Strukturen aus.

fehlten. Angesichts des Predigermangels und des unzulänglichen Kirchenbaus vermischten sich Hugenotten mit holländischen Reformierten, englischen Puritanern und Anglikanern.

Drittens bestimmten englische Einflüsse das gesamte geistliche und weltliche Leben. Hatten Hugenotten in Frankreich oft eine gute Bildung genossen, so stand ihren Kindern in den amerikanischen Kolonien dergleichen kaum zur Verfügung. Das für Calvinisten typische Engagement für die Bildung fehlte hier sehr lange. Die ersten Privatlehrer sind für 1706 nachgewiesen; es sind Madame und Monsieur Le Jan, die sich auf diese Weise ihr schmales Einkommen aufbesserten. Französisch und Englisch, selten Latein, wurden an diesen kleinen Instituten gelehrt. Von einer Kunstschule ist frühestens 1734 etwas zu erfahren. Über den

Versuch einer Ritterakademie mit den Fächern Tanz und gutes Benehmen kann man wohl nur schmunzeln, er wirkte doch zu deplaziert. Es versteht sich von selbst, daß daher die englischen Kolonialschulen und — für höhere Ansprüche — Schulen im alten Europa, zu allererst in England, beschickt wurden. So gering die Gesamtzahl amerikanischer Studenten in England auch gewesen ist, Hugenotten waren hier stark vertreten. Auch der Import französischer Bibliotheken gehörte bald der Vergangenheit an. Die zehn Bände »Saurin« oder die zwölf »Seyserville sermons« — die sich beispielsweise im Nachlaß des 1732 verstorbenen Le Chautre fanden — wurden, wie andere französische Werke, nicht zu Keimzellen amerikanischer Bildung. Auch hier dominierte angelsächsische Literatur, insbesondere wurde rasch Naturrecht und darauf ba-

Memorial hugenottischer Siedler in Oxford/Massachusetts. Wie Amerika mit Hingabe seine jungen Traditionen pflegt, so sichern auch die amerikanischen Hugenotten-Gesellschaften ihr Erbe.

offizielle Aufnahme in die Church of England eben keine Zäsur bildet, mit diesen Argumenten ist auch insgesamt die schnelle und vollständige Assimilation begründet. Schmelztiegel Amerika — dieses geflügelte Wort gilt auch für die Exilgeschichte der Hugenotten auf diesem Kontinent.

Hugenotten in Dänemark

Mochte Dänemark einst eine Großmacht gewesen sein, seit den Niederlagen im Dreißigjährigen Krieg und dem Verlust der Ostseeherrschaft an Schweden war es nur noch ein kleineres Land. Um die Adelsaristokratie zu brechen, hatten um die Mitte des 17. Jahrhunderts König und Bürgertum eine Koalition geschlossen. Dänische Könige machten sich zu Fürsprechern merkantilistischer Wirtschaftspolitik. Das Hauptinteresse lag darin, Handwerk, Manufaktur und Handel im eigenen Lande aufblühen zu lassen. So durften seit Friedrich III. portugiesische Juden im Land Handel treiben, die Katholiken erhielten 1671 in Kopenhagen erstmals seit der Reformation wieder eine Kirche, und den Reformierten — der lutherischen Geistlichkeit oft verhaßter als die Papisten — wurde 1641 in der Grafschaft Schonenburg, seit 1685 auch in anderen Landesteilen, freie Religionsausübung gestattet.

sierendes aufgeklärtes Staatsrecht adaptiert — ideelle Fundierung für die amerikanische Unabhängigkeit.

Viertens war das gesamte Wirtschaftsleben auf England ausgerichtet. Handel und Wandel in den Kolonien bestimmten die Engländer, weshalb auch die Hugenotten sich auf dieses Land orientierten. Zudem hatten viele hugenottische Einwanderer selbst schon eine Weile in England gelebt und dort Beziehungen verschiedenster Art aufgebaut, bevor sie nach Amerika gekommen waren.

Fünftens schließlich dominierte England auch im politischen Leben der Kolonien. Hugenotten, die in der Kolonieadministration aktiv sein wollten, paßten sich dem englischen Establishment an. Heute weisen die amerikanischen Hugenottengesellschaften voller Stolz darauf hin, daß neun USA-Präsidenten hugenottische Vorfahren haben, darunter Washington und Roosevelt, Hoover und Truman.

Mit diesen fünf Argumenten ist nicht nur die Nichtausprägung hugenottischer Kirchen erklärt, für die die

Gerade weil Bevölkerung und Geistlichkeit gut lutherisch waren, konnten die Ansiedlungspläne der Könige nur gegen erheblichen Widerstand und mit Kompromissen durchgesetzt werden. Angesichts der Flucht von immer mehr Hugenotten seit den Dragonaden in Frankreich, hoffte Christian V. an dem Strom in niederländische und deutsche Territorien partizipieren zu können. Doch die dänischen Bischöfe deklarierten Calvinisten zu Staatsfeinden, weil sie Feinde der Monarchie und Republikaner seien. In einem Brief vom 19. April 1684 bestand der König darauf, daß der Wohlstand eines Landes auch auf der Anzahl seiner Einwohner beruhe, und wenn jene Einwanderer anderer Religion seien, so ließ er unmißverständlich wissen »haben Wir es für gut gefunden, die Reformierten, welche sich in Unserem königlichen Lande niederlassen wollen, unter Unsere königliche Protection zu nehmen und ihnen allein, und Niemand von einer anderen Religion, unter gewissen Bedingungen Religionsfreiheit zu gewähren«. [1]

Um des merkantilen Auftriebs willen schuf Christian V. (1670—1699) regelrechte Freistätten. So bot er in Christiansburg Bankrotteuren Schutz vor ihren Gläubigern, und in Fredericia erhielten sogar ausländische Verbrecher einschließlich Mörder ein Asylrecht. In beiden Orten war auch ausdrücklich »das freye Exercitium Religionis allen und jedem Frembden Religions-Verwandten« zugesichert. [2]

[1] Ludwig, Jacob: Die reformierte Gemeinde in Fredericia: Ein Beitrag zur Geschichte der französisch-reformierten Kolonien im heutigen Dänemark. — Bremen; Leipzig; Fredericia, 1886. — S. 16.

[2] Dusse, Helga; Dusse, Ulrich: Die Deutsch Reformierte Kirche zu Kopenhagen. — Kopenhagen, 1977. — S. 14.

Christian V. versuchte, an den lutherischen Landesbischöfen vorbei, Calvinisten ins Land zu holen. Kupferstich von Johann Christian Püschel, 18. Jahrhundert. Deutsche Staatsbibliothek, Berlin

Die Folge war das Einladungsedikt vom 3. Januar 1685. Nach Ablegung eines Treueeides gestattete das Edikt den Reformierten Religionsfreiheit und Gottesdienst. Die dänischen Bischöfe hatten jedoch erzwungen, daß alles unterlassen werden müsse, »was der in diesen Reichen angenommenen Religion zu einiger Verkleinerung gereichen kann. . .« [1] So durfte niemand der reformierten Prediger oder Lehrer sich öffentlich in Religionssachen äußern, an Bet- und Feiertagen der Lutheraner hatten sie sich »aller weltlichen Hantierung zu enthalten«, und nicht einmal freiwillige Konvertiten zum Calvinismus durften aufgenommen werden. Neben diesen einengenden religiösen Vorschriften standen weit entgegenkommende ökonomische Privilegien. So konnten alle bürgerlichen Professionen ausgeübt werden, und sowohl der Zuzug als auch den Gewerben nötige Importe waren von Zöllen befreit. Auch die Häuser, gleichgültig ob Wohn- oder Werkraum, sollten für acht Jahre von allen belastenden Auflagen frei sein. Am gewichtigsten jedoch blieb, »daß alle Reformirte. . . die ersten 20 Jahr von allen bürgerlichen und Stadt-Auflagen und von allem von was Namen es auch ist oder seyn mag, Zoll, Consum-

tion und Accise alleine ausgenommen, gäntzlich frei und verschont seyn mögen. . .« (Artikel 7) [2] Eigene Schiedsrichter und das Recht, unbehindert Dänemark auch wieder verlassen zu können, sollten den Reformierten größere Sicherheit verleihen und ihren Willen, in Dänemark heimisch zu werden, stärken.

Doch die Haßtiraden so vieler lutherischer Kanzelredner und der Neid angesichts ökonomischer Bevorzugung machten den Aufenthalt nicht leicht. 1690 gelang es der Landesgeistlichkeit sogar, die Privilegierung von 1685 weitgehend zurücknehmen zu lassen. Im Rescript vom 6. September 1690 wurde ein eigenes Konsistorium untersagt, der Gottesdienst mit dem lutherischen zeitlich gleichgeschaltet, was auch das Glockenläuten überflüssig machte, so daß es schließlich verboten wurde. Weiterhin sollten Mischehen nur von lutherischen Geistlichen getraut und die Kinder daraus lutherisch erzogen werden. Ihre Prediger konnten die Reformierten zwar auch jetzt wählen, doch bedurften sie der königlichen Bestätigung. Außerdem hatte die Gemeinde dem lutherischen Geistlichen das sogenannte Priestergeld zu zahlen. All dies zielte unausweichlich auf eine Zurückdrängung des Calvinismus.

Ähnliche Bemühungen hatten die dänischen Bischöfe schon Jahrzehnte zuvor bei der jungen Charlotte Amalie unternommen. Diese war als Prinzessin im Hause des Landgrafen von Hessen-Kassel calvinistisch erzogen worden. Ihre tiefe Gläubigkeit hatten zwei hugenottische Lehrer noch verstärkt, so daß ein Ehekontrakt mit dem dänischen König erst zustande kam, als ihr Glaube toleriert wurde und sie in Kopenhagen eine eigene reformierte Hofgemeinde halten durfte. Von hier aus setzte sie sich immer wieder besonders für die verfolgten Franzosen ein. Sie intervenierte in Frankreich, erreichte die Freilassung von hugenottischen Galeerensträflingen und setzte sich unnachgiebig für die Ansiedlung von Hugenotten in Dänemark selbst ein. Hugenottische Pietät hat gewiß nicht übertrieben, wenn sie die Königin — der die lutherische Geistlichkeit die Salbung verweigerte — als Schutzpatronin ihrer Gemeinden ansah. War die reformierte Gemeinde der Königin am Hofe, zu der neben deutschen Reformierten auch französische gehörten, durch ihre Exklusivität für die Glaubensflüchtlinge in sich abgeschlossen, so setzte die Königin sich doch auch tatkräftig für die Stadtgemeinde ein.

Hier koexistierten ebenfalls deutsche und französische Reformierte. Die französischen Réfugiés entschieden sich am Weihnachtsabend des Jahres 1685 für eine Liturgie, wie sie in Bremen üblich geworden war,

[1] Privileg vom 3. 1. 1685. — Zitiert in: Ludwig, Jacob: Die reformierte Gemeinde in Fredericia: Ein Beitrag zur Geschichte der französisch-reformierten Kolonien im heutigen Dänemark. — Bremen: Leipzig: Fredericia. 1886. — S. 99.

[2] Privileg vom 3. 1. 1685. — Zitiert Vgl. [1]

und ließen sie ins Französische übersetzen. Ins Presbyterium wurden je drei französische, deutsche und niederländische Reformierte gewählt. Aber schon vier Jahre später hatte sich die Zahl der Hugenotten so erhöht, daß ein eigenes französisches Konsistorium entstehen konnte. Im Hause eines Weinhändlers wurde ein Saal als kirchliches Provisorium geweiht. Philippe Mesnard und der bedeutende Jean de la Placette, der vor einigen Jahren noch in Charenton gepredigt hatte, leiteten hier den Gottesdienst. Zur gleichen Zeit war der Gemeinde auch ein Platz zum Kirchenbau übergeben worden. Der hugenottische Maler Jacob d'Agar sammelte in Brandenburg, Pastor Mesnard in Holland Gelder. Mit einem Zuschuß der Königin von 10 000 Reichstalern begann 1688 der Bau und wurde im November 1689 beendet.

Auch in Fredericia nahm die Gemeinde denselben Weg zu einer eigenen Kirche. Als 1720 hier die ersten knapp 100 Hugenotten siedelten, mußten sie sich in einem Privathaus versammeln. 1735 wurde mit Unterstützung König Christians VI. der Bau begonnen, und ein Jahr später, obgleich noch unfertig, nahmen die Gläubigen die Kirche in Besitz. Die stetige Zuwan-

Fredericia (auch Fridericia). Ansiedler um jeden Preis ins Land zu ziehen, für diese Absicht wurde der Ort sogar Freistatt für Mörder und Gewaltverbrecher. Kupferstich von Jonas Haas nach H. H. Eegberg, 1768. Stadtmuseum Hofgeismar

derung weiterer Hugenotten ließ Fredericia nach Kopenhagen zur zweitgrößten Kolonie anwachsen. Während in der Königsstadt schon um die Wende zum 18. Jahrhundert 260 französische Familiennamen nachgewiesen werden konnten, waren es zum Ende dieses Jahrhunderts in Fredericia 112 Familien. Da die kleinen Gemeinden in Altona, Glückstadt sowie Gottstreu und Gewissenruh — Gemeinwesen, die zu jener Zeit unter dänischer Hoheit standen — vorübergehender Natur waren, kann man die hugenottische Bevölkerung in Dänemark auf rund 1500 bis 2000 Personen schätzen.

In Kopenhagen rekrutierte sich die Gemeinde aus einigen Adligen und Militärs sowie Berufstätigen, die im Handel, der Seefahrt, den höfischen Tätigkeiten agierten und natürlich im Handwerk. Fredericia versuchte besonders ländliche Produzenten zu gewinnen. Dazu hatte man in niederländische und deutsche Territorien Agenten gesandt oder Vertrauenspersonen geworben. In der Schweiz beispielsweise bemühte sich Pfarrer Bertrand, tüchtige Flüchtlinge nach Dänemark weiterzuleiten, wozu ihm aus Kopenhagen Reisegelder übermittelt worden waren.

Ein für Fredericia bedeutender Zustrom setzte nach 1720 aus Brandenburg ein. Es waren dies vornehmlich Tabakpflanzer aus der Uckermark, die nicht als Verfolgte kamen, sondern Forderungen stellen konnten. Ihre Abgesandten begehrten, daß Pfarrer,

⚜ Königin Charlotte-Amalie: »Am vergangenen Sonntag haben wir zum ersten Mal die Freude und Vergnügen gehabt, den allerhöchsten Gott in unserer neuen Kirche zu dienen, zu loben und zu danken. . . Wir werden darumb hie mehr geneidet und gehaßt, auch verfolgt als niemals, vertrauen aber Gott. . .« [1]

[1] Zitiert in: Bobé, Louise: Charlotte Amalie, Königin zu Dänemark. — Kopenhagen, 1940. — S. 54.

Lehrer und Richter vom König Lohn erhalten müßten, daß ihnen Bauplätze, Material und Kulturland kostenlos oder preisgünstig gestellt werde und vor allem, daß ihr Tabak für 20 Jahre von allen Abgaben befreit sei. Schließlich forderten sie für sich und ihre Kinder die völlige Freistellung vom Militärdienst und von Einquartierungen. Dieser Maximalkatalog wurde von den Dänen — nach geringfügigen Abstrichen — tatsächlich akzeptiert. Das Edikt vom 15. November 1720, verallgemeinert in dem vom 15. Juni 1731, gestand den Réfugiés nach geringen Einschränkungen um die Jahrhundertwende jetzt weitgehende bürgerliche Rechte zu. Aber auch nun galt, daß zwischen dem Gesetz und der Wirklichkeit der örtliche Magistrat stand, ein Magistrat, der die Alteingesessenen nicht benachteiligt sehen wollte. Dies führte besonders bei geplanten Landzuteilungen oft zu sehr schweren örtlichen Auseinandersetzungen.

Zweifellos partizipierte Dänemark an dem hugenottischen Aderlaß nur geringfügig. Die weitestgehende Privilegierung setzte erst ein, als die meisten Hugenotten schon in anderen Ländern fest etabliert waren. Dennoch wirkten besonders Tabak- und Kartoffelanbau kulturbringend, Weizenanbau sowie einige Gewerbe, wie die Tucherzeugung, erfuhren maßgebliche Anregungen.

Die Assimilation der Franzosen ging vergleichsweise langsam vonstatten. Die französische Sprache wurde noch zum Ende des 18. Jahrhunderts benutzt und erst um die Jahrhundertwende zunehmend verdrängt, 1821 dann offiziell abgelegt. Besonders konservierend wirkte wohl, daß eine Reihe von Privilegien nicht Individuen, sondern Familien übergeben worden waren; ein Grund, der Mischheiraten lange Zeit im Wege stand und das Andenken an die Einwanderer lebendig hielt. Heute zählen sich etwas über 300 Personen zur französischen Gemeinde, und der 1969 gegründete »Hugenottenverein« wahrt ebenfalls die nichtkirchliche Tradition.

⚜ »Sie verheiraten sich früh und sind gern mit Kindern gesegnet, welche sie früh zur Arbeit gewöhnen: sie sind alle von Beruf Tabakplanteurs; ihre Lebensweise ist einfach, ordentlich, vernünftig und tätig; ihre Speise besteht meistens aus Erdfrüchten und Grünem, welche Kost sie hier sehr in Gebrauch gebracht haben.« [1]

[1] Wilse, Jacob: Fuldständig Beskrivelse af Stapel-Staden Fredericia. — Kopenhagen, 1767. — S. 85 f.

Schweden — unterdrücktes hugenottisches Exil

⚜ Zu einer umfassenden Exilgeschichte der Hugenotten gehört ohne Zweifel Schweden, auch wenn Zahl und Bedeutung der Réfugiés hier kaum nennenswert erscheinen. Dazu gesellt sich das Phänomen, daß im 16. und 17. Jahrhundert — vielleicht mit größerer Selbstverständlichkeit als heute — eine Mobilität bestimmter Teile der Bevölkerung oft nur geringer Anlässe zur Ansiedlung in einem fremden Land bedurfte. Gewiß war die übergroße Masse, die Bauernschaft, immobil. Auch für die Auswanderung von Handwerkern brauchte es meist schwerwiegender und längerdauernder ökonomischer Krisen oder politischer und ideologischer Bedrückungen. Militärs aber, Intellektuelle wie Theologen und Wissenschaftler, Erzieher und Künstler wechselten erstaunlich leicht und oft auch wiederholt über Landesgrenzen. In einer Zeit, da der Fernhandel seine großen Profite auch gerade aus der schwer zu überwindenden und gefahrvollen Entfernung schöpfte, überrascht, wie leicht zum Beispiel calvinistische Prediger von Ort zu Ort, von Land zu Land zogen.

Vom Calvinismus in Schweden zu berichten, heißt nicht, in erster Linie von französischen Réfugiés zu schreiben. Es war die Reformation mit ihrer Suche nach Lösungen, die auch hier das Gedankengut des Genfer Reformators ins Spiel brachte. Ausgelöst nicht von einer antirömischen Kirchenbewegung des Volkes, sondern von der Geldnot des Königs, entstand seit 1527 in Schweden eine evangelische Staatskirche. Immer überwog dabei der theologische Einfluß Wittenbergs, aber durch einzelne Bibelhumanisten, durch die ökumenische Ausstrahlung des Calvinismus — besonders vertreten durch den hugenottischen Lehrer und Berater Eriks XIV., Dionysius Beurrens — und durch einzelne holländische Spezialisten war auch Calvins Theologie hier wirksam geworden. Der lutherischen Geistlichkeit gelang es aber, ihre Stellung zu stärken und beginnende calvinistische Einflüsse zu unterdrükken. 1665 sprach sich eine allgemeine Kirchenversammlung eindeutig gegen den Calvinismus aus. So konnte sie auch im 17. Jahrhundert Ansätze zu einer hugenottischen Kolonie verhindern.

Die Metallindustrie — eine der ökonomischen Säulen der schwedischen Macht — war durch Neuerungen modernisiert worden. Hervorhebenswerten Einfluß daran hatte der holländische Unternehmer de Geer, der nach 1685 französische Réfugiés um sich scharte. König Karl XI. versprach ihnen zwar freie Religion und wirtschaftliche Privilegien, doch die Landesgeistlichkeit bestand darauf, alle Kinder der Hugenotten lutherisch zu taufen, um auf diese Weise künftig die evangelische Einheit des Landes zu sichern. Dies führte dazu, daß die kleinen Gemeinden in Göteborg und Vadstena sich rasch wieder auflösten. Auch aus Stockholm reiste ein großer Teil — obwohl sie es 1724 bis zu einer eigenen Kirche gebracht hatten — wieder aus. Eine schwache Verbindung zu den Hauptländern des Calvinismus hielten Händler mit Luxusartikeln, die im 18. Jahrhundert das Monopol dieses Gewerbes erworben hatten. Vielleicht führt auf diese Weise eine winzige hugenottische Tradition ins Heute, verkörpert durch den französischen Tempel in Stockholms Humlegard-gatan?

Hugenotten in Rußland

Wo immer Hugenotten sich ein Exil suchten, eine Heimat für ihren in Frankreich verfemten Glauben, taten sie das in einem protestantischen Land. Rußland dagegen betete auf griechisch-orthodoxe Weise. Wenn dennoch einige hundert französische Protestanten in dieses fernliegende Land reisten, so geschah es auf das Toleranzversprechen seiner Herrscher hin.

Die Engländer, deren Handelsgeschäfte sie schon im 16. Jahrhundert in und durch das russische Reich führten, die Holländer, die den Engländern im nächsten Jahrhundert den Rang abhandelten, waren Fremde. Es lag nicht in der Macht der Zaren, deren protestantische Religion zu unterdrücken. Selbst wenn sich hin und wieder im Volke Fremdenfeindlichkeit bemerkbar machte, so bestätigten Reiseberichte doch das friedliche Beieinander. Auch die Annektionen protestantischer Ostseeprovinzen bedeuteten keine Änderungen der Kirchenpolitik im Reich. Wenn schließlich erstmals mit dem Sicherheitsbrief der Regentin Sophia — Schwester Peters I. — vom 21. Januar 1689 eine förmliche Einladung an Hugenotten erging, dann war einzig der Import gefragten Wissens ausschlaggebend. Noch deutlicher sollte es Zar Peter I. formulieren, der die Sorge um die Seligkeit jedem privatim überantwortete und sich nur darum kümmerte, ob der Zuwan-

CUISINIER FRANCOIS

Solange der »Sonnenkönig« und seine Hofhaltung ein Vorbild für viele europäische Herrscher darstellten, waren auch französische Sprachlehrer, Tanzmeister und Köche begehrt. Mit den Hugenotten wanderte daher auch vermehrt die französische Küche in andere Länder. Frontispiz eines französischen Kochbuches. Reformierte Domgemeinde, Halle (Saale)

derende und Ansiedler ein guter Militär, Diplomat und Verwalter oder Handwerker und Manufakturist war.

Allein dieses Spezialwissen machte Ausländer so begehrt und führte zu ihrer Ansiedlung. 1652 entstand ein regelrechtes Ausländerstädtchen vor den Toren Moskaus, wo Deutsche, Schweizer und Holländer, Engländer und Schotten einträchtig miteinander lebten. »Kennzeichnend für die Geschichte des Protestantismus in Rußland ist die durch gemeinsames Schicksal, gleiche Nöte und Gefahren bedingte friedliche Form des Zusammenlebens der Bekenntnisse.« [1] Dies betrifft nicht nur die Koexistenz zweier lutherischer und einer reformierten Gemeinde seit Gründung der letzteren im Jahre 1629, sondern auch die einer katholischen für die schottischen Offiziere. Erst der Zuwachs an reformierten Franzosen nach dem Edikt

Religiöse Toleranz im Einladungsedikt Peters I. vom 16. 4. 1702:

».. .dasz Wir, bey der Uns von dem Allerhöchsten verliehenen Gewalt. Uns keines Zwanges über die Gewissen der Menschen anmaßen, und gerne zulassen, dasz ein jeder Christ, auff seine eigene Verantwortung sich die Sorge seiner Seligkeit lasse angedeyn seyn.« [2]

[1] Zitiert in: Amberger, Erik: Geschichte des Protestantismus in Rußland. — Stuttgart, 1961. — S. 40.

[2] Vgl. [1] — S. 126.

Das Glashaus. Es war in Frankreich üblich geworden, in verglasten Gewächshäusern wärmebedürftige Kulturen zu ziehen. Anfangs befriedigten die Orangerien adlige Vorlieben, bald aber wurden sie zu einem Bestandteil gärtnerischer Kultur überhaupt. Radierung von Johann Wilhelm Meil, 1761. Staatliche Museen Preußischer Kulturbesitz, Berlin. Kupferstichkabinett

von Fontainebleau ermöglichte auch eine eigene hugenottische Gemeinde.

Für die Einladung Fremder waren deren Wissen und Fertigkeiten ausschlaggebend. Solch Wissen und Können sollte — nach Ansicht der herrschenden Schicht oder mitunter nur des Zaren — ganz offensichtlich zuerst der Rüstung dienen. Jedem Soldaten wurden sein Rang und seine bisherige Stellung beim Übertritt in russische Dienste garantiert. So kann es nicht verwundern, wenn hugenottische Offiziere eine glänzende Karriere machten, ja regelrechte Familiendynastien begründeten wie die des Vechery de Coulon, der als Major diente, während sein Sohn Generalleutnant und Oberkommandierender von Wiborg wurde. Aus der Familie des Ingenieur-Kapitäns Scalon gingen gleich mehrere Generäle hervor. Nach seiner Thronbesteigung ließ Peter I. ein 12 000-Mann-Regiment aufstellen, dessen Plätze besonders ausländischen Soldaten reserviert blieben, wobei unter die rund 4 000 Réfugiés gewiß auch Hugenotten zählten. Für die expansiven Bedürfnisse waren jedoch nicht allein Soldaten von Wichtigkeit, sondern auch Produzenten, die die russische Rüstung auf das Niveau seiner westlichen und nördlichen Nachbarn zu bringen versprachen: Geschützgießer, Festungsbaumeister, Schiffbauer.

Es hat Schriftsteller und Komponisten inspiriert, wie Peter I. auf seinen Europareisen als eigener Werber auftrat. So geht auf seine Aktivität auch die Abwerbung von mehr als 100 Franzosen aus Deutschland und Holland, vielleicht auch direkt aus Frankreich zu-

rück, darunter Strumpfwirker und Teppichweber, Seidenspinner und Wollscherer. Der mit Anwerbungen betraute Deutsche Brochhausen brachte Anfang des 18. Jahrhunderts Hut- und Glasmacher, Instrumenten- und Uhrmacher, ja sogar Weinbauspezialisten nach Moskau. Doch konnten die 15 bis 20 Familien auf keinem einzigen Gebiet dauerhafte Erfolge erreichen. Sie blieben Exoten in einer unwirtlichen Welt, und wenn irgendeine Wirkung von ihnen ausging, dann bestenfalls eine ideelle: Sie öffneten den Blick des Riesenreiches nach Westen.

So mag der hugenottische Beitrag für die Entwicklung Rußlands wohl mehr im Beispielhaften liegen, etwa auf dem Gebiete der Medizin: Jean A. L'Estocq brachte es nach heftigem Auf und Ab bis zum Leiter des gesamten Gesundheitsdienstes in Rußland. Andere Hugenotten wurden Leibärzte der Zaren. Das gleiche gilt für das Erziehungswesen: Katharina hatte als Prinzessin elf Jahre lang eine hugenottische Erzieherin gehabt und bestellte als Zarin Hugenotten für verschiedene Bildungsaufgaben in ihr Reich, beispielsweise etwa seit 1764 für eine neue weltliche Lehranstalt. So fiel — neben den militärischen Leistungen einzelner Réfugiés — einzig ihr Beitrag im persönlichen Kontakt mit den Reußenherrschern ins Gewicht. Ihre umfassende Bildung, die Kenntnis der europäischen Szene und ihre weitreichenden Verbindungen prädestinierten einige zu Beratern.

Entsprechend ihrer geringen Zahl und Bedeutung entstand nicht nur keine französische Kolonie, auch der französischen Gemeinde war nur ein kurzes Leben beschieden. Zwar befand sich seit 1698 ein französischer Geistlicher unter den Réfugiés, doch verzog er drei Jahre später nach Danzig. Die Moskauer Franzosen besuchten den Gottesdienst ihrer lutherischen Glaubensbrüder, später den der reformierten Gemeinde. Dieser Zustand traf auch für Petersburg zu, die seit 1712 neue Residenzstadt. Hier stieg in den ersten beiden Dezennien die Zahl der Franzosen, so daß sie sich 1720 an Genf um einen Pfarrer und eine Kollekte wandten. Im Sommer kam Dunant, um das Pfarramt zu übernehmen. Die Finanzmittel reichten allerdings nur zur Miete eines Saals, erst durch Beihilfe der Zarin Anna konnte eine kleine hölzerne Kirche errichtet werden. Schon 1731 hatte man sich wieder mit den Deutsch-Reformierten zusammengetan, da die Zahl der Hugenotten unter 130 gesunken war. Der Wegzug wohlhabender Gemeindemitglieder ließ es dann am Nötigsten fehlen, so daß der Pfarrer 1740 wieder abreiste. Jahre später brannte auch noch die Kirche ab, die jedoch unter der französischorientierten Zarin Katharina II. neu errichtet wurde.

Am Kap der Guten Hoffnung

⚜ Sechs bis zehn Monate brauchten die Kauffahrteischiffe der »Holländisch-Ostindischen Compagnie« bis nach Batavia. Unbedingt nötig waren Rast- und Versorgungspunkte auf der langen Fahrt. Und so verwandelte sich die Südspitze Afrikas in ein Kap der Guten Hoffnung für jene Reisenden. Hier konnte man Wasser und Wein, Getreide, Gemüse und Fleisch aufnehmen. 1652 entstand an der Table Bay die erste Niederlassung der Handelskompanie, fünf Jahre später erklärte Holland die offizielle Inbesitznahme der Südspitze Afrikas und stationierte Soldaten. Doch Korn zu säen, Schafe zu hüten und Wein zu keltern gehörte nicht zu deren Aufgaben. Daher warb die Kolonie bäuerliche Siedler, und als sie sich 1687 in einem zweiten Aufruf direkt an Religionsflüchtlinge in den Niederlanden wandte, konnte bald die »Voorschoten« die Leinen loswerfen. Sie wurde — wie hugenottische Nachfahren überschwenglich konstatierten — zur »Mayflower« Südafrikas.

Nachweislich 22 Hugenotten gingen zusammen mit andern Siedlern an Land. Sie hatten die rund 6 000

Armensammelbüchse, 18. Jahrhundert. Überall unter Hugenotten war es üblich, für bedürftige Glaubensgenossen zu sammeln. Das tat man entweder in der Kirche oder in sogenannten Hauskollekten. Hugenottenmuseum, Berlin

Seemeilen glücklich überstanden. Denn des Glücks bedurfte es. Als später die »Berg von China« mit 34 Hugenotten auf die fast fünfmonatige Reise ging, erreichten nur 14 von ihnen Südafrika. Die Strapazen der Reise, Hitze und faulendes Wasser und vor allem der Skorbut kostete auch die »Wappen von Alkmaar« über 100 Kranke und schließlich 37 Tote. Es bedurfte schon einer beinahe ausweglosen Lage in Holland, der Gewißheit auf einen möglichen Neubeginn an jenem anderen Ende der Welt und einer großen Portion Mut, daß Hugenotten erneut nach einer neuen Heimat aufbrachen. Dazu gehörten besonders jüngere hugenottische Bauern, denen es in den Niederlanden an Boden fehlte und die mit Hoffnung die Auswanderungsbedingungen studierten: kostenlose Überfahrt, unentgeltliche Übergabe von 120 Morgen, das sind rund 300 000 bis 400 000 Quadratmeter Boden, sowie von Vieh. Daneben versprach man Kredite zur Anschaffung von Gerätschaften, weiteren Viehs und Saatguts sowie den Bürgerstatus, freie Ortswahl, Anerkennung

⚜ »Ich spreche und schwöre, daß ich treu und gewissenhaft sein werde gegenüber der hohen Macht, den Generalstaaten der Vereinigten Provinzen. . . Und daß ich treu und in jeder Hinsicht beobachten und ausführen werde alle Gesetze und Verordnungen, die ergangen sind oder noch ergehen. . .« [1]

eines jeden Berufes und sogar die Möglichkeit zur Rückkehr — allerdings erst nach fünf Jahren und auf eigene Kosten.

Mit jedem Schiff kamen sie. Heute sind die Namen von 265 Hugenotten nachgewiesen. [2] Der größere Teil von ihnen landete seit 1688. Sie nahmen Land in der Table Bay, im heutigen Kapstadt. Bald zogen die ersten Familien auch weiter, gründeten Drakenstein, das heutige Paarl, Stellenbosch auf der östlichen Seite des Nadelkaps und La Petite Rochelle, das zwar kein Rochelle wurde, aber heute noch Franchhoek heißt. Mit sicherem Blick hatten die Bauern Weideland und guten Boden ausgemacht, so daß man noch vor der Jahrhundertwende rund 30 000 Schafe und mehr als 3 000 Rinder zählen konnte. Auch der Weinanbau schien sich zu rentieren; aus den anfänglich 40 Setzlingen wurden bald 1,5 Millionen Rebstöcke. 420 000 Faß Wein vermerkte der Gouverneur der Kap-Niederlassung, dem ja nicht nur die militärische Sicherung der Stützpunkte, sondern auch die Versorgungsmöglichkeiten der Schiffe oblagen.

Leicht hätte der Absatz noch gesteigert werden können, aber es standen nicht genug Hände zur Verfügung. Ein Zuzug von 600 Hugenotten, die im Raum Nürnberg/Erlangen ihre Zusagen schon gegeben hatten, zerschlug sich. Die schwarzen Eingeborenen als Arbeiter zweiter Klasse zu gewinnen erwies sich als nicht einfache Aufgabe: Der Widerstand war passiver bis aktiver Natur. Von 1 000 Personen der Kap-Bevölkerung waren 1688 nur ein Viertel freie Bürger. Auch die ankommenden Hugenotten mußten auf Holland und die Ostindische Kompanie ihren Eid leisten. Damals galten sie für den holländischen Kommandanten nicht mehr als Mitglieder einer eigenständigen Bevölkerungsgruppe. »Unser Ziel ist es«, heißt es in einem Bericht der Kap-Regierung vom Juni 1690, »die Hugenotten-Flüchtlinge mit unseren Landsleuten zu vermischen, so daß sie sich gegenseitig ihre besonderen Kenntnisse und Erfahrungen mitteilen und auf diese Weise die Landwirtschaft gefördert wird. Darum hielten wir es für zweckmäßig, anzuordnen, daß ihre Gottesdienste abgehalten werden . . . nach den selben Grundlinien wie die holländischen Gottesdienste.« [3] Auch als 1689 die Hugenotten durch die gestiegene Anzahl auf einer selbständigen Kirchengemeinde bestanden, lehnte der Gouverneur das Ansinnen ab. Der reformierte Gottesdienst nach holländischem Muster sollte auch für Franzosen akzeptabel sein. Die Hugenotten mußten schon froh sein, daß er wenigstens noch in französischer Sprache gehalten werden durfte.

Pierre Simond, ein ehemaliger Pfarrer aus der Dauphiné, predigte abwechselnd in Stellenbosch und Dra-

kenstein. Als er 1702 nach Europa zurückkehrte, wäre es gewiß schwer gewesen, Ersatz zu finden. Aber die Integrationspolitik der Kap-Regierung unterband ohnehin eine solche Suche, wollte sie doch das Französische zurückdrängen. Ab 1709 wurde im offziellen Verkehr nur noch die holländische Sprache zugelassen, und 1739 verbot man auch den französischsprachigen Gottesdienst.

Wäre es nach dem Willen des Gouverneurs gegangen, so hätte die Sprachintegration in noch kürzerer Zeit vollzogen werden können. Das Aufbegehren der Hugenotten aber, ihre Anrufung der Generalstaaten dämpfte diesen Eifer etwas. Holland gestand den Franzosen ein eigenes Kirchenkonsistorium zu und kam ihnen auch bei der wichtigen Frage der Schulbildung entgegen. »Was die Schulen angeht, so wollen wir uns bemühen«, heißt es in einem Schriftstück, »einige Schulmeister ausfindig zu machen und auszusenden, die Niederländisch und Französisch sprechen . . . Ihre Bemühungen sollen erreichen, daß die Kinder französischer Eltern Niederländisch lesen und verstehen lernen, um desto leichter in unserer Volk eingeschmolzen werden zu können.« [4] Tatsächlich reiste bald ein französischer Schulmeister von Holland nach Südafrika; er wurde auch, wie der Geistliche, von der Regierung bezahlt. 1719 erging sogar die Erlaubnis zu einer französisch-niederländischen Privatschule. Dennoch waren Integration und mit ihr Sprachverfall einer so kleinen Gemeinde nicht aufzuhalten. Hatte man sich anfangs noch geschworen, nur untereinander zu heiraten, so verhinderten Frauenmangel — ein typisches Phänomen fast jeglicher Exilgeschichte — und der enge Verkehr der weißen Siedler miteinander diesen Vorsatz. 1724 las man das letzte Mal öffentlich die Bibel französisch, zum Ende des 18. Jahrhunderts gab es niemanden mehr, der französisch sprach. Die hugenottische Selbständigkeit, so eingeschränkt sie auch von Anfang an war, währte daher nur gut zwei Jahrzehnte, also bis ins erste Dezennium des 18. Jahrhunderts. Allerdings war die Integration nicht allein ein Ergebnis jener staatlichen Politik, sondern auch der vielen Gemeinsamkeiten von Franzosen und Holländern in Religion und Leben in der gemeinsamen Enklave am Kap der Guten Hoffnung.

[1] Zitiert in: Erbe, Helmut: Die Hugenotten in Südafrika. — In: Der Deutsche Hugenott/hrsg. vom Deutschen Hugenotten-Verein. — Flensburg (1950) 2. — S. 35.

[2] Vgl. die Namensliste in: Botha, Colin Graham: The French Refugees at the Cape — Cape Town, 1919.

[3] Zitiert in: Fouquet, R.: Hugenotten am Kap der Guten Hoffnung. — In: Ebenda. — H. 1. — S. 33.

[4] Vgl. [3] — H. 2. — S. 40 f.

Ungarn und Türkei — keine Exilländer

✠ Es mag vermessen sein, in einer Exilgeschichte der Hugenotten Ungarn aufzuführen — nicht ein einziger französischer Religionsflüchtling fand in diesem Land auch nur vorübergehend Heimat. Dennoch kann das Beispiel Ungarn zeigen, von welchen Faktoren es abhängt, ob ein Land zum Exil wurde oder nicht.

Die ökumenische Tätigkeit Calvins, mehr noch die überall sich regenden bodenständigen Tendenzen zum Protestantismus hatten in Österreich und Schlesien, in den tschechischen und slowakischen Ländern, in Polen und Siebenbürgen hoffnungsvolle Triebe entwickelt. In Ungarn war es jedoch der katholischen Gegenreformation gelungen, die Magnatenfamilien — bis auf die Ausnahme Rákóczi — dem Protestantismus zu entfremden. Österreichische und katholische Unterdrückung führten aber schließlich zum nationalen Widerstand in Form eines Religionskrieges. Ferenc Rákóczi II. entfachte 1703 einen nationalen Aufstand, der bis zur Niederlage von 1710 ganz Ungarn vorübergehend befreite. In jene kurze Zeit fällt die Vorbereitung zur Niederlassung hugenottischer Franzosen.

Auf Vorschlag des Marquis de Bonac gestattete Ludwig XIV. den militanten Camisarden die Ausreise nach Ungarn. In Frankreich — durch den spanischen Erbfolgekrieg an innerer Befriedung interessiert — hoffte man, die Rebellen loszuwerden und gleichzeitig durch Stärkung der ungarischen Selbständigkeit den Habsburger Gegner indirekt zu schwächen. Über diplomatische Kanäle erreichte Rákóczi das Angebot, der wiederum Jean Cavaliers, den Führer der Camisarden, mit seinen Kämpfern nach Ungarn einlud. Religionsfreiheit und die Reiserouten über das Mittelmeer oder über Nordeuropa und Polen waren schon vereinbart. Ludwig XIV. versprach sogar, das Camisarden-Regiment im ungarischen Krieg zu finanzieren, wenn die Kämpfer mit ihren Familien gemeinsam ausreisten. Ansiedlung auf eigenem Boden in Siebenbürgen und materielle Unterstützungen wurden durch die Deklaration vom 22. August 1704 verbrieft. Als das Patent in Frankreich eintraf, waren die Camisarden inzwischen besiegt, so daß der Hof eine blutige Ausrottung der protestantischen Religion befahl. Ausreise und ungarisches Exil blieben nicht mehr als ein Plan.

In der Türkei hingegen lebten einige Hugenotten. Dieses Land war nun nicht das Exil verfolgter Protestan-

Taufkanne, Abendmahlskelch und -platte gehörten zur Mindestausstattung hugenottischer Kirchen. Oft aber vergingen Jahre, bis ein Spender oder die Gemeinde vermögend genug für eine solche Anschaffung waren. Reformierte Kirche Bergholz

ten, sondern ein Stapelplatz im Levante-Handel, der die Vertreter auch hugenottischer Familien anlockte. Frankreich hatte seit dem 16. Jahrhundert gute Beziehungen zur Großmacht Türkei gepflegt. Wie überall in der großen Politik spielten hierbei weniger Glaubensfragen eine verbindende oder trennende Rolle als vielmehr ökonomische und machtpolitische. In Paris hatte man den Gedanken einer französisch-türkischen Koalition gegen Spanien-Habsburg gepflegt, und bis zu einem Handelsvertrag war der Plan schon verwirklicht. Doch der religiöse Gegensatz Christenheit—»Türkengefahr« gestattete dem Allerchristlichsten König wenig Spielraum. Unter diesem Druck mußte der Koalitionsgedanke aufgegeben werden. Auch Admiral Coligny, für den dieser Gegensatz weit weniger gravierend war, dachte offensichtlich an ein französisch-türkisches Zusammenspiel. 1566 schickte er seinen Schwiegersohn Charles de Téligny, begleitet von einem Herrn Ville-Conin — beides Hugenotten —

nach Konstantinopel. Die überkommene Literatur schweigt sich aus, ob nur der Tod Solimans II. die geheime Mission nicht zum Tragen kommen ließ.

Hundert Jahre später führte nicht Diplomatie Hugenotten in die Türkei, sondern der Handel. England und Holland mit ihrem expandierenden Fernhandel suchten Brückenköpfe in Konstantinopel, als dem Tor zum Schwarzen Meer, in Aleppo, das für den Syrien-Verkehr bedeutsam war, und in Smyrna, dessen natürlicher Hafen ausgezeichnete Bedingungen für die Reparatur und Ausrüstung der Fernhandelsschiffe besaß. Hugenottische Familien, denen man in besagten Städten jener Zeit begegnete, waren daher als »Holländer« oder »Engländer« hier ansässig. Die Familie des Comte de Hochepied beispielsweise nahm für 200 Jahre die Interessen eines holländischen Konsulats wahr. Als die Familie 1922 nach Frankreich zurückkehrte, folgte als holländischer Konsul Monsieur Dutilh, ein Hugenotten-Abkömmling.

Es scheint daher wie selbstverständlich, daß die kleine Kirche der Reformierten, die an Kirchen in den Cevennen erinnert, auf dem Gelände der holländischen Gesandtschaft Platz gefunden hatte. Nur wenige Jahre sollte jedoch ein eigener Prediger hier wirken, zu klein und unbeständig war die Gemeinde. Dennoch, als man die Kirche 1855 wieder in Betrieb nahm, wurde Abendmahlsgeschirr mit der Jahreszahl 1673 geweiht.

DIE BEWAHRUNG DES FRANZÖSISCHEN PROTESTANTISMUS

5

Der Gnadentod

Hatte der Protestantismus im Königreich Frankreich einst seinen eigenen Staat besessen, hatte er den Armeen der katholischen Geistlichkeit und des Staates erfolgreich Paroli geboten, so war er jetzt ein blasser Schatten seiner Geschichte. Rund 18 Millionen Franzosen lebten im letzten Drittel des 17. Jahrhunderts in Frankreich, und nicht einmal eine Million konnte zu den Protestanten gezählt werden. Immer weniger bekannten sich zu ihrem Glauben. Dazu trugen die katholische Reformbewegung, die Strömung des Jansenismus, der gar nicht so weit vom Calvinismus entfernt sein theologisches Lager aufgeschlagen hatte, sowie die gallikanische Unabhängigkeit von Rom bei. Einst hatten Protestanten den Katholizismus kritisiert, weil sie das Christentum unter Zeremonien und eigennützigen Bräuchen verschüttet sahen. Jetzt fanden sich immer weniger Gründe bei Militärs und Ministerialen, bei Magistern, bei Manufacturiers und Maîtres, sektiererisch an einer sterbenden Kirche festzuhalten. Die Zahl der wirklichen Konversionen stieg. Gatten trennten sich voneinander, wo politischer Pragmatismus an der Dominanz der katholischen Religion nicht vorübersehen konnte. Kinder sagten sich von ihren Eltern los, weil sie nicht allein sein, sondern zu den anderen gehören wollten. Häufiger noch lebte man in Familien beieinander, ohne sagen zu können, ob man noch Protestant oder schon wieder Katholik sei. Der zunehmende Druck ebnete die sichtbaren Gegensätze mehr und mehr ein. Es war unumgänglich, in der katholischen Kirche zu heiraten, seine Kinder taufen zu lassen. Allein dort konnte man eine legale Existenz erwerben, wurde doch das Personenstandsregister vom Priester geführt.

Niemand zählte die Nouveaux convertis, die Neubekehrten. Wozu auch? Wer sich wirklich nicht vom protestantischen Glauben lossagen wollte, hatte Frankreich verlassen. Trotz Verbots waren bis zur Jahrhundertwende bald 175 000 Hugenotten ausgewandert. Aber auch die französischen Gefängnisse hatten sich gefüllt, nicht jedem glückte die Flucht.

Starb so der Protestantismus in Frankreich? Nein, der Schein trog. Gewiß, nördlich der Loire existierte der Protestantismus nur noch in Restbeständen, konzentrierte sich auf wenige Städte wie Metz, Caen, Rouen und Sedan. Allgemein schien die Bekehrung vollständig. Im Süden dagegen schimmerte durch das enge Netz ökonomischer, politischer und religiöser sowie auch oft persönlicher Bedrückung der alte Glauben hindurch. Wer bei Tag in der Messe die Augen zu Boden senkte, hob sie des Abends zum Himmel und betete inbrünstig zu Gott, bat um Verzeihung für das gebeugte Knie vor der Jungfrau Maria und den katholischen Heiligen. Wer des Priesters unverständliches Latein nachlallte, der las heimlich in der französischen Bibel. Wer bei Prozessionen, Fasten und Andachtsübungen zugegen war, dem erhob sich der Geist im leisen Psalmensingen.

Schwer nur war diesem Doppelspiel beizukommen. Oft bemerkte die Öffentlichkeit erst, wenn ein Neubekehrter verstorben war — ohne den Segen des katholischen Pfarrers in Anspruch genommen zu haben —, daß er seine Bestattung »nach der Weise derer. . ., die der christlichen Religion angehören« [1] angeordnet hatte, eine Formulierung, die die katholischen Formeln umging.

Eben noch hatte der Hof gejubelt: »Die Dragoner sind bis jetzt gute Missionare gewesen, und die hingesandten Prediger werden das Werk vollenden.« [2] Einer der hingesandten Prediger war der Abbé de Fénelon. Seine Erkenntnisse vor Ort faßte er in Schlußfolgerungen für den Hof zusammen. So solle der König die Bekehrung mit Güte statt mit Druck versuchen, da der Prozeß vermutlich länger dauern würde. Auch solle die Geistlichkeit ehemalige Protestanten zur Mitarbeit gewinnen. Vor allem müsse die Umerziehung die Kinder erreichen, sie beispielsweise durch eine Schulpflicht dem heimlichen Einfluß der hartnäckigen Eltern entziehen und diese selbst, wenn es nicht anders ginge, in katholische Gegenden umsiedeln, um sie zu isolieren. Eine zweite mehrmonatige Missionsreise, diesmal in die alte Hugenottenhochburg La Rochelle, dämpfte die Hoffnungen Fénelons weiter, seine Vorschläge wurden rabiater: Verschickung renitenter

[1] Zitiert in: Joutard, Philippe: 1685 — Ende und neue Chance für den französischen Protestantismus. — In: Die Hugenotten, 1685 — 1985 / hrsg. von Rudolf von Thadden und Michelle Magdelaine. — München, 1985. — S. 19.

[2] Auszug aus einem Brief der Madame de Sévigné. — Zitiert in: Bonet-Maury, Gaston: Die Gewissensfreiheit in Frankreich vom Edikt von Nantes bis zur Gegenwart. — Leipzig, 1912. — S. 50.

Dragonaden im Fürstentum Orange. Immer wieder zogen in einzelnen Landesteilen Soldaten als gestiefelte Missionare in protestantische Häuser ein. Kupferstich von Jan Luyken, 1696. Société de l'Histoire du Protestantisme Français, Paris

Protestanten nach Kanada, Unterbindung der Kontakte zu gefangenen Hugenotten und striktes Verbot des Verkehrs mit dem Ausland, also sowohl keine Auswanderung wie auch keine Infiltration von Flugschriften und Büchern zulassen. Auch müßten angesehene Protestanten durch reiche Pensionen korrumpiert, Arme mit Liebesgaben gebunden und bessere Prediger und Lehrer zu einer regelrechten Gegenoffensive eingesetzt werden.

Abgesehen davon, daß keiner der Vorschläge wirksam durchgeführt und ihr Zusammenwirken niemals erprobt wurde, erwies sich der Protestantismus lebensfähiger als angenommen. Festungsbaumeister Vauban schrieb 1689 an seinen Minister in militärisch knapper Form, daß der Plan, alle Reformierten in der katholischen Kirche zu vereinen, mißglückt sei. Auch Untersuchungen aus dem geschichtlichen Abstand kommen zu der gleichen Erkenntnis. So referierte Heinz Duchhardt auf einem Kolloquium in Bayreuth 1985: ».. .man geht wohl nicht fehl in der Bewertung, daß die Hoffnung führender Persönlichkeiten am Hof, die Zeit werde die Hugenottenfrage von selbst lösen,

sich niemals erfüllte.« [1] Aber nicht nur diese Hoffnung auf Ausrottung des protestantischen Glaubens erfüllte sich nicht, sondern das genaue Gegenteil trat ein. Hatte das 17. Jahrhundert einen steten Niedergang evangelischer Glaubensintensität erlebt, so fachten die Drangsalierungen, das völlige Verbot des reformierten Glaubens eben diesen Glauben wieder an. Der Todesstoß verwandelte sich in ein Lebenselexier!

[1] Duchhardt, Heinz: Die Konfessionspolitik Ludwigs XIV. und die Aufhebung des Edikts von Nantes. — In: Der Exodus der Hugenotten: Die Aufhebung des Edikts von Nantes 1685 als europäisches Ereignis/hrsg. von Heinz Duchhardt. — Beiheft zum Archiv für Kulturgeschichte. — Köln; Wien (1985) 24. — S. 45.

Die Kirche der Wüste

❧ Jetzt, wo Tag für Tag die Priester triumphierten, erneuerte sich im Herzen vieler Protestanten die Frömmigkeit. Eine tiefe Glaubenssehnsucht nach dem reinen Wort Gottes, nach seiner schriftgemäßen Auslegung, nach Trost und Hoffnung breitete sich aus. Doch wer sollte den heimlichen Hugenotten diesen Dienst erfüllen? Ihre Pastoren waren mundtot gemacht. Mit Schrecken sahen die Gläubigen, wie die wenigen im Lande verbliebenen dem Druck nicht mehr standhielten, selbst konvertierten. Nur einige noch predigten das Wort gemäß Calvins Doktrin. Und diesen Mut büßten sie bald am Galgen, im Kerker, auf der Galeere. Die Mehrzahl betreute die Flüchtlingsgemeinden oder hatte ruhigen Unterschlupf in Gastkirchen gefunden. Von den rund 600 protestantischen Geistlichen waren ungefähr 400 ins Exil geflüchtet. So

Versammlung der Kirche der »Wüste«. »Wüste« nannten Frankreichs Protestanten ihre evangelische Heimat, weil ihre Tempel ver»wüstet«, weil ihre Seelen »wüst« lagen; heimlich nur konnten sie sich zu Gottesdiensten an »wüsten« Orten treffen. Kupferstich von Bellotti, 1775. Société de l'Histoire du Protestantisme Français, Paris

verblieb niemand mehr im Lande, der den Geist des Evangeliums verkündete, der die wunden Seelen versorgte, der Verzweifelte wieder aufrichtete. . .

Aber eine Volkskirche stirbt nicht mit ihren Theologen. Der Protestantismus hatte die Gemeinden die Bibel lesen gelehrt, nun mußte es sich zeigen, ob der Bauer, der Handwerker ihren Geist verstanden hatte. Anfangs zögernd, dann aber immer regelmäßiger und selbstsicherer standen Wollkämmer und Weber, Hirten und Bauern auf, um das Wort zu verkünden. Schon ein Jahr nach dem unglückseligen Edikt von Fontainebleau tauchten in den Cevennen Prädikanten auf, theologisch ungeschulte Männer, die sich tastend in die Aufgaben eines Predigers hineinarbeiteten. Zwei Jahre später sammelten im Vivarais solche Volksprediger kleine Gemeinden um sich. Schnell breiteten sich derartige Geheimversammlungen aus: in der Dauphiné, in beiden Languedoc, in Béarn. Gemeinschaftlich wurde die Bibel gelesen, man hörte auswendig gelernte Predigten, sprach selbstempfundene Gebete. Hier griff man begierig nach Psalter und Katechismen, die vom Ausland her eingeschmuggelt worden waren. Handschriftlich kopierte Predigtsammlungen und Darstellungen über die Lage des französischen Protestantismus, die im Schweizer oder holländischen Refuge erarbeitet worden waren, zirkulierten. Besonders

❧ »Gib uns dein Wort wieder und deine Sakramente und gute und treue Pfarrer, die uns das Wort in seiner Reinheit predigen.« [1]

[1] Zitiert in: Gagg, Robert: Kirche im Feuer. Das Leben der südfranzösischen Hugenottenkirche nach dem Todesurteil durch Ludwig XIV. — Zürich; Stuttgart, 1961. — S. 13.

verbreitet wurden »Eine wahrhaftige Liturgie für die Christen, die der Pastoren beraubt sind« und die »Lettres Pastorales« von Pierre Jurieu, die Monat für Monat die Diaspora aufzurichten, zu lenken suchten.

Umsichtige Prädikanten ließen sich im Refuge ordinieren. So halfen die geflohenen Prediger die Fortführung der protestantischen Tradition zu sichern. Besonders Claude Brousson machte sich um das außerordentliche Predigeramt, um eine geregelte Notseelsorge verdient. Er sorgte in den verschiedensten Provinzen Frankreichs für die Wiederaufnahme eines einigermaßen geordneten Gemeindelebens. Welche Aktivität er dabei entfaltete, geht aus einer Aktennotiz des Ministers Châteauneuf vom 16. Juni 1696 hervor: ». . .der genannte Brousson, der ein äußerst gefährlicher Mensch ist, durchzieht die Provinzen des Königreichs, um immer dasselbe zu treiben, ohne daß man weiß, welchen Weg er eingeschlagen hat. . .« [2] Sein Kopf war dem Minister inzwischen 5000 Livres wert. Dreimal entzog sich Brousson seinen Verfolgern durch Flucht ins Ausland. Dreimal kehrte er an seine selbstgestellte Aufgabe zurück. 1698 ergriffen ihn die Häscher des Königs und schleppten ihn auf die Richtstatt — wieder füllte sich eine Seite im Buch der Martyrien.

1686 hatte ein königlicher Zusatzerlaß zurückkehrenden Predigern die Todesstrafe angedroht, Galeerenstrafe denjenigen, die einen solchen Prediger beherbergen würden. Als die Geheimversammlungen der Hugenotten wieder zunahmen, war auch den Besuchern eines solchen Gottesdienstes mit dem Tod gedroht worden, ein Gesetz, das den Soldaten das blindwütige Feuern auf solche Zusammenkünfte erlaubte. Erst Proteste im eigenen Lager und im Ausland führten zur »Begnadigung« von derartigen Vergehen mit lebenslanger Galeere.

Allein, wieviele Laien sich auch zu Predigern aufschwangen, das Bedürfnis nach Tröstung, das Verlangen nach Hoffnung überstiegen deren rastloses Tun. Sehnsüchtig erwarteten Protestanten die Erfüllung jener Vorhersage des Endes der Verfolgung — Pierre Jurieu hatte aus der Offenbarung des Johannes für das Jahr 1689 einen solchen Umschwung prophezeit —, ebenso rechneten sie mit dem Einspruch protestantischer Mächte bei den Rijswijker Friedensverhandlungen von 1697. Selbst an einfachsten Zeichen rankte sich ein Wunderglaube auf, der wie Opium die Protestanten berauschte. Schon fielen die ersten Schwärmer in Ekstase und redeten wie vom Geist inspiriert. Sie hörten jene geheimnisvolle Trompete der Apokalypse, die das Kommen des bösen Tiers ankündigt. Psalmengesang durchdröhnte die Lüfte. Und die kleinen Gemeinden lauschten den Verkündigungen der in Schlaf oder Trance Redenden: Tut Buße! Der Welten Ende naht! Besinnt Euch des Glaubens und haltet stand, bald werdet Ihr in Freiheit beten!

Besonders Frauen wurden zu Medien dieser chiliastischen Hoffnung, und sie bewirkten eine Rückbesinnung auf den kraftvollen Glauben der Reformationszeit. Wie ein Buschfeuer breitete sich die Bewegung der Inspiration aus. Aus den abgelegenen Weilern der Ebene, aus den Bergdörfern drang sie ins Land vor, nur die großen Städte meidend. Die Hugenotten lauschten den verständigen Predigten eines Analphabeten, bestaunten das reine Französisch der Provenzalen, die Kraft des Wortes einer Hirtin — und ihre Unerschütterlichkeit angesichts irdischer Qualen. . .

Die Prediger im Ausland gerieten in Zweifel. Sollte Gott jene ekstatischen Männer und Frauen, selbst Kinder inspiriert haben? Oder war das Illuminatenwesen ein Sozialrausch, eine Epidemie der Sehnsucht? Einige Theologen des Refuge identifizierten sich. Sie predigten in Wort und Schrift über »die Himmelsstimmen an das in Babylon gefangene Gottesvolk«. Andere suchten zu differenzieren zwischen wahren und falschen Inspirationen. Dritte wieder lehnten das Prophetentum ab, schrieben es der Tatsache zu, daß die ungebildete Bevölkerung keine Pastoren mehr besaß.

Aber die ablehnenden Pastoren ließen die Frage unbeantwortet, was aus den Gläubigen werden sollte. Sollte ihnen zur Flucht geraten werden oder zu duldendem Ausharren in der Heimat oder zu scheinbarem Übertritt zum Katholizismus, bis der König seinen Irrtum erkannte? In der Tat empfahlen die einen das, die anderen jenes, die dritten letzteres, und nicht wenige schwankten in Entschlußlosigkeit. Die ins Ausland geflüchteten Prediger — Leiter der französischen protestantischen Kirche — wußten keine den Verhältnissen angemessene Antwort auf die Lebensfrage ihrer Kirche. Sie suchten nicht einmal gemeinsam nach einer solchen Antwort. Keine Nationalsynode sammelte Vertreter der Geflüchteten und der in Frankreich Verbliebenen! Allein den individuellen Erfahrungen, der persönlichen Mentalität und der größeren oder geringeren Einsicht in die gegenwärtigen Prozesse entsprangen jene Sendschreiben, Briefe oder Broschüren, die aus dem Refuge nach Frankreich gingen. Und auch sie blieben bald aus — die Pastoren nahmen ihre Pastoralien nicht mehr wahr. Die französische protestantische Kirche war enthauptet!

Während im Norden Frankreichs die wenigen Hugenotten angesichts dieser Entwicklung Verzweiflung befiel, was zur Auflösung der Gemeinden führte, entstand mit der Inspirationsbewegung im Süden eine er-

🙢 Selbstdarstellung eines Inspirierten: »Ich spürte eine gewisse Erregung, die mir noch unbekannt war, und gleichzeitig eine geheime Freude, mit einer inneren Empfindung der Gnade Gottes; ich war zufrieden, als wäre ich im Himmel. Eine Art Feuer erfüllte meine ganze Brust und verursachte sozusagen einen Druck, der mich nicht unangenehm berührte, aber doch große Seufzer ausstoßen ließ.« [1]

[1] Zitiert in: Gagg, Robert: Kirche im Feuer. Das Leben der südfranzösischen Hugenottenkirche nach dem Todesurteil durch Ludwig XIV. — Zürich; Stuttgart, 1961. — S. 116.

[2] Zitiert in: Chambon, Joseph: Der französische Protestantismus: Sein Weg bis zur französischen Revolution. — München, 1937. — S. 155.

neuerte Kirche. Angeregt von der Bibel, von der Idee, daß Gott einst die Israeliten durch Wüsten und Wasser geführt, aber nie verlassen habe, sahen sich die Protestanten in die Babylonische Gefangenschaft geworfen, der Tempel und Priester beraubt. Aber wie damals die Propheten den Bund mit Gott wieder belebten, so standen auch unter den Hugenotten Propheten auf, die sie an Gott erinnerten, Buße predigten und den Tag der Heimkehr in die erneuerten Tempel verkündigten. Dabei war jede Versammlung in verwüsteten Kirchen, in abseits gelegenen Häusern und Scheunen, ja auf freiem Feld und hinter Bergkuppen Widerstand gegen das Königsgesetz. Gemeinsam zersprengten Soldaten des Königs und katholische Geistliche jeden ihnen bekannten Versuch. Wer dem Tod oder der Haft entrann, hatte nur wieder die Wahl zwischen Unterordnung, ja Selbstaufgabe und Flucht. Daher verstärkte der Süden die Fluchtbewegung ins protestantische Ausland bis in das 18. Jahrhundert hinein. Manch einer aber floh aus Werkstube und Websaal, von Weide und Acker nur bis in den Wald, in die Berge. Doch hier konnte das Leben nicht in seiner gewohnten Weise geführt werden, und so entfachte eine Einzelaktion — die Befreiung von Glaubensbrüdern in den Cevennen — den Glaubenskrieg der Camisarden.

Wie einst Montauban und Rouen, Orléans und La Rochelle die Forts der wehrhaften Calvinisten waren, so wurde das Bergland der Cevennen zur letzten natürlichen Festung der Camisarden. Der verzweifelten Lage der Bekennenden gaben die Kriegspropheten Ausdruck: Aug' um Aug', Zahn um Zahn! Wo der Glaube Christi unterdrückt werde, da müsse er sich verteidigen. Die Militanten aus den Reihen der überfallenen Versammlungen der »Wüste« griffen zu den Waffen. Von den Bergen stiegen wilde Burschen herab zu ihnen, aus den Wäldern stießen die Geflohenen hinzu. Sie befreiten weitere Gefangene, sie rechneten mit ultramontanen Priestern ab. In den Memoiren Cavaliers heißt es: »Dann schloß sich ihnen ein junger Mann mit Namen Daniel an, der etwa 25 Jahre alt war, ein herrlicher Beter und von einem ungemeinen Eifer für Gottes Ehre beseelt. Nun strömten sie von allen Seiten zusammen; die einen aus Neugierde, die andern, um Zeugen seiner eindringlichen Ermahnungen zu sein.« [1] Bald besaß jede der verstreuten Abteilungen ihren Propheten, ihren Prediger. Er war es, der das Gebet anstimmte, bevor es zum Kampf ging, der ermahnte, für Gott ehrenvoll zu kämpfen. Dann folgte der Kampfpsalm. Während die Camisarden aus den Büschen, hinter Felsen hervor gegen die Soldaten rückten, hallte das Echo von den Bergen wider, verstärkte den Kampfesmut der Rebellen, demoralisierte

die königlichen Soldaten. Posten wurde überrannt, Garnisonen belagert, katholische Kirchen — in ihrer wehrhaften Bauweise oft zu Widerstandsnestern der Katholiken umfunktioniert — in Brand gesteckt. Kaum orderten die Kommandanten Verstärkung, zog sich die Guerilla zurück. Sichtete die erbeuteten Waffen, legte Depots in den Höhlen an, errichtete sogar ein Spital für die Verwundeten.

Hatten den Hugenotten der Religionskriege des 16. Jahrhunderts geschulte Militärs des Adels zur Verfügung gestanden, so beteiligte sich hier nur der eine oder andere ehemalige Soldat, einer von ihnen war Pierre Laporte, genannt Roland. Sein Namensvetter Gédéon Laporte starb gleich zu Beginn des Krieges 1702 im Gefecht. Roland sollte zwei Jahre später ebenfalls fallen, doch bis dahin führte er mit wechselndem Erfolg die Camisarden.

Noch erfolgreicher als er erwies sich Jean Cavalier. Er war in der Dorfschule den Jesuiten durch seine Talente aufgefallen, doch schlug er eine Freistelle in deren Collegium aus. Im protestantischen Genf versuchte er seine Bildung zu erweitern, kehrte aber sofort nach Frankreich zurück, als seine Eltern ins Gefängnis geworfen wurden und abschworen. In den Cevennen trat er an die Spitze einer Tausend-Mann-Armee. Mit harter Zucht reorganisierte er die Camisarden, und dank herausragendem militärischen Talents gelangen ihm beachtliche Erfolge. Die Königssoldaten waren der Guerillataktik nicht gewachsen, die katholischen Priester flohen, die Cevennen wurden wieder protestantisch.

Gewiß band der Spanische Erbfolgekrieg Frankreichs militärische Kräfte, auch unterschätzten diese anfangs die Kampfentschlossenheit der Glaubenskrieger. Durch die drückenden Steuern belastet, solidarisierte sich die Bevölkerung mit den Camisarden, so daß sie trotz mangelhaftester Ausrüstung zwei Jahre die Szene beherrschten. Die königlichen Truppen versuchten mit einer Taktik der verbrannten Erde den Kämpfern die Lebensbasis zu entziehen. Am Terror, dem über 400 Dörfer zum Opfer fielen, eskalierte der Gegenterror. Der König, dem von Kontakten der Aufständischen mit England, von Geldzuwendungen, ja sogar von den Vorbereitungen zu einem Landungsunternehmen berichtet wurde, ersetzte schließlich die erfolglosen Generale durch einen Marschall und bot 15 000 bis 20 000 Mann gegen die höchstens 2500 Camisarden auf! Er provozierte Spaltungen, indem er mit Cavalier verhandeln ließ, er wollte sogar die Ausreise Cavaliers mit seiner Kerntruppe zulassen.

Ermüdungserscheinungen bei den Camisarden, Versorgungsprobleme und Verrat beendeten den Auf-

⚜ »Der grausamste von Allen war ein gewisser du Chayla, Inspector der Missionen und Erzpriester. Er hatte aus seinem Priesterhaus ein befestigtes Schloß gemacht, oder eine Räuberhöhle, und schien eine grimmige Wollust bei den Martern seiner Opfer zu fühlen . . .« [2]

⚜ Bischof Fléchier: »Die Rebellen sind die Herren der Landschaft. Man zerstört ihre Berggegenden, und sie zerstören unsere Ebene. Es gibt fast keine Kirchen mehr in unseren Diözesen, und unsere Ländereien können nicht bestellt werden.« [3]

[1] Zitiert in: Chambon, Joseph: Der französische Protestantismus: Sein Weg bis zur französischen Revolution. — München, 1937. — S. 164.

[2] Zitiert in: Félice, Guillaume de: Geschichte der Protestanten Frankreichs, seit dem Anfange der Reformation bis zur Gegenwart. — Leipzig, 1855. — S. 351.

[3] Zitiert in: Gagg, Robert: Kirche im Feuer: Das Leben der südfranzösischen Hugenottenkirche nach dem Todesurteil durch Ludwig XIV. — Zürich; Stuttgart, 1961. — S. 137.

stand. Wenngleich auch nach 1704 hier und da bewaffneter Widerstand aufflackerte, Freibeuter die Gegend verunsicherten, so gelang es dem Reich doch, das Bergland wieder in seine Gewalt zu bringen. Ein Übergreifen auf ganz Südfrankreich konnte verhindert werden, der Aufstand der Hugenotten war niedergeschlagen. Der französische Protestantismus stand erneut an einem Kreuzweg, einem letzten.

Élie Marion [1]

❦ *Als Vater Marion seinen Sohn Anfang Juni 1678 zur Taufe bringt, bangt dessen Mutter: Der Erstgeborene ist zu schwächlich für das Leben in den Cevennen. Der Prediger jedoch scheint zuversichtlich. Er tauft den Knaben auf den Namen Élie und verweist auf den Propheten Elias, dessen Größe im Geistigen gelegen habe und der nicht mit seinen Muskeln, sondern mit seiner Zunge jedermann zu besiegen vermochte.*

Das zarte Band gegenseitiger Zuneigung, das Prediger und Junge im Katechismusunterricht knüpften, wird eines Tages jäh zerrissen. Dragoner marschieren in Barre ein, »bekehren« den Ort zum Katholizismus und zwingen den Prediger zur Flucht. Élie Marion wehrt sich gegen die geistige Vergewaltigung. Der Vater — im Zwiespalt zwischen Glauben und lebenserhaltender Arbeit — ermöglicht dem Sohn, nach Nîmes überzusiedeln. In Barre müßte er nicht nur die Messe, sondern auch die katholische Schule besuchen, in Nîmes dagegen kann er beidem ausweichen. Doch kann man diesem katholischen Frankreich wirklich entgehen?

Ein paar Jahre warten die heimlichen Protestanten. Aus Holland kommt das Gerücht, daß 1689 die Bedrückung ein Ende haben werde. Der Vater hofft, daß es Wahrheit wird, und er zittert, ob er seinem Glauben dann gerecht geworden sei. In Nîmes verfolgen später Lehrer und Studenten — darunter der siebzehnjährige Élie — die Siege der Augsburger Liga, die Friedensverhandlungen in Rijswijk. Doch nichts ändert sich; vom König bis zum letzten Untertan muß alles katholisch sein. Nirgends gibt es eine Hoffnung auf Gewissensfreiheit, niemand tritt für die reformierte Kirche ein. Wenn der Vater von jenen Glaubenstreuen erzählt, die angesichts der gestiefelten Missionare schon vor der Revokation in die Wälder geflüchtet waren, so klingt es wie ein Märchen. Die Namen, die er als Beweis nennt, sind jetzt Namen im Ausland oder im

Gefängnis oder, viel schlimmer, im katholischen Kirchenregister.

»Herr, Vater im Himmel und König aller Könige! Du hast uns verheißen, Deine Hände über uns zu halten, aber gib uns auch Dein Wort. Deine Diener sind verjagt, Deine Tempel zerstört. Allein die Schrift bewahren wir, mach Du, daß sie gilt. Führe uns, auf daß wir nicht verderben . . .«, so betet der Vater leidenschaftlich, und Tränen stehen ihm in den Augen. Und ist es nicht der Herr, der da mit Zeichen zu ihnen redet?

Der Nachbar, der aus Toulouse zurückkommt, erzählt, wie er in der Nähe von Millau plötzlich ein Singen gehört habe, kein Hirtenlied, sondern einen Psalm. Aus der Luft sei er gekommen wie Engelsgesang, auch sei niemand zu sehen gewesen, und auf sein Rufen hätte niemand ihm geantwortet. Mag auch der Priester sich ereifern und gegen unverbesserliche Hugenotten wettern, die tief in die Wälder wandern, um ihre verbotenen Gottesdienste zu halten. Mag der Gouverneur auch einfache Männer verhaften lassen, weil sie das heilige Wort verkündeten, obgleich sie keinerlei Ausbildung dafür besitzen. Hatte doch der eine und andere Prediger bei seiner Vertreibung geweissagt: »Das Zornesgewitter reißt uns von Euren Herzen los, um uns in die Verbannung hinauszustreuen. Aber in unserer Abwesenheit wird der Geist des Herrn bei Euch bleiben! Jesus selbst wird Euer Hirte sein; ihr verwaisten Schafe Israels! Weit eher, als daß er Euch ohne Trost ließe, wird er durch den Mund einfacher Frauen und kleiner Kinder zu Euch reden!« [2]

Élie Marion zweifelt. Kann Gott aus Mündern sprechen, die sich mit einem »Ich bekehre mich!« beschmutzt haben? Sind nicht die Eltern gerade zur Weihnachtsmesse gegangen!? Élie fastet, betet, liest in der Bibel.

Zum Neujahr 1703 versammelt sich die Familie mit einigen Verwandten zum Gebet. »Einige Augenblicke später verspürte ich eine starke Glut, die mir das Herz ergriff und sich durch das ganze Innere meines Körpers verbreitete! Ich fühlte mich ein wenig beklommen, was mich nötigte, heftige Seufzer auszustoßen . . . Einige Minuten später ergriff mich eine Macht, der ich nicht mehr widerstehen konnte; sie zwang mich, heftige Schreie auszustoßen, unterbrochen mit lautem Schluchzen; und meine Augen vergossen ganze Bäche von Tränen! Dann wurde ich heftig gestraft durch eine schreckliche Erinnerung an meine Sünden . . . Dennoch fühlte ich etwas Angenehmes und Beglückendes.« [3]

Von nun an ist Élie Marion verändert. Öfter und öfter fühlt er sich vom Heiligen Geist ergriffen, der nun auch beginnt, durch seinen Mund zu reden. Dieser ge-

[1] Das Zeitbild beruht vorzüglich auf den »Mémoires inédits d'Abraham Mazel et d'Élie Marion sur la Guerre des Cévennes 1701 – 1708« / hrsg. von Charles Bost. — In: Publication de la Société Huguenote de Londres, XXXIV. — Paris, 1931; sowie auf der Arbeit von Misson, Maximilian: Le Théâtre Sacré des Cévennes; ou Récit de Diverses Merveilles. — London, 1707; deutsch: Die Propheten der Cevennen und Camisardenkrieg 1701 – 1704 / hrsg. von D. S. Delattre. — Hamburg, 1925.

[2] Zitiert ebenda. — S. VIII.

[3] Zitiert ebenda. — S. 99.

bietet ihm, alle Rücksicht auf katholische Zwänge fallen zu lassen und den Arm zu erheben gegen deren Schläge. Er beginnt, den Wankelmütigen und Verzagten zu predigen. Wenn die auf die geistige und körperliche Bedrückung, auf angedrohte Strafen verweisen, entgegnet er ihnen, daß alles Leid nichts sei im Vergleich mit der Qual, nicht im wahren Glauben leben zu können. Wirkliche Freiheit sei nicht die Freiheit von Leid, sondern von Sünde. Unter welchen Bedingungen ein Christ auch immer leben müsse, niemand könne ihm die Freiheit seines Glaubens nehmen!

Diese erneuerte Glaubensinnigkeit beeindruckt so manchen Konvertiten. Als Élie nach einem langen Gebet erneut in Verzückungen fällt und sein Mund die »Kinder Gottes« zum Kampf aufruft, folgen ihm beinahe zehn Leute in die Wälder. Sie lassen ihre Arbeit, ihre Häuser und Familien im Stich, um für den Gottesglauben zu streiten. »Unsere Inspirationen haben es uns ins Herz gelegt, daß wir unsere Angehörigen, das Liebste, was wir auf Erden hatten, verlassen und dem Herren Jesu nachfolgen und mit dem Satan und seinen Helfershelfern Krieg führen sollten!« erinnert sich später Élie Marion an diesen Aufbruch. [1]

Im Juli des Vorjahres 1702 hat die gewaltsame Befreiung von Glaubensgenossen aus den Kellern des terroristischen Priesters von Mende den offenen Kampf eingeleitet. Als Königssoldaten bei Saint-Étienne in eine Versammlung von Hugenotten schießen, ohne Anruf und ohne Pardon auf Männer und Frauen, Greise und Kinder feuern, so daß beinahe 300 Tote auf dem Platz liegen bleiben, stürmt der junge Cavalier mit einer kleinen Truppe die zeitweilige Garnison der Soldaten, tötet einige von ihnen und erbeutet Waffen und Munition. Wer keine Waffe erhält, bekommt wenigstens ein paar feste Stiefel. Immer aber tragen sie die Camise, die Bauernjacke, weshalb sie auch bald »die Camisarden« genannt werden.

Élie Marion, der mit Antoine Atgier, La Valette gerufen, durch die Cevennen zieht, um zu predigen, vereinigt sich mit Cavalier. Wenig später trennen sie sich jedoch wieder, da die Zahl der Inspirierten immer größer wird und Cavalier das ungeteilte Kommando beansprucht. Marion trifft auf Abraham Mazel, der mit großer Energie und ohne Furcht ebenfalls den Kampf gegen die Glaubensverfolgung aufgenommen hat. »Der Geist hat mir befohlen, die schwarzen, fetten Ochsen aus dem Garten des Evangeliums zu vertreiben!« antwortet er den Furchtsamen, die vor Vergeltungsschlägen der Königlichen bangen. [2] Junge Männer aber, denen das Ungestüme und Radikale Mazels gefällt, fordert er auf, nach Anduze zu gehen. Dort hätte man den Kopf Laportes an der Brücke angenagelt, und so

werde es jedem Camisarden ergehen, bis die Religionsfreiheit erkämpft sei. Laporte hätte nicht einmal drei Monate die Kämpfer geführt, dann sei er im Gefecht mit den Soldaten gefallen, und sein Kopf werde nun zur Abschreckung in allen Städten der Cevennen gezeigt.

Wie Mazel unbedingten militärischen Gehorsam verlangt oder andernfalls jeden aus den Reihen der Camisarden ausschließt, so stellt Élie Marion den Gottesdienst allem voran. Oft ist es der Geist, der die militärischen Aktionen inspiriert, immer aber steht vor dem Kampf das Gebet. Ein Psalm Davids wird gesungen, und es bürgert sich sogar ein, daß die Kämpfer psalmensingend auf den oft zahlenmäßig stärkeren und besser gerüsteten Gegner einstürmen. Direkt nach dem Kampf dankt Marion Gott für den Sieg, und die Truppe betet gemeinsam. Zweimal in der Woche hält er Predigten und jeden Abend eine Andacht, oft mitten in der Nacht, nach langen Märschen durch das Gebirge oder nach Kämpfen. Der Sonntag bleibt geheiligt. Marion setzt sich gegenüber Mazel durch, daß am Sonntag keine Kämpfe stattfinden. Stattdessen ziehen die Kämpfer in eine der Kirchen, aus denen die katholischen Priester vertrieben wurden. Da aus den Ortschaften viele hinzukommen, predigt Marion über Lucas: »Fürchtet euch nicht vor denen, die den Leib töten und danach nichts mehr tun können. Ich will euch aber zeigen, vor wem ihr euch fürchten sollt: Fürchtet euch vor dem, der, nachdem er getötet hat, auch Macht hat, zu werfen in die Hölle.« [3]

Im Sommer 1704 spendet Marion sogar recht regelmäßig das Abendmahl. Doch so groß die Zahl derer ist, die aus diesem Anlaß kommen, er spürt die steigende Ablehnung gegenüber den Kämpfern. Den Bewohnern ist es gleichgültig, daß der Kampf gegen die Soldaten, das Niederbrennen von Stützpunkten, das Massakrieren von katholischen Priestern nur eine Reaktion auf das Beschießen friedlicher Versammlungen, das Niederbrennen von protestantischen Dörfern ist. Längst haben sich Terror und Gegenterror aneinander eskaliert, haben sich verselbständigt und gehen immer zu Lasten der Cevennolen. Bitter ist daher die Begegnung mit Bürgermeistern dreier protestantischer Ortschaften, die die Camisarden anflehen, nicht mehr in ihrem Gebiet zu operieren, der königlichen Rache seien schon über 400 Dörfer und Weiler zum Opfer gefallen. Auf die Frage, welche Lösung sie denn sähen, erhält Marion die Antwort: »Verhandeln!«.

In der Tat darf der Gedanke nicht einfach verworfen werden. Die königlichen Truppen sind in den Cevennen auf rund 25 000 Mann angewachsen, dazu kommen noch katholische Bürgerwehren. Cavalier selbst

[1] Das Zeitbild beruht vorzüglich auf den »Mémoires inédits d'Abraham Mazel et d'Élie Marion sur la Guerre des Cévennes 1701 – 1708« / hrsg. von Charles Bost. – In: Publication de la Société Huguenote de Londres, XXXIV. – Paris, 1931; sowie auf der Arbeit von Misson, Maximilian: Le Théâtre Sacré des Cévennes; ou Récit de Diverses Merveilles. – London, 1707; deutsch: Die Propheten der Cevennen und Camisardenkrieg 1701 – 1704 / hrsg. von D. S. Delattre. – Hamburg, 1925. – S. 47.

[2] Vgl. [1] – S. 37.

[3] Die Bibel. Lucas 12/4.5.

hat schon Verhandlungen zu führen versucht, was aber bei Marschall de Montrevel auf Ablehnung stößt. Stattdessen schlagen ihn die Truppen des Marschalls, 400 oder 500 Camisarden bleiben als Tote auf dem Kampffeld. Als de Montrevel vom taktisch flexibleren Marschall de Villars abgelöst wird, bietet die königliche Militärführung nun ihrerseits Gespräche an. Für die Camisarden gibt es kaum einen Ausweg, denn schließlich bleibt auch jede Hilfe aus dem Ausland aus. Marion selbst hat mit Genf Kontakte, aber er erhält nur freundliche Hinweise auf den prekären Zustand der protestantischen Kantone. Zu all dem muß auch berücksichtigt werden, daß die Ernte bevorsteht, zu der die meisten Kämpfer in ihre Täler zurückkehren werden. Infolgedessen wird der Bestand der Truppe, die Mazel und Marion führen, auf vielleicht 20 oder 30 Männer absinken. Das kann zwar die Versorgung erleichtern, aber trotzdem ist nicht zu übersehen, daß immer weniger Verpflegung und Munition aus den Dörfern und Städten in die Wälder kommen.

Élie Marion zieht sich zurück. In einer abgelegenen Berghöhle betet er zu seinem Gott. Drei Tage vergehen mit Fasten und Beten, bis der Geist zu ihm spricht: Verhandeln, aber nicht über den Glauben! Noch einen Tag bleibt er von seinen Kameraden fern, durchdenkt alle Möglichkeiten. Dann kehrt er zurück. Man muß ihn stützen, als er den Gottesdienst beginnt. Aber während der Predigt gewinnt er Kraft, durchglüht ihn ein Feuer. Zwei Stunden predigt er den Glaubensfesten und den heimlichen Zweiflern, den rauhen Militärs und den verdeckten Kapitulanten. Am Ende geht der junge Mann — denn wenn nicht Ansehen und Erfahrung zählen, so ist Marion erst 26 Jahre alt — nach Saint-Germain, um mit Generalleutnant Lalande über Glaubensfreiheit und Frieden zu verhandeln. Am 6. Oktober 1704 empfängt ihn Lalande. Dieser billigt den Barbets — so der Spottname für die Camisarden — anfangs nur Pardon zu, nicht aber Religionsfreiheit. Am Schluß jedoch ist der Frieden vereinbart, da Lalande letzten Endes Gewissensfreiheit zugesteht. Die Cevennolen dürfen ihre französischen Bibeln behalten, dürfen in ihren Häusern beten, dürfen leise ihre Psalmen singen. Niemand soll sie zur katholischen Messe zwingen.

Mit der Unterzeichnung der acht Artikel verpflichten sich die Camisarden zur Übergabe der Waffen, während ihnen Straffreiheit und das Versprechen gegeben wird, daß alle Gefangenen freigelassen werden. Am 8. Oktober zieht die Kampfgruppe — es sind nach der Verkündung des Vertrages nur noch rund 50 Camisarden — in Saint-Jean-de-Gardonnenques ein und übergibt ihre Waffen. Marion reist anschließend von

Gefängnis zu Gefängnis, um die Glaubensgefangenen in die Freiheit zu führen.

Das Hochgefühl, für die Protestanten der Cevennen das Recht auf ihren Glauben zurückgewonnen zu haben, hält tagelang an — bis man ihm die Worte »Verräter« und »Spitzel« ins Gesicht schleudert. Die mit Lalande getroffene Vereinbarung gilt nur für seine Truppe und die 33 Gemeinden seiner engeren Heimat. Noch aber kämpfen im weiten Bergland andere Gruppen, noch hat die Mehrzahl der Gemeinden keine Gewissensfreiheit. So läßt sich Marion von den königlichen Militärs unter de Villars bitten, die gleichen Friedensvereinbarungen in den noch kämpfenden Gebieten durchzusetzen.

Ende des Jahres verläßt Marion das Bergland, verläßt Frankreich. Er geht nach Genf. Er hat alles erreicht, was zu erreichen in seiner Macht stand. Er ruht aus. Aber ruht der Geist? Ist es richtig, als Prediger die Heimat zu verlassen? Allerdings ist er ja nicht freiwillig gegangen. Seine Ausreise erfolgte auf Betreiben Lalandes, war ein Teil des Plans, die Führer von den Glaubenstreuen zu trennen. Eine Dragoneskorte hatte dafür gesorgt, daß Marion tatsächlich französischen Boden verließ.

Im Zweifel über seine Aufgabe und Pflicht erhält er die Nachricht, daß man seinen Vater verhaftet und nach Montpellier verschleppt hat. Auch die Schwester ist verhaftet, nur Bruder Pierre konnte entkommen. Auf einen Brief Marions an den zuständigen Intendanten und an Marschall de Villars hin, läßt man wenigstens den Vater frei. Doch das ist ein Pyrrhussieg, zirkulieren doch plötzlich Informationen, wonach Élie Marion im Dienste de Villars stehe. Auch andere Nachrichten erreichen den Vertriebenen in Genf: daß die unterzeichneten Artikel sehr ungenau eingehalten werden, daß in großen Teilen der Cevennen — mit Hinweis auf fehlende Vereinbarungen — nicht die geringste Form von Gewissensfreiheit gewährt wird, daß Mazel verhaftet ist . . .

Mitten im Winter reist Marion aus Genf ab. Zusammen mit La Valette überquert er die schwer bewachte Rhône, erreicht im März Alais. Doch der von mehreren zurückgekehrten Camisardenführern geplante Aufstand wird verraten. Das Treffen der Führer in Nîmes fliegt auf, nur Marion und La Valette können entkommen. Ein glücklicher Zufall? Schnell merkt Marion, daß es immer schwieriger wird, Verstecke zu erhalten, versorgt zu werden. Ein unsichtbarer Steckbrief klagt ihn des Verrats an. Sein Aufenthalt in Frankreich wird unmöglich. Noch einmal konferiert Marion mit Lalande. Handelt dieser jedoch nur zum Schein, oder *durchkreuzen sich verschiedene Absichten? Marion wird jedenfalls Ende Juli oder Anfang August aufgespürt, verhaftet und noch im August recht unsanft abermals aus Frankreich deportiert.*

In Genf, sowohl im Rat wie in der französischen Kirchenleitung, ist man über Marions Wiederkehr nicht gerade begeistert. Aber auch Marion ist unglücklich. Hier, wo alles auf Durchreise der Réfugiés berechnet ist und ständige Rücksicht auf den riesigen Nachbarn waltet, kann er nicht wirken. Beinahe ein Jahr versucht er, eine Aufgabe zu finden. Aber er kann sich unmöglich den streng geordneten Genfer Verhältnissen anpassen. Und schweigen? Wie denn schweigen, wenn er gerade 28 Jahre zählt! Wie denn schweigen, wenn er glaubt, Gott wolle durch seinen Mund reden!

Im Juli 1706 verläßt Marion Genf und reist nach England. Hier ist eine gewaltige Zahl von geflüchteten Hugenotten versammelt. Allein in London und der engeren Umgebung gibt es 28 französische Gemeinden. Ohne lange Präliminarien beginnt er sein Predigeramt, findet im Osten Londons eine breite Zuhörerschaft, weckt sogar im reichen Westen der Stadt Interesse. Doch Widerstand stellt sich ihm von unerwarteter Seite entgegen. Die etablierten Flüchtlingspfarrer unternehmen alles, um den »Schwarmgeist« loszuwerden. Seit Jahren schon haben sie das Prophetenunwesen in Südfrankreich mißtrauisch beobachtet. Nur wenige von ihnen sind überzeugt, daß Gott sich dieser Männer und Frauen bedient; die übergroße Mehrzahl lehnt derartige Propheten ab. Nüchterne Refuge-Pfarrer halten dieses Phänomen der Unbildung des Volkes zugute, aber viele plagt auch angesichts dieser Inspirierten das Gewissen.

Noch vor Jahresfrist hatte Marion der Tod gedroht, die Gefangennahme und Verurteilung zu Galeere oder Kerker, und nun sollte er den saturierten Pfarrern weichen? Niemals! Seine Predigten gewinnen Anhänger, und das Betätigungsfeld ist groß. Doch zugleich sinnt Élie Marion über das Schicksal des Protestantismus nach. Vor 200 Jahren war er aus den Hinterstuben in die Welt getreten, hatte die Städte erobert und fast das halbe Königreich Frankreich. Mußte Gottes reines Wort nicht wieder in die Städte gebracht werden?

Im Juni 1711 bricht Marion mit drei eingeschworenen Kameraden zu einer ersten Missionsreise auf. Die großen Städte des Refuge sind ihr Ziel: Rotterdam und Amsterdam, Magdeburg und Berlin, Halle (Saale) und Erlangen, Frankfurt am Main und wieder Rotterdam. Überall haben sie gepredigt und geweissagt, überall sind nun Keime gelegt. Wo der Boden günstig ist, haben sie ihre inspirierte Kirche aufgerichtet, Gemeinden

geschaffen. In Halle gelingt Marion sogar eine Kirchenunion mit einer deutschen Gemeinde. Mochten auch überall die Pfarrer gegen sie wettern und in Brandenburg-Preußen vom König sogar einen Reskript erwirken, der »das Land von dergleichen Irrgeistern alsofort zu säubern« befiehlt. [1] Sie sind sich ihrer bleibenden Wirkung sicher.

In einer kurzen Pause in Rotterdam schreibt Marion seine Inspirationen nieder. 1712 werden sie unter dem Titel »Alarmschrei als Warnung für die Nationen, daß sie die Finsternis verlassen und in die Ruhe Christi eintreten« in London publiziert. Dann bricht er mit seinen Gefährten erneut auf. Stockholm und Königsberg, Prag, Buda und Belgrad sind die Hauptstationen. Im August 1713 treffen sie in Konstantinopel ein, lassen sich nach Smyrna übersetzen und kehren schließlich nach Italien zurück. Trotz der Ruhe auf der Schiffspassage erholt sich Marion von den Strapazen nicht mehr. In Livorno lassen ihn seine Gefährten auf seine Bitte hin zurück, er ist todkrank. Am 29. November 1713 stirbt er, 35 Jahre alt.

Die Reorganisation

Eine Kirche, antikatholisch und antiköniglich, die sich allein auf die armen bäuerlichen und plebejischen Schichten stützte, die chiliastisch orientiert war, hatte keine geschichtliche Zukunft. Sie hätte bestenfalls ein Münster errichten können, niemals aber Generalstaaten. Ganz ohne Zweifel hatte die Bewegung der Inspirierten den protestantischen Glauben in Frankreich bewahrt, ja erneut angefacht und die protestantischen Traditionen weitergeführt. Doch jene chiliastische Kirche stieß binnen kurzem an den Widerspruch zwischen Verkündigung und Wirklichkeit, eine dauerhafte Kirche konnte sie nicht begründen. So stand vor den Hugenotten am Anfang des 18. Jahrhunderts nicht allein die Aufgabe, die Niederlage des Camisardenkrieges zu verkraften, sondern auch die, den erneuerten Glauben in eine erneuerte Kirche überzuleiten. Es lag nahe, die bewährten Basissätze der calvinistischen Tradition zum Wiederaufbau der Kirche französischer Protestanten zu nutzen. Der Mann, der dieses Werk schuf, war Antoine Court.

Am 17. Mai 1696 in Villeneuve-de-Berg, in den Cevennen, geboren, nahm er schon als Kind an Versammlungen in der »Wüste« teil. Als junger Mann begann er — inspiriert durch das Prophetenwesen —

»Die Prophetenkirche hat den Charakter einer Glaubenserneuerung . . . Die prophetische Bewegung hat die schon totgesagte Kirche nicht bloß reformiert, sondern zur Missionskirche gemacht.« urteilt Gagg in seiner Dissertation über »Prophetische Laienbewegung im reformierten Südfrankreich Ludwigs XIV.« [2]

[1] Reskript Friedrich Wilhelms I., König von Preußen, vom 3. März 1714; auszugsweise wiedergegeben in: Gabriel, Martin: Das Land von dergleichen Irrgeistern alsofort zu säubern! Charismatiker und etablierte Kirche — Die Hallesche Spontan-Union von 1714. — In: Theologische Versuche. — Bd. XV. — Berlin, 1985.

[2] Vgl.: Gagg, Robert: Kirche im Feuer: Das Leben der südfranzösischen Hugenottenkirche nach dem Todesurteil durch Ludwig XIV. — Zürich; Stuttgart, 1961. — S. 295.

⚜ »Die Versammlungen der Wüste, wie man sie nannte, wurden am Tage gehalten, wenn die Gefahr nicht zu groß war, des Nachts, wenn die Verfolgungen streng waren, in irgendeinem unbewohnten, verborgenen Schlupfwinkel, oder in Felsenöffnungen und Steinbrüchen während der ungünstigen Jahreszeit.« [1]

selbst zu predigen. Er durchstreifte die Cevennen, das Languedoc, die Provence. In Marseille suchte er im Hafen die gefangenen Hugenotten auf und hielt ihnen Gottesdienste. Diese Reisen schärften seinen Blick für den Zustand der protestantischen Gemeinden und ihrer Prediger. Seine Kritik mündete in die Überzeugung, daß eine Reform der bisherigen Bewegung unabdingbar sei. Dabei ließ ihm der selbstgewählte Predigerdienst kaum Zeit zu Studien und Gedankenentwürfen. Corteiz, Vorgänger und Gleichgesinnter, berichtete über die ermüdenden Wanderungen: »16. April brachen wir von Nîmes auf und hielten das Abendmahl in Cananles; 23. in Monoblet; 27. in Cros; 5. Mai in Lasalle; 8. in Saint-Jean-de-Gardonenque; 10. hielten wir eine Versammlung bei Peyroles; 17. bei Plantiers; 24. bei Cassagnac; 27. sprachen wir in Saint-Germain.« [2] Weder Reisepässe noch Kutschen konnten für diese Tätigkeit in Anspruch genommen werden, selten, daß ein Führer ein Pferd zur Verfügung hatte. Den Predigern folgten die Häscher, die mit der Menschenjagd ihr Glück zu machen suchten.

Im August 1715 versammelte Court in einer Ortschaft der Cevennen eine Handvoll Prediger zur ersten

Memoiren des Antoine Court. Mit der Bewegung der Inspirierten vertraut, sorgte er als Prediger für den Wiederaufbau einer Kirche nach calvinistischen Vorschriften. Bibliothèque publique et universitaire, Genf

Synode der »Wüste«. Auf ihr legte er einen umfassenden Plan der Reorganisation der protestantischen Kirche vor. Zuerst wurden die Ziele der Kirche diskutiert und sowohl das Auswandern wie auch der bewaffnete Widerstand verworfen. Für ein Leben zwischen der katholischen Bevölkerung, unter dem Druck der Geistlichkeit und des Staates konnte weder der Scheinkatholizismus noch eine Gemeinschaft von Inspirierten eine Lösung sein. Das Resultat dieser Erkenntnisse bestand in der Forderung nach dem Wiederaufbau der calvinistischen Kirche.

Die Synodalen nahmen eine erneuerte Kirchenordnung und eine Gemeindeverfassung an. Die Kirche sollte auf dem Wort der Bibel aufgebaut werden, Offenbarungsschriften wurden abgelehnt. Die Gemeindemitglieder hielt man zu täglichen Hausandachten an, die am Sonntag mindestens zwei Stunden dauern sollten. Auch die Pastoren durften nur das Wort der Heiligen Schrift verkünden, »Schwarmgeistern« war die Kanzel verboten. Rigoros wurde den Frauen das Predigeramt untersagt. Da die Zahl der — zumal nur männlichen — Prediger völlig unzureichend für eine kontinuierliche Arbeit in den Gemeinden war, erhielten die Konsistorien, also besonders die Ältesten, ein größeres Gewicht. Sie bildeten den beständigen Kern ihrer Gemeinden, hatten zur Glaubenstreue zu ermahnen, die Zucht der Mitglieder zu überwachen, kurzfristig anberaumte heimliche Gottesdienste zu organisieren und für die Sicherheit derselben zu sorgen. Der Schutz der Kirche mußte mit höchstmöglicher Umsicht gewahrt werden. Unüberlegter Eifer von Pastoren sollte nach dem Willen der Synode streng geahndet werden. Allerdings waren gerade die Pastoren die Gefährdetsten. Schon die auf Reisen mitgeführte Bibel, der Abendmahlskelch oder die Amtsbekleidung konnten zur Verhaftung führen. Für die Bibel wurden abenteuerliche Verstecke gefunden, der Kelch in Einzelteile zerlegt, für die Pastorenmütze getarnte Behältnisse, etwa Milchkannen, gebaut.

Da die Prediger die Schlüsselstellungen der erneuerten Kirche innehatten, mußte ihrer Qualität besondere Aufmerksamkeit gewidmet werden. Auf einer Synode von 1718 wurde eine Prüfung der Anwärter bestimmt. Aus dem bisherigen spontanen Verfahren entwickelte sich eine Ordnung der Ausbildung: Der Elève begleitete den Prediger, übernahm von ihm die Kenntnisse und prüfte sich zugleich fortgesetzt, ob er den Strapazen eines Predigerlebens standzuhalten vermochte. Nach einem Reifezeugnis wurde der Proposant Anfänger im Gemeindeamt. Als Prédicant schließlich avancierte er zum Künder des Evangeliums, zum Seelsorger und Lehrer.

[1] Vgl.: Félice, Guillaume de: Geschichte der Protestanten Frankreichs, seit dem Anfange der Reformation bis zur Gegenwart. — Leipzig, 1855. — S. 368.

[2] Zitiert in: Schott, Theodor: Die Kirche der Wüste. 1715 — 1787: Das Wiederaufleben des französischen Protestantismus im 18. Jahrhundert. — In: Schriften des Vereins für Reformationsgeschichte. — Halle (Saale), 11 (1893) 43, 44. — S. 37.

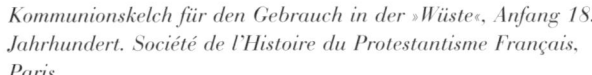

Kommunionskelch für den Gebrauch in der »Wüste«, Anfang 18. Jahrhundert. Société de l'Histoire du Protestantisme Français, Paris

Zugleich richtete Court Sendschreiben ins Refuge, in denen er die Pfarrer zur Rückkehr aufforderte. Statt der ersehnten Prediger kamen Ablehnungen, ja Vorhaltungen, daß man aus Nächstenliebe die Prediger nicht der Verfolgung aussetzen dürfte. Erbittert antwortete Court auf die Vorwürfe, daß es also besser sei, »sich dem Verluste des Himmels auszusetzen . . ., als die persönliche Freiheit zu wahren, die Ruhe, ein wenig Hab' und Gut daran zusetzen, einige Monate, einige Tage zu leiden, . . . auf einer Galeere oder den Tod am Galgen, auf dem Schafott.« [1]

In der Tat waren die Verfolgungen der Hugenotten nur kurzfristig unterbrochen worden. Nach dem Tode Ludwigs XIV. im Jahre 1715 hatte das Volk erlöst auf den Straßen getanzt und das Pariser Parlament dem Herzog von Orléans zugejubelt, als dieser die Regentschaft für den fünfjährigen Ludwig XV. übernahm. Philipp II. von Orléans selbst war Freigeist, ihn interessierten weder Katholiken noch Hugenotten. Um aber seine Herrschaft zu sichern, mäßigte er den Absolutismus und suchte seine Basis unter Amtsadel und Bourgeoisie zu verbreitern. Was ihn allerdings eben-

falls nicht bewegte, war die eklatante Notlage der Bauern und Handwerker.

Schon gegen Ende des vergangenen Jahrhunderts war Frankreichs Wirtschaft in eine krisenartige Situation geraten. »Nach 1690 beginnt der Verfall der Industrie deutlich hervorzutreten, der dann das — häufig tragische — Elend der Arbeiter im Gefolge hat.« [2] Die Manufakturen leerten sich, und im selben Maße füllten sich die Städte mit Bettlern. Unter Grundzins und Naturalsteuern und vor allem den unaufhörlichen Sonderlasten der Kriegsführung Ludwigs XIV. stöhnten Bauern, aber auch kleine Landadlige. Der rapide Rückgang der ökonomischen Leistungsfähigkeit und noch mehr des Lebensstandards durch die kaum unterbrochenen Kriege unterminierte die ökonomischen Grundlagen des in Europa scheinbar noch dominierenden Staates. Nur wenige scharfsinnige Zeitgenossen nahmen das Absinken des Nationaleinkommens von 215,6 Millionen Livres des Jahres 1683 auf 140,3 Millionen im Jahre 1733 als ein deutliches Warnzeichen wahr. Hatten die einst gesunden Wirtschaftsgrundlagen und die belebende Wirtschaftspolitik Colberts die Verluste des Dreißigjährigen Krieges noch verkraften können, so zehrten der Pfälzische Erbfolgekrieg (1688— 1697) und der spanische Erbfolgekrieg (1701—1714) von der Substanz. Rücksichtslose Staatsausgaben, besonders die zunehmend parasitären Hofausgaben, stürzten Frankreich in eine andau-

[1] Zitiert in: Chambon, Joseph: Der französische Protestantismus: Sein Weg bis zur französischen Revolution. — München, 1937. — S. 189.

[2] Vgl.: Sée, Henri: Französische Wirtschaftsgeschichte. — In: Handbuch der Wirtschaftsgeschichte/hrsg. von Gerhard Brodnitz. — Jena, 1930. — S. 254.

⚜ »Aus dem Prozeßurteil des Pfarrers Rochette, 1761: »Weil Rochette mit amtlichen Dienstleistungen bei den Versammlungen in der Wüste, wie sie benannt werden, dem königlichen Gesetze ungehorsam gewesen ist . . ., so (soll) . . . Rochette, entkleidet, mit bloßem Kopf und bloßen Füßen, einem Halseisen und vorn und hinten angehängter Tafel mit der Inschrift »Diener der angeblich reformierten Religion« . . . auf dem Karren zum Richtplatze weiter gefahren, an einem dort errichteten Galgen gehängt und erdrosselt . . . werden.« [1]

[1] Zitiert in: Coquerel, Charles: Geschichte der Kirchen in der Wüste unter den Protestanten Frankreichs vom Ende der Regierung Ludwigs XIV. an bis zur französischen Revolution. — Berlin, 1846. — S. 163.

[2] Zitiert in: Chambeau, Carl: Die Auswirkungen der Abwanderungen der Hugenotten aus Frankreich auf Frankreich und auf Deutschland und die Deutschen. — Berlin, 1938. — S. 11.

ernde Finanzkrise. Im Todesjahr Ludwigs XIV. hatte die Staatsschuld schon mehr als das Dreißigfache der jährlichen Staatseinnahmen erreicht. Ganz offensichtlich war der Exodus der Hugenotten nicht allein der Glaubensunterdrückung geschuldet, sondern auch der miserablen Lage der Werktätigen. Auf jeden Fall trennte sich ein Mann leichter von seiner Heimat, wenn sie ihm den Glauben verwehrte und zudem das Brot schmälerte. Naturgemäß fiel es Handwerkern oder gar Kaufleuten leichter zu emigrieren als den Bauern, die in Frankreich in der überwiegenden Masse Eigner des Bodens waren. Das erklärt, warum unter den Réfugiés Handwerker und Händler vor Militärs, Intellektuellen und Adligen, auf jeden Fall aber vor den Bauern die Mehrzahl bildeten. Daraus resultierte, daß der sich erneuernde Protestantismus nach 1685 vornehmlich ein bäuerlicher war und nur langsam wieder in die Städte zurückkehrte.

Die Flucht von rund 200 000 Hugenotten vor allem bürgerlicher Professionen verstärkte noch die beginnende Misere Frankreichs. Natürlich ist es stark übertrieben, wenn der Aufschwung Englands, der Niederlande oder Brandenburgs allein den immigrierten Hugenotten zugeschrieben wird. Auch Michelet benutzte in seiner »Histoire de France« (1876) eine zu starke Metapher: »Ein Frankreich starb mit La Rochelle und der Auswanderung. Ein Frankreich starb durch die Hugenottenverfolgung und durch die hierdurch eingetretenen Bankrotte.« [2] Dennoch mußte der wirtschaftliche Aderlaß durch die Hugenottenflucht anerkannt und in Rechnung gesetzt werden. Die damaligen Berichte der Departementsverwaltungen verzeichneten ein realistisches Bild: In der Touraine verschwanden von 400 Gerbereien beinahe 350. Die Bortenweberei des Landes reduzierte sich drastisch. Das Verschwinden von Spiegelmanufakturen, Droguet- und anderer Spezialtuchfabriken hatte lokal beachtliche Auswirkungen. In Tours, Frankreichs Zentrum der Seiden- und Feintucherzeugung, waren nach zeitgenössischen Darstellungen fast 6 000 Webstühle unbesetzt oder sogar außer Landes gebracht worden.

Im Gefolge der maßlosen Europapolitik, des eklatanten Ungleichgewichts zwischen Verbrauch durch die privilegierten Schichten und Erzeugung verlor Frankreich seine westeuropäische Hegemonie. Der Spanische Erbfolgekrieg macht dies deutlich. Doch der Hof zog auch nach dem Tode Ludwigs XIV. keine Konsequenzen aus der bedenklichen Lage. Die einzige Aufgabe, der man sich unter Philipp II. von Orléans ernsthaft widmete, war die Beseitigung des akuten Geldmangels. Jedoch die Lösung, die der schottische Bankier John Law parat hatte, endete 1720 mit einer

nationalen Katastrophe. Wie der Vorgriff auf einen Börsenkrach späterer Zeitalter machte die gewaltige Umverteilung von Besitztiteln die Nation zwar nicht ärmer, doch zeigte sie, daß die herbeigezauberte Prosperität eine Scheinblüte gewesen war. Der Regent verlor seine Macht, und mit der Krönung Ludwigs XV. übernahm der stockreaktionäre Altadel erneut alle führenden Positionen. Prompt setzte auch wieder die Verfolgung der Hugenotten ein.

Seit der Protestantismus offiziell zu existieren aufgehört hatte, gab es keine rechtliche Handhabe für die Zurücksetzung ehemaliger Hugenotten mehr. So war es ihnen in einigen Dörfern sogar gelungen, die Schlüsselämter wieder zu erobern. Notare, Lehrer, Ärzte und gar Bürgermeister, die heimlich dem Protestantismus zuneigten, bedeuteten einen gewissen Schutz für die Hugenotten des Ortes. Die Regel jedoch stellte ein völliges Ausgeliefertsein dar, wenn der verborgene Glaube ans Tageslicht kam. Besonders verfolgt waren naturgemäß die heimlichen Prediger des Calvinismus. Bis zur Mitte des Jahrhunderts sollen mehr als 100 Pfarrer zum Tode verurteilt worden sein, darunter altgediente, die sich die Flucht versagt hatten, wie solche, die der Kirche unter dem Kreuz neu zugewachsen waren. Unter ihnen die Familie Durand, deren Widerstandskraft im Unglück auch für spätere Generationen beispielhaft wurde.

Weil der Sohn als evangelischer Prediger erkannt worden war, die Obrigkeit aber seiner nicht habhaft werden konnte, sperrte sie den Vater für zehn Jahre ins Gefängnis. Von der Familie bestärkt, predigte Pierre Durand weiter. Endlich fing man den Gesuchten; am 22. April 1732 mußte er in Montpellier sein Leben am Galgen beenden. Doch inzwischen hatte die Schwester Marie den Prediger Serre geheiratet. Dessen Mutter, gleichfalls inhaftiert, starb im Gefängnis. Serre selbst, ebenfalls gefangen, verbrachte 20 Jahre im Kerker. Noch vor dem Tod ihres Bruders kerkerte man auch Marie Durand ein. Ihr Aufenthaltsort wurde der berüchtigte Tour de Constance in Aigues Mortes, der Sumpfwasserstadt im Rhônedelta. Unbeeinflußt von kompromittierenden Angeboten, ungebrochen von der Kerkerhaft, widmete sich Marie Durand der Gefangenenhilfe. Viele, die man mit oder nach ihr in den Gefängnisturm geworfen hatte, waren längst entlassen. In ihrer Namensrubrik jedoch stand Jahr um Jahr der stereotype Vermerk: Glaubensstand unverändert. Wie zur Selbstbestärkung ritzte sie in langen Stunden jenes legendäre »Résister« in die Mauer. 1768 — sie war jetzt 59 Jahre alt — durfte sie mit den Letzten das Gefängnis verlassen. 38 Jahre Kerkerhaft hatten ihren Widerstand nicht brechen können.

*Kinderspiel für Neukonvertiten. Der einzig bekannt gewordene
Versuch des Katholizismus, auf dem Umweg des Spiels Kinder
vom protestantischen Einfluß zu befreien und fest in den Schoß
der »alleinseligmachenden Kirche« einzubinden. Kolorierter
Kupferstich, 18. Jahrhundert. Musée du Désert, Mialet/Anduze*

Milchkanne zum Verbergen einer Pastorenmütze, Anfang
18. Jahrhundert. Am gefährdetsten waren die Prediger, so daß
man auf Mittel sann, ihre untrüglichen Insignien zu tarnen.
Société de l'Histoire du Protestantisme Français, Paris

*Fußbank als Bibelversteck,
17. Jahrhundert.
Verstecke für Bibeln sicherten
ihre Eigentümer vor Verfolgungen. Société de l'Histoire
du Protestantisme Français,
Paris.*

*Versteckspiegel, 17. Jahrhun-
dert. Deutsches Hugenotten-
Museum, Bad Karlshafen*

Die Toleranz besänftigt den Streit der Religionen um die allein-
seligmachende Wahrheit. Da weder Verstand noch Waffen die
rechtmäßige Vorherrschaft einer Weltanschaung beweisen kön-
nen, möchte Daniel Chodowiecki in seinem allegorischen Kupfer-
stich das friedliche Nebeneinander sichern. Radierung, 1791.
Märkisches Museum, Berlin

Darstellung einer französischen Galeere. Die geruderten Kriegsschiffe machten vom Wind unabhängiger und waren sehr viel wendiger. Obgleich die Zahl der evangelischen Galeerensklaven nie über 500 stieg, erregte ihr Schicksal überall in Europa Aufsehen und Mitleid. Federzeichnung von Francesco de Guardi, 18. Jahrhundert. Staatliche Kunstsammlungen Dresden, Kupferstich-Kabinett

Ein besonderes Leidenskapitel der »Kirche der Wüste« stellten die Verurteilten zur Galeere dar. Auf diesen Kriegsschiffen verbüßten bislang Schwerverbrecher ihre Strafen mit Ruderdiensten. Nachdem Hinrichtungen in Glaubensfragen diskreditiert waren, entschlossen sich die Gerichte immer häufiger, die protestantischen Männer zum Galeerendienst zu verurteilen. Jedes Alter — Knaben gleichermaßen wie der sechsundsiebzigjährige Mortier — und jeder Stand waren vertreten, neben vielen einfachen Leuten zum Beispiel auch der Baron von Salgas. Die Verurteilten mußten, an eine lange Kette geschlossen, in Richtung Küste marschieren, in jedem Gefängnis unterwegs neue Galéeriens aufnehmend. Auf der Galeere schmiedete man sie an die Ruderbänke, und nun mußten sie im Takt die 50 Fuß langen Ruder durch das Wasser ziehen. »Dergleichen Arbeit, von welcher es erstaunend ist, daß man bey derselben eine halbe Stunde aushalten kann, dauert bisweilen 24 Stunden in einem fort; jedoch pflegt man in solchen Fällen ein Stück Zwieback, so man in Wein getunkt, den Ruderknechten in den Mund zu stecken.« [1]

Nur selten gelang einem die Flucht, die meisten erlöste der Tod, hin und wieder befreite einen die Fürsprache hochgestellter Persönlichkeiten. Manchmal erleichterten Geldzuwendungen von Exilgemeinden oder Liebesgaben des Auslands das Leben der Sträflinge. Zumeist aber fanden sie sich nur aufeinander angewiesen, doch ihr Zusammenhalt — mitunter notwendiger Schutz vor den mitgefangenen Kriminellen — war bewundernswert. Auf einigen Schiffen gaben sich die Hugenotten regelrechte Statuten, die die Hilfe, die Krankenpflege, aber vor allem die Glaubensstärkung betrafen. So bestimmten sie sich Seelsorger, hielten Katechese und wehrten katholische Übergriffe ab. Geschwächte Galéeriens nutzten auf den Kriegsschiffen nichts; man mußte sie wohl oder übel in das Spital überführen oder auf die als Fieberinseln verschrieenen Antillen deportieren.

Umfangreich ist das Leidensregister der Hugenotten — hier konnte nur ein Ausschnitt dargeboten werden; nichts wurde über die Frauen in Klöstern und Hospitälern, ja Irrenanstalten, nichts über die entführten Kin-

der geschrieben; nichts über die Kollektivstrafen, die man Städten oder ganzen Landschaften verordnete, weil in ihnen protestantische Gottesdienste vorgekommen waren; nichts auch über die punktuell erneuerten Dragonaden. Die Glaubenserneuerung, die Aufrichtung der evangelischen Kirche ließen sich mit keinem Mittel stoppen.

An dieser Entwicklung hatten vornehmlich die Prediger Anteil, ihnen voran Antoine Court. 1726 war der Wiederaufbau der Kirche so weit gediehen, daß die erste Nationalsynode nach der Revokation abgehalten werden konnte. Die erste Synode der »Wüste« repräsentierten nicht einmal zehn Vertreter, jetzt sandten die wichtigsten südfranzösischen Provinzen 48 Delegierte. Unter diesen saßen allerdings nur drei ordinierte Pfarrer; der Mangel an Pfarrern blieb also nach wie vor ein Hauptproblem. Die Synode entschloß sich deshalb, ein theologisches Seminar einzurichten. Um ungestört von diplomatischen Demarchen die Ausbildung organisieren zu können, wählten die Synodalen Lausanne. Die »Chambre de fabrique« — wie ihr Deckname lautete — konnte keine Professoren bestallen, noch den Status einer Akademie annehmen. Das erstere forderte eine Auflage Berns, um französischen Protesten zuvorzukommen, das zweite war der mangelhaften Bildung der Kandidaten geschuldet. Dennoch wurden seit 1726 die ersten Prediger ausgebildet. Wie die Schweizer Universitäten und Druckereien des 16. Jahrhunderts für den französischen Protestantismus von ausschlaggebender Bedeutung gewesen waren, so jetzt das Lausanner Seminar. Als 1729 Court in die Schweiz übersiedelte — seine Kopfprämie hatte sich schon längst auf 10 000 Pfund erhöht —, wid-

[1] Zitiert in: Rambach, Friedrich: Schicksal der Protestanten in Frankreich/Übersetzung aus dem Französischen. — Halle (Saale), 1759. — S. 628 f.

[2] Zitiert in: Schott, Theodor: Die Kirche der Wüste. 1715 — 1787: Das Wiederaufleben des französischen Protestantismus im 18. Jahrhundert. — In: Schriften des Vereins für Reformationsgeschichte. — Halle (Saale), 11 (1893) 43. 44. — S. 70.

»Da nahmen sie mich zu den 225 anderen und schmiedeten uns je zwei und zwei am Halse zusammen wie die Ochsen, mit einer fünf Fuß langen Kette, in deren Mitte ein fester Ring war, durch welchen eine schrecklich lange Kette gezogen war, so daß alle 225 daran waren.« [2]

⚜ Petition von sieben Pfarrern vom 21. 12. 1750 an Ludwig XV:

»Ihre Truppen verfolgen uns in den Einöden, wie wenn wir wilde Thiere wären; man zieht unser Vermögen ein; man entführt uns unsere Kinder; man verurtheilt uns zu den Galeeren, und obgleich unsre Geistlichen uns ohne Unterlaß ermahnen, unsre Pflichten als gute Bürger und getreue Unterthanen zu erfüllen, setzt man doch einen Preis auf unsern Kopf, und kann man uns ergreifen, so läßt man uns den Tod erleiden.« [1]

Erste Seite aus dem Reglement von 1759 des als »Fabrikbüro« getarnten theologischen Seminars in Lausanne. Bibliothèque publique et universitaire, Genf

mete er sich vornehmlich dieser Pflanzschule des erneuerten Calvinismus. Zwar übernahm er kein Lehramt, doch wurde er »der geistliche Vater und Betreuer der angehenden Diener der Kirche unter dem Kreuz«. [2]

Toleranz

⚜ Neben der Betreuung des Seminars und der Seminaristen widmete sich Court schriftstellerischen Aufgaben. Hier in der Schweiz fand er die Ruhe, sich mit seiner eigenen Kirche und ihrer Geschichte auseinanderzusetzen, aber auch ihre Gegner zu widerlegen. Katholische Angriffe lagen zur Genüge vor. Doch die Wandlungen der Weltsicht überhaupt verlangten nach einer Korrektur der calvinistischen Auffassungen: Nicht mehr strikte Zurückweisung des Katholizismus, ja Verteufelung kennzeichneten Courts Schriften, sondern die Suche nach Verständigungsmöglichkeiten! Die Liquidierung des Katholizismus war nicht mehr zwingende Folgerung des reformierten Glaubens. Wie man von den Katholiken eine Anerkennung des Protestantismus forderte, so billigte man neben dem calvi-

nistischen Bekenntnis dem römischen ein Existenzrecht zu. Die Toleranz zog ein.

Noch immer aber war es nicht entscheidend, ob die Reformierten andere Weltanschauungen tolerierten, sondern ob der Staat, ob der Katholizismus die Existenz der Hugenotten akzeptierte. Der katholische Klerus dachte keineswegs an Toleranz. Auf den periodischen Generalversammlungen der Geistlichkeit ergingen immer wieder die gleichen Angriffe gegen die Protestanten, immer die gleichen Forderungen nach staatlichen Unterdrückungsmaßnahmen. 1752 gelang es dieser Geistlichkeit noch ein letztes Mal, die Staatsmacht gegen die Hugenotten zu mobilisieren. Heftige Verfolgungsmaßnahmen, die jetzt selbst vielen Katholiken mißfielen, bedrückten die Protestanten. In Bittschriften suchten die Hugenotten ihr Schicksal zu bessern. Sie baten um Gleichstellung mit den Katholiken, die Befreiung ihrer Gefangenen und die Bestätigung aller Ehen und Taufen. Die Verquickung des katholischen Klerus mit dem Staate ermöglichte aber, solche Petitionen immer wieder zurückweisen zu lassen, zumal sie mit dem Hinweis auf Erhebungen, etwa in einigen Tälern der Cevennen, die alte hugenottische Staatsgefahr stigmatisierten. Doch die wirkliche Gefahr kam für den Katholizismus nicht von jener Gruppe unbeirrbarer Protestanten, sondern von der Aufklärung.

Das Erlahmen der Reformkräfte innerhalb der katholischen Kirche, die Liquidierung des jansenistischen Flügels Anfang des Jahrhunderts auf Betreiben der Jesuiten wie andererseits das Verbot des Jesuitenordens selbst in Frankreich 1764 als einem immer aggressiveren Konkurrenten von gallikanischer Geistlichkeit und Staat trieben einen Teil des Bürgertums in die Arme des Atheismus. Wie einst das Bürgertum Resonanzboden der Reformation gewesen war und der calvinistischen Bewegung Gewicht gegeben hatte, so traten an die Stelle des von der protestantischen Kirche nicht mehr auszufüllenden Platzes Vernunft und Naturrecht. Sie wurden zu Vehikeln eines Pragmatismus des wiedererstarkenden Bürgertums. Hatte die Prädestinationslehre den dritten Stand einst von der Diskrepanz zwischen Gottglauben und Wirtschaftstätigkeit befreit, so befreiten die Enzyklopädisten ihn von Gott. Nach der Krise am Ausgang des 17. Jahrhunderts gelang der französischen Bourgeoisie ein enormer Aufschwung. Ihr Außenhandel hatte sich vervierfacht, der Handel mit Kolonialprodukten, insbe-

[1] Zitiert in: Félice, Guillaume de: Geschichte der Protestanten Frankreichs, seit dem Anfange der Reformation bis zur Gegenwart. — Leipzig, 1855. — S. 401.

[2] Vgl.: Pfister, Rudolf: Antoine Court (1695–1760), der Erneuerer des französischen Protestantismus. — Zürich, 1951. — S. 415.

sondere dem »bois d'ébène«, den schwarzen Sklaven, akkumulierte immense Reichtümer. An einer völligen Umgestaltung des Landes zu einer Profitanstalt à la Anglaise behinderte sie der Mangel an Arbeitskräften — die Landwirtschaft band die übergroße Mehrzahl an den Boden —, hinderten sie ein reglementierender Absolutismus und ein parasitärer Katholizismus. So ist die zweite Hälfte des 18. Jahrhunderts geprägt vom Tauziehen zwischen den privilegierten Ständen mitsamt des von ihnen beherrschten Staates und der Bourgeoisie. Anschauungen, Aktivitäten und Sturz Turgots mögen als Beispiel für dieses letzte Ringen vor der Revolution dienen.

Anne-Robert-Jacques Turgot wurde 1727 in Paris geboren. Er entstammte einer Adelsfamilie, die ihren Drittgeborenen traditionell der Kirche bestimmte. Hier erhielt Turgot die denkbar beste Bildung, doch schlug er schließlich die katholische Karriere aus. Er begann eine Arbeit im Staatsdienst, wobei er in der Freizeit philosophische und ökonomische Schriften verfaßte. 1761 berief der Staat ihn zum Intendanten im Limoges, wo er 13 Jahre eine Reform des Gouvernements versuchte. Diese Erfahrungen nutzte er, als er 1774 vom neuen König zum Generalkontrolleur der Finanzen, also zum Verwalter aller inneren Reichsangelegenheiten, gemacht wurde. Sein Programm, das er schrittweise in Angriff nahm: Gesundung der Staatsfinanzen, auch durch Besteuerung des Grundeigentums und Abschaffung der Steuerpacht, Milderung der Steuerlast für Industrie und Handel, Einschränkung parasitärer Ausgaben, besonders des Hofes. Es versteht sich, daß die Zahl seiner Feinde im Quadrat mit dem Wirksamwerden erster Maßnahmen stieg. Als Turgot mit der Abschaffung der Wegeunterhaltspflicht der Bauern und der Beseitigung der Zünfte und Gilden dem kapitalistischen Unternehmertum beide Torflügel aufstieß, bliesen Hofkamarilla, hoher Klerus, Adel und Zunftbürgertum zum Halali. Zwei Jahre nach Regierungsantritt war der Minister erlegt, die Reformen wurden widerrufen.

Für die Hugenotten hatte Turgot schon vor seiner Ministerzeit Partei ergriffen. 1754 veröffentlichte er — anonym — eine Toleranzapologie. Zwanzig Jahre später sorgte er dafür, daß die letzten Galeerensträflinge freigelassen wurden. Schließlich bereitete er die Gleichstellung der Protestanten mit den Katholiken vor, eine Gesetzesinitiative, die sein Sturz vereitelte.

Turgot ließ dieser Religionsgruppe seine Förderung nicht zuteil werden, weil er ein heimlicher Hugenott war, sondern um bürgerliche Produktion zu fördern. Auch konnten, solange ein frontaler Angriff auf die Zentraldogmen von Staat und Staatskirche inopportun schien, nur Gefechte am Rande geführt werden. Gerade als Intendant war er mit einem zivilrechtlichen Problem beschäftigt gewesen, das ganz Südfrankreich betraf: die Heiraten und Taufen der Hugenotten.

Während des Wiederaufbaus der Kirche hatten Court, Rabaut und andere Prediger der »Wüste« Hunderte von Ehen zu schließen gehabt, anfangs oft in einer einzigen Nacht. In Maixent waren beispielsweise 478 Eheschließungen und 1514 Taufen binnen zweier Jahre gesegnet worden, in Nîmes in zwei Jahren 3025

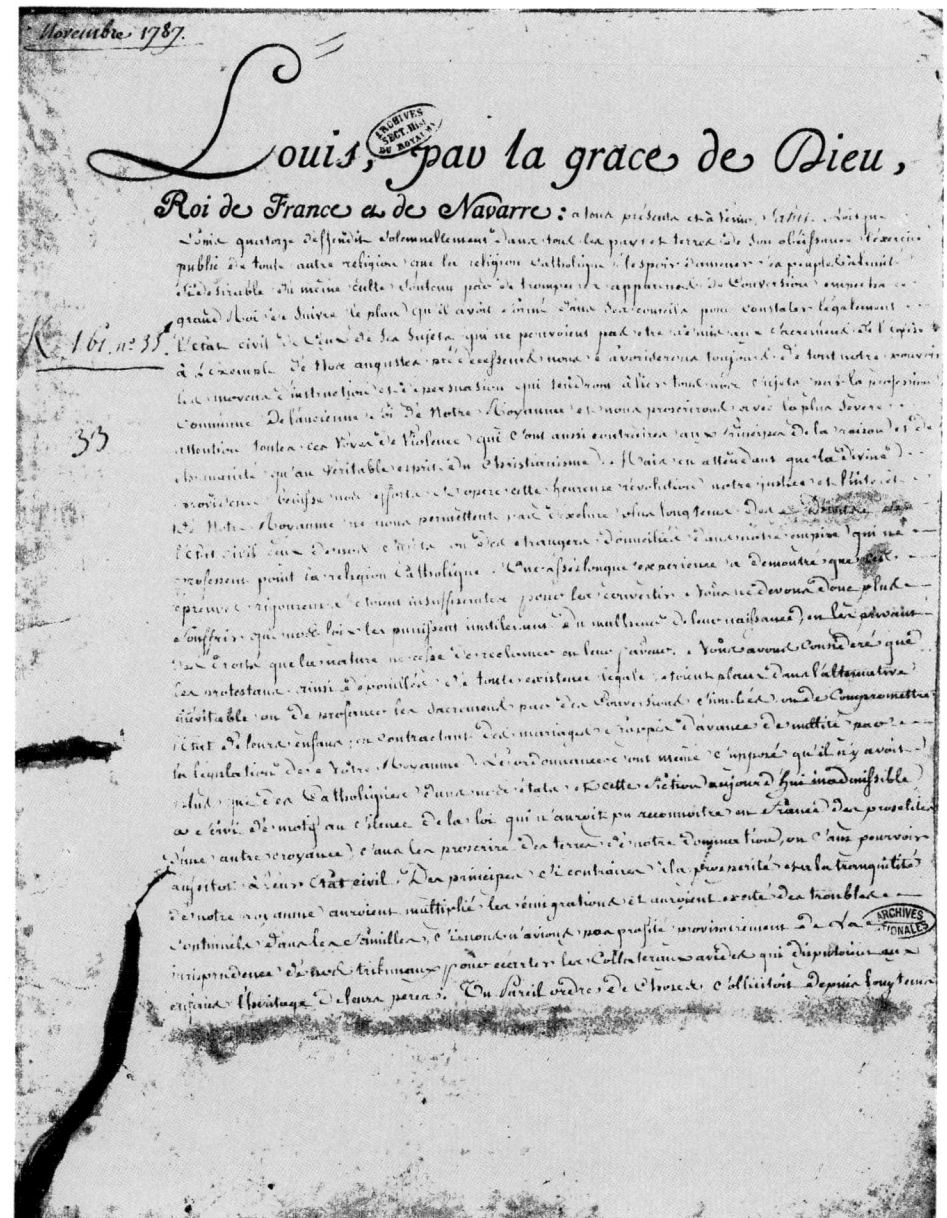

Das sogenannte Toleranzedikt von 1787 gab den Hugenotten das Bürgerrecht, noch nicht aber Religionsfreiheit. Archives Nationales, Paris

⚜ Der Intendant der Cevennen weist katholische Anklagen wegen angeblicher Beunruhigungen des Landes durch Protestanten zurück. »In den Taufen und Trauungen läge allerdings der eigentliche Grund des Uebels; aber obgleich die Behörden schon öfter gegen die wilden Ehen eingeschritten seyen, so sey es doch unmöglich, alle zu bestrafen; die Gefängnisse der Provinz würden diese nicht fassen können.« [1]

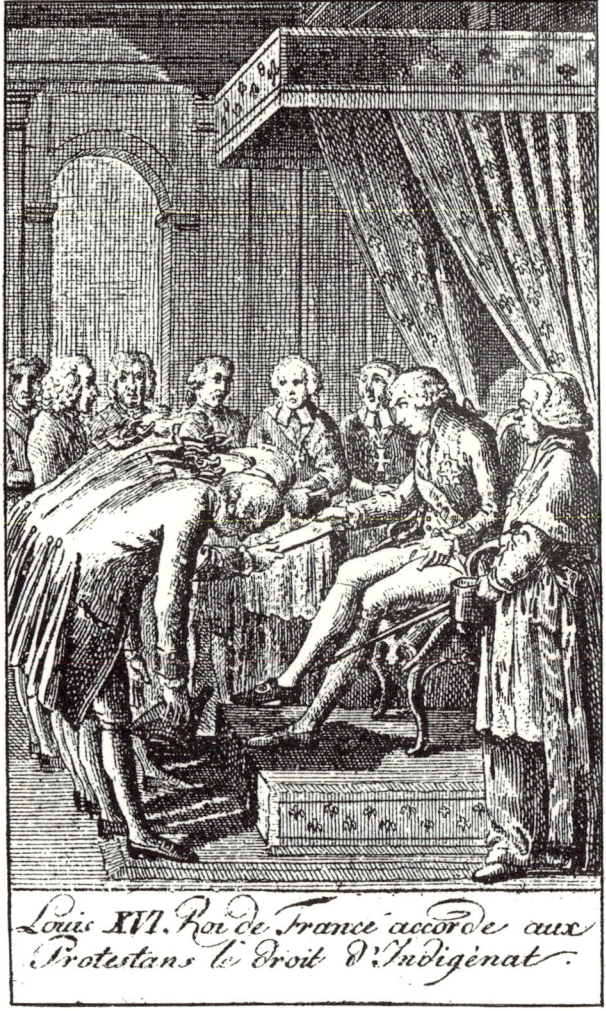

Louis XVI. Roi de France accorde aux Protestans le droit d'Indigénat.

[1] Zitiert in: Coquerel, Charles: Geschichte der Kirchen in der Wüste unter den Protestanten Frankreichs vom Ende der Regierung Ludwigs XIV. an bis zur französischen Revolution. — Berlin, 1846. — S. 41 f.

[2] Zitiert in: 72ᵉ Assemblée générale, Paris 27. 6. 1937. Commémoration du cent cinquantième anniversaire de l'Édit de tolérance (1787). — In: Bulletin de la Société de e'Histoire du Protestantisme Français. — Paris (1937) Januar/März. — S. 217.

Ludwig XVI. übergibt den Vertretern der reformierten Kirche das sogenannte Toleranzedikt. Kupferstich von Daniel Chodowiecki aus dem Gothaer Almanach, 1790

1778 sogar Paris. Solche Rechtsentscheidungen setzten voraus, daß die Trauscheine protestantischer Prediger anerkannt wurden. Alles lief darauf hinaus, das Bürgerrecht aus den Händen der katholischen Geistlichkeit zu nehmen. Doch erst am 17. November 1787 erging der offizielle Entscheid. An diesem Tage trat das sogenannte Toleranzedikt in Kraft, ein Gesetz, das den Hugenotten zwar nicht Religionsfreiheit und Kirchenrecht zugestand, also die protestantische neben der katholischen Kirche tolerierte, ihnen aber das Bürgerrecht zusicherte. »Die katholische, apostolische und römische Religion wird in Unserem Königreich weiterhin allein Staatsreligion sein. . . Wir erlauben jedoch denen, die eine andere Religion ausüben, seien sie gegenwärtig beheimatet in Unseren Landen oder sei es, daß sie sich künftig niederlassen wollen, sich aller Wohltaten und Rechte zu erfreuen, die ihnen zukommen oder zukommen werden als Eigentümer oder Nachfolger und hier auszuüben ihre Gewerbe, Künste, Handwerke und Berufe.« [2]

Bei den rund 500 000 Hugenotten löste diese Verordnung dennoch unbeschreiblichen Jubel aus. Seit 158 Jahren erkannte wieder ein Staatsgesetz die Protestanten an, gestand ihnen das Recht zu, in Frankreich zu leben und zu arbeiten. Geburt und Heirat waren legalisiert, jetzt schrieben die Staatsbeamten die Urkunden aus, und den Toten wurden die Friedhöfe geöffnet.

Unterderhand hatte sich schon seit 20 bis 30 Jahren eine stillschweigende Duldung der Hugenotten bemerkbar gemacht. Ihre Versammlungen waren weitgehend unbelästigt geblieben, die letzten Glaubensgefangenen erlangten ihre Freiheit zurück, der Rückkauf konfiszierter Güter wurde ermöglicht. Pariser Protestanten durften die Kapelle der holländischen Gesandtschaft besuchen. In den »Mehlunruhen« von 1775 hatte die Regierung die protestantischen Prediger um Beruhigung der Hungernden gebeten. Mit Paul Rabaut als dem unbestrittenen Führer nach Antoine Court führten Staatsvertreter Verhandlungen. Die Öffentlichkeit fühlte sich durch die Schriften der Aufklärung mehr und mehr zur Toleranz hingezogen. Eine nachhaltige Zäsur hatten die beiden Religionsprozesse gegen die unbescholtenen Bürger Jean Calas (1761) und Pierre-Paul Sirven (1768) bewirkt. Besonders die Verteidigungsschriften Voltaires angesichts des Justizmordes an Jean Calas und die Inhaftierung der ganzen Familie bewirkten einen Umschwung der öffentlichen Meinung. Der Weg war offen.

Taufen und 835 Ehen. Dabei hatte man die Ehen und Taufen, die in der Notzeit von katholischen Geistlichen vorgenommen worden waren, durchaus anerkannt, da es unmöglich gewesen wäre, sie nachträglich noch einmal nach protestantischem Brauch zu feiern. Da immer noch das Zivilstandsregister von der katholischen Geistlichkeit geführt wurde, mußte jede Heirat, jede Taufe ohne die katholische Kirche die Eheleute und ihre Kinder außerhalb des Gesetzes stellen! Die offizielle Rechtlosigkeit führte zu Rechtsunsicherheit, und immer häufiger hatten die Parlements im Süden Frankreichs Streitfälle wie zum Beispiel Erbschaftsansprüche zu klären. Die Richter gerieten in eine bedrückende Situation: Nach formalem Recht konnten Kinder protestantisch verheirateter Eltern nicht beerben, doch die Habgier katholischer Erben spottete mitunter jedem Rechtsgefühl. Seit der Mitte des Jahrhunderts wiesen Richter immer häufiger derartige Fälle zurück, ließen sie schweben. Das Parlement von Rouen war eines der ersten, das zugunsten protestantischer Erben entschied. Grenoble folgte und

❧ »Dieses letzte wichtige Ereignis verdrängte das kurzlebige Toleranzedikt aus Geltung und Gedächtnis . . .« [1]

Das Unglück der Familie Calas. Der Justizmord, durch Religionshaß angestachelt, erhielt besonders durch Voltaires Verteidigungsschrift Publizität und wirkte am öffentlichen Meinungsumschwung zugunsten der Hugenotten mit. Kupferstich von Louis Carrogis de Carmontelle, 1765. The French Hospital, London

Paul Rabaut. Nach Antoine Court wurde der Prediger zum Führer der französischen Calvinisten. Anonymer Kupferstich

Im Januar 1788 ergänzte das Pariser Parlement das sogenannte Toleranzedikt, indem es zwar noch Reformierte von Berufen in Rechtsprechung, Unterricht und Verwaltung ausschloß, zugleich aber katholische Zunftbescheinigungen kassierte und beschlagnahmtes Gut herausgab sowie die hugenottischen Prediger rehabilitierte. Die Revolution schließlich billigte den Protestanten zu, was seitdem allen Franzosen zusteht: das Menschenrecht auf freien Glauben und die Ausübung des Kultes ihrer Wahl. Am 28. August 1789 gab die Nationalversammlung einem Antrag Saint-Etienne Rabauts, Sohn des ehemaligen Hugenottenführers Paul Rabaut, auf völlige Gleichstellung der französischen Protestanten, auf Religionsfreiheit statt!

[1] Vgl.: Schott, Theodor: Die Kirche der Wüste. 1715 bis 1787: Das Wiederaufleben des französischen Protestantismus im 18. Jahrhundert. — In: Schriften des Vereins für Reformationsgeschichte. — Halle (Saale), 11 (1893) 43. 44. — S. 201.

ANHANG

*Frankreich am Ende des 16. Jahrhunderts mit den
Verbreitungsgebieten der protestantischen Bevölkerung, ihren
Sicherheitsplätzen und den wichtigsten Schlachtorten*

Folgende Seite:
*Fluchtwege der Hugenotten nach dem Edikt von Fontainebleau
1685 aus Frankreich in die europäischen Nachbarstaaten und
nach Übersee*

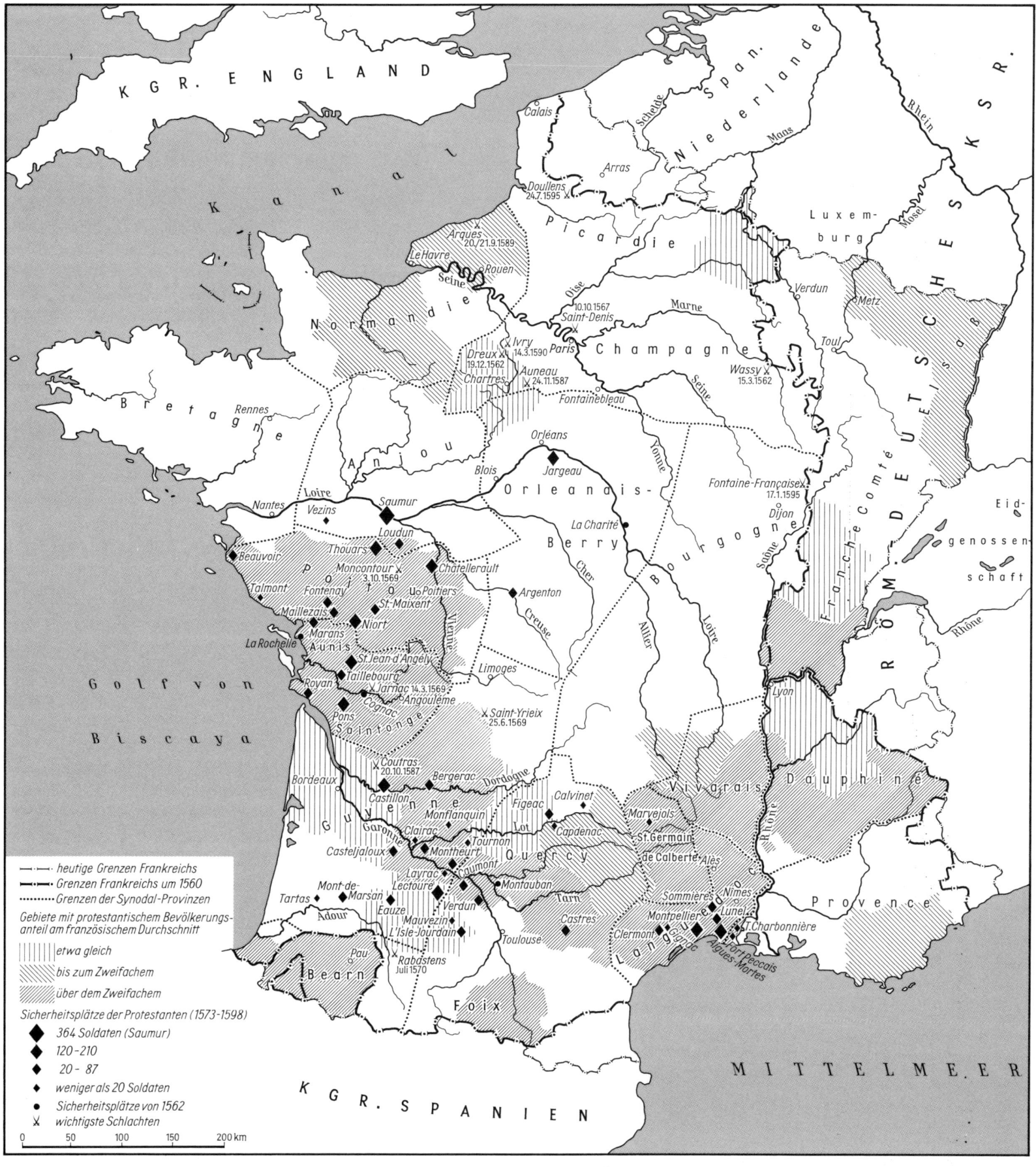

KGR. ENGLAND

K a n a l

B r e t a g n e

Rennes

Nantes

Loire

Calais

Arras

Doullens
24.7.1595 ✕

Span.
Niederlande

Scheldt

Maas

Rhein

Arques
20./21.9.1589 ✕

Le Havre

Rouen

Seine

N o r m a n d i e

A n j o u

10.10.1567
Saint-Denis

Dreux ✕
19.12.1562

Ivry ✕
14.3.1590

Paris

Chartres

Auneau
✕ 24.11.1587

P i c a r d i e

Oise

Marne

Seine

C h a m p a g n e

Fontainebleau

Yonne

Luxemburg

Verdun

Metz

Mosell

Toul

Wassy ✕
15.3.1562

R Ö M. D E U T S C H E S   K S R.

Orléans

Blois

Jargeau

O r l e a n a i s -

B e r r y

La Charité

Cher

Creuse

B o u r g o g n e

Fontaine-Française ✕
17.1.1595

Dijon

Saône

Fr a n c h e   C o m t é   s p a n.

Rhein

Eid-
genossen-
schaft

Rhône

Vezins

Saumur

Loudun

Thouars

Moncontour ✕
3.10.1569

Chatellerault

Argenton

Beauvoir

P o i t o u

Talmont

Fontenay

Poitiers
St-Maixent

Maillezais

Niort

Marans

Aunis

La Rochelle

St. Jean d'Angély

Taillebourg

Royan

Jarnac 14.3.1569 ✕

Pons

Cognac

Angoulême

S a i n t o n g e

Vienne

Limoges

Saint-Yrieix
25.6.1569 ✕

Loire

Aller

Lyon

Rhône

V i v a r a i s

D a u p h i n é

Golf von

Biscaya

Bordeaux

Coutras
20.10.1587 ✕

Bergerac

Castillon

Monflanquin

Dordogne

Clairac

Casteljaloux

Montheurt

Tournon

Layrac

Caumont

G u y e n n e

Garonne

Figeac

Lot

Calvinet

Capdenac

Q u e r c y

Marvejols

St.Germain
de Calberte

Alès

Tarn

R o u e r g u e

Mont-de-
Marsan

Tartas

Eauze

Verdun

Mauvezin

L'Isle-Jourdain

Lectoure

Adour

Pau

Rabastens
Juli 1570 ✕

B e a r n

F o i x

Toulouse

Montauban

Castres

Clermont

Sommières

Montpellier

L a n g u e d o c

Cignac

Nîmes

Lunel

T.Charbonnière

Fort Peccais

Aigues-Mortes

P r o v e n c e

K G R.   S P A N I E N

M I T T E L M E E R

— · — · — heutige Grenzen Frankreichs

▬█▬ Grenzen Frankreichs um 1560

· · · · · · Grenzen der Synodal-Provinzen

Gebiete mit protestantischem Bevölkerungs-
anteil am französischem Durchschnitt

‖‖‖ etwa gleich

⫽⫽⫽ bis zum Zweifachem

⫽⫽⫽ über dem Zweifachem

Sicherheitsplätze der Protestanten (1573-1598)

◆ 364 Soldaten (Saumur)

◆ 120 – 210

◆ 20 – 87

◆ weniger als 20 Soldaten

● Sicherheitsplätze von 1562

✕ wichtigste Schlachten

0   50   100   150   200 km

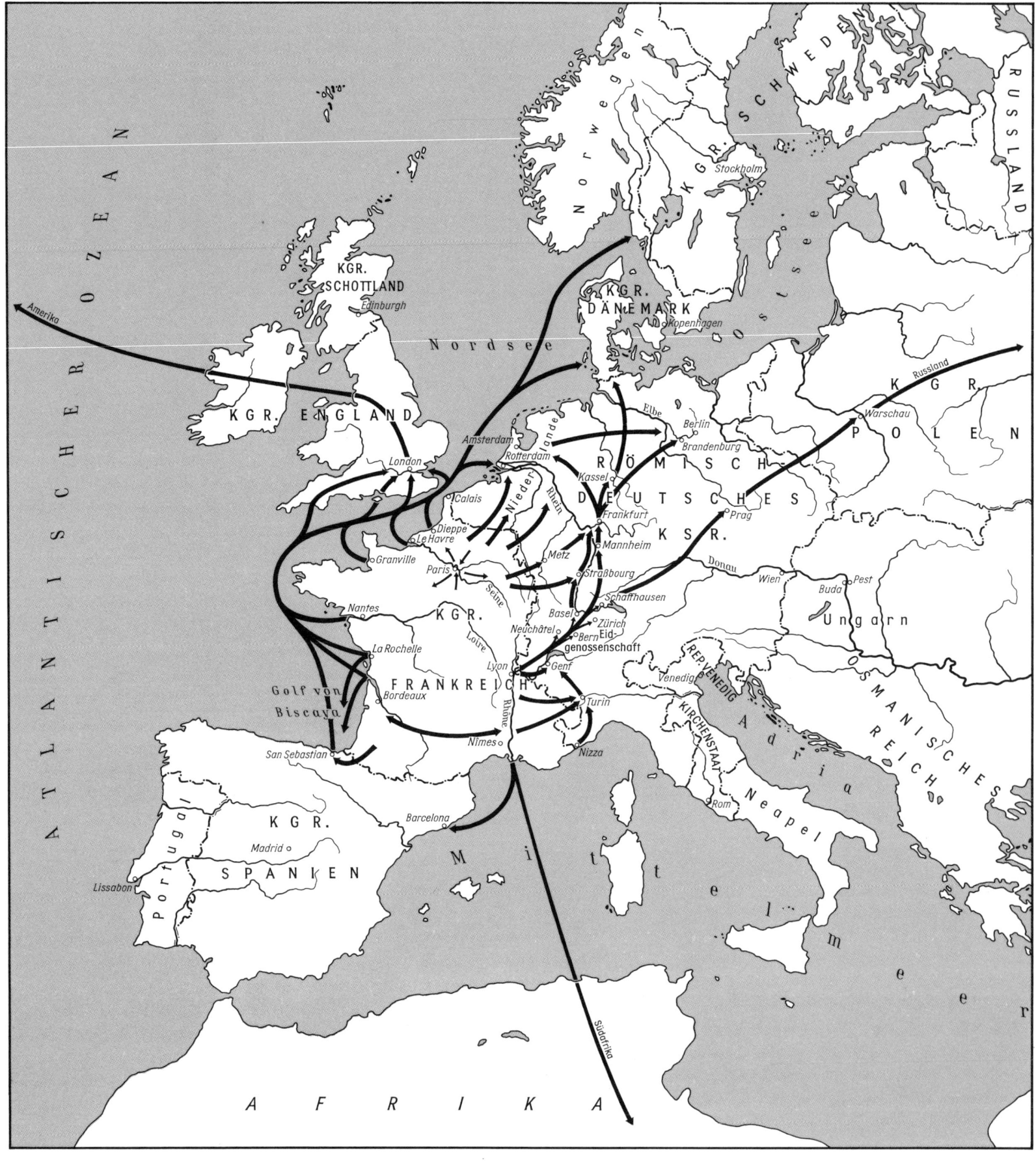

ATLANTISCHER OZEAN

Amerika

KGR.
SCHOTTLAND
Edinburgh

Norwegen

KGR. SCHWEDEN

Stockholm

RUSSLAND

Nordsee

KGR.
DÄNEMARK
Kopenhagen

Ostsee

KGR. ENGLAND

London

Amsterdam

Rotterdam

Niederlande

Elbe

Berlin
Brandenburg

Russland

Warschau

KGR.
POLEN

Calais

Rhein

Kassel

RÖMISCH

Dieppe
Le Havre

Metz

Frankfurt

Mannheim

DEUTSCHES

Prag

Granville

Paris

Straßbourg

KSR.

Nantes

Seine

KGR.

Schaffhausen

Donau

Wien

Buda

Pest

Ungarn

La Rochelle

Loire

Basel

Neuchâtel

Zürich
Bern Eid-
genossenschaft

FRANKREICH

Lyon

Genf

Venedig

REP. VENEDIG

KIRCHENSTAAT

Adria

OSMANISCHES

Golf von
Biscaya

Bordeaux

Rhône

Turin

San Sebastian

Nîmes

Nizza

REICH

Barcelona

KGR.

SPANIEN

Madrid

Portugal

Lissabon

Mittelmeer

Neapel

Rom

Südafrika

A F R I K A

Literaturnachweis

Agnew, David: Protestant Exiles from France in the Reign of Louis XIV or the Huguenot Refugees and their Descendants in Great Britain and Ireland. — London, 1871.

Aguesse, Laurent: Histoire de l'établissement du Protestantisme en France contenant l'histoire politique et religieuse de la nation depuis François Ier jusqu'à l'édit de Nantes. — Paris, 1882—1886.

Aland, Kurt: Die Reformatoren: Luther, Melanchthon, Zwingli, Calvin. Mit einem Nachwort zur Reformationsgeschichte. — Gütersloh, 1976.

Aland, Kurt: Kirchengeschichte in Zeittafeln und Überblicken. — Gütersloh, 1984.

Albertini, Rudolf von: Das politische Denken in Frankreich zur Zeit Richelieus. — Marburg, 1951.

Allgemeine Geschichte der Vereinigten Niederlande, von den ältesten bis auf gegenwärtige Zeiten, aus den glaubwürdigsten Schriftstellern und bewährten Urkunden verfasset. — Leipzig, 1757.

Amberger, Erik: Die Anwerbung ausländischer Fachkräfte für die Wirtschaft Rußlands vom 15. bis zum 19. Jahrhundert. — In: Osteuropastudien der Hochschule des Landes Hessen. — Reihe 1. — Bd. 42. — Wiesbaden, 1968.

Amberger, Erik: Geschichte des Protestantismus in Rußland. — Stuttgart, 1961.

Ancillon, Charles: Geschichte der Niederlassung der Réfugiés in den Staaten seiner Kurfürstlichen Hoheit von Brandenburg. — Berlin, 1939. — Nachdruck der französischen Originalausgabe von 1690.

Appenzeller, Gotthold: Französische Refugianten in Solothurn. — Solothurn, 1936.

Arnal, Ernest Jean: De l'influence des réfugiés français aux Pays-Bas. — In: Bulletin de la Fondation Huguenote des Pays-Bas. — Amsterdam, 1986.

Ashley, Maurice: Das Zeitalter des Barock: Europa zwischen 1598 und 1715. — München, 1983.

Aubin, Gustav: Der Einfluß der Reformierten in der Geschichte der deutschen Wirtschaft. — In: Hallische Universitätsreden. — Bd. 44. — Halle, 1929.

Aymon, Jean: Tous les synodes nationaux des églises réformées de France. — Den Haag, 1710.

Bähler, Eduard: Kulturbilder aus der Refugientenzeit in Bern (1685—1699). — Bern, 1908.

Bailly, Auguste: Der Kardinal als Diktator: Das Leben Richelieus. — Leipzig, 1937.

Baird, Charles W.: History of the Huguenot Emigration to America. — New York, 1885.

Baird, Robert: Zustand und Ansichten der Religion in Amerika. — Berlin, 1856.

Barbatti, Bruno: Das Refuge in Zürich. — In: Züricher Beiträge zur Geschichtswissenschaft. — Bd. 24. — Zürich, 1957.

Baron, Hans: Calvins Staatsauffassungen und das konfessionelle Zeitalter. — München; Berlin, 1924.

Baur, Jürgen: Gott, Recht und weltliches Regiment im Werke Calvins. — Bonn, 1965.

Beheim-Schwarzbach, Max: Hohenzollernsche Colonisation: Ein Beitrag zu der Geschichte des preußischen Staats und der Colonisation des östlichen Deutschlands. — Leipzig, 1874.

Die Bekenntnisschriften der reformierten Kirche: In authentischen Texten mit geschichtlicher Einleitung und Register/hrsg. von Karl Müller. — Leipzig, 1903.

Bell, Georg K. A.: Eine kurze Darstellung der Kirche von England. — In: Ekklesia I. Die britischen Länder/hrsg. von Friedrich Siegmund-Schulze. — Gotha, 1934.

Bellon, Eugen: Zerstreut in alle Winde: 1865—1720: Wanderwege und Wanderschicksale hugenottischer Familien aus der Dauphiné. — Sickte, 1977.

Benoît, Élie: Histoire de l'Édit de Nantes. — Delft, 1695.

Bergsträsser, Arnold: Staat und Wirtschaft Frankreichs. — In: Bergsträsser, Arnold; Curtins, Ernst Robert: Frankreich. — Bd. 1. — Berlin; Leipzig, 1930.

Bertier de Sauvigny, Guillaume de: Die Geschichte der Franzosen. — Hamburg, 1980.

Bertrand, Pierre: Genève et la révocation de l'Édit de Nantes. Étude d'histoire économique et politique. — Genève, 1935.

Better, F.: Auf den Galeeren: Memoiren eines Hugenotten. — Calw; Stuttgart, 1887.

Beulicke, Wilhelm: Die Hugenotten in Niedersachsen. — In: Quellen und Darstellungen zur Geschichte Niedersachsens. — Bd. 58. — Hildesheim, 1960.

Beulicke, Wilhelm: Studien zum Refuge in Deutschland und zur Ursprungsheimat seiner Mitglieder. — Obersickte; Braunschweig, 1966.

Biographie universelle ancienne et moderne/rédigée par une Société de Gens de Lettres et de Savants. — Paris, 1811—1828.

Bobé, Louise: Charlotte Amalie, Königin zu Dänemark, und die Anfänge der Deutsch und Französisch Reformierten Kirche zu Kopenhagen. — Kopenhagen, 1940.

Bodmer, Walter: Der Einfluß der Refugianteneinwanderung von 1550—1700 auf die schweizerische Wirtschaft: Ein Beitrag zur Geschichte des Frühkapitalismus und der Textilindustrie. — In: Zeitschrift für schweizerische Geschichte. — Beiheft 3. — Zürich, 1956.

Bohatec, Joseph: Calvins Lehre von Staat und Kirche. — Breslau, 1937.

Bonet-Maury, Gaston: Die Gewissensfreiheit in Frankreich vom Edikt von Nantes bis zur Gegenwart. — Leipzig, 1912.

Bost, Charles: Histoire des Protestants de France. — Neuilly, 1931.

Bost, Charles: Les Prédicants protestants des Cévennes et du Bas-Languedoc 1684—1700. — Paris, 1912.

Botha, Colin Graham: The French Refugees at the Cape. — Cape Town, 1919.

Bots, Hans: Posthumus Meyjes, Guillaume; Wieringa, F.: Vlucht naar de Vrijheid. De Hugenoten en de Nederlanden. — Amsterdam, 1985.

Boucher, Maurice: French speakers at the Cape in the first hundred years of Dutch East India Company rule: The European background. — Pretoria, 1981.

Bouyer, Louis: Reformatorisches Christentum und die eine Kirche. — Würzburg, 1959.

Brandes, Karl: Kirchengeschichte, kirchliche Statistik und religiöses Leben der Vereinigten Staten von Nordamerika. — Berlin, 1844.

Brantôme, Pierre de Bourdeille de: Œuvres Complètes de Brantôme. — Paris, 1822.

Bulletin de la Commission de l'Histoire des Églises Wallonnes. — La Haye, 1985 ff.

Bulletin de la Fondation Huguenote des Pays-Bas. — Amsterdam, 1985 ff.

Bulletin de la Société de l'Histoire du Protestantisme Français. — Paris, 1853 ff.

Bulletin of the Huguenot Society of South Africa. — Franchhoek, 1963 ff.

Burckhardt, Carl: Richelieu: Der Aufstieg zur Macht. — München, 1935.

Burckhardt, Ludwig: Die französischen Religionsflüchtlinge in Basel. — In: Beiträge zur vaterländischen Geschichte/hrsg. von der Historischen Gesellschaft in Basel. — Basel, 1860.

Butler, John: The Huguenots in America. — Cambridge, 1883.

Calvin, Johannes: Christliche Unterweisung: Der Genfer Katechismus von 1537. — Hamburg, 1963.

Calvin, Johannes: Institutio Christianae Religionis/übersetzt von Matthias Simon: Um Gottes Ehre! — München, 1924.

Calvin, Johannes: Ordonnances ecclésiastiques/übersetzt in: Quellen. Ausgewählte Texte aus der Geschichte der christlichen Kirche/hrsg. von Helmut Ristow und Walter Schultz. — Berlin (1964) 29.

Calvin, Johannes: Schriften/ausgewählt und übersetzt von Joachim Rogge. — In: Quellen. Ausgewählte Texte aus der Geschichte der christlichen Kirche/hrsg. von Helmut Ristow und Walter Schultz. — Berlin (1964) 29.

Calvin, Johannes: Von der Tapferkeit des Glaubens: Briefe Johannes Calvins an Hugenotten/übersetzt von Otto Weber. — Berlin, 1939.

Chambeau, Carl: Die Auswirkungen der Abwanderungen der Hugenotten aus Frankreich auf Frankreich und auf Deutschland und die Deutschen. — Berlin, 1938.

Chambon, Joseph: Der französische Protestantismus: Sein Weg bis zur französischen Revolution. — München, 1937.

Chambon, Joseph: Der Puritanismus: Sein Weg von der Reformation bis zum Ende der Stuarts. — Zürich, 1944.

Cobbet, William: Geschichte der protestantischen Reform in England und Irland. — Offenbach, 1827.

Coquerel, Charles: Geschichte der Kirchen in der Wüste unter den Protestanten Frankreichs vom Ende der Regierung Ludwigs XIV. an bis zur französischen Revolution. — Berlin, 1846.

Corpus Reformatorum, Ioannis Calvini opera amnia. — Braunschweig, 1863—1900.

Crespin, Jean: Histoire des martyrs depuis Jean Huss jusqu'en 1554. — Toulouse, 1885—1889.

Dahm, Georg: Deutsches Recht: Die geschichtlichen und dogmatischen Grundlagen des geltenden Rechts. — Stuttgart; Köln, 1951.

Dakin, Douglas: Turgot and the Ancien Régime in France. — New York, 1965.

Dalton, Hermann: Zur Geschichte der evangelischen Kirche in Rußland. — Leipzig, 1893.

Delfos, Leo: Kulturgeschichte von Niederlanden und Belgien. — Bremen, 1962.

Der Deutsche Hugenott/hrsg. vom Deutschen Hugenotten-Verein. — Flensburg, 1929 ff.

Dietsch, Friedrich: Die evangelische Kirche von Metz: Entstehung, Verfolgung, Untergang und Aufstehen. — Metz, 1910.

Doublier, Gerda: Frankreichs Weg zur Einheit: Valois. Guisen. Hugenotten. — Graz; Wien; Köln, 1967.

300 Jahre Hugenotten in Hessen: Herkunft und Flucht. Aufnahme und Assimilation. Wirkung und Ausstrahlung. — Kassel, 1985.

Ducasse, André: La guerre des Camisards: La résistance huguenote sous Louis XIV. — Paris, 1962.

Durant, Will: Die Geschichte der Zivilisation. Das Zeitalter Ludwigs XIV. — Bern; München, 1966.

Durant, Will: Die Geschichte der Zivilisation. Das Zeitalter der Reformation. — Bern; München, 1959.

Durant, Will: Die Geschichte der Zivilisation. Das Zeitalter der Vernunft hebt an. — Bern; München, 1965.

Dusse, Helga; Dusse, Ulrich: Die Deutsch Reformierte Kirche zu Kopenhagen. — Kopenhagen, 1977.

Ebrard, August: Bilder aus dem Sevennenkrieg. — In: Sammlung von Vorträgen für das deutsche Volk/hrsg. von Wilhelm Frommel. — Heidelberg, 1880.

Das Edikt von Nantes. Das Edikt von Fontainebleau: Rechtsurkunden zur Geschichte der Hugenotten/hrsg. vom Deutschen Hugenotten-Verein. — Flensburg. 1963.

Elias, Norbert: Die höfische Gesellschaft: Untersuchungen zur Soziologie des Königtums und der höfischen Aristokratie. — Darmstadt; Neuwied, 1969.

Erbe, Helmut: Die Hugenotten in Deutschland. — Essen, 1937.

Erben, Wilhelm: Louise Delolme, die Erzieherin zweier Königinnen von Dänemark: Eine biographische Studie. — Wien, 1897.

Erlanger, Philippe: Louis XIV: Les grandes études historiques. — Paris, 1966.

Erlanger, Philippe: Die Pariser Bluthochzeit am 24. August 1572 (Bartholomäusnacht). — München, 1966.

Erman, Jean Pierre; Reclam, Frédéric: Mémoires pour servir à l'histoire des réfugiés françois dans les États du Roi. — Berlin, 1782—1799.

Der Exodus der Hugenotten: Die Aufhebung des Edikts von Nantes 1685 als europäisches Ereignis/hrsg. von Heinz Duchhardt. — In: Beiheft zum Archiv für Kulturgeschichte. — Heft 24. — Köln; Wien, 1985.

Félice, Guillaume de: Geschichte der Protestanten Frankreichs, seit dem Anfange der Reformation bis zur Gegenwart. — Leipzig, 1855.

Fleming, Arnold: Huguenot Influence in Scotland. — Glasgow, 1953.

Fliedner, Heinrich: Die Kirche der Wüste: Leiden, Kämpfe und Siege der evangelischen (Hugenotten-)Kirche in Frankreich. — Dinglingen, o. J.

Die französische Colonie. — Berlin, 1877—1906.

Frei, Oskar: Dem größten König zu eigen: Lebensbilder aus der Notzeit der reformierten Kirche Frankreichs. — Basel, o. J.

Frei, Oskar; Ragatz, Paul: Erlebnisse eines Bündner Hugenotten auf Galeeren und in Kerkern Frankreichs. — Basel, 1965.

French, H. A.: A brief history of the Huguenots and their assimilation in colonial America/publiziert von The Huguenot Society of America. — o. O., 1982.

Friedrich II. von Preußen: Zur Geschichte des wirtschaftlichen und geistigen Lebens in Brandenburg-Preußen. — In: Friedrich der Große: Denkwürdigkeiten/hrsg. von M. Krammer. — Berlin, o. J.

Gabriel, Martin: »Das Land von dergleichen Irrgeistern alsofort zu säubern!« Charismatiker und etablierte Kirche — Die Hallesche Spontan-Union von 1714. — In: Theologische Versuche. — Bd. XV. — Berlin, 1985.

Gagg, Robert: Kirche im Feuer: Das Leben der südfranzösischen Hugenottenkirche nach dem Todesurteil durch Ludwig XIV. — Zürich; Stuttgart, 1961.

Garneau, François-Xavier: Histoire du Canada. — Paris, 1963.

Germann, Georg: Der protestantische Kirchenbau in der Schweiz von der Reformation bis zur Romantik. — Zürich, 1963.

Geschichtsblätter des Deutschen Hugenotten-Vereins/hrsg. vom Deutschen Hugenotten-Verein. — Magdeburg, 1890 ff.

Gestalten der Kirchengeschichte. — Bd. 5: Die Reformationszeit/hrsg. von Martin Greschat. — Stuttgart; Berlin; Köln; Mainz, 1981.

Göhring, Martin: Weg und Sieg der modernen Staatsidee in Frankreich. — Tübingen, 1946.

Les Grandes Scènes historiques du XVIe siècle. Reproduction facsimilée du recueil de [Jacques] Tortorel et [Jean] Pérrissin/hrsg. von Alfred Franklin. — Paris, 1886.

Grant, Arthus James: The Huguenots. — London, 1934.

Grieshammer, Werner: Studien zur Geschichte der Réfugiés in Brandenburg-Preußen bis 1713. — Berlin, 1935.

Guth, Paul: Mazarin: Frankreichs Aufstieg zur Weltmacht. — Frankfurt am Main, 1974.

Gwynn, Robin: Huguenot Heritage: The History and Contribution of the Huguenots in Britain. — London; Boston; Melbourne; Henley, 1985.

Haag, Émile; Haag, Eugène: La France protestante. — Paris, 1846—1859.

Haase, Erich: Einführung in die Literatur des Refuge: Der Beitrag der französischen Protestanten zur Entwicklung analytischer Denkformen am Ende des 17. Jahrhunderts. — Berlin, 1959.

Handbuch der Kirchengeschichte/hrsg. von Hubert Jedin. — Bd. IV: Reformation. Katholische Reform und Gegenreformation. — Bd. V.: Die Kirche im Zeitalter des Absolutismus und der Aufklärung. — Freiburg; Basel; Wien, 1967/1970.

Handbuch der Quellen und Literatur der neueren europäischen Privatrechtsgeschichte/hrsg. von Helmut Coing. — Bd. 2: Neuere Zeit. — München, 1976.

Handbuch der Wirtschaftsgeschichte/hrsg. von Georg Brodnitz. — Jena, 1930.

Harten, Th.: Eine Hochburg der Hugenotten während der Religionskriege (La Mure). — Halle (Saale), 1898.

Hassencamp, R.: Geschichte Irlands von der Reformation bis zu seiner Union mit England. — Leipzig, 1886.

Haussherr, Hans: Wirtschaftsgeschichte der Neuzeit vom Ende des 14. bis zur Höhe des 19. Jahrhunderts. — Weimar, 1954.

Henning, Friedrich-Wilhelm: Wirtschafts- und Sozialgeschichte. — Bd. 1: Das vorindustrielle Deutschland 800—1800. — Paderborn, 1974.

Héritier, Jean: Katharina von Medici: Herrscherin ohne Thron. — München, 1977.

Herzog, Wilhelm: Große Gestalten der Geschichte. 16. bis 18. Jahrhundert. — Bern; München, 1960.

Hillerbrand, Hans: Brennpunkte der Reformation: Zeitgenössische Texte und Bilder. — Göttingen, 1967.

Hirsch, Arthur H.: The Huguenots of Colonial South Carolina. — Durham, 1928.

Hofstede de Groot, C.: Hundert Jahre aus der Geschichte der Reformation in den Niederlanden. 1518—1619. — Gütersloh, 1893.

Holtzmann, Robert: Französische Verfassungsgeschichte von der Mitte des 9. Jahrhunderts bis zur Revolution. — München; Berlin, 1910.

Hroch, Miroslav; Skýbová, Anna: Ecclesia militans: Inquisition im Zeitalter der Gegenreformation. — Leipzig, 1985.

Die Hugenotten. 1685—1985/hrsg. von Rudolf von Thadden und Michelle Magdelaine. — München, 1985.

Hugenotten in Berlin/hrsg. von Gottfried Bregulla. — Berlin, 1988.

Die Hugenotten in der Schweiz/hrsg. vom Musée historique de l'Ancien-Évêché. — Lausanne, 1985.

Die Hugenottenkirche. — Berlin, 1948 ff.

Die Hugenottenkriege in Augenzeugenberichten/hrsg. von Julien Coudy. — Berlin; Darmstadt; Wien, 1970.

Hughes, Philip E.: Lefèvre: Pioneer of ecclesiastical renewal in France. — Michigan, 1984.

Huguenot Refugees in the Settling of Colonial America/hrsg. von Peter St. Gannon. — New York, 1985.

Les Huguenots. Catalogue à l'occasion du Tricentenaire de la Révocation de l'Édit de Nantes 1685—1985/hrsg. von Archives nationales. — Paris, 1985.

Huguenots in Britain and their French background, 1550—1800. Contribution to the historical conference of the Huguenot Society of London, September 1985/hrsg. von Irene Scouloudi. — London, 1987.

Huguenot Trails/hrsg. von The Huguenot Society of Canada. — Toronto, o. J.

Huizinga, Johan: Herbst des Mittelalters: Studien über Lebens- und Geistesformen des 14. und 15. Jahrhunderts in Frankreich und in den Niederlanden. — Stuttgart, 1975.

Hussong, Friedrich: Literatur und Quellen zur Geschichte der Hugenotten und Réfugiés. — Berlin, 1936.

Jacobs, Paul: Prädestination und Verantwortlichkeit bei Calvin. — Darmstadt, 1968.

Jersch-Wenzel, Stefi: Juden und »Franzosen« in der Wirtschaft des Raumes Berlin-Brandenburg zur

Zeit des Merkantilismus. — Berlin (West), 1978.

Jong, Otto de: Niederländische Kirchengeschichte seit dem 16. Jahrhundert. — In: Moeller, Bernd: Die Kirche in ihrer Geschichte: Ein Handbuch. — Göttingen, 1975.

Joutard, Philippe: La légende des Camisards: Une sensibilité au passé. — Paris, 1977.

Kämmerer, Jürgen: Katharina II. im Rahmen hugenottischer Bildungsbemühungen. — In: Studien zur Geschichte der Kulturbeziehungen in Mittel- und Osteuropa. — Bd. 13. — Berlin, 1976.

Kämmerer, Jürgen: Rußland und die Hugenotten im 18. Jahrhundert (1689—1789). — In: Schriften zur Geistesgeschichte des östlichen Europas. — Bd. 13. — Wiesbaden, 1978.

Kathe, Heinz: Der »Sonnenkönig«: Ludwig XIV., König von Frankreich, und seine Zeit. 1638—1715. — Berlin, 1981.

Kaweran, Peter: Kirchengeschichte Nordamerikas. — In: Die Kirche in ihrer Geschichte: Ein Handbuch/hrsg. von Bernd Moeller. — Göttingen, 1963.

Kirchner, Hubert: Reformationsgeschichte von 1532—1555/56: Festigung der Reformation. Calvin. Katholische Reform und Konzil von Trient. — In: Haendler, Gert; Meier, Kurt; Rogge, Joachim: Kirchengeschichte in Einzeldarstellungen. — Berlin, 1987.

Kittel, Helmut: Der Calvinismus in Westeuropa. — Religionskundliche Quellenhefte 12. — Leipzig; Berlin, o. J.

Klüber, K. W.: Übersicht der Wanderungen und Niederlassungen französischer, savoyischer und niederländischer Religionsflüchtlinge besonders nach Deutschland. — Karlsruhe, 1854.

Köhler, Walter: Huldrych Zwingli. — Leipzig, 1983.

Köller, Heinz; Töpfer, Bernhard: Frankreich: Ein historischer Abriß. — Berlin, 1973.

Kohnke, Meta: Das Edikt von Potsdam: Zu seiner Entstehung, Verbreitung und Überlieferung. — In: Jahrbuch für Geschichte des Feudalismus. — Bd. 9. — Berlin, 1986.

Die Kolonie: Organ für die äußeren und inneren Angelegenheiten der französisch-reformierten Gemeinden. — Berlin, 1875 ff.

Kretzer, Hartmut: Calvinismus und französische Monarchie im 17. Jahrhundert: Die politische Lehre der Akademien Sedan und Saumur, mit besonderer Berücksichtigung von Pierre Du Moulin, Moyse Amyrant und Pierre Jurien. — Berlin (West), 1975.

Krum, Horsta: Preußens Adoptivkinder — Die Hugenotten: 300 Jahre Edikt von Potsdam. Unter Verwendung von »Erman, Jean Pierre; Reclam, Frédéric: Mémoires pour servir à l'histoire des réfugiés françois dans les Etats du Roi. — Berlin, 1782—1799«. — Berlin (West), 1985.

Kupisch, Karl: Coligny: Eine historische Studie. — Berlin (West), 1951.

Landwehr, Hugo: Die kirchlichen Zustände der Mark unter dem großen Kurfürsten. — In: Forschungen zur Brandenburgischen und Preußischen Geschichte. — Bd. 1. — Leipzig, 1888.

Lang, August: Zwingli und Calvin: Monographien zur Weltgeschichte. — Bielefeld; Leipzig, 1913.

Larsen, Erik: Calvinist Economy and 17th Century Dutch Art. — In: University of Kansas Humanistic Studies 15. — Lawrence, 1979.

Lau, Franz; Bizer, Ernst: Reformationsgeschichte Deutschlands bis 1555. — In: Die Kirche in ihrer Geschichte/hrsg. von Bernd Moeller. — Bd. 3. — Göttingen, 1964.

Lavisse, Ernest: Histoire de France. — Paris, 1933.

Lee, Grace: The Huguenot Settlements in Ireland. — London; New York; Toronto; 1936.

Léonhard, Émile: Histoire générale du Protestantisme. — Paris, 1961.

Lery, Jean de: Brasilianisches Tagebuch 1557. — Tübingen; Basel, 1967.

Leube, Hans: Der Jesuitenorden und die Anfänge nationaler Kultur in Frankreich. — Tübingen, 1935.

Linde, Jan van der: Surinaamse suikerheren en hun kerk. — Wageningen, 1966.

Lindhardt, Paul: Skandinavische Kirchengeschichte seit dem 16. Jahrhundert. — In: Die Kirche in ihrer Geschichte/hrsg. von Bernd Moeller. — Bd. 3/M3. — Göttingen, 1982.

Lodge, Eleonor: Sully, Colbert and Turgot: A Chapter in French Economic History. — London, 1931.

Löffler, Harry: Die französisch-reformierte Gemeinde zu Königsberg/Preußen: Ein Beitrag zum hugenottischen Kirchenrecht. — Königsberg, 1931.

Lösche, Georg: Luther, Melanchthon und Calvin in Österreich-Ungarn: Zu Calvins vierter Jahrhundertfeier. Mit archivalischen Beilagen. — Tübingen, 1909.

Lotheissen, Ferdinand: Königin Margarete von Navarra: Ein Cultur- und Literaturbild aus der Zeit der französischen Reformation. — Berlin, 1885.

Lottes, Günter: England und der Exodus der Hugenotten. — In: Geschichte Englands/hrsg. von George Macaulay Trevelyan. — München, 1949.

Ludwig, Jacob: Die reformierte Gemeinde in Fredericia: Ein Beitrag zur Geschichte der französisch-reformierten Kolonien im heutigen Dänemark. — Bremen; Leipzig; Fredericia, 1886.

Luther, Martin: Werke: Kritische Gesamtausgabe. — Weimar, 1883—1910.

Manoury, Karl: Das Kriegswesen der Hugenotten 1562—1598. — Berlin (West), 1957.

Manoury, Karl: Die Geschichte der Französischen Kirche zu Berlin: Hugenottenkirche 1672—1955. — Berlin (West), 1955.

Manoury, Karl: Die Geschichte der Hugenotten-Kirche von ihren Anfängen in Frankreich bis zur Gegenwart in Deutschland 1517—1937. — Berlin, 1940.

Marcks, Ernst: Gaspard de Coligny: Sein Leben und das Frankreich seiner Zeit. — Stuttgart, 1892.

Maurois, André: Die Geschichte Frankreichs. — Zürich, 1951.

Mehring, Franz: Zur deutschen Geschichte bis zur Zeit der Französischen Revolution 1789. — Berlin, 1973.

Mémoires inédits d'Abraham Mazel et d'Élie Marion sur la Guerre des Cévennes 1701—1708/hrsg. von Charles Bost. — Paris, 1931.

Mengin, Ernst: Das Recht der französisch-reformierten Kirche in Preußen: Urkundliche Denkschrift. — Berlin, 1929.

Meyrat, Walter: Die Unterstützung der Glaubensgenossen im Ausland durch die reformierten Orte im 17. und 18. Jahrhundert. — Bern, 1941.

Mittenzwei, Ingrid: Hugenotten in Brandenburg-Preußen. — In: Studien zur Geschichte. — Bd. 8. — Berlin, 1987.

Molnár, Amadeo: Die Waldenser: Geschichte und europäisches Ausmaß einer Ketzerbewegung. — Berlin, 1980.

Mörikofer, Johann Caspar: Geschichte der evangelischen Flüchtlinge in der Schweiz. — Leipzig, 1876.

Morton, Arthur: Volksgeschichte Englands. — Berlin, 1956.

Mours, Samuel: Le Protestantisme en France au XVIIe siècle (1598—1685). — Paris, 1967.

Mours, Samuel; Robert, Daniel: Le Protestantisme en France du XVIIIe siècle à nos jours (1685—1970). — Paris, 1972.

Müller, Robert: Die Unterschiede zwischen lutherischer und reformierter Kirchenverfassung. — Straßburg, 1916.

Müntzer, Thomas: Schriften und Briefe: Kritische Gesamtausgabe. — In: Quellen und Forschungen zur Reformationsgeschichte. — Bd. 33/hrsg. vom Verein für Reformationsgeschichte. — Gütersloh, 1968.

Muret, Eduard: Geschichte der Französischen Kolonie in Brandenburg-Preußen, unter besonderer Berücksichtigung der Berliner Gemeinde. — Berlin, 1885.

Neuser, Wilhelm: Calvin. — Sammlung Göschen 3005. — Berlin, 1971.

Nürnberger, Richard: Die Politisierung des französischen Protestantismus: Calvin und die Anfänge des protestantischen Radikalismus. — Tübingen, 1948.

O'Brien, Louis: Innocent XI and the Revocation of the Edict of Nantes. — Berkeley in Californien, 1930.

Ohle, R.: Die Besiedlung der Uckermark und die Geschichte ihrer Dorfkirchen. — In: Mitteilungen des Uckermärkischen Museums- und Geschichtsvereins. — Bd. 5. — Prenzlau, 1915.

Otten, Heinz: Calvins theologische Anschauungen von der Prädestination. — In: Forschungen zur Geschichte und Lehre des Protestantismus. — Neunte Reihe. — Bd. 1. — München, 1938.

Perrissin, Jean; Tortorel, Jacques: Premier volume, contenant 40 Tabl. ou Histoire div. etc. touchant les guerres, massacres etc. advenus en France en ces dernières années. — o. O., 1759—1770.

Pfingster, Rudolf: Kirchengeschichte der Schweiz. — Zürich, 1964.

Pfister, Rudolf: Antoine Court (1695—1760), der Erneuerer des französischen Protestantismus. — Zürich, 1951.

Pfisterer, Ernst: Reformierte Bekenntnisschriften und Kirchenordnungen. — Neukirchen, 1949.

Philippson, Martin: König Heinrich IV. von Frankreich. — o. O., o. J.

Picart (Picard), Bernard: Cérémonies et coutumes religieuses de tous les peuples du monde, représentées par des Figures dessinées & gravées par Bernard Picard, & autres habiles Artistes. — Amsterdam, 1789.

Pick, Margarete: Die französischen Kolonien in der Uckermark. — Prenzlau, 1935.

Polenz, Gottlob von: Geschichte des französischen Calvinismus bis zur Nationalversammlung im Jahre 1789: Zum Theil aus handschriftlichen Quellen. — Gotha, 1857—1869.

Porschnew, Boris: Die Volksaufstände in Frankreich vor der Fronde 1623—1648. — Leipzig, 1954.

Potsdamer Edikt des großen Kurfürsten vom 29. 10./8. 11. 1685. — Breslau, 1885.

Poujol, D. F.: Histoire et Influence des Églises wallonnes dans les Pays-Bas. — Utrecht, 1902.

Privat, Emil: Hugenottisches Leben: Bilder aus der Friedrichsdorfer Chronik. — Baden-Baden, 1950.

Proceedings of the Huguenot Society of London. — London, 1885 ff.

Die Propheten der Cevennen und der Camisardenkrieg 1701—1704/hrsg. von Delattre. — Hamburg, 1925.

Die Psalmen Davids/nach D. Ambrosii Lobwassers Übersetzung samt einem neu vermehrten Gesang-Buch der erbaulichen Kirchen-Lider, nebst dem Chur-Pfälzischen Catechismo und Communion Formel. — Berlin, o. J.

The Quiet Conquest: The Huguenots 1685 to 1985/Catalogue of the exhibition by Museum of London. — London, 1985.

Rambach, Friedrich: Schicksal der Protestanten in Frankreich. — Übersetzung aus dem Französischen. — Halle (Saale), 1759.

Ranke, Leopold: Französische Geschichte, vornehmlich im sechzehnten und siebzehnten Jahrhundert. — München; Leipzig, 1924.

Reaman, Elmor G.: The Trail of the Huguenots in Europe, the United States, South Africa and Canada. — London, 1964.

Records of the town of New Rochelle. 1699—1828/transkribiert, übersetzt und publiziert von Jeanne Forbes. — New York, 1916.

Reformation in Europa/hrsg. von Oskar Thulin. — Berlin, 1967.

Reformierte Bekenntnisschriften und Kirchenordnungen in deutscher Übersetzung/hrsg. von Paul Jacobi. — Neukirchen, 1949.

Réveilland, Eugène: Histoire du Canada et des Canadiens Français. — Paris, 1884.

La Révocation de l'Édit de Nantes et les Provinces-Unies — 1985/Colloque international du tricentenaire, Leyden, 1985. — Amsterdam; Maarssen, 1986.

Reyer, C.: Geschichte der französischen Colonie in Preußen. — Berlin, 1852.

Roche, Owen: The Days of the upright: The story of the Huguenots. — New York, 1965.

Sack, Karl: Die Kirche von Schottland: Beiträge zu deren Geschichte und Beschreibung. — Heidelberg, 1844.

Sagave, Pierre-Paul: Berlin und Frankreich 1685—1871. — Berlin (West), 1980.

Saintoyant, Jules: La Colonisation européenne du 15e au 19e siècle. — Paris, 1947.

Sander, Ferdinand: Die Hugenotten und das Edikt von Nantes. Mit urkundlichen Beigaben: Zum Gedächtnis an das Potsdamer Edikt des großen Kurfürsten. — Breslau, 1885.

Schickler, Fernand de: Les Églises du Refuge en Angleterre. — Paris, 1892.

Schilfert, Gerhard: Deutschland von 1648 bis 1789. — Berlin, 1980.

Schmoller, Gustav: Die preußische Kolonisation des 17. und 18. Jahrhunderts. — In: Schriften des Vereins für Socialpolitik: Zur inneren Kolonisation in Deutschland. — Leipzig, 1886.

Scholl, Hans: Reformation und Politik: Politische Ethik bei Luther, Calvin und den Frühhugenotten. — Stuttgart, 1976.

Schott, Theodor: Die Kirche der Wüste. 1715—1787: Das Wiederaufleben des französischen Protestantismus im 18. Jahrhundert. — In: Schriften des Vereins für Reformationsgeschichte. — Halle (Saale) 11 (1898) 43/44.

Schreiber, Hermann: Auf den Spuren. Hugenotten. — München, 1983.

Schubart, Werner: Französisches Recht in Deutschland zu Beginn des 19. Jahrhunderts: Zivilrecht, Gerichtsverfassungsrecht und Zivilprozeßrecht. — In: Forschungen zur neueren Privatrechtsgeschichte. — Bd. 24. — Köln; Wien, 1977.

Schultze, Johannes: Die Mark Brandenburg. — Bd. 5: Von 1648 bis zu ihrer Auflösung. — Berlin (West), 1969.

Schwarz, Rudolf: Johannes Calvins Lebenswerk in seinen Briefen: Eine Auswahl von Briefen Calvins in deutscher Übersetzung. — Tübingen, 1909.

Scoville, Warren: The Persecution of Huguenots and French Economic Development 1680—1720. — Berkeley; Los Angeles, 1960.

Sée, Henri: Französische Wirtschaftsgeschichte. — In: Handbuch der Wirtschaftsgeschichte/hrsg. von Gerhard Brodnitz. — Jena, 1930.

Seignobos, Charles: Geschichte der französischen Nation. — Bad Kreuznach, 1947.

Simon, Matthias: Um Gottes Ehre: Die Bekenntnisschriften der ref. Kirche. — München, 1924.

Smidt, Udo: Johannes Calvin und die Kirche: Ein Lesebuch mit Texten und Themen. — Stuttgart, 1972.

Smiles, Samuel: The Huguenots: Their settlements, churches, and industries in England and Ireland. — London, 1870.

Soldan, Wilhelm Gottlieb: Geschichte des Protestantismus in Frankreich bis zum Tode Karls IX. — Leipzig, 1855.

Stähelin, Ernst: Johannes Calvin. — Elberfeld, 1863.

Stamm, Fanny: Der Einfluß der französischen Refugianten auf die Kultur Basels. — In: Basler Jahrbuch 1934. — Basel, 1934.

Stapleton, Ammon: Memorials of the Huguenots in America. — Carlisle, 1901.

Stephan, Raoul: Gestalten und Kräfte des französischen Protestantismus. — München, 1967.

Strasser-Bertrand, Otto: Die evangelische Kirche in Frankreich. — In: Die Kirche in ihrer Geschichte: Ein Handbuch/hrsg. von Bernd Moeller. — Göttingen, 1975.

Stubenvoll, Hans: Deutsche Hugenottenstädte: Ein Beitrag zur Geschichte des deutschen Städtebaus im 16. und 17. Jahrhundert. — Frankfurt am Main, 1952.

Suchanek-Fröhlich, Stefan: Kulturgeschichte Frankreichs. — Stuttgart, 1966.

Tagebuch von Jean Migault oder Leiden einer protestantischen Familie aus dem Poitou vor und nach der Aufhebung des Edikts von Nantes/übersetzt von J. L. Mathieu. — Berlin, 1885.

Taine, Hippolyte: Die Entstehung des modernen Frankreich. — Meersburg am Bodensee, 1936.

Tollin, Henri: Geschichte der Französischen Colonie in Frankfurt (Oder). — In: Mitteilungen des Historisch-Statistischen Vereins zu Frankfurt (Oder). — Frankfurt (Oder), 1868.

Tollin, Henri: Geschichte der Französischen Colonie in Magdeburg. — Halle (Saale), 1886—1892.

Topel, Traugott: Meine hugenottischen Vorfahren. Heimat — Drangsale — Zuflucht. — Düsseldorf, 1974.

Troetsch, Ernst: Gesammelte Schriften. — Tübingen, 1912—1925.

Tüchle, Hermann: Reformation und Gegenreformation: Band 3 der Geschichte der Kirche. — Einsiedeln; Zürich; Köln, 1965.

Tuchman, Barbara: Der ferne Spiegel: Das dramatische 14. Jahrhundert. — München, 1987.

Ungerer, Edmund: Eine Kirche der Wüste in Lothringen: Erinnerungsblätter aus Coucelles-

Chaussy. — Straßburg, 1900.

Uzler, Rudolf: Schaffhausen und die französischen Glaubensflüchtlinge. — Zürich, 1940.

450 Jahre Berner Reformation: Beiträge zur Geschichte der Berner Reformation und zu Niklaus Manuel/hrsg. vom Historischen Verein des Kanton Bern. — Bern, 1980.

Vries, Hermann: Genève pépinière du calvinisme hollandais. — Fribourg; La Haye, 1918—1924.

Wade, Mason: The French Canadians. 1760—1945. — New York, 1955.

Wallace, David D.: South Carolina: A Short History, 1520—1948. — Columbia, 1969.

Weber, Georg: Geschichtliche Darstellung des Calvinismus im Verhältnis zum Staat Genf und Frankreich bis zur Aufhebung des Edikts von Nantes. — Heidelberg, 1836.

Weber, Max: Die Ethik des Protestantismus und der Geist des Kapitalismus. — In: Weber, Max: Gesammelte Aufsätze zur Religionssoziologie. — Bd. 3. — Tübingen, 1920—1924.

Wege und Grenzen der Toleranz: Edikt von Potsdam 1685—1985/hrsg. von Manfred Stolpe und Friedrich Winter. — Berlin, 1987.

Weiss, Charles: Histoire des Réfugiés Protestants de France depuis la Révocation de l'Édit de Nantes jusqu'à nos jours. — Paris, 1853.

Wildbolz, Hans: Die französische Kolonie von Bern 1689—1850: Geschichte einer Hugenotten-Gemeinde. — Bern, 1925.

Wilson, Charles: The Dutch Republic and the civilisation of the 17th century. — London, 1968.

Zastrow, Hans-Jürgen: Die Rechtslage der reformierten Gemeinden in Berlin-Brandenburg. — Freiburg i. Br., 1966.

Zeeden, Ernst Walter: Die Entstehung der Konfessionen: Grundlagen und Formen der Konfessionsbildung im Zeitalter der Glaubenskämpfe. — München; Wien, 1965.

Zoff, Otto: Die Hugenotten: Geschichte eines Glaubenskampfes. — Weimar, 1949.

Zögner, Lothar: Hugenottendörfer in Nordhessen: Planung, Aufbau und Entwicklung von siebzehn französischen Emigrantenkolonien: Eine Studie zur historisch-geographischen Landeskunde. — In: Marburger Geographische Schriften. — Marburg (1966) 28.

Zwingli, Huldreich: Hauptschriften/bearbeitet von Fritz Blanke; Oskar Farner; Rudolf Pfister. — Zürich, 1940—1963.

Personenregister

Bildnachweis

Die geradestehenden Seitenzahlen verweisen auf die Abbildungen im Bildteil, die kursiv gesetzten hinter dem Schrägstrich auf die Textabbildungen.

Erarbeitet hinter der Mauer, konnte dieses Buch nur entstehen durch selbstlose Hilfe aus aller Welt. So danken wir speziell den Hugenottengesellschaften in Hofgeismar, Genf, Paris, Amsterdam, London, Kopenhagen, Franchhoek, New York und Toronto sowie den Museen, Sammlungen und Bibliotheken in Europa und Übersee.

Ganz besonders zu Dank verpflichtet sind wir der Französischen Kirche und dem Hugenottenmuseum in Berlin sowie dem Sprachenkonvikt.